Landesgeschichtlicher
Exkursionsführer Rheinland-Pfalz,
Band 3
Regierungsbezirk
Koblenz

Landesgeschichtlicher Exkursionsführer Rheinland-Pfalz

Band 3

Regierungsbezirk Koblenz

Herausgeber
KLAUS KREMB und PETER LAUTZAS

Verlag Arbogast, 6756 Otterbach
1993 · 1. Auflage

Schriftenreihe des Verbandes der
Geschichtslehrer Deutschlands -
Landesverband Rheinland-Pfalz

Band 3

ISBN 3-87022-172-0

Das Foto auf der Buchdecke zeigt den Pfalzgrafenstein bei Kaub.

CIP-Titelaufnahme der Deutschen Bibliothek

Landesgeschichtlicher Exkursionsführer Rheinland-Pfalz
Hrsg. Klaus Kremb und Peter Lautzas. - Otterbach: Arbogast
NE: Kremb, Klaus, (Hrsg.)
Bd. 3 Regierungsbezirk Koblenz - 1. Auflage - 1993

(Schriftenreihe des Verbandes der Geschichtslehrer Deutschlands - Landesverband Rheinland-Pfalz; Bd. 3)
ISBN 3-87022-172-0
NE: Verband der Geschichtslehrer Deutschlands/Landesverband Rheinland-Pfalz:
Schriftenreihe des Verbandes . . .

Satz und Druck:
F. Arbogast, 6756 Otterbach-Kaiserslautern

Einband:
Wilh. Oßwald & Co., 6730 Neustadt a.d.W.

Besondere Förderung erfuhr der Band durch:

Ministerium für Bildung und Kultur Rheinland-Pfalz
Bezirksregierung Koblenz
Landesvermessungsamt Rheinland-Pfalz, Koblenz
Landesmedienzentrum Rheinland-Pfalz, Koblenz
Landesamt für Denkmalpflege Rheinland-Pfalz, Mainz
Landeszentrale für politische Bildung Rheinland-Pfalz, Mainz
Kreisverwaltung Ahrweiler
Kreisverwaltung Altenkirchen
Kreisverwaltung Bad Kreuznach
Kreisverwaltung Birkenfeld
Kreisverwaltung Mayen-Koblenz
Kreisverwaltung Neuwied
Kreisverwaltung Rhein-Hunsrück
Kreisverwaltung Rhein-Lahn
Stadt Bad Kreuznach
Stadt Kirchberg
Stadt Lahnstein
Stadt Neuwied
Stadt und Verbandsgemeindeverwaltung Kastellaun
Verbandsgemeindeverwaltung Simmern
Sparkasse Bad Kreuznach
Kreissparkasse Birkenfeld (Birkenfelder Landesbank), Idar-Oberstein
Sparkasse Neuwied
Kreissparkasse Rhein-Hunsrück, Simmern
Volksbanken und Raiffeisenbanken im Rhein-Hunsrück-Kreis
Koblenzer Elektrizitätswerke und Verkehrs-Aktiengesellschaft, Koblenz
Vereinigung der Metallindustrie Rheinland-Rheinhessen e.V., Koblenz
Sport-Toto GmbH - Staatl. Zahlenlotto Rheinland-Pfalz, Koblenz
Provinzial-Feuerversicherungsanstalt der Rheinprovinzen, Düsseldorf
Görres-Druckerei, Koblenz
Zechnersche Buchdruckerei, Speyer
Ernst Klett Schulbuchverlag, Stuttgart

Inhalt

Zum Geleit

Die Regionalgeschichte hat in Rheinland-Pfalz in den letzten Jahren immer stärkeres Interesse gefunden. Gut besuchte historische Ausstellungen, Sendereihen im Rundfunk und zahllose neue Ortschroniken machen deutlich, daß das Bedürfnis nach Information über die Geschichte des heimatlichen Raumes sehr groß ist. Ich begrüße es deshalb sehr, daß Schulen, Institute für Lehrerfortbildung, Kommunen und Kreisverwaltungen, aber auch Vereine und Verbände sich der Aufgabe angenommen haben, regionalgeschichtliche Themen für den Unterricht aufzuarbeiten.

Der „Landesgeschichtliche Exkursionsführer Rheinland-Pfalz" liegt mit dem dritten Band jetzt geschlossen vor. Der Verband der Geschichtslehrer Deutschlands - Landesverband Rheinland-Pfalz - hat eine Buchreihe herausgebracht, die über bisherige Publikationen dieser Art hinausgeht: Der Exkursionsführer umfaßt, gegliedert nach den drei Regierungsbezirken, das gesamte Land Rheinland-Pfalz in seinen geographischen, historischen und kunstgeschichtlichen Dimensionen.

Ich bin davon überzeugt, daß die drei Bände zu einem lebendigen Geschichtsunterricht beitragen, in dem Schülerinnen und Schüler lernen, daß die Historie des heimatlichen Raumes eine Facette der „großen Geschichte" ist und daß sich in der regionalen Geschichte die Weltgeschichte widerspiegelt. Ein Geschichtsunterricht, der stark text- und quellenorientiert arbeitet, kann meiner Auffassung nach auf den Unterricht am Lernort „Historische Stätte" nicht verzichten. Er muß auch die „Überreste" (Droysen) mit einbeziehen.

Ich wünsche dem Landesverband Rheinland-Pfalz des Verbandes der Geschichtslehrer Deutschlands, daß die drei Bände des „Landesgeschichtlichen Exkursionsführers" die verdiente Verbreitung, nicht nur unter den gelernten Historikern, sondern auch unter allen Interessierten der Geschichte des heimischen Raumes findet.

Ich danke allen Mitarbeitern der verschiedensten Institutionen, daß sie durch ihre Beiträge die Bände ermöglicht haben.

Rose Götte

DR. ROSE GÖTTE
Ministerin für Bildung und Kultur
des Landes Rheinland-Pfalz

Zum Geleit

Mit der Fertigstellung des Bandes „Regierungsbezirk Koblenz" liegt nunmehr der „Landesgeschichtliche Exkursionsführer Rheinland-Pfalz" geschlossen vor. Er wendet sich an alle kulturell Interessierten und zeichnet sich in besonderer Weise dadurch aus, daß er nicht die ganze Palette historischer Detailinformation in den Mittelpunkt rückt, vielmehr das Interesse am eigenen Erkunden weckt und zu weiteren Begegnungen mit der Geschichte vor Ort anregt.

Gerade an der Darstellung der historischen Landschaften des Regierungsbezirks und der Menschen, deren Wirken diesen Raum prägte, wird deutlich, welcher Beitrag an Rhein, Mosel, Lahn und Nahe seit Jahrhunderten zur deutschen und europäischen Geschichte geleistet wurde.

Großräumige Gebiete haben oft eine sehr wechselvolle Geschichte und stellen häufig keine natürlichen historischen Einheiten dar. Dies gilt auch für den Regierungsbezirk Koblenz. Es ist ein Verwaltungsgebiet, in seiner heutigen Grenzziehung gerade etwas mehr als zwei Jahrzehnte jung. Bezogen auf die 2000jährige Geschichte dieses Raumes ein kaum merklicher Zeitabschnitt, der die Dimensionen geschichtlicher Epochen und Abläufe ins Bewußtsein rückt.

Ein Rückblick auf die 2000jährige Geschichte der Region, der über tausende von Jahren zurückreichende Zeugnisse menschlichen Lebens vorangehen, verdeutlicht die Vielschichtigkeit einer von reicher Geschichtlichkeit geprägten Landschaft.

Mit dem „Landesgeschichtlichen Exkursionsführer Rheinland-Pfalz" möchten die Herausgeber und Autoren aber auch zugleich einen Beitrag zur Entwicklung einer Exkursionsdidaktik leisten, die einen Leitfaden durch die zuvor genannte Fülle landesgeschichtlicher Details und Aspekte herstellt.

Nicht zuletzt wegen dieser Zielsetzung ist dem Landesverband Rheinland-Pfalz des Verbandes der Geschichtslehrer Deutschlands anerkennend zu danken. Möge deshalb der vorliegende dritte Band bei vielen Mitbürgern das Interesse an den kulturgeschichtlichen Denkmälern im Regierungsbezirk Koblenz wecken und neu beleben.

GERD DANCO
Regierungspräsident

Ein Wort zuvor

Reiseführer für die in der vorliegenden Publikation erfaßten historischen Stätten gibt es genug. Kaum zu bewältigen ist die Zahl der inzwischen vorhandenen Ortschroniken. Und als unübersehbar erweist sich die Fülle landesgeschichtlicher Einzeluntersuchungen.

Eine spürbare Lücke bestand jedoch bisher noch im Hinblick auf einen Exkursionsführer, der sich an jeden kulturell Interessierten wendet und nicht die ganze Palette historischer Detailinformationen in den Mittelpunkt zu rücken versucht, sondern

- Schwerpunkte der Darstellung setzt und die Objekte nach thematischen Gesichtspunkten auswählt,
- einen größeren Überblick und den Vergleich zu anderen Orten und Regionen erlaubt,
- Interesse am eigenen Erkunden weckt und zu weiteren Begegnungen mit der Geschichte vor Ort anregt.

Damit ist der vorliegende Exkursionsführer gezielt auf die praktischen Bedürfnisse zugeschnitten. Das zeigt bereits die äußere Gestaltung: Die Beiträge sind knapp gehalten, vermitteln dabei sowohl die notwendige Einzelinformation als auch den regionalgeschichtlichen Zusammenhang; die Konzeption nach dem Doppelseitenprinzip erleichtert die Benutzbarkeit; die Literaturangaben sind sparsam im Hinblick auf weitergehende Erkundungen einzelner Orte ausgewählt; die Illustrationen suchen charakteristische Akzente zu setzen.

Mit diesem Konzept hat der Geschichtslehrerverband eine Initiative ergriffen, die zum Ziel hat,

- in der Darstellung des historischen Raumes auf der Grundlage der heute vorhandenen poltitischen Struktur die regionalgeschichtliche Kenntnis zu fördern,
- dadurch einen Beitrag zur Landeskunde aus historischer Sicht zu leisten und die heimatgeschichtliche Forschung der einzelnen Regionen miteinander ins Gespräch zu bringen
- und damit letztlich einen Impuls zu geben für die historische Darstellung des Landes Rheinland-Pfalz unter dem übergeordneten Aspekt regionaler, dabei aber auch grenzüberschreitender Besonderheit.

Dieses Ziel wird auch im vorliegenden Band zunächst mit Hilfe von vier überblicksartigen Einführungsbeiträgen unter den Gesichtspunkten der historisch-politischen, der geographischen, der territorialgeschichtlichen und der kunsthistorischen Landeskunde angegangen. Es folgt dann auf der Grundlage der Kreisfreien Stadt Koblenz und der Landkreise Mayen-Koblenz, Rhein-Hunsrück-Kreis, Bad Kreuznach, Birkenfeld, Cochem-Zell, Ahrweiler, Neuwied, Altenkirchen, Westerwaldkreis sowie Rhein-Lahn-Kreis die Darstellung ausgewählter historischer Stätten unter exemplarischen Fragestellungen. Ein einleitender Abschnitt skizziert jeweils die bestimmenden geschichtlichen Grundlinien.

Mit dieser Reihe möchten die Herausgeber und die Autoren einen Beitrag zur Entwicklung einer Exkursionsdidaktik leisten, die einen Leitfaden durch die Fülle landesgeschichtlicher Details und Aspekte herstellt, aber ebenso auch als Wegweiser durch die Vielschichtigkeit einer von reicher Geschichtlichkeit geprägten Landschaft dienen soll. Auf diesem Wege könnte es intensiver als bisher möglich sein, zur Begegnung mit der Geschichte vor Ort anzuregen.

Dieses Ziel setzt sich der vorliegende dritte Band für den Regierungsbezirk Koblenz ebenso wie die bereits erschienenen Bände für die Regierungsbezirke Rheinhessen-Pfalz (1989, ^{2}1990) und Trier (1991). Für das gesamte Bundesland Rheinland-Pfalz liegt damit zugleich eine landesgeschichtliche Trilogie vor.

Vielfältige Unterstützung bei der Herausgabe des abschließenden dritten Bandes verdanken wir der Ministerin für Bildung und Kultur des Landes, Frau Dr. Rose Götte, und in besonderer Weise dem Regierungspräsidenten des Regierungsbezirks Koblenz, Herrn Gerd Danco. Die Mitwirkung seines Hauses, insbesondere die technische Hilfe von Herrn Amtsrat Emil Barz und die außerordentliche kartographische Mitwirkung von Herrn Jürgen Schmidt hat wesentlich zum Gelingen des Werkes beigetragen. Für ihre großzügige und bereitwillige Unterstützung haben wir ferner den auf Seite 5 genannten staatlichen Institutionen und Wirtschaftsunternehmen zu danken.

Unser Dank gilt ebenso Frau Elvira Gloos für die zuverlässige Texterfassung sowie dem Verlag Franz Arbogast für die drucktechnischen Arbeiten.

DIE HERAUSGEBER

FRITZ ROBISCHON

Der Regierungsbezirk Koblenz - Heimat oder bloß Verwaltungsraum?

Administratoren sehen es gerne, wenn sich die von ihnen verwalteten Bürger wenn schon nicht mit der Verwaltungsbehörde, so doch wenigstens mit dem von ihr verwalteten Gebiet identifizieren und darin ihre Heimat sehen. Schon angesichts der Art und Weise, wie in Vergangenheit und Gegenwart Verwaltungsgebilde zustande kamen, darf man einen solchen Wunsch für fragwürdig halten. Im Falle des Regierungsbezirks Koblenz mag besonders nachgefragt werden.

Als im Jahre 1786 Kurfürst Wenzeslaus von Ehrenbreitstein auf die andere Rheinseite umzog in sein neu erbautes Schloß, machte er mit der Verlegung seines Hofstaates Koblenz zum ersten Mal zur Hauptstadt einer Verwaltungseinheit: des Trierer Kurstaates. Koblenz gab damals noch keiner Region seinen Namen, erlebte aber einen ersten wirtschaftlichen Aufschwung, insbesondere durch die Adels-Emigranten der französischen Revolution. Der Kurstaat sollte jedoch nicht mehr lange existieren, denn 1794 kamen die Franzosen und machten Koblenz zum Hauptort des Departements Rhin-et-Moselle. An diese Zeit erinnert noch das Denkmal vor St. Kastor mit der Inschrift:

AN MDCCCXII
MEMORABLE PAR LA CAMPAGNE CONTRE LES RUSSES
SOUS LE PREFECTURA DE JULES DOAZAN
VUE ET APPROUVE PAR NOUS COMMANDANT
RUSSE DE LA VILLE DE COBLENTZ
LE 1er JANVIER 1814

(Im Jahre 1812 - Andenken an den Feldzug gegen die Russen - unter der Präfektur von Jules Doazan / Gesehen und genehmigt durch uns, den russischen Kommandanten der Stadt Koblenz, am 1. Januar 1814)

Ein feines Beispiel für die Wechselfälle und die Ironie der Geschichte!

Nach dem Wiener Kongreß fiel das Rheinland an Preußen, und Koblenz wurde Sitz des Oberpräsidenten der Rheinprovinz; der Provinziallandtag saß allerdings in Düsseldorf.

Zunächst nur der Vertreter des Oberpräsidenten, später ein eigenständiger Regierungspräsident, verwaltete den Regierungsbezirk Koblenz, der seine räumliche Ausdehnung bis in unsere Tage immer wieder veränderte. (Wetzlar fiel weg, der oldenburgische Landesteil Birkenfeld kam hinzu. In der Verwaltungsreform 1968 wurde der Regierungsbezirk Montabaur einverleibt, der Landstrich zwischen Bingerbrück und Bacharach wurde an Rheinhessen-Pfalz abgegeben.)

Auch innere strukturelle Veränderungen hat dieser Regierungsbezirk immer wieder erfahren, dadurch daß Landkreise zusammengelegt und in ihrem territorialen Zuschnitt verändert wurden, zuletzt geschah dies in der Verwaltungsreform 1968/70.

Da lebt nun ein solches Verwaltungsgebilde seit gut 175 Jahren - wenn man das seinerzeitige französische Departement und den Trierer Kurstaat als seine Kerngebiete und Vorläufer betrachtet, noch viel länger - unbeschadet aller Wechselfälle der Geschichte, und doch darf man nach seiner Identität fragen.

Schon ein erster flüchtiger Blick auf dieses Gebilde zeigt, daß es starken Zentrifugalkräften ausgesetzt ist. Im stark nach Bonn orientierten Raum um Ahrweiler herrscht derzeit starke Beunruhigung wegen der befürchteten wirtschaftlichen Folgen der Hauptstadtentscheidung für Berlin. Im Kreis Altenkirchen spürt man den starken Sog des Siegerlandes. Diez gehört in den Bannkreis Limburgs. Der Bad Kreuznacher Raum ist nach Mainz orientiert, und für Birkenfeld sind das Saarland und, trotz der Hunsrück-Höhen, auch Trier weit näher als Koblenz.

Nicht nur der wirtschaftliche Sog benachbarter Zentren oder die topographische Struktur der Mittelgebirge und Flußtäler haben unser Gebiet zergliedert. Schon immer war es eine Region, in der Grenzen verlaufen sind, zumal Militärgrenzen. Denken wir an den Limes in römischer Zeit, der in Rheinbrohl am Rhein begann und über den Westerwald verlief, wo dessen Überreste noch heute zu erwandern sind, bis hin zur ideologisch verstandenen Wacht am Rhein gegen den - wie man meinte - Erzfeind Frankreich.

Eine Allegorie dafür - heute glücklicherweise nur noch von touristischer Bedeutung - ist auf dem Sockel des Niederwalddenkmals abgebildet: Der Rhein übergibt - nach dem Sieg von 1871 über Frankreich - das Wächterhorn an die Mosel.

Eine Verwaltungsgrenze war der Vinxtbach, der in Bad Breisig in den Rhein mündet und die römischen Provinzen Germania Superior und Germania Inferior trennte.

Im Mittelalter stießen die Territorien der geistlichen Kurfürstentümer Trier, Mainz und Köln bei Koblenz aneinander. Der Königstuhl zu Rhens ist heute noch ein Zeugnis für den nur vorübergehend geglückten Versuch des Kurfürstentums Trier, bei der Einsetzung des deutschen Königs eine stärkere Rolle zu spielen. Bestimmende Grenzen waren aber auch die zwischen den anderen Territorien in wechselnder Zusammensetzung, den Grafschaften Sayn, Wied, Katzenelnbogen, Nassau und Sponheim, um nur einige beispielhaft zu nennen. Dort, wo ihre Grenzen mit konfessionellen Unterschieden zusammenfielen, verwischen sich ihre tiefgeprägten Spuren erst heute allmählich. Die noch existenten Grenzen zwischen den katholischen Bistümern Trier, Köln und Limburg sowie den evangelischen Landeskirchen des Rheinlandes und von Nassau haben heute keine einschneidende Bedeutung.

Auch sprachlich ist der Regierungsbezirk Koblenz weit entfernt von der Einheitlichkeit, die etwa der Regierungsbezirk Trier oder der Bezirk Rheinhessen-Pfalz aufweisen. Der Hinweis darauf mag genügen, daß die vom Ripuarischen des Kölner Raumes geprägte Mundart der Ahr im Bereich der vom Rheinfränkischen (hier Rheinhessischen beziehungsweise Pfälzischen) geprägten Nahe-Mundart nicht verstanden wird und daß sich hiervon wieder deutlich der Einfluß des Moselfränkischen unterscheidet. Es gibt Sprachwissenschaftler, die in diesen Mundartbereichen, deren Abgrenzungen auf die zweite Lautverschiebung zurückgehen, die Gebiete der germanischen Stämme wiederzuerkennen glauben, mindestens aber die Einflußbereiche der geistlichen Kurfürstentümer ausgeprägt sehen. Wenn man nur letzterem folgt, was bei einem Vergleich der Grenzen einleuchtet, dann wird mindestens deutlich, welch lang dauernder Zeiträume es bedarf, bis politische Strukturen derartige Identifikationsmuster prägen.

Neben dem trennenden Element der Grenzen prägt den Regierungsbezirk Koblenz aber mindestens ebenso stark das verbindende Element der Verkehrswege. Die Bedeutung des Rheins als der großen europäischen Nord-Süd-Achse kann gar nicht hoch genug eingeschätzt werden. Von den Oberländern und Lauertannen des Mittelalters bis zu den Schubeinheiten der Gegenwart hat er sich zu einer der dichtest befahrenen Wasserstraßen auf diesem Globus entwickelt.

Daß diese Achse nicht nur als Wasserstraße Bedeutung hat, zeigt schon der respektvolle Spott des Mittelalters, der diese Verkehrsachse wegen des Einflusses der geistlichen Kurfürstentümer die Pfaffengasse des Heiligen Römischen Reiches nannte. Zu dieser Achse gehören die Bundesstraßen an den beiden Ufern, die begleitenden Autobahnen über die Höhen, Hochspannungstrassen und Pipelines sowie die Eisenbahnen, auf denen die Fernzüge so häufig verkehren wie andernorts nur die innerstädtischen Straßenbahnen.

Deutlich weniger stark ausgeprägt ist die West-Ost-Verbindung, die vor allem nach der Wiedervereinigung und der Öffnung des europäischen Ostens die Autobahnverbindung zwischen Limburg und Gießen zur Vervollständigung braucht. Die West-Ost-Verbindungen der Eisenbahn durch das Nahe-, das Mosel- und das Lahntal werden aus topographischen Gründen mit den heute (und zukünftig zweifellos noch stärker) geforderten Schnellverbindungen aber wohl leider nicht konkurrieren können.

Abgesehen von den großen Achsen war bis in die jüngere Zeit hinein der Regierungsbezirk Koblenz verkehrsmäßig wenig erschlossen. Eisenbahnen und Straßen - zuletzt die Hunsrück-Höhenstraße - wurden unter militärisch strategischen Gesichtspunkten gebaut. Im Vergleich dazu hat die Erschließung des Raumes nach dem Zweiten Weltkrieg einen deutlichen Sprung gemacht.

Zwar hat sich die Eisenbahn weitgehend aus der Fläche zurückgezogen, dafür hat die Erschließung mit Straßen - Autobahnen, Bundes- und Landesstraßen - einen bemerkenswerten Stand erreicht.

Gleichzeitig hat die wirtschaftliche Entwicklung sichtbare Fortschritte gemacht. Früher gehörten die Höhenlagen der Mittelgebirge zu den ärmsten landwirtschaftlichen Gebieten Preußens. Ein bescheidener Wohlstand war in den Flußtälern durch Weinbau, Handel und Gewerbe zu erreichen. Der Erzbergbau zwischen Lahn und Sieg ist inzwischen verschwunden. Metallverarbeitung hat sich an der Sieg noch gehalten. Die Keramikindustrie im Kannenbäckerland blüht. Die Steine- und Erdenindustrie im Maifeld unterliegt den konjunkturellen Schwankungen der Bauindustrie. Daß seit der Entdeckung der Rhein-Romantik der Tourismus ein bedeutender Wirtschaftsfaktor der Region ist, braucht nicht besonders unterstrichen zu werden.

Auch wenn immer neue Großprojekte von sich reden machen und immer neue Diskussionen über die Umweltverträglichkeit heraufbeschwören, - von Tourismus allein lebt die Region nicht. Fast ohne größeres Aufsehen sind in den letzten Jahrzehnten Gewerbe und Industrie in die bis dahin rein landwirtschaftlich geprägten Landstriche vorgedrungen. Gewerbegebiete werden ausgewiesen, kleine und mittlere Fabriken entstehen in den Höhenbereichen des Regierungsbezirks, - die Umstrukturierung von der Landwirtschaft zum Gewerbe ist längst im Gange.

Natürlich gibt es das Problem der Belastung mit militärischen Einrichtungen und das neue Problem dadurch, daß sie im Zuge der Abrüstung verschwinden. Ganze Landstriche des Regierungsbezirks sind seit Jahrzehnten übermäßig geprägt von militärischer Inanspruchnahme und dadurch auch wirtschaftlich abhängig geworden. Namen, wie die der Flugplätze Hahn und Pferdsfeld und des Truppenübungsplatzes Baumholder sind nur die prominentesten Beispiele dafür.

Die mit diesen militärischen Einrichtungen verbundenen Schwierigkeiten bieten aber auch Chancen. Die jüngst in Gang gesetzte Konversion, also der Versuch, die militärischen Einrichtungen für zivile Zwecke zu nutzen, woran auch die Bezirksregierung Koblenz beteiligt ist, rechnet mit Zukunftsperspektiven, die die Region nachhaltig positiv verändern werden.

Kulturell hat der Regierungsbezirk Koblenz so manches Werk aufzuweisen, das als deutsch schlechthin gilt. Da sind der Pfalzgrafenstein bei Kaub, die Burg

Eltz, das deutsche Märchenschloß par excellence, und Maria Laach, die Klosterkirche aus dem Lehrbuch der Romanik. Daß die Loreley nicht von Goethe, sondern von Heine bedichtet wurde, muß manchem Ausländer erst erklärt werden, und die wenigsten wissen, daß es sich um ein Kunstmärchen des Ehrenbreitsteiners Clemens Brentano handelt, das dieser in Bacharach angesiedelt hat.

Diese bedeutenden Werke und Namen verdecken freilich leicht den Blick darauf, daß es in dieser Region noch unendlich viel mehr zu entdecken gibt, zum Beispiel die romanischen Bauten der Propstei Buchholz, der Kirche St. Cyriakus in Mendig in der Eifel und des sogenannten Hunsrückdomes in Ravengiersburg, die Gotik der Klosterkirche von Marienstatt und der Werner-Kapelle in Oberwesel, die barocken Sakral- und Profanbauten in Saffig und Engers, die klassizistischen Details der Festung Ehrenbreitstein oder der Wallfahrtskirche St. Apollinaris in Remagen und vieles, vieles mehr.

Literarisch reicht die Linie von Brentano über seine Großmutter Sophie von La Roche weit zurück bis zu den Minnesängern Zilies von Seine und Reinmar von Zweter. Kurzum, es ist eine Provinz mit einem guten Humus, auf dem Dank der vielerlei Beziehungen in alle Himmelsrichtungen zu jeder Zeit und auch in der Gegenwart ein vielfältiges kulturelles Leben gedeiht.

Der Regierungsbezirk Koblenz ist ein typisches Durchgangsland. Die hier Ansässigen empfinden seine zentrale Lage zu den europäischen Zentren Straßburg, Luxemburg, Brüssel als etwas Selbstverständliches und sind sich kaum bewußt, welch ungeheurer Vorteil es für die hiesigen Politiker beispielsweise ist, daß eine Sitzung in diesen Städten für sie kaum ein Tagesausflug ist, etwa im Gegensatz zu den Politikern aus Schottland oder Sizilien.

Angesichts solcher Dimensionen kommt es auf die Grenzen des Regierungsbezirks Koblenz nicht an, und es wäre vermessen, von den Bürgern zu erwarten, daß sie sich mit dem so begrenzten Verwaltungsraum als ihre Heimat identifizieren sollten.

Heute identifizieren sich die Menschen mit ihrer engeren heimatlichen Umgebung; darunter verstehen sie die Mosel oder die Nahe, den Westerwald oder den Hunsrück. Wenn man sie nach einer darüber hinausgehenden Identifikation fragt, dann fühlen sie sich als Rheinländer, zunehmend auch als Rheinland-Pfälzer.

Und es gilt sicherlich, was Carl Zuckmayer seinen Harras in „Des Teufels General" sagen läßt, wenn er vom Rhein, von der großen Völkermühle, von der Kelter Europas spricht. Er zählt eine kunterbunte Ahnenreihe aus vielerlei Völkerschaften seit Christi Geburt auf und stellt fest: „das alles hat am Rhein gelebt, gerauft, gesoffen und gesungen und hat Kinder gezeugt (...). Es waren die Besten, mein Lieber (...). Und warum? Weil sich die Völker dort vermischt haben. Vermischt - wie die Wasser aus Quellen und Bächen und Flüssen, damit sie zu einem großen lebendigen Strom zusammenrinnen. Vom Rhein - das heißt: vom Abendland. Das ist natürlicher Adel."

Heute sind es die Amerikaner in Bad Kreuznach und Baumholder, die Türken in Koblenz, Bendorf und Höhr-Grenzhausen, die die Völkermühle am Rhein in ihren Sog zieht, und die Bezirksregierung Koblenz bürgert gegenwärtig Rußlanddeutsche, Iraner, Syrer, Philippinas und Thailänderinnen und viele andere Nationalitäten ein. Der lebendige, große Strom nimmt immer neue Quellen und Flüsse auf.

Unter welchem Aspekt auch immer man es betrachtet, der Regierungsbezirk Koblenz existiert seit eindreiviertel Jahrhunderten als Verwaltungseinheit unter höchst unterschiedlichen politischen Obrigkeiten. Vielleicht ist es gerade die Tatsache, daß die Bezirksregierung keine originäre politische Gewalt ausübt, sondern administriert, also den Nutzen der Bürger und Kommunen in ihrer Region zu fördern sucht, daß dieses Verwaltungsgebilde die Zeit mit so wenigen Veränderungen überdauert hat. Und die Aussichten für die Zukunft dieser Region stehen gut.

Der mittelrheinische Raum: In der Kartographie des 16. Jahrhunderts

WOLFGANG BLÜM / RITA DEISEN

Naturräumliche Grundzüge des mittelrheinischen Raumes

Wer eine Exkursion im Regierungsbezirk Koblenz plant, der im vorliegenden Band als mittelrheinischer Raum verstanden wird, den erwarten viele landschaftlich reizvolle und immer wieder wechselnde Eindrücke: die Täler von Rhein, Mosel, Lahn, die Gebirgstäler von Wied, Ahr, Elz, die Vulkanlandschaften des Westerwaldes und der Eifel, Höhenzug- und Höhenschwellen-Landschaften wie Idarwald und Soonwald im Hunsrück, Gebirgsmulden- und Senkenlandschaften wie die Dierdorfer Senke des Westerwaldes oder die Simmern-Kirchberger Hochmulde im Hunsrück.

Vor 400 Millionen Jahren, im Devon, überdeckte ein ausgedehntes Meer das gesamte Gebiet und in seiner weitesten Ausdehnung fast den größten Teil Europas. Mächtige Sand- und Schlammassen lagerten sich auf dem Meeresboden ab. Sie wurden später zu Tonschiefern und Grauwacken zusammengepreßt und umschlossen die abgestorbenen Lebewesen, die uns heute als Fossilien Aufschluß geben über die damalige Zeit.

Nach dem Rückzug des Devonmeeres bedeckten im Karbon (vor ca. 350-285 Mill. Jahren) tropische Wälder das Land. Ein feucht-warmes Klima begünstigte einen üppigen Pflanzenwuchs, zum Beispiel riesige Nadelhölzer, gewaltige Schachtelhalme und palmenartige Baumfarne. Die in großen Sümpfen und Küstengewässern zusammengeschwemmten Baumstämme führten zur Entstehung der Kohlenflöze an den Rändern des Rheinischen Schiefergebirges, vor allem an Saar und Ruhr.

Etwa in der Mitte des Karbons fanden gewaltige Veränderungen statt. Die flach lagernden devonischen Sedimente wurden gehoben, emporgetürmt, gefaltet und durch sehr hohen Druck und Hitze zu festem Gestein zusammengeschweißt: Es entstanden die „Variskischen Alpen", die sich vom Süden Frankreichs in nordöstlicher Streichrichtung über die Vogesen und den Mittelgebirgsraum Deutschlands bis nach Polen erstreckten.

Im jüngeren Karbon und im Perm (vor ca. 285-225 Mill. Jahren) erfolgte die Abtragung des Variskischen Gebirges, so daß nur ein Sockel aus unterdevonischen Schichten als Rumpffläche bestehen blieb, die von einzelnen Härtlingen aus Quarzit überragt wurde (zum Beispiel Idarwald, Soonwald). Die naturräumliche Gliederung des mittelrheinischen Raumes ist deshalb in markanter Weise von den variskischen Gebirgsresten geprägt (vgl. die nachstehenden Karten).

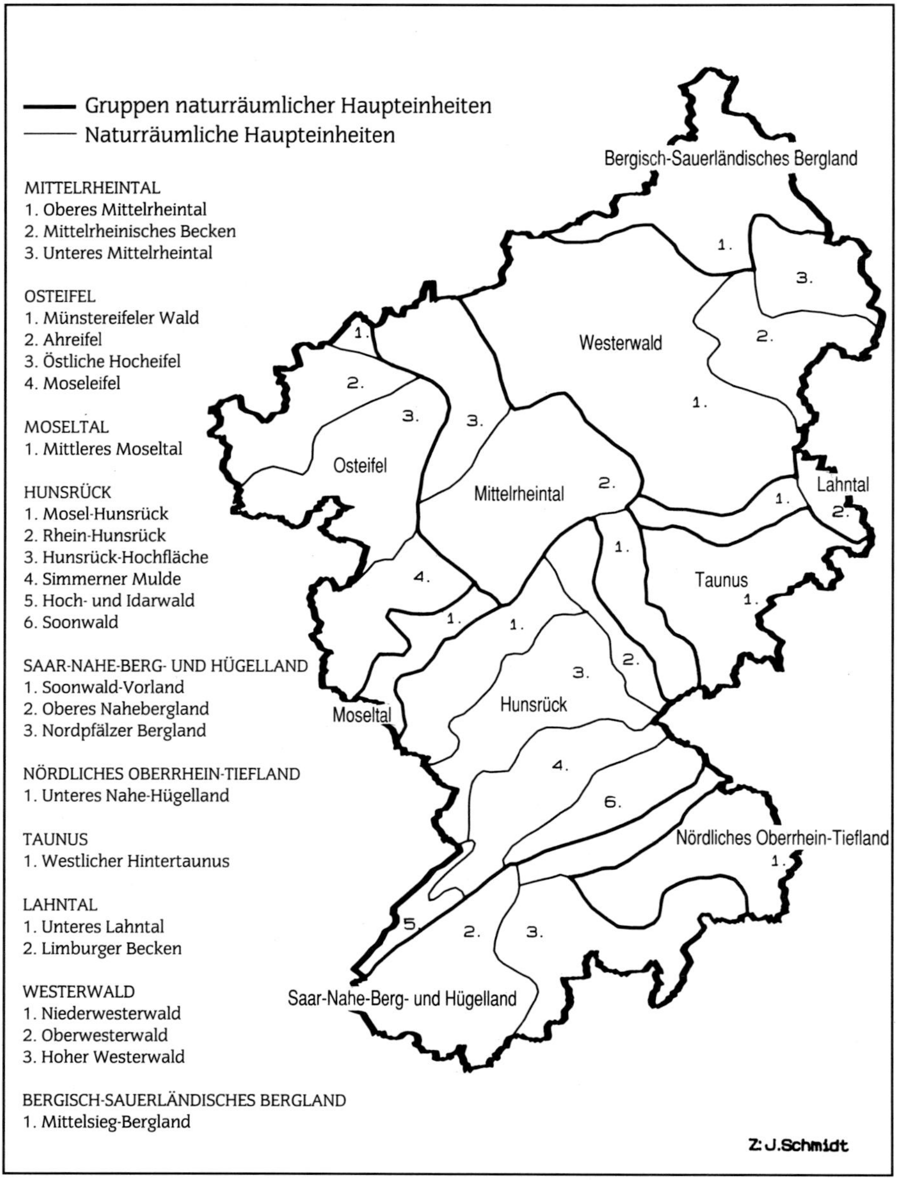

Karte 1: Naturräumliche Gliederung des Regierungsbezirks Koblenz

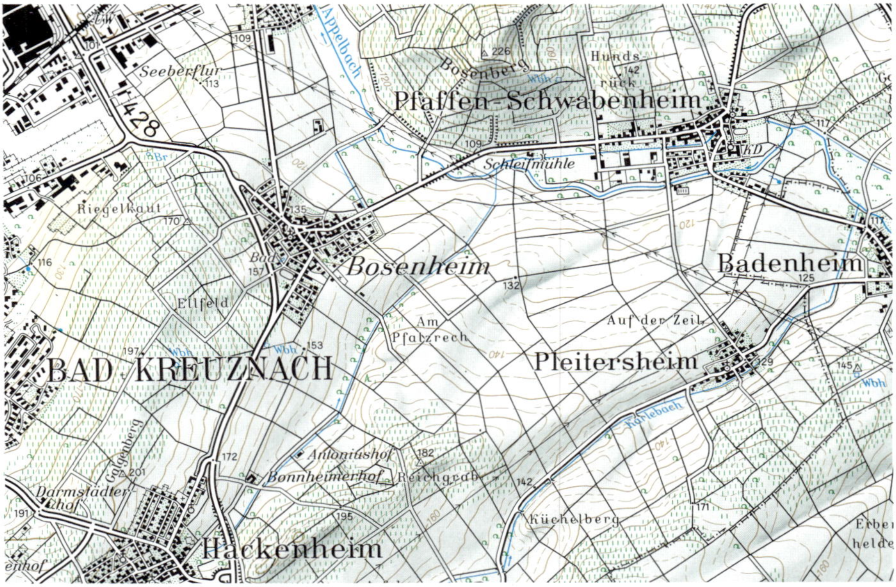

Karte 2: Nördliches Oberrhein-Tiefland (Ausschnitt: TK 50, L 6112)

Karte 3: Mittelrheintal (Ausschnitt: TK 50, L 5912)

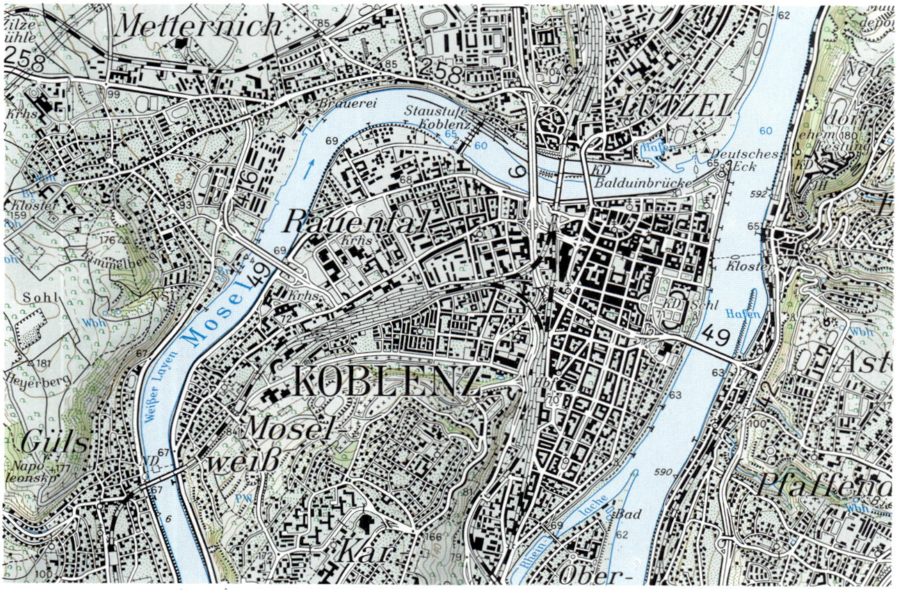

Karte 4: Mittelrheintal *(Ausschnitt: TK 50, L 5710)*

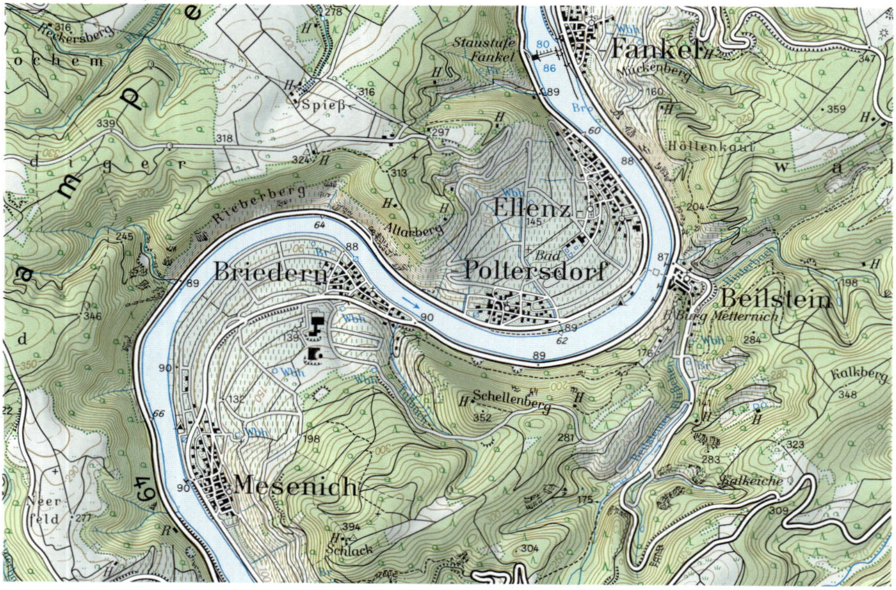

Karte 5: Moseltal *(Ausschnitt: TK 50, L 5908)*

Karte 6: Taunus (Ausschnitt: TK 50, L 5712)

Karte 7: Hunsrück (Ausschnitt: TK 50, L 6110)

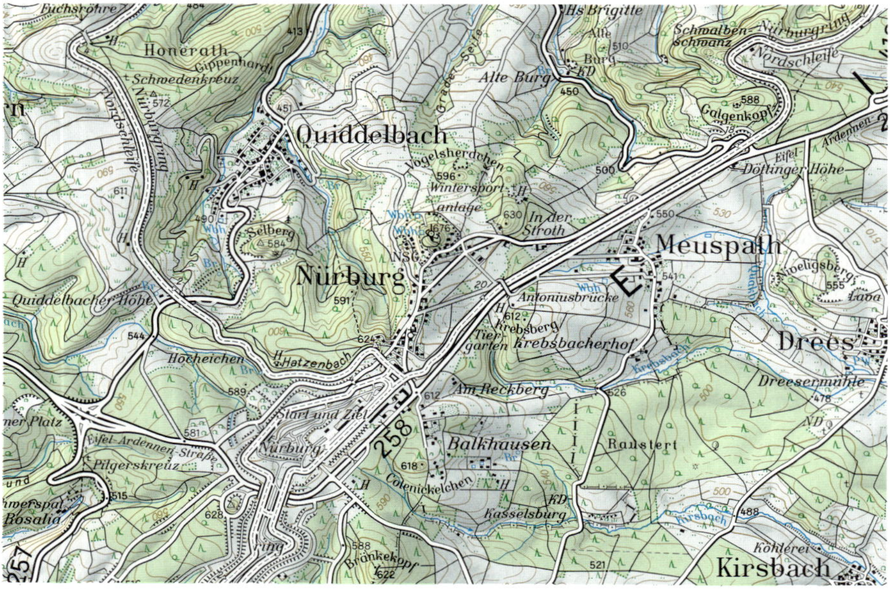

Karte 8: Eifel

(Ausschnitt: TK 50, L 5706)

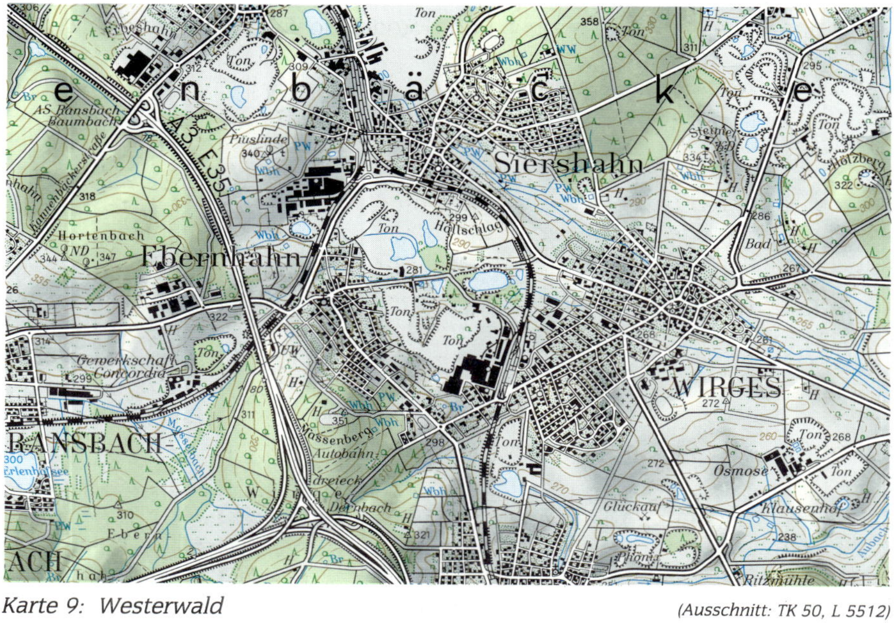

Karte 9: Westerwald

(Ausschnitt: TK 50, L 5512)

Im Tertiär (vor ca. 65-1,5 Mill. Jahren) entstanden in einem tropischen bis subtropischen Klima die Binnensee- und Lagunenablagerungen des Oligozäns und Miozäns, große Sand- und Tonlager, deren Überreste sich an vielen Stellen der Umgebung von Koblenz finden. In den Tongruben bei Vallendar geben Abdrücke von Palmenblättern und anderen territären Pflanzen Aufschluß über Klima und Vegetation. Im Westerwald legten die Tonlagerstätten den Grundstein für die keramische Industrie des „Kannenbäckerlandes" (vgl. Karte 9).

Noch hatte das Gebirge nicht die heutige Gestalt. Erst große tektonische Bewegungen bewirkten, daß die Rumpffläche in einzelne Schollen zerbrach, die gehoben, gesenkt, teilweise schräg gestellt oder verbogen wurden; es entstanden die Senkungen und Einbrüche des Rheingrabens, der Kölner Tieflandsbucht, des Mittelrheinischen Beckens, des Limburger Beckens. Die Tektonik löste eine lebhafte Vulkantätigkeit aus; Trachyt, Phonolith, Basalt und andere magmatische Gesteine drangen damals an die Oberfläche und erzeugten die alten Vulkankuppen und Basaltdecken des Westerwaldes (zum Beispiel den Meerberg und den Minderberg nordöstlich von Linz), des Taunus und der Eifel (zum Beispiel Hohe Acht, Nürburg, Ölberg). Gleichzeitig erfolgten erneut Hebungen, die im Schiefergebirge das heutige Flußsystem schufen und gleichzeitig die Teilgebirge herausarbeiteten. Bei jeder Hebung schnitten sich die Flüsse tiefer ins Gebirge ein.

In den Kaltzeiten des Quartärs, dem jüngsten, noch andauernden Abschnitt des Känozoikums, waren die Alpen und Norddeutschland von Eis bedeckt. Die Flora des Tertiärs wich Steppe und Wald. Die Gebirgshebungen setzten sich fort, und das Gefälle des Rheins steigerte sich. In den Kaltzeiten wurden breite Talböden aufgeschottert, die von den Schmelzwassern der Warmzeiten zerschnitten wurden und nur noch in Resten an den Terrassen erkennbar sind, an denen sich der Wechsel von Kaltzeiten und Warmzeiten ablesen läßt. Auf diese Weise verlegte die Tiefen- und Seitenerosion die Talsohle stufenweise - Haupt-, Mittel- und Niederterrassen - von der tertiären Trogfläche herab bis zur heutigen Flußsohle und bildete die Erosionsbasis für alle anderen Flüsse.

Die Terrassen sind mit mächtigen Schottermassen bedeckt, die heute in Kiesgruben abgebaut und in Baugewerbe und Straßenbau verwendet werden. Dieses Geröll besteht aus Quarz-, Quarzit- und Schiefergesteinen, aber die Schmelzwasser schleppten Material auch aus den Alpen, dem Schwarzwald und aus den Vogesen mit. Als Flugsand lagerte sich das feinsandige Material an den Hängen und in den Talebenen ab und bildet heute den fruchtbaren Löß.

Auch im Quartär fand eine lebhafte vulkanische Tätigkeit statt, deren Zeugen sich vor allem in der Eifel befinden. Die Maare in der Eifel sind jünger als die Kegelberge aus Basalt. Sie entstanden erst gegen Ende der Eiszeit durch Wasserdampfexplosionen. Auf die vulkanische Tätigkeit weisen auch die zahlreichen Mineralquellen (bei Andernach, Rhens, Lahnstein, Brohl usw.) hin.

Einen Sonderbereich bildet das Saar-Nahe-Berg- und Hügelland als Bindeglied zwischen dem Rheinischen Block und dem Südwestdeutschen Schichtstufenland. Entstanden als variskisch angelegte südliche Randsenke, füllte sich die permische Mulde mit Sedimenten vor allem aus dem nördlich angrenzenden Hunsrück. Dabei kam es auch zu vulkanischen Ausbrüchen, die mit Bergkuppen, Hügeln und Höhen das unruhige Relief des Nordpfälzer Berglandes prägen.

Etwas höher liegt in 400 bis 500 Meter Höhe das Obere Nahebergland. Es hat im ganzen eine gewellte Hochfläche, die von dem Nahe-System bis zu 200 Meter tief eingeschnitten worden ist. Bei kühlem und regenreichem Gebirgsklima sind die Hochflächen größtenteils bewaldet.

Das Untere Nahe-Hügelland ist schon Teil des Nördlichen Oberrhein-Tieflandes, einem nacheiszeitlichen Aufschüttungs- und Überschwemmungsgebiet des Rheins. Die Untere Nahe-Ebene, ein kleines Lößhügelland um Bad Kreuznach (vgl. Karte 2), und der Anstieg zum Rheinischen Schiefergebirge im Binger Wald bilden diese naturräumliche Haupteinheit. Lößlehmböden sind die Basis für die intensive landwirtschaftliche Nutzung durch Obst- und Weinbau.

Nördlich der unteren Nahe steigt mit einer 150 Meter mächtigen Landstufe das Soonwald-Vorland an. Es ist ein etwa 400 Meter hoher Sockel am Südrand des Hunsrücks, gehört aber geologisch und morphologisch noch zum Saar-Nahe-Bergland. Die nördlichen Nebenflüsse der Nahe sorgten für die starke Auflösung dieses Sockels, der heute anstelle der ursprünglichen Eichen-Hainbuchenwälder mit beforstetem Nadelmischwald bedeckt ist.

Das Mittelrheintal wird durch das Mittelrheinische Becken in zwei Engtalstrecken mit steilen Talhängen, das Obere Mittelrheintal (Bingen bis Koblenz) und das Untere Mittelrheintal (Andernach bis südlich von Bonn) gegliedert. Bei der Loreley (vgl. Karte 3) ist der Rhein nur 113 Meter breit, aber 27 Meter tief, viele Klippen behinderten früher die Schiffahrt. Auf der mehr als 350 Meter über dem Tal liegenden Fläche, dem früheren tertiären Talboden, wird Ackerbau betrieben, auf den Schwemmkegeln von Seitentälern Gartenbau.

Vor Koblenz öffnet sich das Engtal zum Mittelrheinischen Becken. Es ist bis zu 30 Kilometer lang, 15 Kilometer breit und reicht von Koblenz bis Andernach und von Neuwied bis Mayen. Hierzu gehören die Koblenz-Neuwieder Talweitung (vgl. Karte 4), die Senken- und Hügellandschaft der Pellenz zwischen Mayen und Andernach und das höher gelegene Maifeld im Westen.

Über die Höhen der Koblenzer Karthause, von Güls, Metternich, Bassenheim, Kärlich und Miesenheim ziehen nach Nordwesten die Reste der mittelrheinischen Hauptterrasse in 170 bis 200 Meter Höhe. Der Abfall zur Niederterrassenfläche der Koblenz-Neuwieder Talweitung ist markant und genau sichtbar, so daß die verschiedenen Mittelterrassen fast unkenntlich werden. Die Niederterrassen beiderseits des Rheins tragen eine Auflage aus Bims und Löß. Bimsgruben sind hierfür ein deutliches kulturlandschaftliches Merkmal. Charakteristisch für die Pellenz sind die durch Schlackenabbau entstandenen Bergruinen (zum Beispiel der Plaidter Hummerich).

Das Laacher-See-Gebiet zählt ebenfalls zum Mittelrheinischen Becken. Der Laacher See selbst ist kein Maar, der Trichter entstand durch Einbruch in entleerte Magmakammern. Später wurden an den Rändern des Kessels große Mengen Bimstuff ausgeworfen, die die benachbarten Vulkanberge, das Neuwieder Becken und bis zu einer Mächtigkeit von 60 Metern das Brohltal überzogen. Die Eruptionen waren so heftig, daß feineres Material in der höheren Atmosphäre durch Luftströmungen bis zur Insel Rügen und im Süden bis in die Gegend von Grenoble transportiert wurde. Der Mensch hat diese Katastrophe, die sich vor etwa 11.000 Jahren ereignet hat, schon miterlebt, altsteinzeitliche Ausgrabungen belegen dies. Viele der anstehenden vulkanischen Gesteine werden in der örtlichen Bauwirtschaft verwendet. Die Farbunterschiede betonen bei Repräsentativ-Bauten bewußt die Gliederung in der Architektur: gelblicher Tuff aus dem Westen des Laacher Vulkangebietes, rötlicher Tuff aus den Tuffbrüchen östlich des Sees, schwarze Basaltlava. Als weiteres heimisches Gestein wirkt der Dachschiefer der Eifel gestaltend.

Das Untere Mittelrheintal läuft in die Niederrheinische Tieflandsbucht aus. Die Talweitung im Mündungsgebiet der Ahr zwischen Bad Breisig und Remagen ist heute Naturschutzgebiet.

Die Längsachse des Rheintals gliedert zusammen mit dem Lahn- und dem Moseltal das Rheinische Schiefergebirge in Form eines Achsenkreuzes. Wie der Rhein haben auch Mosel und Lahn in weiten Abschnitten Engtäler mit der typischen Terrassenfolge ausgebildet. Das Mittlere Moseltal ist bekannt durch seinen kurvenreichen Lauf mit vielen Mäandern (vgl. Karte 5). Bereits am Ende des Tertiärs floß die Mosel in Windungen, aus denen sie später nicht mehr ausbrechen konnte. So entstanden flache Gleithänge und ihnen gegenüber steile Prallhänge. Die sonnenexponierten Hänge wurden schon zur Zeit der Römer für den Weinbau genutzt, der hier lange Wirtschaftsfaktor Nummer eins war und zum Teil heute noch ist. Flurbereinigungsverfahren haben in besonders eindrucksvoller Weise in den letzten zwanzig Jahren eine neue Kulturlandschaft geschaffen, Terrassen sind wegradiert worden, aus den so typischen, aber auch arbeitsintensiven kleinparzellierten, mit Mauern begrenzten Rebanbauflächen wurden großzügig zusammengelegte, nivellierte Weingärten mit sehr viel geringerer Hangneigung. Die ökologischen Schäden sind mittlerweile hinreichend bekannt (Hochwasserverschärfung, Hangrutschung, Bodenabspülung).

Das Lahntal ist die Fortsetzung der Moselachse. In unserem Exkursionsgebiet liegt das Untere Lahntal zwischen Diez und dem Mündungsschwemmfächer bei Lahnstein. Wie bei Mosel und Rhein bieten auch an der Lahn Niederterrassen Platz für Verkehrswege und Siedlungen.

Unterbrochen wird das Lahntal durch das Limburger Becken, ein von tertiären Geröllen und Sanden und einer mächtigen Lößdecke verhülltes Hügelland (180-220 Meter hoch) mit Getreide- und Obstanbau.

Die Gebirge, die durch Mosel, Rhein und Lahn getrennt werden, sind Taunus, Hunsrück, Eifel und Westerwald. Am Taunus hat der Regierungsbezirk Koblenz nur einen geringen Anteil: Der nördliche Teil des Westlichen Hintertaunus liegt noch in Rheinland-Pfalz. Es ist eine 400 Meter hochliegende Rumpffläche, aus der sich entlang von Querverwerfungen einige Schollenreste bis zu 450 Meter Höhe herausheben. Auf tonigen Gebirgsböden liegen große Forstareale, Rodungsflächen tragen vorwiegend Grünland (vgl. Karte 6).

Linksrheinisch, dem Taunus gegenüber, liegt der Hunsrück. Er war nie von Vulkanismus betroffen. Seine Gliederung in sechs naturräumliche Haupteinheiten ist leicht nachvollziehbar: Im Süden liegt als markantester Bergzug der Soonwald, der bis auf 700 Meter ansteigt und über sein Vorland stufenförmig zu den benachbarten Landschaften abfällt. Seine bewaldeten Quarzitkämme sind fast 40 Kilometer lang, dagegen aber und nur 8 Kilometer breit. Die Hänge sind weitgehend mit Wanderschutt und Blockmeeren bedeckt. Das Gebiet ist siedlungsleer.

Andere Quarzitrücken bilden den Hochwald und den Idarwald mit Erbeskopf (816 Meter hoch, bereits im Regierungsbezirk Trier) und Idarkopf (746 Meter hoch). Auch hier herrschen Fichten- und Mischwälder vor.

Neben diesen Quarzitrücken bestimmen auch Gebirgsbecken und -mulden das Landschaftsbild, wie die Simmerner Mulde. Auf lehmigem Schiefer-Verwitterungsboden liegen große Dörfer mit ausgedehnten Fluren (vgl. Karte 7), der Wald beschränkt sich auf kleine Zwischenrücken und Kuppen.

Die Hunsrück-Hochfläche liegt als größte naturräumliche Einheit in der Längsachse des Gebirges und entspricht der Vorstellung einer Rumpffläche am ehesten. Auch hier ist landwirtschaftliche Nutzung möglich. Der Hunsrück ist heute eine Hochfläche mit Hügeln, Kuppen, Kämmen und Mulden, unterbrochen nur von tiefen Tälern, und dem Wechsel von Wiesen, Weiden, Äckern und Wäldern.

Die Umrandung bilden nach Osten der Rhein-Hunsrück mit einem steilen Abfall besonders im Bereich der Fleckertshöhe bei Boppard (536 Meter hoch) und nach Norden der Mosel-Hunsrück. Beide Ränder sind durch Täler zerschnitten, der Übergangsraum zum Moseltal ist wegen der Mäander in Riedel und Sporne aufgelöst, die Mosel-Seitentäler schneiden sich tief in den Gebirgskörper ein.

Über dem linken Moselufer liegt als Südsaum der Eifel die flachwellige und tief zertalte Hochfläche der Moseleifel. Basaltkuppen und Maare bestimmen das Landschaftsbild. Einige, wie das Pulvermaar, das Schalkenmehrener Maar oder das Totenmaar sind fast kreisrunde Seen, andere Maare sind verlandet und vermoort. Im äußersten Westen hat der Regierungsbezirk Koblenz mit dem Ulmener Maar noch einen Anteil an dieser Landschaft.

Die älteren Vulkanformen der östlichen Hocheifel erkennt man als meist waldbedeckte Kegel, zum Beispiel den tertiären Basaltschlotkegel der Hohen Acht, mit 747 Metern der höchste Punkt der Eifel, und die tertiären Vulkane des Nürburg-Gebietes (vgl. Karte 8). Die höher gelegene Osteifel ist stärker zertalt als die Westeifel. Die Hochlagen der Hocheifel, die Kuppen und Taleinschnitte sind bewaldet, die Hochfläche der Moseleifel wird ackerbaulich genutzt.

Im Norden läuft die Eifel mit der Ahreifel in eine flach eingesenkte Mulde auf weniger als 450 Meter Höhe aus. Sie wurde durch das Flußsystem der Ahr tief zertalt. Auch hier ragen einzelne Basaltschlotkegel auf, zum Beispiel der Kuckstein bei Mayschoß. Der Vollständigkeit halber sei der Münstereifeler Wald erwähnt, der im äußersten Nordwesten den Regierungsbezirk Koblenz berührt.

Der Nordosten des Regierungsbezirks hat im Bereich des mittleren Talgebietes der Sieg sogar einen Anteil am Süderbergland. Die Nebentäler der Sieg öffnen hier viele Zugänge nach Norden und nach Süden.

Südlich schließt daran der Westerwald an. Dabei stellt der Hohe Westerwald das Gebiet der höchsten Aufwölbung dar. Über Sanden und Tonen des älteren Tertiärs, die auf dem tiefgründig verwitterten Schiefersockel liegen, breitet sich deckenförmig die tertiäre Basaltmasse mit einer Mächtigkeit von 40 Metern und mehr aus. So ist die Landschaft nicht in Kuppen und Berge zerlegt, sondern von sanften, breiten Buckeln bis zu 650 Meter Höhe und flachen Muldentälern bestimmt. Auf dem schweren Verwitterungsboden liegen Wiesen, Weiden und Felder, zwischen denen vereinzelt Wald vorkommt.

Allmählich senkt sich die Hochfläche auf 380 Meter im Süden ab und geht über in das Limburger Becken. Im Oberwesterwald tritt ab und zu der devonische Untergrund hervor, so daß die Landschaft stärker kuppig ist. Auch hier haben landwirtschaftliche Rodungen und zahlreiche Steinbrüche den Wald zurückgedrängt.

Fast die Hälfte der Gesamtfläche des Westerwaldes gehört zum Niederwesterwald. Von den Rhein- und Lahnterrassen leitet er zum Kernraum des Gebirges über. Der über dem Neuwieder Becken gelegene Westteil besitzt die wirtschaftlich bedeutendsten Tonlager Europas, die der alten keramischen Industrie des Kannenbäckerlandes den Rohstoff liefern (vgl. Karte 9). Um Montabaur wirken vulkanische Kuppen reliefverstärkend. Weiter nördlich ist das Bild der Hochfläche, die vom Rand her tief zerkerbt ist, wieder landschaftsprägend. Hier macht sich schon die Nähe des Rheintals bemerkbar, die Temperaturen steigen, und das flachwellige Plateau geht allmählich in terrassenartige Anhöhen über.

Klimatisch ist der Exkursionsraum bestimmt durch relativ niedrige Temperaturen in den Gebirgslagen und die wärmeren, großen Täler von Rhein, Mosel und der unteren Lahn, wie schon der verbreitete Weinbau in diesen Teilräumen und der Beginn der Apfelblüte (bereits am 25.April in den Tälern und Becken, auf den Höhen vier Wochen später) anzeigen. Den trockeneren Tallagen und den Beckenlandschaften stehen in den Gebirgen Niederschlagshöhen von etwa 800 Millimeter gegenüber, die auf den Westseiten der Gebirge und in den höchsten Lagen bis 1100 Millimeter erreichen. Der Einfluß von Klima und Relief wird auch im hohen Waldanteil und in der landwirtschaftlichen Nutzung deutlich sichtbar.

Karten:

Landesvermessungsamt Rheinland-Pfalz (Hrsg.): Topographische Karte 1:100.000 (TK 100); Koblenz.

Darstellung des Gesamtexkursionsraumes auf den Blättern C 5510 Neuwied, C 5906 Mayen, C 5910 Koblenz, C 6306 Idar-Oberstein, C 6310 Bad Kreuznach; dazu Randgebiete auf den Blättern C 5110 Gummersbach, C 5506 Bonn (hrsg. vom Landesvermessungsamt Nordrhein-Westfalen) sowie C 5514 Wetzlar und C 5914 Wiesbaden (hrsg. vom Hessischen Landesvermessungsamt).

Literatur:

Emil Meynen und Josef Schmithüsen (Hrsg.) Handbuch der naturräumlichen Gliederung Deutschlands, 3. und 4./5. Lieferung; Remagen 1956 und 1957.

Eingehende Beschreibung der naturräumlichen Einheiten auch des mittelrheinischen Raumes.

Herbert Liedtke (Hrsg.): Topographischer Atlas Rheinland-Pfalz, Neumünster 1973.

Walter Sperling und Erich Strunk (Hrsg.): Luftbildatlas Rheinland-Pfalz; Neumünster 1970.

Walter Sperling und Erich Strunk (Hrsg.): Neuer Luftbildatlas Rheinland-Pfalz; Neumünster 1972.

Natur- und kulturlandschaftlich erläuterte Kartenausschnitte beziehungsweise Luftbilder mit grundlegenden Rauminformationen.

Heinz Fischer: Rheinland-Pfalz und Saarland (= Wissenschaftliche Länderkunden, Bd. 8/4); Darmstadt 1989.

Länderkunde und schwerpunktorientierte Fragestellungen der modernen Regionalgeographie verbindende Landeskunde.

JOHANNES MÖTSCH

Territorialgeschichtliche Grundzüge des mittelrheinischen Raumes

Mit dem Bericht des römischen Feldherrn Gaius Julius Caesar über seine Feldzüge in Gallien beginnt für die Lande an Rhein und Mosel die Epoche der geschriebenen Geschichte.

58 v. Chr. hatte Caesar begonnen, die im Norden Galliens siedelnden Stämme, darunter auch die beiderseits der Mosel ansässigen Treverer, zu unterwerfen. Die im Neuwieder Becken auf dem rechten Rheinufer wohnenden, germanischen Ubier arbeiteten in der Folge mit Caesar zusammen; dieser ließ im Jahre 55 in ihrem Gebiet eine Brücke über den Rhein schlagen. Am Ende des Krieges (49 v. Chr.) konnte das linke Rheinufer als römische Einflußsphäre gelten.

13 v. Chr. begann dann die römische Expansionspolitik im rechtsrheinischen Germanien. In den Rheinlanden lag die logistische Basis für diese Operation; das setzt feste Truppenlager voraus, die zum Teil archäologisch gesichert sind.

Die Niederlage des Varus 9 n. Chr. führte zur Aufgabe dieser Politik. Gleichzeitig begann mit der dauernden Anwesenheit von römischen Soldaten und Zivilisten die Romanisierung der einheimischen Bevölkerung.

Sitze der militärischen Oberbefehlshaber waren Köln und Mainz; aus diesen Kommandobezirken wurden, vermutlich 83/84, die Provinzen Ober- und Niedergermanien gebildet; Grenze war der Vinxtbach, der zwischen Brohl und Bad Breisig in den Rhein mündet. Im Gebiet der Mittelmosel grenzte die Provinz Gallia Belgica an; Hauptstadt war zunächst Reims, seit dem 3. Jahrhundert Trier.

Von Kaiser Domitian (81-96) erworbene Gebiete im Neuwieder Becken, im Taunus und in der Wetterau wurden unter Hadrian (†138) durch die Anlage eines Grenzzaunes gesichert; dieser Limes wurde später weiter ausgebaut; parallel dazu wurden im Hinterland Kastelle angelegt (Neuwied-Heddesdorf und -Niederbieber, Bendorf, Koblenz-Niederberg, Bad Ems, Marienfels und Holzhausen an der Haide).

Die bedeutenderen Siedlungen (Kreuznach, Oberwesel, Salzig, Boppard, Koblenz, Andernach und Karden) lagen an den Flüssen. Eifel und Hunsrück waren kaum besiedelt; erwähnenswert sind hier nur die wichtige Straßenstation Denzen bei Kirchberg (an der Straße von Mainz nach Trier) und das Thermalbad Bertrich.

Die Versorgung der Bevölkerung wurde durch Gutshöfe im Umland sichergestellt, deren Spuren sich - vor allem in den fruchtbareren Landschaften - in größerer Zahl erhalten haben.

Zu Beginn des 3. Jahrhunderts schlossen sich germanische Stämme zunächst am Oberrhein (Alemannen), dann am Niederrhein (Franken) zu Stammesbünden zusammen. 259/260 mußte der Limes aufgegeben werden; der Rhein bildete fortan die Grenze; Einfälle von Germanen waren an der Tagesordnung.

Das 4. Jahrhundert brachte zunächst eine Sicherung der römischen Positionen; sichtbare Spuren sind die in Resten noch vorhandenen Ummauerungen von Boppard, Koblenz und Andernach. Trier wurde zur Kaiserresidenz ausgebaut; die Regierung Kaiser Konstantins (†337) brachte eine letzte Blüte. Kämpfe um den Kaiserthron schwächten um die Mitte des 4. Jahrhunderts die römische Position so sehr, daß der gesamte Kölner Raum zeitweise an die Franken verloren ging. Unter Aufbietung aller Kräfte konnte die Rheingrenze jedoch noch einmal zurückgewonnen werden.

Wie an anderen Grenzen hatten die Römer auch am Rhein mit früheren Feinden Verträge geschlossen und ihnen den Schutz der Grenze anvertraut; so wurden Franken auf dem linken Rheinufer in immer größerer Zahl angesiedelt. 455 wurden die Gebiete am Rhein von den Römern geräumt; um 480 erfolgte die Eingliederung des Trierer Raumes in den fränkischen Machtbereich. Damit endete die römische Herrschaft in unserer Region. Sie hatte mehr als 500 Jahre gedauert.

Die Ansiedlung der Franken auf dem linken Rheinufer war zunächst aufgrund von Verträgen, also auf friedlichem Wege, erfolgt; durch stetigen Nachzug wuchs die Zahl der dort ansässigen Franken. Gleichzeitig gab die römische Oberschicht vielfach ihre Besitzungen auf und zog sich in vermeintlich sichere Gebiete zurück. Teile der Bevölkerung blieben allerdings im Lande; auf diese Weise hat etwa das Christentum in den Städten und in den Kastellorten überlebt.

Die Franken zogen es vor, sich auf dem Lande anzusiedeln. Sie übernahmen jedoch nicht die dort vorhandenen Gutshöfe, sondern suchten für ihre Hofgruppen und Dörfer meist neue Standorte. Diese sind oft bis heute besiedelt geblieben und wurden immer wieder überbaut; archäologische Zeugnisse haben sich daher selten erhalten. Kenntnisse über die Besiedlung durch die Franken verdanken wir deshalb eher den charakteristischen Reihengräberfeldern, die außerhalb der Dörfer angelegt worden sind.

Die Reste der römischen Bevölkerung, in der Mehrzahl romanisierte Treverer, und die Franken lebten neben- und miteinander. Geschlossene Gruppen von Romanen gab es außer in den Kastellorten vor allem in den Dörfern des Moseltals, wo Weinbau betrieben wurde. Die völlige Germanisierung der Rheinlande hat mehrere Jahrhunderte in Anspruch genommen.

Politisch waren die Franken in mehreren Teilverbänden organisiert; um 510 konnten sich die salischen Franken unter ihrem König Chlodwig gegen die übrigen Gruppen durchsetzen. Diesem Erfolg voraus ging der Sieg gegen die Alemannen, die die ehemals römischen Gebiete am Oberrhein, auch weite Teile der Provinz Obergermanien, besetzt hatten; ihr Einfluß reichte zeitweise bis zur Lahn. Nach einer siegreichen Schlacht bei Zülpich (496/497) trat Chlodwig zum Christentum über.

Unter den Franken hatte es auch zuvor schon Christen gegeben. Mit der Konversion des Königs aber setzte die vollständige Christianisierung ein.

Die Struktur der Kirche hatte sich an den Verwaltungsbezirken des Römischen Reiches orientiert. Da Köln ohne große Kämpfe von den Franken übernommen worden war, sind kirchliche Traditionen und Organisationsformen zum Teil bestehen geblieben; die Bischofsreihe war nur für kurze Zeit unterbrochen. Auch in Trier blieb die Kontinuität gewahrt, obwohl die Schäden aus Eroberung und Plünderung wohl größer waren. In Mainz aber brach die Tradition für einige Zeit völlig ab.

Offenbar haben die Bischöfe von Trier am Rhein zwischen Brohl und Bacharach die Betreuung der dortigen, früher zum Bistum Mainz gehörenden Gemeinden übernommen. Dies ist auch nach Wiedererstehen des Bistums Mainz nicht mehr rückgängig gemacht worden. Auf dem rechten Rheinufer konnte in der Folgezeit die Trierer Bistumsgrenze bis östlich von Gießen vorgeschoben werden. Durch Neugründung kirchlicher Zentren wurde die Betreuung der Christen auch auf dem Lande sichergestellt (Karden, Münstermaifeld, Dietkirchen). Bis zum Ende des 18. Jahrhunderts blieben Karden und Dietkirchen die Sitze der für den östlichen Teil der Diözese zuständigen kirchlichen Mittelinstanzen (Archidiakone).

Nach dem Sieg Chlodwigs über die Alemannen und der Beseitigung der übrigen fränkischen (Klein-) Könige blieb die Herrschaft seiner Nachkommen, der Merowinger, in unserem Raum ungefährdet.

In einem langen, ungestörten Prozeß entwickelten sich nun die für die folgenden Jahrhunderte maßgebenden Strukturen.

Die romanische Bevölkerung in den Städten und Kastellen kam unter die direkte Herrschaft des Königs. Die Dörfer, Weiler und Höfe, in denen die Mehrzahl der Franken lebte, gehörten teils ebenfalls dem König, teils adligen Herren. Letztere bebauten einen Teil von Grund und Boden unter Einsatz abhängiger, unfreier Leute in Eigenwirtschaft. Der Rest der Ländereien wurde an Freie zur Bearbeitung ausgegeben; diese hatten dafür bestimmte Abgaben sowie Dienste auf dem Herrenland zu leisten. Im Laufe der Zeit ging man dazu über, Bauernstellen auch an Unfreie auszugeben, deren Anzahl zunahm. Dieses System, die sogenannte klassische Grundherrschaft, wurde über Jahrhunderte hinweg immer wieder den Erfordernissen angepaßt und weiterentwickelt.

Mit der Übernahme des Christentums durch die Franken entstand das Bedürfnis nach seelsorgerischer Betreuung; obwohl die Bischöfe sich um Gründung von Kirchen auf dem Lande bemühten, war das Netz der Pfarreien zunächst sehr weitmaschig. Viele Grundherren haben daher auf ihren Grundherrschaften Kirchen erbaut, die in ihrem Eigentum blieben (Eigenkirchen).

Der Besitz von Grundherrschaften in den günstig gelegenen Flußtälern (Weinbau) und auf dem fruchtbaren Maifeld war attraktiv. Deshalb ist es bald zu Erbteilungen gekommen; in fast allen Dörfern unseres Raumes, die in von der Natur begünstigten Räumen liegen, gab es deshalb schon früh mehrere Grundherren nebeneinander. In den Mittelgebirgen - Eifel, Hunsrück, Westerwald und Taunus - war die Besiedlung dagegen wesentlich dünner. Hier waren oft ganze Dörfer in einer Hand.

Die Grundherren besaßen auch einen Teil der im Ort lebenden Menschen, die Unfreien; über diese übten sie Herrschaft aus. Das Gericht über die Freien wurde im Namen des Königs von Amtsträgern, den Grafen, ausgeübt. Seit dem Ende des 6. Jahrhunderts haben die Könige die Besitzungen zahlreicher Kirchen - etwa des Bistums Trier - von der Amtsgewalt der Grafen ausgenommen. Es entstanden Sonderrechtsbezirke der Kirchen (Immunitäten). Da aber das Kirchenrecht den Geistlichen die Ausübung der Blutgerichtsbarkeit verbot, mußten Dritte mit der Wahrnehmung dieser Rechte beauftragt werden; so entwickelte sich das Institut der Vogtei. Zudem konnten weit entfernt liegende geistliche Institutionen die Verwaltungsaufgaben nur unzureichend wahrnehmen. Ihre Vertreter vor Ort, vor allem die Vögte, hatten daher einen weiten Handlungsspielraum; sie haben das vielfach zur Ausdehnung ihrer Kompetenzen, ja zur Verdrängung der Klöster oder Stifte ausgenutzt.

Chlodwigs Sohn Theuderich, dem bei der Erbteilung die östlichen Reichsteile zugefallen waren, konnte seinen Einfluß bis zur Elbe vorschieben. Spätestens zu diesem Zeitpunkt kamen auch die rechtsrheinischen Gebiete aus ihrer Randlage heraus.

Die fränkischen Teilreiche entwickelten in der Folgezeit - begünstigt durch häufige Regierungsphasen unmündiger Könige - ein starkes Eigenbewußtsein. Führende Familien konnten ihren Einfluß immer weiter ausbauen und die wichtigsten Ämter, vor allem das des Hausmeiers, erblich weitergeben; die merowingischen Könige hatten schließlich nur noch repräsentative Funktionen. 751 ließ sich der Hausmeier Pippin mit Unterstützung des Papstes zum König erheben. Sein Sohn Karl (der Große) wurde Weihnachten 800 in Rom vom Papst zum Kaiser gekrönt.

Unter Karl wurde die Kirche im östlichen Teil des Reiches neu organisiert; die damals entstandenen Strukturen blieben für mehr als tausend Jahre maßgebend. Die Bischöfe von Köln, Mainz und Trier wurden in den Rang von Erzbischöfen erhoben; ihnen wurden jeweils eine Reihe von Suffraganbistümern zugeordnet. An den Bistumsgrenzen in unserem Raum änderte sich nichts.

In den letzten Jahren der Regierung Ludwigs des Frommen (†840), Sohn und Nachfolger Karls, zeigten sich erste Anzeichen einer Krise. Im Oktober 842 tagten in der Koblenzer Kastorkirche Abgesandte der Söhne Ludwigs, um eine einvernehmliche Teilung des Reiches vorzubereiten; diese wurde 843 vollzogen. Das rechte Rheinufer, dazu die weitere Umgebung von Mainz, fiel an König Ludwig (den Deutschen); ein Mittelreich, das von der Nordsee bis nach Italien reichte, wurde Kaiser Lothar (†855), zugeschlagen; der Westen fiel an König Karl (den Kahlen).

Das Reich Lothars wurde nach dessen Tod unter seinen Söhnen aufgeteilt. König Lothar II. (†869) erhielt den Nordteil, den man später (in Anlehnung an seinen Namen) Lothringen nannte. 870 wurde er zwischen Ludwig dem Deutschen und Karl dem Kahlen aufgeteilt; die Diözesen Köln und Trier fielen an Ludwig.

In dieser Zeit sind die ältesten Vertreter einiger Adelsfamilien urkundlich belegt, die in der Folgezeit, bedingt durch die Schwäche des Königtums, die Grundlagen für Macht und Einfluß ihrer Nachkommen und für künftige Erfolge bei der Herausbildung der Territorien in Hoch- und Spätmittelalter legten.

Nach dem Tod Ludwigs des Deutschen versuchte Karl der Kahle, ganz Lothringen in die Hand zu bekommen; am 8. Oktober 876 wurde er bei Andernach zurückschlagen. Die Rheinlande blieben zunächst beim Ostreich.

Bereits in der Regierungszeit Lothars II. hatte es erste Einfälle der Normannen gegeben. Diese waren Seefahrer und bevorzugten den Wasserweg; deshalb waren die Rheinlande im besonderem Maße Angriffen ausgesetzt. 881 fiel Köln, 882 Trier in ihre Hand; Städte und Umland wurden geplündert. Da sich das Königtum außerstande erwies, dem Einhalt zu gebieten, erlitt es einen dauernden Autoritätsverlust; eine Krise in allen Lebensbereichen war die Folge.

887 war im Ostreich der Karolinger Arnulf auf den Thron gekommen; im nördlichen und mittleren Teil Lothringens konnte er sich, unterstützt von einheimischen Adelsfamilien, Mitte 888 durchsetzen. Als Vertreter vor Ort hatte Arnulf - seit 891 Kaiser - seinen unehelichen Sohn Zwentibold vorgesehen; erst nach Schwierigkeiten konnte er 895 dieses Ziel erreichen. Mit dem Tod Arnulfs (899) und Zwentibolds (900) endete dieses Zwischenspiel. Lothringen wurde zunächst wieder dem Ostreich angegliedert, in dem Arnulfs unmündiger Sohn Ludwig (das Kind) regierte. Nach Ludwigs Tod, am 1. November 911, konnte der westfränkische König Karl, der einzig überlebende Karolinger, Lothringen

kampflos in Besitz nehmen. Im Ostreich wählte man 911 Konrad I. (†919) zum König; er entstammte einer Familie, die vor allem an der Lahn und im Westerwald begütert war (Konradiner). Auf ihn folgte 919 der Sachsenherzog Heinrich. Der Rhein bildete in unserem Raum die Grenze der beiden Reiche. 921 trafen sich die beiden Könige auf einem im Fluß bei Bonn verankerten Schiff. Nachdem Karl 923 in Gefangenschaft geraten war, verhandelte Heinrich mit den Großen Lothringens; im Frühjahr 925 zog er über den Rhein. Von nun an ist das Schicksal des linken Rheinufers auf Dauer dem des Ostreiches verbunden geblieben. Mit dem Jahr 925 endet für die Rheinlande das Frühmittelalter.

Der Anschluß Lothringens war König Heinrich nur dank der Unterstützung durch eine Partei des einheimischen Adels möglich gewesen; deren Führer, Graf Giselbert, wurde durch den Herzogstitel belohnt.

Wenige Jahre nach dem Regierungsantritt des neuen Königs Otto I. (936-973) kam es überall im Reich zu Unruhen. Herzog Giselbert verhandelte mit dem westfränkischen König. Die Lage schien kritisch; die Entscheidung fiel in der Schlacht von Andernach (2. Oktober 939); Giselbert ertrank auf der Flucht im Rhein. Der König zog aus dieser und anderen Empörungen unzufriedener Adliger die Konsequenz und stützte sich künftig stärker auf die Reichskirche. Erzbischöfe, Bischöfe und Äbte wurden für politische Aufgaben und Verwaltungsfunktionen herangezogen und durch Privilegien und Schenkungen des Königtums angemessen ausgestattet. Das Ergebnis dieser Politik ist das ottonisch-salische Reichskirchensystem; die führenden Geistlichen waren fortan auch weltliche Fürsten. In großen Gebieten des Reiches, vor allem aber am Rhein, haben die Territorien der geistlichen Fürsten für Jahrhunderte die politische Landkarte geprägt.

Herrschaft konnte durch den Besitz von Grund und Boden, von abhängigen, unfreien Leuten und von Gerichtsrechten ausgeübt werden. Durch die Entwicklungen des Frühmittelalters waren diese Herrschaftsrechte in unserem Raum sehr stark zersplittert. Von den Königen und Kaisern gefördert, begannen zunächst die Erzbischöfe von Köln, Mainz und Trier mit der Sammlung derartiger Rechte; das Ergebnis sind die Erzstifte, die mit den kirchlichen Zuständigkeitsbereichen (Diözesen) durchaus nicht identisch sind.

Dominierend in unserem Raum war das Erzstift Trier. Im Jahr 1018 hatte Kaiser Heinrich II. an Erzbischof Poppo den Königshof Koblenz sowie Rechte und Besitzungen auf dem rechten Rheinufer geschenkt; das Erzstift gewann so einen zweiten Herrschaftsschwerpunkt. Ende des 12. Jahrhunderts konnten durch die Verdrängung der Pfalzgrafen wichtige Besitzungen auf dem Maifeld und in der Pellenz gewonnen werden; 1248 verlor der Pfalzgraf seinen letzten Stützpunkt in diesem Raum. Aus Reichsbesitz kamen 1294 die Burgen Cochem und Klotten, 1312 die Städte Boppard und Oberwesel hinzu; die Positionen auf dem Maifeld und dem Hunsrück wurden ausgebaut (Erwerbung der Schmidtburg, 1328). Unter Erzbischof Balduin von Luxemburg (1307-1354) erhielt das Erzstift Trier im wesentlichen den Umfang und die Verwaltungsstruktur (Ämter), die es bis zum Ende des Alten Reiches behalten sollte.

Auch die Erzbischöfe von Köln verfügten über alten Besitz am Mittelrhein (Rhens). 1167 kam der Königshof Andernach hinzu. 1246 konnte Erzbischof Konrad von Hochstaden die väterliche Grafschaft Are (an der mittleren Ahr mit Ahrweiler und Altenahr) für das Erzstift sichern, 1250 die Burgen Linz und Altenwied (mit Neustadt, Asbach und Windhagen) durch Kauf erwerben.

Das Erzstift Mainz besaß seit 977 den früheren Königshof Oberlahnstein; ältere Besitzungen an der Nahe (Sobernheim) wurden 1279 durch den Erwerb der Burg Böckelheim erweitert und gesichert. Ein maßgeblicher Faktor ist das Erzstift am Mittelrhein allerdings nicht geworden.

Eine Vielzahl von auswärtigen Klöstern und Stiften war an Rhein und Mosel begütert. Ein großer Teil dieses Besitzes wurde während des Hochmittelalters entfremdet; Vogteirechte erwiesen sich oft als geeigneter Ansatzpunkt für eine Verdrängung der ursprünglichen Besitzer. Dies gilt auch für größere Komplexe, die die Hochstifte Speyer (Kreuznach und Böckelheim) beziehungsweise Worms (Kastellaun und Bell) durch königliche Schenkungen erworben hatten; beide gingen an die Grafen von Sponheim verloren.

Als einziger weltlicher Fürst hat der Pfalzgraf zeitweise eine größere Rolle in unserem Raum gespielt. 1197 verzichtete er auf die Vogtei über das Erzstift Trier; dabei wurden Rechte an der Untermosel, auf dem Maifeld und in der Pellenz aufgegeben. 1248 ging die Burg Thurandt verloren. Es blieben Rechte um Bacharach und Stromberg; 1289 wurde Kaub, 1359 Simmern hinzuerworben.

Im Grenzbereich dieser großen Territorien verblieben Freiräume; dort konnten Grafen und Herren eigene Landesherrschaft ausbilden. In der Eifel sind zu nennen: die Grafschaft Virneburg westlich Mayen, später zeitweise im Besitz der Grafen von Manderscheid, die durch eine geschickte Heiratspolitik zu den bedeutendsten Territorialherren im Westen und Norden der Eifel wurden. Selbständig blieben auch die Besitzer der kleinen Herrschaft Arenberg, die schließlich zu Herzögen aufstiegen; ihr Schwerpunkt liegt vor allem im belgisch-niederländischen Raum, wo die Familie zu europäischer Bedeutung gelangte. Durch den Erwerb der Reichspfandschaft Sinzig (mit Remagen) dehnten auch die Grafen von Jülich ihren Einfluß in unserem Raum aus.

Im Westerwald konnten sich mehrere einheimische Geschlechter behaupten, deren Stammburgen (Alt-) Wied, Isenburg und Sayn nahe Neuwied dicht beieinander liegen; zu nennen sind außerdem noch die Herren von Westerburg. Die Schwerpunkte der Grafschaften Sayn, die später mehrfach geteilt wurde, lagen auf dem Westerwald um Altenkirchen und Hachenburg; die namengebende

Stammburg ging in der frühen Neuzeit an das Erzstift Trier über. Auch die Herren (später Grafen) von Isenburg teilten ihre Güter früh unter mehrere Linien auf, von denen eine ihren Schwerpunkt in die Wetterau verlagerte; die letzte isenburgische Linie in unserem Raum erlosch 1664. Auch die Grafschaft Wied war zeitweise im Besitz einer Linie der Isenburger; sie ging dann an die Herren von Runkel über. Zentrum wurde das 1653 gegründete Neuwied. Die Herren von Westerburg erbten im 15. Jahrhundert einen Teil der Grafschaft Leiningen; auch hier kam es häufig zu Erbteilungen.

Ausgehend von ihren an der Lahn gelegenen Stammburgen, konnten die Grafen von Laurenburg/Nassau im Westerwald, an der mittleren Lahn und im Taunus ein bedeutendes Territorium erwerben; Graf Adolf (†1298) wurde 1291 zum deutschen König gewählt; auch hier verhinderten Erbteilungen den Aufstieg zu überregionaler Bedeutung; die Schwerpunkte lagen später außerhalb unseres Raumes. Im Taunus sind vor allem die Grafen von Katzenelnbogen zu nennen; ihre Position beruht zu einem großen Teil auf Vogteirechten über Besitzungen des Klosters Prüm. Mit St. Goar und der darüber liegenden Burg Rheinfels besaßen sie einen wichtigen Stützpunkt am Rhein; die dortigen Zolleinkünfte sicherten dem Grafenhaus, das 1479 erlosch, Reichtum und Ansehen. Erben waren die Landgrafen von Hessen.

Auf dem Hunsrück konnten die Grafen von Sponheim das größte weltliche Territorium unseres Raumes schaffen (vgl. Karte 10); auch hier waren Vogteien über Kirchenbesitz der Ausgangspunkt einer erfolgreichen Territorialpolitik. Mitte des 13. Jahrhunderts entstanden Teilgrafschaften mit den Schwerpunkten an der Nahe (Kreuznach) und an der Mosel (Starkenburg, später Trarbach); auf dem Hunsrück waren Kastellaun, Kirchberg und Birkenfeld sponheimisch. Das Grafenhaus erlosch 1437; durch Testament sicherte der letzte Graf das Weiterbestehen der Grafschaft als Kondominium (gemeinsame Herrschaft) der Pfalzgrafen und der Markgrafen von Baden. Wichtigste Konkurrenten dieses Hauses waren die verschiedenen Linien der Wildgrafen (Kyrburg bei Kirn, Dhaun, Schmidtburg); auch hier verhinderte die Zersplitterung das Entstehen eines Territoriums von größerer Bedeutung. Beerbt wurden die Linien Kyrburg und Dhaun von den Rheingrafen, späteren Grafen und Fürsten von Salm; die Schmidtburg fiel nach 1328 an Kurtrier. Bis in die Mitte des 14. Jahrhunderts waren auch die mit den Wildgrafen stammesverwandten Raugrafen noch von einer gewissen Bedeutung; dann setzte innerhalb weniger Jahrzehnte ein Ausverkauf ein. Ebernburg und Naumburg kamen an die Grafen von Sponheim, Simmern an die Pfalzgrafen.

Daneben gab es eine Fülle kleiner und kleinster Herrschaftsträger; neben den Burgen der Landesherren prägen die des Adels das Bild unserer Landschaft; einige dieser Familien bestehen noch heute.

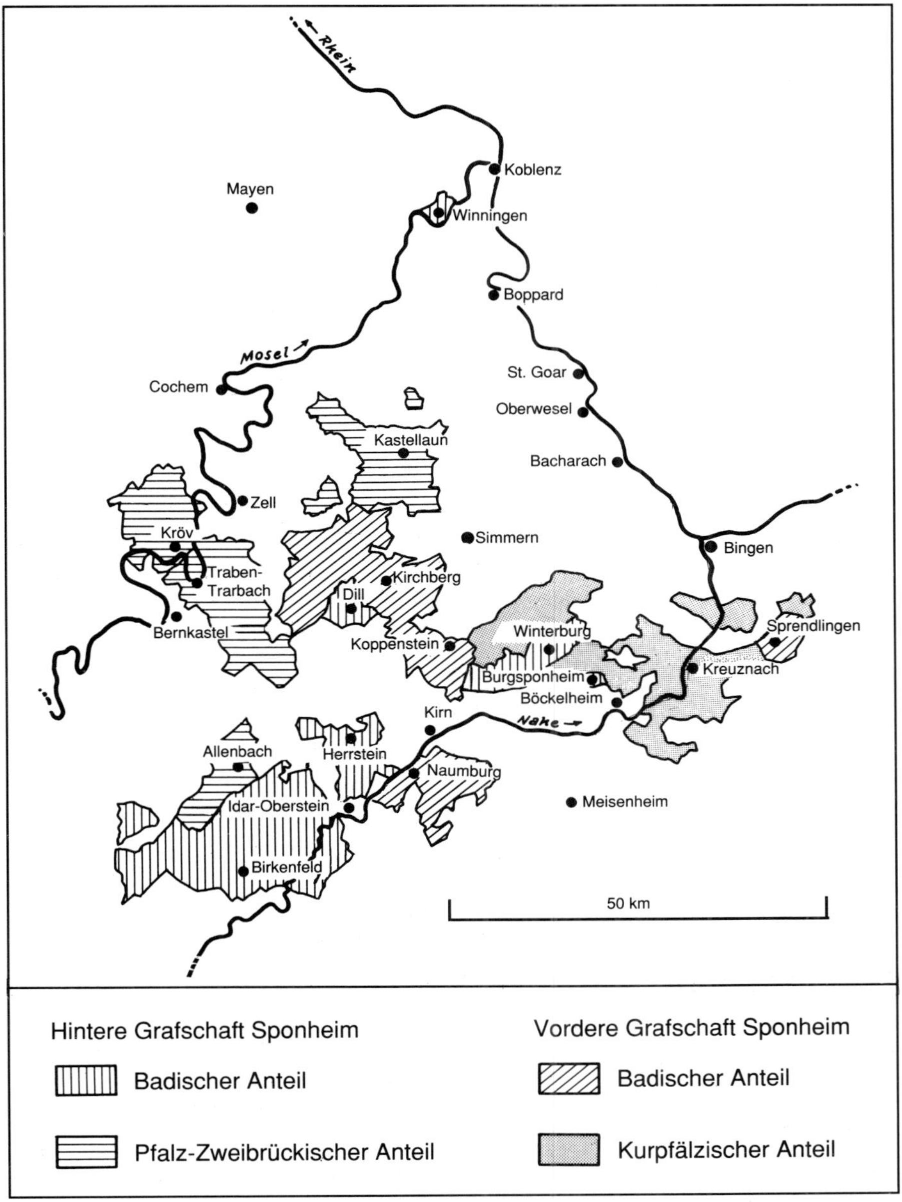

Karte 10: Das sponheimische Erbe 1789

Seit dem Hochmittelalter wird die Geschichte der Rheinlande wesentlich von den geistlichen Fürstentümern geprägt. Deren Macht und Einfluß kamen vor allem dann zum Zuge, wenn nach dem Tode eines Herrschers die Nachfolge umstritten war. Die Königswahlen 1125 und 1138 sind wesentlich von rheinischen Erzbischöfen bestimmt worden. Im Thronstreit nach 1198 haben ihre Parteinahmen und -wechsel die Gewichte entscheidend verändert. In der Endphase des staufischen Kaiserhauses konnten sie die Wahl von Gegenkönigen durchsetzen, die auch nach der Wahl von ihnen abhängig blieben. Bei diesen Wahlen bildete sich ein Gremium von sieben geistlichen und weltlichen (Kur-) Fürsten heraus, denen künftig das Stimmrecht bei der Königswahl vorbehalten blieb. Mit den Erzbischöfen von Köln, Mainz und Trier sowie dem Pfalzgrafen bei Rhein bildeten rheinische Fürsten die Mehrheit in diesem Gremium; entsprechend stieg ihr Gewicht in der Reichspolitik.

In den folgenden Jahrzehnten wurden dann nach und nach die letzten Positionen des Reiches an Rhein und Mosel zugunsten der Königswähler und ihrer Anhänger aufgegeben.

Die erste Hälfte des 14. Jahrhunderts zeigt dann die rheinischen Kurfürsten auf einem Höhepunkt ihrer reichspolitischen Bedeutung. Die Königswahlen von 1308, 1314 und 1346 wurden entscheidend von ihnen bestimmt; sie wiesen 1338 den Anspruch des Papstes auf eine Approbation der Königswahl zurück, da dieser das Gewicht ihrer Stimmen minderte (Rhenser Kurverein).

In der Folgezeit verlagerte sich innerhalb des Reiches der politische Schwerpunkt nach Osten. Auf Dauer reichte die Finanzkraft der zersplitterten Territorien im Rheinland für eine Rolle in der Reichspolitik nicht aus. Zwar blieben die Erzbischöfe von Köln, Mainz und Trier wegen ihres Stimmrechtes auch weiterhin politische Faktoren, die ins Kalkül zu ziehen waren. Aktive Reichspolitik aber wurde seit dem 14. Jahrhundert im Rheinland nicht mehr betrieben.

Die sich daraus ergebende Randlage wurde im 15. Jahrhundert deutlich. Innenpolitische Konflikte Frankreichs strahlten in das Herzogtum Luxemburg und den angrenzenden Eifelraum aus. Die kleinen Territorien im Rheinland hatten der Expansionspolitik der Herzöge von Burgund, denen Luxemburg gehörte, nichts entgegenzusetzen. An den Konflikten der Zeit waren sie nur noch passiv und duldend beteiligt. Dies sollte in den folgenden Jahrhunderten nicht anders werden.

Die im Hoch- und Spätmittelalter entstandene territorialpolitische Landkarte blieb in den folgenden Jahrhunderten im wesentlichen bestehen; zu geringfügigen Veränderungen kam es lediglich infolge von Erbvorgängen.

Dauerhafte Auswirkungen aber haben zwei Ereignisse gehabt, die von außen herangetragen wurden: die Reformation und der Dreißigjährige Krieg.

1521 war Martin Luther in Worms vor dem Reichstag aufgetreten. Sein Gedankengut fand auch in den Rheinlanden Anklang. Zunächst waren es einzelne Fürsten, Adlige, Bürger und Bauern, auch Geistliche, die sich von den Thesen Luthers angesprochen fühlten. Franz von Sickingen, ein Reichsritter, bot auf der Ebernburg bei Kreuznach zahlreichen Vertretern des frühen Protestantismus ein Unterkommen. Bei ihm mischten sich religiöse und politische Interessen; 1522 kam es zu kriegerischen Auseinandersetzungen mit dem Erzbischof von Trier. Dieser fand Unterstützung auch bei Fürsten, die den Gedanken Luthers nahestanden; 1523 endete der Aufstand in der Katastrophe.

Ein hubſch news lied wie drey
Fürſten wider den Frantzen gezogen ſeind. Luſtig zů
ſingen in dem Thon Clauß von Amberg
das edel plůt.

Drey Fürſten hond ſich aíns bedacht. hond
vil der Langtknecht zů ſamen pracht. für Land
ſtal ſeind ſy zogen. mit Büchſſen vil vnd krie
ges war. den Frantzen ſol man loben. ja loben.

Zů Landſtal er ſich vinden ließ. das pracht
den Fürſten kain verdrieß. ſy hůbendt an zů
ſchieſſen. der Pfaltzgraff im hofieren ließ. dar
ab het Frantz verdrieſſen. ja verdrieſſen.

An ainem Freytag es beſchach. das man
den Lewen treffen ſach. die mauer zů Landt
ſtal erſte. der Frantz mit trauren darzů ſprach.
erbarm das got der herre. ja herre.

Die fürſten warendt wolgemůt. ſy ſchuſſendt in das ſchloſſe ſo gůt. den Frantzen the
tens treffen. vergoſſen ward ſein edels plůt. ich wil ſein nit vergeſſen. vergeſſen.

Vnd als der Frantz geſchoſſen ward. behend das ſchloß er über gab. den fürſten thet
er ſchreiben. für ſeine Langtknecht er ſy bat. er mocht nit lenger pleiben. ja pleiben.

Die fürſten kamendt in das ſchloß. mit knechten zů füß vnd auch zů roß. den Fran
tzen thetens finden. er redt mit jnen on verdroß. die warhayt wil ich ſingen. ja ſingen.

Als nun die red ain ende nam. da ſtarb von ſtund der werde man. das můß doch got
erbarmen. kain beſſer krieger jns land nye kam. er hats gar vil erfaren. erfaren.

Er hat die Langtknecht all geliebt. hat jnen gemacht gůt geſchirr. darumb iſt er zů
loben. ſein ſomen iſt noch bey vns hie. es pleibt nit vngerochen. vngerochen.

„Ein hubsch news lied wie drey Fürsten wider den Frantzen gezogen seind": Zeitgenössischer Holzschnitt (1523)

Die nur wenige Jahre später unter den Bauern Südwestdeutschlands ausbrechenden Unruhen („Bauernkrieg") fanden Zulauf auch unter den Bürgern der Städte am Mittelrhein (Boppard, Oberwesel) sowie an der Lahn und im Westerwald.

Bereits in dieser frühen Phase stellte sich heraus, daß die Reformation flächendeckend nur von seiten der Landesherren durchgeführt werden konnte. Politische und religiöse Motive griffen bei diesen oft ineinander. Frühestes Beispiel für den systematischen Aufbau einer eigenen, protestantischen Landeskirche ist die Landgrafschaft Hessen, zu der auch die Grafschaft Katzenelnbogen und - als Pfandschaft - Rhens am Rhein gehörte.

In den drei Erzstiften konnte sich die alte Kirche behaupten, auch wenn die Lehre der Reformatoren unter den Bewohnern vielerorts Anhänger fand. Lediglich im Erzstift Köln ist zweimal (1542/44 und 1583/85) vom Erzbischof die Einführung der Reformation versucht worden, aber beide Male gescheitert; beteiligt und betroffen waren auch die Städte Linz und Andernach.

In der Kurpfalz hat Kurfürst Ottheinrich (†1559) die kirchliche Neuordnung durchgeführt (1556). Sein Nachfolger Friedrich hatte 1557 in seinen Territorien (Pfalz-Simmern, Sponheim) eine landesherrliche Reformation eingeleitet. In der Folgezeit haben sich die einzelnen Linien des pfalzgräflichen Hauses jedoch teils der lutherischen, teils der reformierten Konfession angeschlossen.

Auch die Grafenhäuser der Region neigten in der Mehrzahl der Reformation zu (Nassau, Sayn, Wied, Manderscheid, Wild- und Rheingrafen). Allerdings sind einige in der Folgezeit zur katholischen Kirche zurückgekehrt; das Haus Manderscheid war im 17. Jahrhundert insgesamt wieder katholisch. Da der Augsburger Religionsfrieden den Landesherren die Festlegung der Konfession für die Untertanen eingeräumt hatte (1555), haben derartige Konfessionswechsel in späterer Zeit immer wieder zu Spannungen geführt.

Die persönlichen Entscheidungen der Landesherren in der Mitte des 16. Jahrhunderts wirken bis heute nach. Immer noch spiegeln die Karten der Konfessionsverteilung - wenigstens auf dem Lande - die früheren territorialen Grenzen wider.

Konfessionell begründete oder geprägte Streitigkeiten gehören auch zu den Ursachen des Dreißigjährigen Krieges. 1618 hatte sich Kurfürst Friedrich von der Pfalz zum König von Böhmen wählen lassen; er scheiterte schon nach kurzer Zeit. 1620 besetzten spanische Truppen seine Territorien und die angrenzenden Regionen; sie gingen von dort aus gegen Friedrichs Verbündete (u.a. Hessen-Kassel und Nassau-Dillenburg) vor. Versuche der Kurfürsten von Köln und Trier, ihre Lande neutral und von Besatzungstruppen freizuhalten, schlugen fehl. 1631 wurden die Spanier von den Schweden vertrieben. Der Trierer Erzbischof Philipp Christoph von Sötern schloß 1632 - gegen den Willen des

Domkapitels - Verträge mit den Franzosen und Schweden; so kam die Festung Ehrenbreitstein in französische Hand. Aufgrund des Zusammenbruchs der schwedischen Positionen geriet der Kurfürst 1634 in Gefangenschaft; der Ehrenbreitstein mußte sich 1637 ergeben.

Auch in den folgenden Jahren gab es immer wieder wechselnde Besatzungen und Truppendurchzüge; die Truppen lebten aus dem Lande; allenfalls in ummauerten Städten war man sicher. Weite Gebiete waren deshalb bei Kriegsende (1648) verwüstet; nur ein Teil der Bevölkerung hatte den Krieg überlebt. Von den Folgen des Krieges hat man sich lange nicht erholt.

Den Ausgang des Krieges und die Bestimmungen des Westfälischen Friedens suchte König Ludwig XIV. von Frankreich zur Ausdehnung seiner Macht zu nutzen. Nach 1679 ließ er durch Juristen diejenigen Rechte ermitteln, die einmal zu seinen östlichen Territorien (Herzogtum Lothringen, Bistümer Metz, Toul und Verdun) gehört hatten; die betroffenen Gebiete - große Teile des Hunsrücks (Wild- und Rheingrafschaft, Grafschaft Sponheim) - schloß er an Frankreich an (Reunionen). 1685 kam es zu einem erneuten Krieg; dabei wurde auch die Kauzenburg in Bad Kreuznach zerstört. Erst durch den Frieden von Rijswijk (1697) wurden die Reunionen rückgängig gemacht.

Auch von dem 1700 ausbrechenden Spanischen Erbfolgekrieg waren die Rheinlande betroffen. Der Kurfürst von Köln, mit den Franzosen verbündet, mußte 1702 sein Erzstift verlassen; 1706 kam er in die Reichsacht. Der Pfälzer Kurfürst Johann Wilhelm lehnte sich an die kaiserliche Politik an, der Erzbischof von Trier suchte den Schutz der mit dem Kaiser verbündeten Holländer. Zwar haben sich die großen Feldzüge in anderen Regionen Europas abgespielt, aber wieder gab es in den Rheinlanden Truppendurchzüge und Einquartierungen mitsamt allen negativen Folgen für die Bevölkerung.

Dies gilt auch für den Polnischen Erbfolgekrieg (1733/37), den Schlesischen Krieg (1740/48) und den Siebenjährigen Krieg (1756/63). Das 17. und 18. Jahrhundert waren daher für die Rheinlande von Kriegen bestimmt. Erst nach 1763 folgten mehrere Jahrzehnte des Friedens.

In der frühen Neuzeit wurde die Entwicklung vom Personenverbandsstaat des Mittelalters zum institutionellen Flächenstaat fortgeführt und abgeschlossen. Privilegien und Rechte aus dem Mittelalter, die einzelnen Orten und Bevölkerungsgruppen besondere Rechte einräumten, waren der Verwaltung ein Dorn im Auge, da sie die Schaffung eines einheitlichen Untertanenverbandes behinderten, ja unmöglich machten. Komplizierte Rechtsverhältnisse, etwa Teilhabe mehrerer Herren an Landeshoheit oder Gerichtsbarkeit, wirkten ebenfalls als Hindernisse auf diesem Weg. Daher wurden vielfach derartige Kondominien durch Verträge aufgeteilt; jeder Berechtigte erhielt einen entsprechenden Anteil an Fläche, Einkünften und Bevölkerung (Vordere Grafschaft Sponheim 1707, Hintere Grafschaft 1776, Dreiherrisches Gebiet auf dem Hunsrück 1780/84). Auf diese Weise wurde die Landkarte des mittelrheinischen Raumes noch einmal verändert.

Zur Niederwerfung der französischen Revolution von 1789 marschierten der Kaiser und seine Verbündeten, u.a. Preußen, 1792 nach Frankreich ein; schon bald mußten sie den Rückzug antreten. Wenig später wurden Mainz und Aachen von französischen Truppen besetzt. Nach einigen Rückschlägen folgte zwischen Ende 1793 und Herbst 1794 das gesamte linke Rheinufer; die Besatzung sollte sich als dauerhaft erweisen. Das Zeitalter der Ancien Régime war zu Ende.

Im Jahre 1798 begannen die Franzosen auf dem linken Rheinufer mit dem Aufbau einer hierarchisch gegliederten Verwaltung nach dem Vorbild des Mutterlandes. Der Zentrale in Paris unterstanden die Präfekten von vier neuen Departements, darunter Rhin-et-Moselle (Hauptstadt Koblenz) und Sarre (Trier). Die Departements gliederten sich in Arrondissements, die wiederum aus mehreren Gemeinden (Mairien) bestanden. Im Departement Rhein-Mosel, das sich entlang des Rheins von der Nahe bis Bonn erstreckte, gab es die Arrondissements Bonn, Koblenz und Simmern. Der Raum westlich Kirn gehörte zum Arrondissement Birkenfeld im Saar-Departement. Die kirchliche Verwaltungsstruktur wurde der weltlichen angepaßt; Sitz des Bischofs für die Departements Rhein-Mosel und Rur wurde Aachen; zum Bistum Trier gehörte nur das Saar-Departement. Die Präfekten, Unterpräfekten (in den Arrondissements) und Bürgermeister (Maires) waren weisungsgebunden. Verwaltungssprache war französisch, das allerdings nur von einem kleinen Teil der Bevölkerung verstanden und von einer noch kleineren Minderheit aktiv beherrscht wurde. Durch den Frieden von Lunéville wurde das linke Rheinufer 1801 Frankreich zugesprochen.

Rechtsrheinisch blieben die alten Strukturen, auch Reste der Erzstifte Trier und Köln, zunächst bestehen. Erst der Reichsdeputationshauptschluß von 1803 brachte die Aufhebung der geistlichen Territorien. Das rechte Rheinufer kam an das Haus Nassau; 1806 wurde daraus das Herzogtum Nassau gebildet; lediglich das rechtsrheinische Vorland der Festung Rheinfels (mit Nastätten) blieb französisch besetzt.

Zwischen 1798 und 1813 hat es auf dem linken Rheinufer eine völlige Veränderung der Besitzverhältnisse gegeben. Zunächst wurden die grundherrlichen Abgaben abgeschafft (1804). Der Grundbesitz der geistlichen Institutionen und der weltlichen Landesherren wurde Staatseigentum, der größte Teil dieser Güter öffentlich versteigert. Die Besitzverhältnisse wurden dadurch aber nur unwesentlich zugunsten der Bauern geändert; ein großer Teil der Ländereien wurde von Bürgern erworben und an Bauern verpachtet.

Die französische Verwaltung brachte eine durchgehende Trennung von Verwaltung und Justiz. Und eine im gesamten 19. Jahrhundert fortwirkende Bedeutung erlangte die Rechtsreform mit der Einführung eines allgemeinen, dreigliedrigen Instanzenweges sowie einer differenzierten Rechtskodifikation (Code Civil, Code de Commerce, Code Pénal).

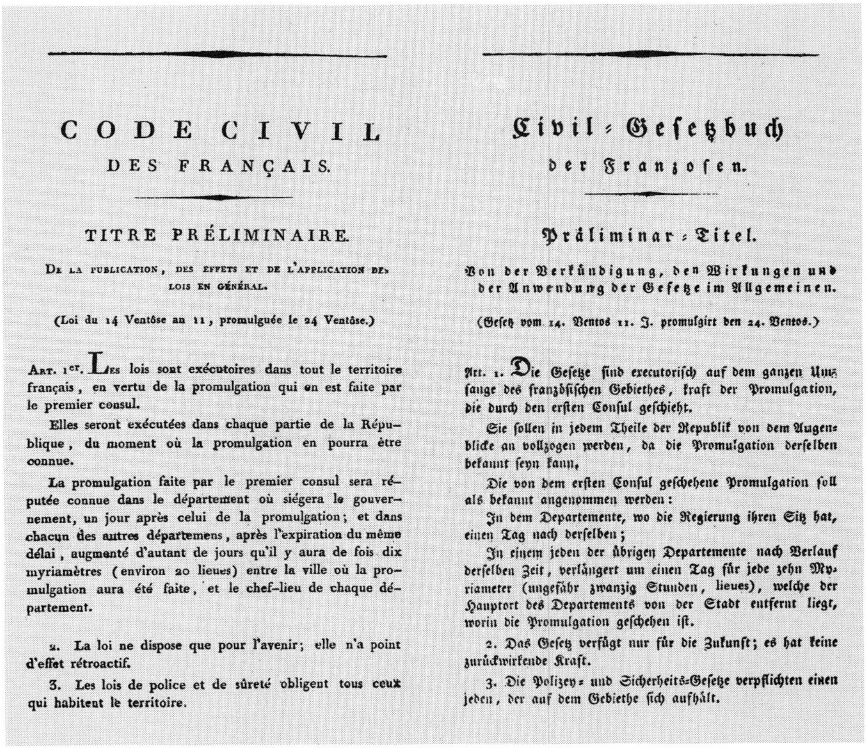

CODE CIVIL

DES FRANÇAIS.

TITRE PRÉLIMINAIRE.

DE LA PUBLICATION, DES EFFETS ET DE L'APPLICATION DES LOIS EN GÉNÉRAL.

(Loi du 14 Ventôse an 11, promulguée le 24 Ventôse.)

ART. 1er. Les lois sont exécutoires dans tout le territoire français, en vertu de la promulgation qui en est faite par le premier consul.

Elles seront exécutées dans chaque partie de la République, du moment où la promulgation en pourra être connue.

La promulgation faite par le premier consul sera réputée connue dans le département où siégera le gouvernement, un jour après celui de la promulgation; et dans chacun des autres départemens, après l'expiration du même délai, augmenté d'autant de jours qu'il y aura de fois dix myriamètres (environ 20 lieues) entre la ville où la promulgation aura été faite, et le chef-lieu de chaque département.

2. La loi ne dispose que pour l'avenir; elle n'a point d'effet rétroactif.

3. Les lois de police et de sûreté obligent tous ceux qui habitent le territoire.

Civil-Gesetzbuch

der Franzosen.

Präliminar-Titel.

Von der Verkündigung, den Wirkungen und der Anwendung der Gesetze im Allgemeinen.

(Gesetz vom 14. Ventos 11. J. promulgirt den 24. Ventos.)

Art. 1. Die Gesetze sind executorisch auf dem ganzen Umfange des französischen Gebiethes, kraft der Promulgation, die durch den ersten Consul geschieht.

Sie sollen in jedem Theile der Republik von dem Augenblicke an vollzogen werden, da die Promulgation derselben bekannt seyn kann.

Die von dem ersten Consul geschehene Promulgation soll als bekannt angenommen werden:

In dem Departemente, wo die Regierung ihren Sitz hat, einen Tag nach derselben;

In einem jeden der übrigen Departemente nach Verlauf derselben Zeit, verlängert um einen Tag für jede zehn Myriameter (ungefähr zwanzig Stunden, lieues), welche der Hauptort des Departements von der Stadt entfernt liegt, worin die Promulgation geschehen ist.

2. Das Gesetz verfügt nur für die Zukunft; es hat keine zurückwirkende Kraft.

3. Die Polizey- und Sicherheits-Gesetze verpflichten einen jeden, der auf dem Gebiethe sich aufhält.

Der Code Civil vom 3. September 1807: Langfristig wirksames Rechtsdenken des konstitutionellen Rechtsstaates

Nach der Niederlage von 1813 mußten die Fanzosen das linke Rheinufer räumen; zunächst wurde dort eine provisorische Verwaltung eingesetzt. Durch die Schlußakte des Wiener Kongresses (1815) kam das linke Rheinufer unterhalb der Nahe- sowie das rechte unterhalb der Lahnmündung an Preußen. Das Herzogtum Nassau behielt den Raum südlich der Lahn und die angrenzenden Gebiete auf dem Westerwald um Montabaur und Westerburg. Kleinere Gebiete erhielten die Häuser Hessen-Homburg (Fürstentum Meisenheim), Sachsen-

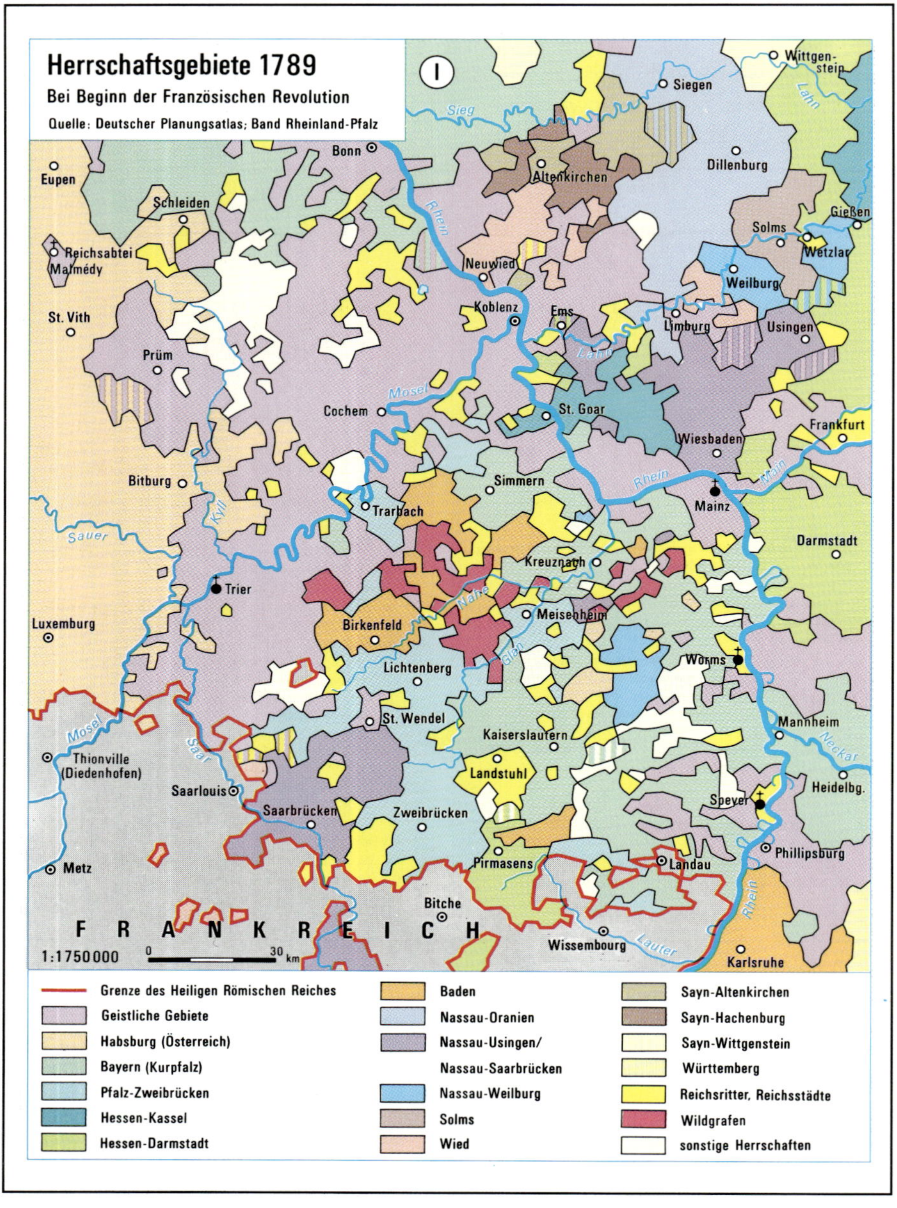

Karte 11: Der rheinland-pfälzische Raum 1789

Karte 12: Der rheinland-pfälzische Raum 1815

Coburg (St. Wendel und Baumholder; Fürstentum Lichtenberg) und Oldenburg (Fürstentum Birkenfeld); Lichtenberg wurde 1834, Meisenheim infolge des Krieges von 1866 preußisch; Birkenfeld blieb bis 1937 oldenburgisch.

Die 1815 an Preußen gefallenen Gebiete erhielten 1818 eine neue Verwaltungsstruktur. Es entstand die Provinz Niederrhein, 1822 mit der Provinz Jülich-Kleve-Berg zur Rheinprovinz vereinigt. An der Spitze stand ein Oberpräsident, der seinen Sitz in Koblenz hatte; ihm unterstellt waren mehrere Bezirksregierungen, u.a. in Koblenz; dieser waren die Kreise Adenau, Ahrweiler, Linz, Altenkirchen, Mayen, Neuwied, Koblenz, Cochem, St. Goar, Zell, Simmern und Kreuznach zugeordnet; deren Anzahl wurde später reduziert. Die Nordgrenze des Regierungsbezirks entsprach der heutigen Landesgrenze; im Süden und Westen hat es mehrfach Veränderungen gegeben. Die Regierungspräsidenten führten die Aufsicht über die Landräte in den Kreisen und die Kommunalverwaltung der Städte und Gemeinden. Diese Verwaltungsreform ist in wesentlichen Punkten bis 1945 gültig geblieben.

Zwischen der Zentrale in Berlin und der Bevölkerung in den Rheinlanden ist es mehrfach zu Spannungen gekommen. Eine wichtige Rolle hat dabei das Verhältnis des Staates zur katholischen Kirche gespielt, der die Mehrzahl der Rheinländer angehörte (Mischehenfrage 1837-1842, Kulturkampf 1873-1878). Zur Vertretung ihrer Interessen haben sich die Katholiken in der Folge auch politisch organisiert; es entstand die Zentrumspartei, die in den Regierungsbezirken Koblenz und Trier bis 1933 ihre Hochburgen hatte. Von der Sozialistengesetzgebung haben sich deutlich weniger Frauen und Männer betroffen gefühlt, da die südlichen Rheinlande in der wirtschaftlichen Entwicklung hinter dem Nordteil der Provinz zurückgeblieben waren und größere, organisiserte Gruppen von Industriearbeitern nicht existierten.

Die Landwirtschaft war und blieb auch weiter bestimmend; in den von der Natur benachteiligten Regionen der Mittelgebirge lebte die Masse der Bevölkerung bis weit in das 20. Jahrhundert hinein in sehr beengten Verhältnissen. Den Weinbau an Rhein und Mosel haben mehrere Absatzkrisen (1830/45, 1920er Jahre) und das Auftauchen der Reblaus mehrfach in der Existenz bedroht.

Der Krieg gegen Österreich im Jahre 1866 brachte das Ende der Selbständigkeit für das Herzogtum Nassau; zusammen mit dem ehemaligen Kurfürstentum Hessen bildete es fortan die preußische Provinz Hessen-Nassau, die von Wiesbaden aus regiert wurde. Die Erfolge im Krieg 1870/71 gegen Frankreich und das Entstehen eines deutschen Reiches mit dem preußischen König an der Spitze sind auch in den Rheinlanden gefeiert worden. Nach dem Abschluß des Kulturkampfes hat ein immer größerer Teil der Bevölkerung die Zugehörigkeit zu Preußen innerlich akzeptiert.

Die Niederlage von 1918 wurde um so schmerzlicher empfunden. Für die Rheinlande begann damit eine Zeit der Besatzung (zunächst Amerikaner, ab 1922/23 Franzosen). Eine Minderheit in der Bevölkerung, die eine engere Orientierung oder einen Anschluß an Frankreich wünschte, wurde von der Besatzungsmacht unterstützt; im Oktober 1923 wurde in Koblenz die „Rheinische Republik" ausgerufen. Mangels Rückhalt in der Bevölkerung brach das Unternehmen sehr schnell zusammen.

Durch die Abtrennung Lothringens und des Saargebietes hatte die Landwirtschaft an Rhein und Mosel wichtige Absatzgebiete verloren. Die wirtschaftlich Krise begann hier schon 1918/19; durch die Weltwirtschaftskrise wurde die Lage noch weiter verschärft. In den Wahlen konnte die NSDAP die Mehrheit der früher konservativ oder national orientierten Wähler für sich gewinnen; das Zentrum mußte zwar Verluste hinnehmen, verfügte aber auch am Ende der Weimarer Republik immer noch über fast die Hälfte der Stimmen. Eine Hochburg des Nationalsozialismus sind die Rheinlande auch nach 1933 nicht geworden. Wo Geistliche beider Konfessionen sich dem NS-Staat widersetzten, konnten sie mit einem gewissen Rückhalt in der Bevölkerung rechnen. Einhalt geboten wurde dem Unrechtsstaat auf diese Weise allerdings nicht. Wie überall brannten auch in unserem Raum am 9. November 1938 die Synagogen, wurden die jüdischen Mitbürger deportiert und ermordet.

Der Zweite Weltkrieg hat sich in seiner Endphase auch auf dem Boden des Rheinlandes abgespielt. Zahlreiche Orte, insbesondere die Städte und die Verkehrsknotenpunkte, waren häufig das Ziel von Luftangriffen. Anfang März 1945 stießen amerikanische Truppen bis zum Rhein vor; am 7. März fiel ihnen die Eisenbahnbrücke bei Remagen unzerstört in die Hände; ein Übergang auf das rechte Rheinufer war möglich. Für unseren Raum war der Krieg deshalb schon vor dem 8. Mai 1945 zu Ende.

Das gesamte Mittelrheingebiet wurde von den Amerikanern besetzt; sie leiteten bereits erste Schritte für den Neuaufbau der Verwaltungen. Im Juli übernahmen die Franzosen das Gebiet. Da zu deren Besatzungszone auch vier vormals nassauische Kreise gehörten (Ober- und Unterwesterwald, Unterlahn, St. Goarshausen), entstand neben den Regierungsbezirken Trier und Koblenz ein Regierungsbezirk Montabaur. Durch Verordnung des Zonenbefehlshabers Pierre Koenig wurde am 30. August 1946 aus diesen drei Regierungsbezirken sowie Rheinhessen und der früher bayerischen Pfalz das Land Rheinland-Pfalz geschaffen. Hauptstadt war bis 1950 Koblenz; dann zog die Landesregierung nach Mainz um. Die beiden ersten Ministerpräsidenten Wilhelm Boden und Peter Altmeier hatten im früher preußischen Teil des Landes ihre politische Heimat.

Karte 13: Regierungsbezirk Koblenz (1993)

Das Land gehörte zunächst zu den wirtschaftlich schwächsten Ländern der 1949 entstandenen Bundesrepublik Deutschland. Es war zudem in seinem Bestand gefährdet, da es in den an Nordrhein-Westfalen grenzenden Kreisen und in der Pfalz Gruppen gab, die sich anderweitig orientieren wollten. Peter Altmeier, von Anfang an ein überzeugter Verfechter des neugeschaffenen Landes, konnte in seiner langen Regierungszeit (1947-1969) Rheinland-Pfalz im Bewußtsein seiner Bewohner verankern. Das Zusammenwachsen der Teile mit unterschiedlicher Geschichte war auch dadurch erschwert, daß es unterschiedliche Verwaltungstraditionen und unterschiedlich große Verwaltungsbezirke gab. Eine Reform war daher unumgänglich. Sie wurde in den Jahren nach 1968 durchgeführt; der Regierungsbezirk Montabaur wurde aufgelöst und Koblenz zugeschlagen; auch die Anzahl der Kreise wurde reduziert; der Regierungsbezirk bestand von nun an aus den Kreisen Ahrweiler, Neuwied, Altenkirchen, Westerwald, Mayen-Koblenz, Rhein-Lahn, Cochem-Zell, Rhein-Hunsrück, Bad Kreuznach und Birkenfeld sowie der Kreisfreien Stadt Koblenz. Die Grenzen zu den Regierungsbezirken Trier und Rheinhessen-Pfalz im Westen und Süden änderten sich ebenfalls. Auf diese Weise bereitete sich Rheinland-Pfalz - als eines der ersten Bundesländer - auf die neuen Herausforderungen vor, die durch die Schaffung eines europäischen Wirtschaftsraumes auf Politik und Verwaltung zukamen. Durch die von Peter Altmeier betriebene Aussöhnung mit den westlichen Nachbarn waren dafür die Grundlagen geschaffen worden; in diesen Zusammenhang gehört auch die 1964 abgeschlossene Moselkanalisierung.

Aus den politischen Veränderungen der Jahre 1989/90 in Europa entstehen nun neue Herausforderungen. Rheinland-Pfalz wird auch in Ost-West-Richtung zum Durchgangsland. Für den Regierungsbezirk Koblenz trifft dies in besonderer Weise zu.

Literatur:

Franz-Josef Heyen (Hrsg.): Geschichte des Landes Rheinland-Pfalz (=Territorien-Ploetz); Freiburg, Würzburg 1981.

Gedrängte Darstellung der Geschichte des rheinisch-pfälzischen Raumes und der wichtigsten Territorien im heutigen Rheinland-Pfalz bis zur Gegenwart.

Ludwig Petry (Hrsg.): Handbuch der historischen Stätten Deutschlands - Rheinland-Pfalz, Saarland; Stuttgart 1965.

Komprimierte ortsgeschichtliche Artikel mit informativer Einführung über die Grundzüge der politischen Entwicklung an Rhein, Mosel, Saar und Unterlahn.

Franz-Josef Heyen und Dieter Lau (Hrsg.): Vor-Zeiten, Geschichte in Rheinland-Pfalz; Mainz 1985 ff.

Aus einer Südwestfunk-Sendefolge hervorgegangene Buchreihe mit historischen Einzelbeiträgen zu grundlegenden Aspekten der regionalen Geschichte.

Heinz Cüppers (Hrsg.): Die Römer in Rheinland-Pfalz; Stuttgart 1989.

Umfangreiches Handbuch mit einem allgemeinen und regionalen/lokalen Teil.

Landeszentrale für politische Bildung Rheinland-Pfalz (Hrsg.): Vergangenheit entdecken, Heimatbuch Rheinland-Pfalz; Neustadt a.d.W. 1984.

Beiträge über zentrale historische Stätten des Landes jeweils mit einer Abbildung und einem sowohl darstellenden als auch in größere geschichtliche Zusammenhänge einordnenden Text.

Staatskanzlei Rheinland-Pfalz (Hrsg.): Rheinland-Pfalz, Heute und Morgen; Mainz 1985.

Historisch-politisches Landesporträt.

Peter Haungs (Hrsg.): 40 Jahre Rheinland-Pfalz, Eine politische Landeskunde; Mainz 1986.

Ausführliche politische Landeskunde.

Landesarchivverwaltung Rheinland-Pfalz (Hrsg.): Veröffentlichungen der Kommission des Landtages für die Geschichte des Landes Rheinland-Pfalz, Mainz (früher Boppard) 1978 ff.

Umfassende und grundlegende wissenschaftliche Reihe (bisher 10 Bände) mit Quelleneditionen und Monographien zur Entstehung und Entwicklung des Landes.

Kultusministerium Rheinland-Pfalz (Hrsg.): Museumsführer Rheinland-Pfalz; Mainz 1984.

Vorstellung der rheinland-pfälzischen Museen in Wort und Bild.

Landesarchivverwaltung Rheinland-Pfalz (Hrsg.): Jahrbuch für westdeutsche Landesgeschichte; Koblenz seit 1975.

Wissenschaftliche Zeitschrift für alle Bereiche der Landesgeschichte von Rheinland-Pfalz.

Gesellschaft für Rheinische Geschichtskunde, Franz Irsigler und Günter Löffler (Hrsg.): Geschichtlicher Atlas der Rheinlande (= Publikation der Gesellschaft für Rheinische Geschichtskunde, N.F. 12); Köln 1982 ff.

Umfangreiches Atlaswerk thematischer Karten in Einzellieferungen mit Erläuterungsheften.

Franz Petri und Georg Droege (Hrsg.): Rheinische Geschichte; 5 Bände in 7 Teilen; Düsseldorf 1978 ff.

Grundlegende wissenschaftliche Gesamtdarstellung neueren Datums, die den Raum der heutigen Länder Rheinland-Pfalz, Saarland und den Landesteil Nordrhein des Landes Nordrhein-Westfalen umfaßt.

PAUL-GEORG CUSTODIS

Kunstgeschichtliche Grundzüge des mittelrheinischen Raumes

Historisch gesehen stießen am Rhein die Herrschaftsräume der Kurfürsten von Köln, Mainz und Trier zusammen, vielfach verzahnt mit Territorien des hohen und niederen Adels. Zunächst waren die Flüsse Raumachsen und Leitlinien dörflicher und städtischer Besiedlungen. Hier entwickelten sich „Kunstlandschaften", ein Begriff aus der älteren Kunstgeschichte, den die moderne Kunstwissenschaft wie auch die Volkskunde um den Aspekt der „Hausforschung" erweitert hat.

Die Materialien dieser Region - Schieferbruchstein für Mauern, dünne Schieferplatten für Dacheindeckungen und die Holzvorkommen der Wälder - gaben die Baustoffe für Burgen und Kirchen, für städtische Siedlungen und Dörfer ab. Gerade die kleinteiligen Wohnbauten legen dabei Zeugnis von den Arbeits- und Lebensbedingungen ihrer Bewohner wie auch von wirtschaftlichen Zusammenhängen der Region ab.

Für den Bereich des Regierungsbezirks Koblenz liegen umfangreiche Kunstdenkmälerinventare vor, deren Anfänge im Westerwald bis in das späte 19. Jahrhundert zurückreichen. Ihre Herausgabe wurde durch das Landesamt für Denkmalpflege nach dem Zweiten Weltkrieg fortgesetzt und in den letzten Jahren durch die Reihe „Denkmaltopographie" im Zuge einer flächendeckenden Erfassung der Kulturdenkmäler erweitert.

Ein kunstgeschichtlicher Überblick kann zwangsläufig für den Regierungsbezirk Koblenz nur Leitlinien aufzeigen. Territorialer und kunstgeschichtlicher Mittelpunkt war über viele Jahrhunderte Koblenz, der Stützpunkt des Trierer Erzstiftes für dessen Besitz am Mittelrhein und an der unteren Mosel. Balduin von Luxemburg, der Bruder Kaiser Heinrichs VII., der bedeutendste Trierer Erzbischof des hohen Mittelalters, ließ hier eine feste Moselbrücke errichten. Koblenz und Ehrenbreitstein auf dem rechten Rheinufer wurden zur zweiten trierischen Residenz. Mit den Stiftskirchen St. Florin und St. Kastor entstanden im 13. Jahrhundert hier bedeutende romanische Innenräume im „gebundenen System". Kölner und triererische Einflüsse vermischten sich hier.

In der Liebfrauenkirche in Andernach und der Severuskirche in Boppard wurde der Typus zur dreischiffigen Emporenbasilika weiterentwickelt. Reiche Farbfassungen der Innenräume im Farbkanon Rot-Ocker-Schwarz mit figürlichen Ausmalungen sind ihnen allen eigen.

Koblenz entwickelte sich im 13. Jahrhundert zum Sitz einer bedeutenden Bildhauerschule, aus deren Werkstatt das Grabmal des Heinrich von Sayn, heute im Germanischen Nationalmuseum in Nürnberg, wie auch die sogenannte Bopparder Madonna und eine Muttergottes im Trierer Diözesanmuseum stammen.

Mit dem Bau reicher Choranlagen im „rheinischen Stil" kamen kurz vor der Mitte des 13. Jahrhunderts neue und reiche Einflüsse hinzu. Erpel, Sinzig und Linz zeigen derartige Choranlagen von eleganter Leichtigkeit, bei denen zierliche Säulendienste mit Knospenkapitellen frei vor die Wandscheiben treten und in einem hängenden Schlußstein enden.

Das Stift von Münstermaifeld wurde seit dem frühen Mittelalter ein Zentrum von Besiedlung und Kultur und ließ im 12. und 13. Jahrhundert eine monumentale Kirche errichten. Die dreischiffige Basilika mit reich gegliedertem Ostchor wird von der mächtigen, stumpf endenden Westturmgruppe bestimmt. Ein wichtiger Faktor in der Entwicklung der Kunstgeschichte des Mittelrheins wurden die Klöster. Am Ufer des Laacher Sees, dessen Wasserspiegel im 12. Jahrhundert ingenieurmäßig abgesenkt worden war, entstanden Kloster und Kirche der Benediktiner, „eine der vollkommensten Äußerungen romanischer Baukunst in Deutschland" (Dehio, Handbuch der Deutschen Kunstdenkmäler). Ihre Bau- und Konstruktionselemente, Wandaufbauten und Wölbungstechniken haben in den romanischen Domen von Speyer und Mainz ihre unmittelbaren Vorläufer. In Marienstatt im hohen Westerwald ließen im frühen 13. Jahrhundert die Grafen von Sayn ein Zisterzienserkloster gründen. Bald nach 1222 entstand dort eine frühgotische, kreuzgewölbte Basilika. Der hohe Chor mit einem Kranz von sieben Kapellen gehört in Deutschland zu den frühesten Beispielen, bei denen Kapellenkranz und sichtbares Strebesystem als wesentliche Elemente der französischen Hochgotik übernommen wurden.

In besonderer Weise künden die Burgruinen am Rhein von kleinteiligen territorialen Aufgliederungen. Gerade am Mittelrhein zwischen Bingen und Koblenz drängen sie sich auf Felsvorsprüngen und künden davon, daß das Rheintal seit dem Beginn dieses Jahrtausends Machtzentrum des Deutschen Reiches und wichtige Handelsstraße war. Zoll- und Münzrecht wie auch Gerichtsbarkeit, ursprüngliche Schutzaufgaben, sicherten Einkünfte und Macht. Burgen sollten der Landesverteidigung dienen und die Interessen des Schutzherrn wahrnehmen.

Nicht ohne Grund zogen gerade die Burgen am Rhein seit der beginnenden Neuzeit Dichter, Maler und das Bildungsbürgertum in seinen Bann. Die wie Kulissen vortretenden Felshänge, Burgen und Winzerdörfer sowie Geschichten und Sagen von Helden, Nixen und Unholden verschmolzen zu einem einzigartigen Szenarium, das seit dem späten 18. Jahrhundert unter dem Begriff „Rheinromantik" bekannt wurde.

Dieses Jahrhundert fügte der „Kulturlandschaft" Mittelrhein vor allem eine Reihe barocker Residenzanlagen hinzu. Allen voran ging die Verlegung der kurtrierischen Residenz nach Koblenz und der Bau des neuen Schlosses im französisch-klassizistischen Stil. Die Stadt wurde, wie auch der Ortsteil Ehrenbreitstein, nach einheitlicher Planung vergrößert. In Neuwied entstand in der zweiten Hälfte des 17. Jahrhunderts auf schachbrettartigem Grundriß eine neue Stadt mit der Residenz der Grafen zu Wied. In Diez wurde zur gleichen Zeit die Neustadt angelegt. Hachenburg und Molsberg im Westerwald wurden mit Barockschloßanlagen bereichert, in Montabaur die mittelalterliche Burg barock überformt. In Engers wurde nach einer Planung des kurtrierischen Hofbaumeisters Johannes Seiz in den Jahren 1759/62 ein reich ausgestattetes Jagdschloß angelegt. Sein Festsaal mit der Malerei des Hofmalers Januarius Zick ist wohl der schönste Profanraum des Rokoko in Rheinland-Pfalz.

Nach dem Zusammenbruch des Alten Reiches kam das Rheinland ab 1815 zu Preußen. Neue öffentliche Bauaufgaben standen bevor. Straßen und Brücken, Schulen, Kirchen und Verwaltungsgebäude waren neu zu errichten. Diese Bauaufgaben wurden vornehmlich von den zuständigen Kreisbaumeistern wahrgenommen, jedoch von der preußischen Oberbaudeputation unter Karl Friedrich Schinkel erheblich beeinflußt und korrigiert. Johann Claudius von Lassaulx und Ferdinand Nebel bestimmten weitgehend die Entwicklung im Rheinland. Mitglieder des preußischen Herrscherhauses ließen am Rhein die Burgen Rheinstein, Sooneck und Stolzenfels romantisch ausbauen.

Neben der „offiziellen Architektur" entwickelten sich in kleingliedrigen Bereichen Bauweisen, deren Haus- und Hofformen durch die regionalen Materialien bestimmt waren:

- An Rhein und Mosel entstanden seit dem ausgehenden Mittelalter Winzersiedlungen in Fachwerkbauweise. Diese Bauten, meist mit übergewölbtem Keller und massivem Erdgeschoß, weisen Architekturen mit reichen Schnitzereien auf.
- Bruchstein war das Baumaterial für die Wohnbauten der Eifelregion; aus Tuff und Basaltlava wurden hier die Werksteingewände der Türen und Fenster geschlagen.
- Die bäuerlichen Gehöfte des Westerwaldes wurden in Fachwerkbauweise errichtet. Wohn- und Stallteil stehen entweder als getrennte Baukörper oder sind unter einem durchgehenden Dach als sogenannte Einfirstanlagen angeordnet.
- Der Hunsrück ist durch große Gehöftanlagen, vielfach mit Mansarddach, bestimmt, denen sich Scheunen und Nebengebäude um einen Hof zuordnen.

Zahlreiche Flurdenkmäler im Umkreis der Dörfer ergänzen die bäuerlichen Hofanlagen. In den traditionell katholischen Regionen sind es Wegekreuze, Kreuzwegstationen und kleinere Kapellen. Die tiefgreifenden Wandlungen des ländlichen Raumes haben jedoch in den letzten Jahrzehnten zunehmend den alten Stand verändert, so daß nur noch wenige geschlossene Dorfanlagen die charakteristischen Wohn- und Lebensweisen früherer Jahrhunderte verdeutlichen.

Ein weiterer Aspekt der Kunst- und Kulturlandschaften beiderseits des Mittelrheins, der erst in den letzten Jahren zunehmend Beachtung fand, sind die Technischen Denkmäler. Vielfältig sind die Spuren der Industrie- und Technikgeschichte dieser Region, also Zeugnisse der Wirtschafts- und Technikentwicklung, Hinterlassenschaften der wirtschaftlichen und sozialen Entstehung eines Raumes, Ausdruck der Beherrschung der Natur durch den menschlichen Geist. Sie sind zwangsläufig mit den Bodenschätzen und ihrer Verarbeitung, mit Verkehrswegen und Energieträgern der jeweiligen Räume verbunden. Die Erzvorkommen im Westerwald und in der Eifel ließen dort Zentren der Eisenverhüttung entstehen. Die preußische Sayner Hütte sowie die Rheinböller Hütte und die Eisenhütte in Quindt bei Trier entwickelten sich im 19. Jahrhundert zu beachtlicher Größe. Ihre Erzeugnisse, Poterie (Geschirrguß), Gebrauchseisen, Treppengeländer, Takenplatten und Kunstprodukte sind noch heute vielfach nachzuweisen und gehören zu den Ausstellungsbeständen regionaler und überregionaler Museen.

Während noch bis zum Zweiten Weltkrieg der gesamte Westerwald vom Erzbergbau, von Fördertürmen, Stollen und Transportsystemen bestimmt war, sind deren Spuren heute fast vollständig getilgt. Sie fielen dem Strukturwandel der regionalen Wirtschaft zum Opfer. Die Bergbaugeschichte der Region, die im Mittelalter begann, läßt sich heute nur noch wenig nachweisen, in besonderem Maße im Förderturm der Grube Georg bei Willroth. Dieser Förderturm, obwohl erst 1953 entstanden, steht heute stellvertretend für die untergegangene Bergbautradition des Westerwaldes.

In gleicher Weise waren die Zeugnisse des Verkehrswesens zu Wasser und zu Lande starken Weiterentwicklungen unterworfen. Der Drehkran von Andernach mag dabei für den mittelalterlichen Verkehr stehen, als die Steinprodukte der Eifel, Holzwaren und Weinvorräte unmittelbar von der Straße auf den Wasserweg umgeladen wurden. Ebenso repräsentieren die Steinbrücken von Bingen und Koblenz, die Brücke von Bad Kreuznach mit ihren charakteristischen Brückenhäusern sowie die Steinbrücke über die Niester bei Marienstatt vorindustrielle Verkehrssysteme und verbinden funktionale Gestaltung mit ästhetischem Reiz.

Seit der Mitte des 19. Jahrhunderts entstanden schließlich die Eisenbahnstrecken links und rechts des Rheines. Ihre Bahnhöfe in spätklassizistischer Architektur gehören zu den frühen Zeugnissen der Eisenbahngeschichte und weisen auf das Aufkommen eines industriellen Zeitalters hin.

Ländliche und technische Kulturdenkmäler: Haus Wolfersweiler im Freilichtmuseum Sobernheim (um 1810/20) und Sayner Hütte in Bendorf (1830)

Literatur:

Dehio-Vereinigung (Hrsg.): Rheinland-Pfalz/Saarland (=Handbuch der Deutschen Kunstdenkmäler) München, Berlin 2. Auflage 1984.

Traditionsreiches und zuverlässiges Kunstdenkmälerinventar.

Provinzialverband der Rheinprovinz (Hrsg.): Die Kunstdenkmäler der Rheinprovinz; Düsseldorf 1935 ff. - Bd. 17.1: Kreis Ahrweiler; Bd. 16.1: Kreis Altenkirchen; Bd. 20.1: Die kirchlichen Denkmäler der Stadt Koblenz; Bd. 16.3: Landkreis Koblenz; Bd. 18.1: Kreis Kreuznach; Bd. 17.2: Kreis Mayen, 1. Halbband; Bd. 16.2: Kreis Neuwied; Bd. 19.3: Kreis Zell.

Die Bau- und Kunstdenkmäler der nassauischen Kreise, Bau- und Kunstdenkmäler des Regierungsbezirks Wiesbaden, bearbeitet von Ferdinand Luthmer; Frankfurt 1907 ff. - Bd. III: Oberlahnkreis, Kreis Limburg und Unterlahnkreis; Bd. IV: Die Kreise Biedenkopf, Dill, Oberwesterwald und Westerburg; Bd. V: die Kreise Unterwesterwald, St. Goarshausen, Untertaunus und Wiesbaden, Stadt und Land.

Landesamt für Denkmalpflege Rheinland-Pfalz (Hrsg.): Die Kunstdenkmäler von Rheinland-Pfalz; Koblenz 1954 ff. - Bd. 3: Kreis Cochem; Bd. 1: Stadt Koblenz; Kreis Mayen, 2. Halbband (Düsseldorf 1943 - NDr.); Bd. 6,1: Rhein-Hunsrück-Kreis, Teil 1; Bd. 8: Die Kunstdenkmäler des Rhein-Hunsrück-Kreises.

Beschreibung der Kunstdenkmäler im Regierungsbezirk Koblenz im historischen Kontext.

Kulturdenkmäler in Rheinland-Pfalz; hrsg. im Auftrag des Kultusministeriums vom Landesamt für Denkmalpflege (=Denkmaltopographie Bundesrepublik Deutschland); Düsseldorf 1986 ff.

Flächendeckende Erfassung der Kunstdenkmäler (bisher zehn Bände) nach den Kriterien heutiger Denkmalbewertung in einer amtlichen Reihe.

Berthold Roland u.a. (Red.): Kunst und Kultur in Rheinland-Pfalz; Bd. 1: Burgen und Schlösser. Bad Neuenahr-Ahrweiler 1981; Bd. 2: Kirchen, Dome und Schlösser; Bad Neuenahr-Ahrweiler 1982.

Reich bebilderte kunst- und kulturgeschichtliche Darstellung.

Justinus Bendermacher: Dorfformen in Rheinland-Pfalz; Köln 1981.

Erfassung rheinland-pfälzischer Dorfformen an ausgewählten Beispielen.

Paul-Georg Custodis: Technische Denkmäler in Rheinland-Pfalz; Koblenz 1990.

Eingehende Beschreibung von 79 Technischen Denkmälern des gesamten Bundeslandes.

Bundenbach, Keltensiedlung Altenburg:
Agrargesellschaftliche Lebensweise

Farbtafel 1

Bad Kreuznach, Villa rustica:
Romanisierung der Provinz
(Mosaikfußboden)

Farbtafel 2

Rommersdorf, Abtei:
Römertum und Christentum als mittelalterliche Kulturbausteine
(mittlere Säulen römisch)

Farbtafel 3

Maria Laach, Abtei:
Monastische Welt der Romanik

Farbtafel 4

Ravengiersburg, Ehemaliges Stift:
Kurmainzische Präsenz auf dem Hunsrück

Farbtafel 5

Eltz, Burg:
Zeitgeist des Mittelalters

Farbtafel 6

Montabaur, Schloß:
Kurtrierische Präsenz im Westerwald

Farbtafel 7

Ediger-Eller, Haus Nr. 174:
Moselfachwerk als Ausdruck bürgerlicher Selbstdarstellung

Farbtafel 8

Sobernheim, Freilichtmuseum, „Rat- und Gemeindehaus Hasselbach/Hunsrück":
Dörfliche Lebensorganisation im 18. Jahrhundert *Farbtafel 9*

Engers, Schloß:
Spätbarocker Zeitgeist

Farbtafel 10

Ehrenbreitstein, Festungshof:
Sicherheitsdenken im 19. Jahrhundert

Farbtafel 11

Koblenz, Schloß:
Kurtrierische und preußische Präsenz am Rhein

Farbtafel 12

Stolzenfels, Schloß:
Rheinromantik des 19. Jahrhunderts

Farbtafel 13

Bendorf, Sayner Hütte:
Frühindustrialisierung im mittelrheinischen Raum

Farbtafel 14

Willroth, Grube Georg:
Regionale Deindustrialisierung in der Montanwirtschaft — *Farbtafel 15*

Bad Ems, Kurhaus:
Flair eines Weltbades

Farbtafel 16

KLAUS KREMB / PETER LAUTZAS

Die Exkursionsräume und ihre landesgeschichtliche Erschließung

Immer wieder hat die Geschichte im rheinland-pfälzischen Raum aus überlieferten Elementen Neues geschaffen: römische Provinzen, fränkische Grafschaften, geistliche und weltliche Territorien, französische Departements und schließlich nach dem Wiener Kongreß Regierungsbezirke und Landkreise.

Wie also kann ein Zugang gefunden werden zu dieser Vielschichtigkeit, die sich „in Grenzen unbegrenzt" darbietet. Einen überaus informativen Weg beschreitet das „Handbuch der historischen Stätten" (Petry) durch seine kurzgefaßten ortsgeschichtlichen Überblicke. In gleicher Weise verfährt das „Handbuch der deutschen Kunstdenkmäler" (Dehio) in kunstgeschichtlicher Hinsicht. Einen anderen Zugriff versucht der „Territorien-Ploetz" (Heyen), indem er auf historische administrative Räume zurückgreift.

Der im folgenden eingeschlagene Weg geht dagegen von der heute vorhandenen politischen Struktur aus, das heißt der Kreisfreien Stadt Koblenz und den Landkreisen Mayen-Koblenz, Rhein-Hunsrück-Kreis, Bad Kreuznach, Birkenfeld, Cochem-Zell, Ahrweiler, Neuwied, Altenkirchen, Westerwaldkreis sowie Rhein-Lahn-Kreis. Dabei werden aus der Fülle der Objekte wenige ausgewählt, die geschichtsräumlich greifbare Aussagen zu zentralen Fragestellungen ermöglichen.

Mit diesem Konzept soll der Benutzer des vorliegenden Buches gezielt zur Begegnung mit der Geschichte vor Ort angeregt werden. Indem die Autoren dafür den Rahmen gegenwärtiger administrativer Räume gewählt haben, versuchen sie zugleich einen Beitrag zu leisten zu einem historisch-politischen Gegenwartsraum-Bewußtsein.

Diesem Ziel dient auch die von Waltraut Willgerodt erarbeitete und von Jürgen Schmidt kartographisch umgesetzte Karte der „Kulturdenkmäler im Regierungsbezirk Koblenz", die dem Band als Anlage beigegeben ist.

Schließlich sei ergänzend auf die historische Topographische Karte als kulturgeschichtliche Quelle verwiesen. Für das Gebiet des Regierungsbezirks Koblenz liegt hierzu ein nahezu flächendeckendes, von französischen und preußischen Offizieren geschaffenes Kartenwerk vor, die 1803 ff. erfolgte „Kartenaufnahme der Rheinlande durch Tranchot und von Müffling". Entsprechend ihrer Entstehungszeit zeigt sie die Raumsituation vor der Industrialisierung. Als Beispiel wird ein Auszug aus Blatt „Koblenz" angefügt. Da die einzelnen Kartenblätter zudem im Nachdruck (Maßstab 1:25.000) vorliegen - herausgegeben von den Landesvermessungsämtern Rheinland-Pfalz, Nordrhein-Westfalen und Hessen - sind die Exkursionsräume in landesgeschichtlicher Hinsicht vielfältig erfaß- und erfahrbar.

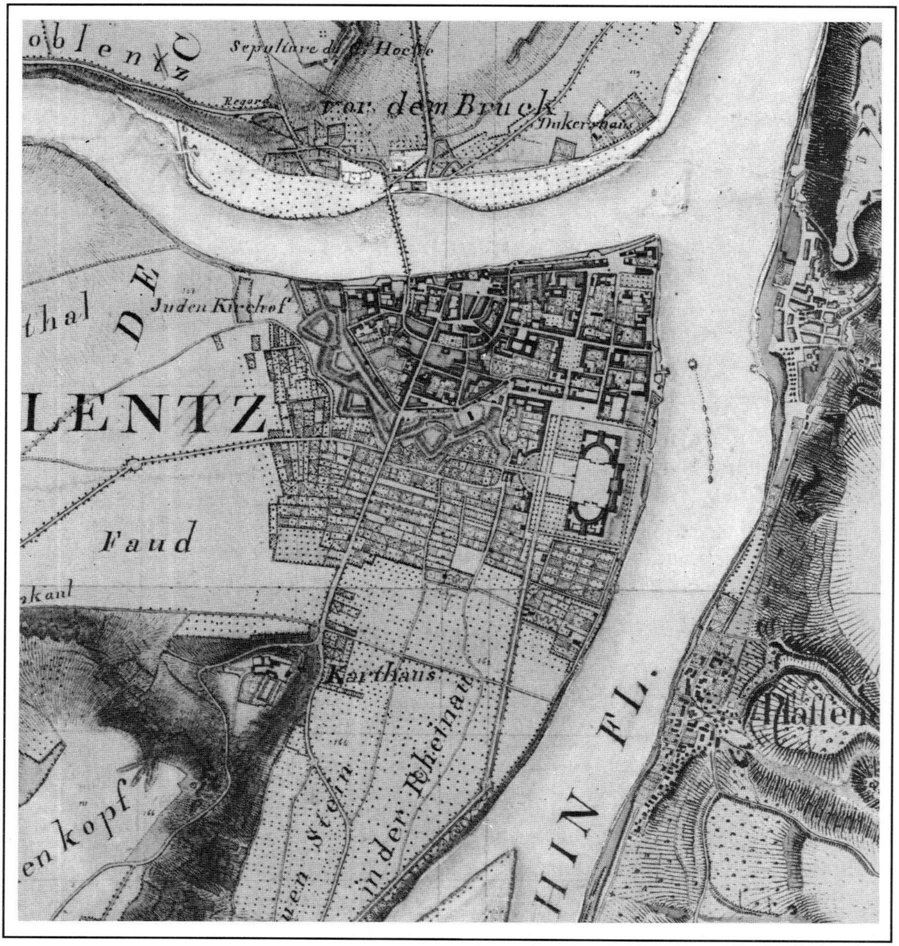

Aufgenommen 1810 von Capitaine Boucher, rechtsrheinisch ergänzt 1817/19 von Lieutenant Kraus: Ausschnitt aus Bl. 136 Koblenz/79 Vallendar der „Kartenaufnahme der Rheinlande durch Tranchot und von Müffling (1801-1828)"

Vervielfältigt mit Genehmigung des Landesvermessungsamtes Rheinland-Pfalz, Kontrollnummer 369/92, durch den Verband der Geschichtslehrer Deutschlands - Landesverband Rheinland-Pfalz

ARNO HÖFER

Kreisfreie Stadt Koblenz

1 Kastorkirche und Kastorbrunnen
2 Balduinbrücke
3 Theater
4 Schloß
5 Deutsches Eck
6 Festung Ehrenbreitstein
7 Südliche Vorstadt
8 Oberwerth
9 Deutschherrenhaus
10 Alte Burg
11 Metternich-Haus
12 Mittelrheinmuseum
13 Clemensbrunnen
14 Provinzialregierung
15 Oberpräsidium
16 Görreshaus
17 Görresdenkmal
18 Schloß Stolzenfels

Aufschlußreiche Einblicke in die Geschichte von Koblenz ergaben sich 1952 bei Ausschachtungsarbeiten auf dem Münzplatz: Man stieß auf Überreste eines römischen Kastells. Darüber lagerte Kulturschutt von der Antike bis zur Neuzeit. Das Niveau des heutigen Koblenzer Innenstadtbereiches liegt deshalb vier bis fünf Meter über dem des römischen Confluentes.

Das hier vermutlich zur Regierungszeit von Kaiser Tiberius (14-37 n. Chr.) errichtete Hilfstruppen-Kastell sicherte den strategisch wichtigen Moselübergang und die Rheingrenze. Der Name Confluentes (die zusammenfließenden Flüsse) wird erstmals in den „Kaiserbiographien" des römischen Geschichtsschreibers Sueton (ca. 70-100 n. Chr.) erwähnt.

Rhein und Mosel waren in römischer Zeit wichtige Verkehrswege für die Handelsschiffahrt und die Versorgung der römischen Legionen. Der Zusammenfluß bildete zugleich aber auch eine verkehrstechnische Barriere, die mit aufwendigen Brückenbauten überwunden werden mußte. Überreste einer römischen Moselbrücke wurden im Jahre 1865 bei Niedrigwasser in der Nähe der Balduinbrücke entdeckt, und im Jahre 1938 stieß man erstmals im Rhein auf Holzfundamente, die, mit eisernen Spitzen versehen, in den Untergrund gerammt worden waren. Bei Bauarbeiten in der Altstadt fand man zahllose Überreste aus römischer Zeit, die leider nur teilweise gesichert werden konnten. So befinden sich Teile der Mauer in der Garage einer Wohnanlage, sind die Fundamente einer Badeanlage nur anhand einer Bronzeplatte identifizierbar.

Um 250 n.Chr. überfielen die Franken die ungesicherte Stadt. Danach bauten die römischen Einwohner, die zum großen Teil Händler, Handwerker und Kaufleute waren, eine Steinmauer, deren Türme zum Teil heute noch erhalten sind. Der nördliche Turm des Pfarrhauses an der Danne ist bis in den Dachboden hinauf römischen Ursprungs, und der Chor der Florinskirche steht auf den Überresten eines Römerturms. Mitte des 5. Jahrhunderts besetzten die Franken die römischen Städte am Rhein. Koblenz als römisches Staatsgut wurde Eigentum der fränkischen Könige. Ein Aufenthalt Karls des Großen in Koblenz ist für das Jahr 806 belegt.

Besondere historische Bedeutung erlangte Koblenz im Zusammenhang mit den Reichsteilungen unter Karls Enkeln: Im Oktober 842 verhandelten die Bevollmächtigten Ludwigs des Deutschen, Lothars I. und Karls des Kahlen im Kastorstift über die Aufteilung des fränkischen Reiches, die im darauffolgenden Jahr in Verdun vorgenommen wurde.

Ein entscheidender Einschnitt erfolgte dann im Jahr 1018: Kaiser Heinrich II. schenkte die Stadt Koblenz dem Erzbischof von Trier. Nahezu 800 Jahre blieb die Stadt dann unter der Herrschaft der Erzbischöfe, die bereits 1020 mit

Ehrenbreitstein einen Brückenkopf auf der rechten Rheinseite erwarben. Das trierische Kreuz im Koblenzer Wappen drückt diese Beziehung deutlich aus.

Ebenfalls mit dem geistlichen Koblenz verbunden ist der Deutsche Ritterorden. Er erwarb an der Moselmündung ein Grundstück und errichtete seine Ordensgebäude in dem Dreieck von Mosel und Rhein, das nach der Niederlassung der Deutschordensritter im Jahre 1216 den Namen „Deutsches Eck" erhielt. Im Zweiten Weltkrieg wurden die erhaltenen Ordensgebäude teilweise zerstört. Reste einer kleinen Kapelle befinden sich im Blumenhof. Ein Museum für moderne französische Kunst wird im alten Ordensgebäude eingerichtet.

Nach einem großen Stadtbrand im Jahre 1245 bauten die Koblenzer eine neue Ringmauer, die auch die neuen Stadtgebiete in Richtung Rhein umschloß. Die Bürgerschaft mußte erhebliche Steuern und Arbeitsleistungen erbringen. Reste der Stadtmauer, die nach dem Zweiten Weltkrieg noch bestanden, wurden dem Bau einer Tiefgarage auf dem Zentralplatz geopfert. Lediglich ein Turm ist als Teil einer Hauswand erhalten.

Neue Konstellationen brachte die Reformation, gegen die die Trierer Kurfürsten, als Erzbischöfe zugleich weltliche und geistliche Herren der Stadt, mit allen

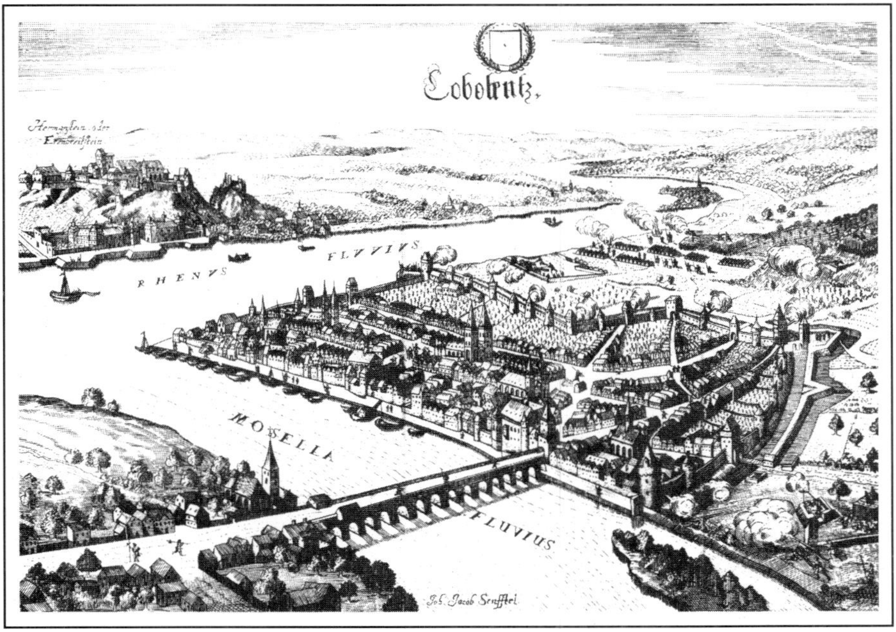

Koblenz: Entstanden aus dem römischen Confluentes

Mitteln vorgingen. So wurden 1580 Jesuiten nach Koblenz berufen. Der Erzbischof übergab ihnen ein ehemaliges Nonnenkloster, das der Orden durch Zubauten erheblich erweiterte. Während Teile dieses Baukomplexes heute zu Verwaltungs- und Geschäftszwecken genutzt werden, wurde die Jesuitenkirche im Zweiten Weltkrieg völlig zerstört - lediglich ein Renaissanceportal blieb erhalten.

Im Dreißigjährigen Krieg wurde Koblenz zweimal belagert und zerstört. Nur jeder vierte Einwohner überlebte die Kriegszeit. Immer wieder wurde die Bevölkerung von Seuchen - insbesondere von Pestepidemien - heimgesucht. Es waren vor allem die hygienischen Mißstände, die in allen Städten bis noch ins 20. Jahrhundert hinein für die Ausbreitung von Krankheiten sorgten. So war es eine bemerkenswerte Leistung, als in den Jahren 1783 bis 1786 Kurfürst Clemens Wenzeslaus eine Wasserleitung in Form gußeiserner Röhren über die Balduinbrücke nach Koblenz verlegen ließ. Der Brunnenobelisk vor dem Stadttheater erinnert daran, daß seit 1791 auch die Koblenzer Bürger sich mit Frischwasser versorgen konnten.

Im gleichen Jahr war Koblenz eines der Zentren französischer Revolutionsemigranten. Von hier begann auch der Aufmarsch zur von Goethe beschriebenen „Kampagne in Frankreich", die am 20. September 1792 zur „Kanonade von Valmy" führte. Mit dem darauffolgenden Siegeszug der französischen Revolutionstruppen erfolgte dann auch das Ende der kurfürstlichen Herrschaft in Koblenz. Nur wenige Jahre nach dem Einzug in das neuerbaute Schloß mußte der Kurfürst seine Residenz verlassen; 1798 wurde Koblenz Hauptstadt des Departements Rhin-et-Moselle.

Die nachrevolutionäre Ordnung in Europa wurde dann ganz wesentlich durch den österreichischen Staatskanzler Fürst Metternich bestimmt, der im Metternich-Haus, das heute vor allem der Präsentation von Kunstausstellungen dient, geboren wurde. Er war 1814/15 maßgeblich an den Verhandlungen auf dem Wiener Kongreß beteiligt, in dessen Folge die Rheinlande an Preußen fielen.

Für Koblenz brachte diese neue Territorialzugehörigkeit einschneidende Folgen, denn mit dem Bau der Festung Ehrenbreitstein und einem Ring von Befestigungen entwickelte sich die Stadt zur - nach Gibraltar - stärksten Festung Europas und wurde zudem Verwaltungssitz der preußischen Rheinprovinz.

Erst durch die Gründung des Landes Rheinland-Pfalz verlor Koblenz seine Hauptstadtfunktion. Die entscheidenden Weichen wurden jedoch hier gestellt: Im November 1946 fand im Stadttheater die konstituierende Sitzung der Beratenden Landesversammlung statt, deren Aufgabe es war, einen Verfassungsentwurf zu erarbeiten. Der erste Landtag führte seine konstituierende Sitzung 1947 im großen Rathaussaal durch. Die Plenarsitzungen fanden bis 1951 im Görresbau des Katholischen Lesevereins statt.

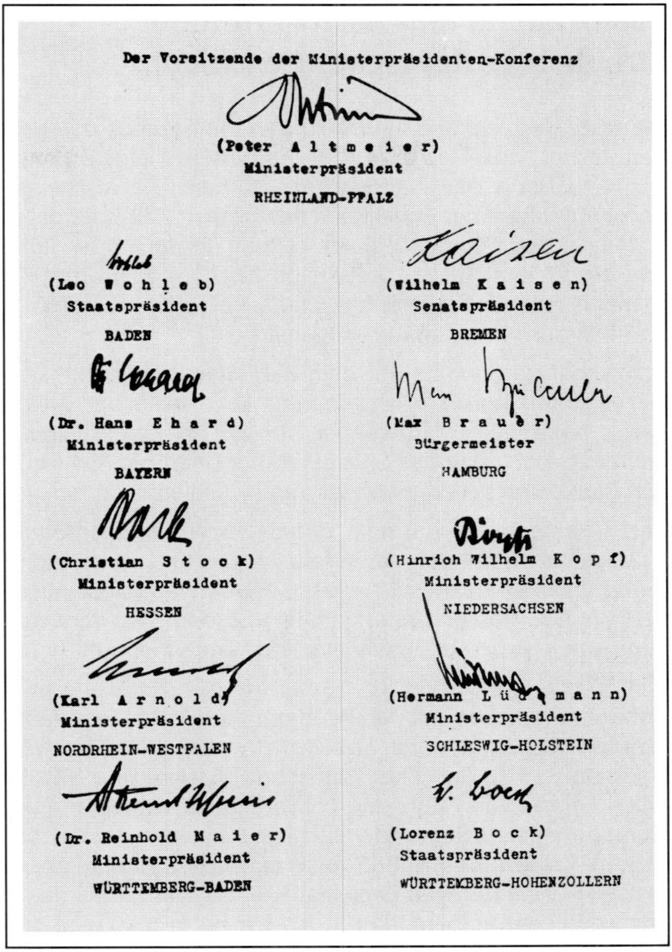
Der Vorsitzende der Ministerpräsidenten-Konferenz

(Peter Altmeier)
Ministerpräsident
RHEINLAND-PFALZ

(Leo Wohleb)
Staatspräsident
BADEN

(Wilhelm Kaisen)
Senatspräsident
BREMEN

(Dr. Hans Ehard)
Ministerpräsident
BAYERN

(Max Brauer)
Bürgermeister
HAMBURG

(Christian Stock)
Ministerpräsident
HESSEN

(Hinrich Wilhelm Kopf)
Ministerpräsident
NIEDERSACHSEN

(Karl Arnold)
Ministerpräsident
NORDRHEIN-WESTFALEN

(Hermann Lüdemann)
Ministerpräsident
SCHLESWIG-HOLSTEIN

(Dr. Reinhold Maier)
Ministerpräsident
WÜRTTEMBERG-BADEN

(Lorenz Bock)
Staatspräsident
WÜRTTEMBERG-HOHENZOLLERN

Auf dem Weg zur Bundesrepublik Deutschland: Die Rittersturz-konferenz 1948 (Schlußdokument)

Eine bedeutsame Rolle in der Geschichte der Bundesrepublik spielte Koblenz, als im Jahr 1948 im städtischen Hotel auf dem Rittersturz die Konferenz der Ministerpräsidenten der Länder in den drei Westzonen tagte, auf der über den Zusammenschluß der Länder zur Bundesrepublik beraten wurde. Koblenz erhielt in der Folge mit dem Bundesamt für Wehrtechnik und Beschaffung sowie dem Bundesarchiv zwei wichtige Bundesinstitutionen. Mit dem Ausbau eines Rheinhafens und dem Aufbau eines Industriegebietes entwickelte sich Koblenz zu einer wirtschaftlich vielseitigen Großstadt.

Kastorkirche und Kastorbrunnen: Streiflichter deutscher Geschichte

Die erste Kastorkirche - in ihr ruhten die Gebeine des Heiligen Kastor aus Karden an der Mosel - wurde 836 durch den Trierer Erzbischof Hetti geweiht. In den Gebäuden des Kastorstiftes, zu dem die Kirche gehörte, verhandelten Bevollmächtigte der Enkel Karls des Großen 842 über die Aufteilung des Fränkischen Reiches. Durch die Reichsteilung des folgenden Jahres in Verdun entstanden ein Westreich, ein Mittelreich (Lotharingien) und ein Ostreich. Aus dem Ostreich entwickelte sich das Deutsche Reich, aus dem Westreich Frankreich; Lotharingien wurde später aufgeteilt.

Erzbischof Hetti wollte mit dem Bau einer Stiftskirche seinen Einfluß im Osten seines Erzbistums stärken. Wenige Tage nach der Weihe der Stiftskirche St. Kastor nahm Kaiser Ludwig der Fromme mit seiner Familie an einem Hochamt teil und beschenkte das Stift mit Silber und Gold. Ob sich der Kaiser zudem an den Baukosten beteiligt hat, ist durch Quellen nicht belegt.

Die St. Kastorkirche war nach den neuesten Grabungsergebnissen eine einschiffige Saalkirche mit vorgelagertem Atrium und vermutlich halbrunder Apsis im Osten. In einer zweiten Bauphase wurden wahrscheinlich noch im 9. Jahrhundert die Querhausarme aufgebaut und das Westwerk mit seinen beiden Treppentürmen errichtet. Etwa ein Jahrhundert später wurden die Seitenschiffe angefügt.

Auf dem südlichen Teil des heutigen Kastorplatzes befand sich eine Klosteranlage mit Wohngebäuden, Kapellen und einer Schule. Kirche und Stiftsgebäude lagen außerhalb der alten römischen Mauern und bildeten eine in sich wehrhafte Anlage. Die Auflösung Lotharingiens wurde im Jahre 860 bei einer Versammlung geistlicher und weltlicher Fürsten in St. Kastor eingeleitet. Die nach Lothars I. Tod im Jahre 855 ausbrechenden Streitigkeiten konnten nach zweitägigen Verhandlungen beigelegt werden. Der Zerfall des Mittelreiches dauerte nur wenige Jahre. Bereits in St. Kastor hatte man sich der beiden Landessprachen - deutsch und französisch - bedient.

Im Jahre 1138 wählte auf einer Wiese vor dem Südwerk der Kirche eine Fürstenversammlung Konrad III. zum deutschen König. Mit ihm begann die Herrschaft der Staufer. In den Kämpfen zwischen Staufern und Welfen wurde St. Kastor im Jahre 1198 dann weitgehend zerstört. Aus dem Wiederaufbau wurde nahezu ein Neubau, der bereits 1208 geweiht werden konnte. Seine Doppelturmfassade und das fünfjochige Langhaus stellen gute Beispiele rheinischer Romanik dar. Im Inneren sind vor allem die Grabmäler für die Trierer Erzbischöfe Kuno von Falkenstein (†1388) und Werner von Königstein (†1418) sehenswert.

Kastorkirche:
Königswahlort 1138

Auf dem Platz vor dem Hauptportal steht der Kastorbrunnen. Der französische Präfekt hatte den Brunnen 1812 zur Verherrlichung Kaiser Napoleons errichten und die französische Inschrift einmeißeln lassen: „Das Jahr 1812 denkwürdig durch den Feldzug gegen die Russen." Doch Napoleons Angriff auf Rußland scheiterte, und er mußte sich vor den Truppen der Russen und ihrer Verbündeten nach Frankreich zurückziehen. Der russische Kommandant ließ daraufhin die Inschrift auf dem Kastorbrunnen ergänzen: „Gesehen und genehmigt von uns, dem russischen Stadtkommandanten der Stadt Koblenz, 1. Januar 1814."

Deutschherrenhaus

An der Nordseite der Kastorkirche - innerhalb des Blumenhofs gelegen, der im Sommer auch für Konzertveranstaltungen genutzt wird, - befinden sich Überreste des Deutschherrenhauses. Dieses war 1216 als erste Niederlassung des Deutschen Ordens im Rheinland gegründet worden und seit dem 15. Jahrhundert eine der vier Kammerballeien in Deutschland, die direkt dem Hochmeister unterstanden.

Balduinbrücke: Mittelalterliche Brückenbautechnik

Die Balduinbrücke ist eines der wenigen erhaltenen Zeugnisse mittelalterlicher Brückenbaukunst in Deutschland. Nur wenige Meter unterhalb der Brücke entdeckte man zudem auf dem Moselgrund die Holzfundamente einer Römerbrücke. Auch im Rhein bei Köln, Koblenz und Mainz fand man römische Pfahlroste. Die Römer, Meister der Brückenbaukunst, schufen in ihrem gesamten Imperium mit ihrem Straßennetz und ihren Brückenbauten eine imponierende Infrastruktur. Sie hinterließen bis in unsere Zeit Denkmäler ihrer technischen Meisterschaft. Die älteste in Deutschland erhaltene Römerbrücke leistet heute noch in Trier ihre Dienste (vgl. Exkursionsführer Trier, S. 75). Mit dem Ende des römischen Reiches zerfielen Straßen und Brücken. Furten und Fähren bewältigten Jahrhunderte lang den spärlichen Verkehr. Gab es Hochwasser oder Eisgang, so waren Furten und Fähren unbrauchbar.

Als im 12. Jahrhundert der europäische Fernhandel aufkam, wurde bei Regensburg über die Donau die erste Steinbrücke im mittelalterlichen Deutschland gebaut. Es folgten Brücken in Prag (1169), Avignon (1188) und in London (1201).

Die Balduinbrücke ist dagegen ein Bau des 14. Jahrhunderts, also bereits des Spätmittelalters. Darüber berichtet eine Koblenzer Chronik im Jahr 1530: „Ertzbischoff Baldewin hat gebuwet zu Covelentz eynen steynen Bruck über Mosel, also schön man in tewtscher Nacion soll finden."

Balduinbrücke: Ein Bau des 14. Jahrhunderts

Beinahe wäre die seit 1359 befahrbare Brücke jedoch in den 1960er Jahren dem Ausbau der Mosel als Schiffahrtsweg zum Opfer gefallen. Sie mußte schließlich auf der linken Moselseite drei Bögen für einen Schleusenkanal opfern, der heute von einer Kastenkonstruktion aus Beton überspannt wird. Zwischen 1970 und 1975 wurde die Brücke wieder hergestellt, wobei man versuchte, ihre ursprüngliche Gestalt unter Verwendung des alten Steinmaterials möglichst zu wahren. Auf der stromaufwärts gelegenen Seite wurden Pfeiler und Bögen verbreitert, so daß die etwa 320 Meter lange Brücke heute neben der 7,50 Meter breiten Fahrbahn einen Bürgersteig von 3,40 Meter auf der stromabwärts gelegenen Seite trägt. Erhalten sind insgesamt elf Bögen, deren Spannweiten zwischen 17 bis 20 m liegen und eine Scheitelhöhe von 13 m über dem Koblenzer Pegel haben. Pfeiler und Bögen sind aus Bruchsteinen gemauert und mit Tuff- oder Basaltsteinen eingefaßt. Die Pfeiler ruhen auf Pfahlrosten.

Die Finanzierung des Brückenbaus wirft ein aufschlußreiches Licht auf spätmittelalterliches Jenseitsdenken, denn Erzbischof Balduin von Trier erteilte allen Spendern oder Helfern einen Ablaß von vierzig Tagen. Und der Papst erließ 1343 eine Bulle, die jedem, der den Brückenbau förderte, einen Ablaß von einem Jahr und vierzig Tagen gewährte. Ein Ablaß ersparte einem Christen die Qualen im Fegefeuer und war deshalb im damaligen Verständnis sehr begehrt. Von den Niederlanden bis Italien wurden Gelder und Stiftungen gesammelt.

Als die Brücke dann vollendet war, wurde sie schnell zu einem einträglichen Geschäft für den Landesherrn. Zwar waren die Koblenzer und die anliegenden Nachbarn vom Brückengeld von zwei Hellern befreit, alle anderen Benutzer mußten jedoch zahlen; selbst für das Vieh, das über die Brücke getrieben wurde, war Maut fällig.

Alte Burg, Metternich-Haus und Mittelrhein-Museum

Als die Balduinbrücke errichtet wurde, bestand die Alte Burg in ihrem Kernbau bereits seit einem Jahrhundert. Sie war von Erzbischof Heinrich von Vinstingen (1260-1286) begonnen worden. Die letzten Erweiterungen erfolgten unter Kurfürst Johann Hugo von Orsbeck (1676-1711).

Unweit der Balduinbrücke befindet sich auch das Metternich-Haus am Münzerplatz. Hier wurde 1773 der spätere österreichische Kanzler Clemens Wenzeslaus von Metternich geboren. Seine Familie war seit 1644 in Koblenz ansässig.

Ein anderes Koblenzer Adelspalais - der Bürresheimer Hof am Florinsmarkt - ist heute Teil des Mittelrhein-Museums. Es zeigt u.a. rheinische Kunst des Mittelalters, Malerei der Rheinromantik und ein Stadtmodell „Koblenz im 18. Jahrhundert".

i Das Mittelrhein-Museum (Florinsmarkt 8, Tel.0261/129578) ist werktags außer montags von 10 bis 13 und 14.30 bis 17.30 Uhr (dienstags bis 20 Uhr) sowie sonntags von 10 bis 13 Uhr geöffnet.

Schloß:
Hohenzollernsitz mit kurfürstlichem Ambiente

Das Koblenzer Schloß (Farbtafel 12) - ehemalige Residenz des Trierer Kurfürsten - ist einer der letzten monumentalen Schloßbauten des 18. Jahrhunderts und zugleich der erste und bedeutendste Bau des Frühklassizismus im Rheinland. Auftraggeber war Kurfürst Clemens Wenzeslaus (Sohn des Kurfürsten von Sachsen und Königs von Polen August III.), dem die Residenz Ehrenbreitstein nicht mehr zeitgemäß erschien.

Im September 1777 bewilligten die Landstände für dieses Projekt die Summe von 185.000 Reichstalern. Als das Schloß dann 1792 fertiggestellt war, betrugen die Baukosten nahezu eine Million Gulden. Das war mehr als das Dreifache des ersten Kostenvoranschlages. Mit seiner Länge von 170 Metern blieb das Schloß das größte klassizistische Bauwerk am Rhein.

Am 23. November 1786, dem Namenstag des Kurfürsten, zog dieser mit seinem Hofstaat in das Schloß, dessen Innenausbau allerdings noch nicht vollendet war. Drei Jahre später brach in Frankreich die Revolution aus. Viele Adlige, darunter die Brüder des später hingerichteten Königs Ludwig XVI., flohen nach Koblenz. Clemens Wenzeslaus war über eine Schwester mit dem französischen Königshaus verwandt und bot den Emigranten Zuflucht.

Im Oktober 1794, als französische Truppen auf Koblenz zu marschierten, floh der Kurfürst nach Augsburg. In aller Eile ließ er die wertvollsten Möbelstücke und Luxusgegenstände über den Rhein in Sicherheit bringen. Die einrückenden Soldaten plünderten das Schloß und nutzten es als Lazarett.

Nach dem Wiener Kongreß von 1814/15 fiel das ehemalige Kurfürstentum Trier an Preußen. In das Schloß zogen v.a. Gerichtsbehörden ein.

Kurfürstliches Schloß: Stadtseite (um 1810)

Kurfürstliches Schloß: Rheinseite (um 1822)

Ein neuer Abschnitt begann in den 1820er Jahren. Damals schenkte der Koblenzer Stadtrat dem preußischen Kronprinzen Friedrich Wilhelm, der sich für die Romantik des Rheins und seine Burgen begeisterte, die Ruine der Burg Stolzenfels. Damit begannen die besonderen persönlichen Beziehungen zwischen Koblenz und der Hohenzollerndynastie. Der Kronprinz ließ nicht nur Stolzenfels wiederaufbauen, sondern begann, nachdem er als König Friedrich Wilhelm IV. den Thron bestiegen hatte, das heruntergekommene Koblenzer Schloß zur Residenz auszubauen. Der König, der sich gern auf Stolzenfels aufhielt, besuchte seine Koblenzer Residenz allerdings nur selten. Sein Bruder, Prinz Wilhelm, der spätere Kaiser Wilhelm I., wurde 1850 Militärgouverneur für die Rheinprovinz und Westfalen. Acht Jahre lang brachte seine Hofhaltung im Koblenzer Schloß etwas vom Glanz der kurfürstlichen Zeit zurück. Auch nachdem er 1871 Kaiser geworden war, hielt er sich oft im Koblenzer Schloß auf. Kaiserin Augusta setzte sich u.a. für den Ausbau der Rheinanlagen ein. Heute ist das Schloß Sitz verschiedener Behörden.

Provinzialregierung, Oberpräsidium, Görreshaus und Görresdenkmal

In preußischer Zeit war Koblenz Sitz der Provinzialregierung. Das für diese 1902/05 in den Rheinanlagen erbaute Verwaltungsgebäude stellt eine Nachempfindung staufischer Kaiserpfalzen dar: als architektonische Verbindung des neuen Reiches mit dem alten mittelalterlichen Kaisertum.

Das in nächster Nachbarschaft ebenfalls in wilhelminischer Zeit in süddeutschen Barockformen errichtete Oberpräsidium spielte zu Beginn des Ersten Weltkrieges als Sitz des „Großen Hauptquartiers" eine besondere Rolle.

Auf die kurze Zeit, in der Koblenz Hauptstadt von Rheinland-Pfalz war, verweist das Görreshaus. Hier fanden bis 1951 die Sitzungen des Landtages statt.

150 Jahre vorher hat der 1776 in Koblenz geborene Joseph Görres die „Cisrhenanische Republik" propagiert. 1814 setzte er sich dagegen in dem von ihm begründeteten „Rheinischen Merkur", den Napoleon als „fünfte Großmacht" bezeichnete, für ein eigenständiges föderalistisches Deutschland ein. Das Görresdenkmal in den Rheinauen erinnert daran.

Theater:
Frühklassizistische Residenzkultur

Um seiner Residenz eine entsprechende musische Ausstrahlungskraft zu geben, plante Kurfürst Clemens Wenzeslaus auch die Errichtung eines Theaters. Da aber seine Finanzen durch die Kosten für den Bau des Schlosses sehr strapaziert waren, mußte er zunächst auf eine Verwirklichung verzichten. Hofrat Franz Joseph Schmitz kam jedoch dem Wunsch seines Fürsten entgegen und ließ auf eigene Kosten durch den Düsseldorfer Architekten Peter Joseph Krahé ein Theater im frühklassizistischen Stil errichten. Dafür erhielt der Hofrat das Recht, sein „Komödien-, Opern-, Ball- und Assemblee-Haus" frei von allen Abgaben und exklusiv zu betreiben.

Es wurde am 23. November 1787 mit einer Aufführung von Mozarts Oper „Die Entführung aus dem Serail" eröffnet. Mit „gnädigster Erlaubnis" des Kurfürsten brachte Hofrat Schmitz sogar Schillers zeitkritisches Schauspiel „Die Räuber" auf die Bühne. Als im Gefolge der Revolutionskriege der Kurfürst 1794 fliehen mußte, verlor das Theater seinen Gönner und Mäzen.

Das war nach 1815 nicht anders: Der preußische König als neuer Landesherr lehnte es ab, das Theater zu übernehmen. Für das Theater einer Kleinstadt wie Koblenz mit etwa 8.000 Einwohnern blieben die Kosten somit eine ständige Existenzfrage. Als das Haus renovierungsbedürftig wurde, versuchten die Eigentümer vergeblich, die Stadt Koblenz als Käufer zu gewinnen. Nachdem es aus Sicherheitsgründen für einige Zeit sogar polizeilich geschlossen worden war, ersteigerte die Stadt das Theater schließlich 1867 aber doch. Die Instandsetzungsarbeiten einschließlich des Einbaus einer Gasbeleuchtung kosteten die Stadt bedeutend mehr als die Erwerbung.

Theater: Zuschauerraum (1887)

Die Neueröffnung fand 1869 statt. Mit dem Beginn des Ersten Weltkrieges kam es dann erneut zu einem schweren Einschnitt: Das Theater wurde geschlossen. Schließlich diente es als Wärmehalle und Notküche.

Nach dem Krieg blieb die Stadt nicht nur Eigentümer des Hauses, sondern übernahm den Theaterbetrieb auch in eigener Regie. Der bisherige Pächter wurde zum Intendanten ernannt. Die Stadt mußte mit Hilfe von Zuschüssen auch die Kosten für einen eigenen Fundus an Rollenbüchern, Noten, Requisiten und Kostümen tragen.

Im Zweiten Weltkrieg, in dem die Stadt in Schutt und Asche fiel, blieb auch das Theater nicht verschont. Die beiden Hausmeister retteten das historische Gebäude jedoch vor der völligen Zerstörung, indem sie die Feuerwehr dazu bewegten, statt der Regierungsgebäude das brennende Theater zu löschen.

Am 1. Juni 1946 konnte das Theater in dem notdürftig hergestellten Gebäude mit Lessings Schauspiel „Nathan der Weise" wieder seine Pforten öffnen. Und im November desselben Jahres konstituierte sich im Stadttheater die rheinland-pfälzische Landesversammlung. „Das Bild in dieser Stätte jahrhundertalter Kulturtradition" - so schreibt die 'Rheinzeitung' vom 23. November 1946 - „war würdig und eindrucksvoll. Die Bühne trug schlichten Schmuck, im Parkett hatten die 127 Abgeordneten Platz genommen. Die Logen blieben den Gästen vorbehalten, u.a. den Vertretern der Militärregierung, an der Spitze Gouverneur Hettier de Boislambert."

Clemensbrunnen

Blickfang auf dem Theaterplatz ist der Clemensbrunnen aus der Zeit des Kurfürsten Clemens Wenzeslaus, ein Laufbrunnen mit Obelisk, der ursprünglich von vier halbkreisförmigen Schalen umgeben war.

Theaterplatz: Mit Theater und Clemensbrunnen (um 1830)

Festung Ehrenbreitstein: Facetten deutsch-französischer Beziehungen

Seit dem 11. Jahrhundert bestand gegenüber der Moselmündung eine Höhenburg. Mit dem Aufkommen der Feuerwaffen ließen die Trierer Kurfürsten diese Burg dann zu einer Festung ausbauen. Während der Revolutionskriege (1792-1797) widerstand sie mehreren französischen Belagerungen. Im Jahre 1799 mußte jedoch der letzte kurtrierische Kommandant den Ehrenbreitstein an die Franzosen übergeben, die die Festung nach ihrem Abzug sprengten.

Als dann Preußen durch den Wiener Kongreß in den Besitz der Rheinlande gekommen war, wurde in den Jahren 1817 bis 1829 Koblenz-Ehrenbreitstein zur zweitstärksten Festung Europas ausgebaut. Die für damalige Verhältnisse ungeheure Summe von 24 Millionen Mark schien gerechtfertigt, da die Festung Koblenz bei ihrer strategischen Lage einen wirkungsvollen Schutz gegen einen Einfall aus dem Westen versprach. Außer dem Ehrenbreitstein entstand ein weiter Ring von Fortifikationen auf den benachbarten Höhen und um die Stadt. Koblenz wurde zu einer der größten Garnisonen Deutschlands.

Festungen spielten in der militärischen Planung seit dem 17. Jahrhundert in Europa eine bedeutende Rolle, besonders in Frankreich. Dort entwickelte zur Zeit Ludwigs XIV. dessen Festungsbaumeister Vauban ein System von sternförmigen Schanzen und Wällen, wodurch bei dem damaligen Stand der Waffentechnik eine erfolgreiche Verteidigung gewährleistet war. Solche Festungen schützten entweder die Grenzen, wichtige Zugänge des Landes oder strategisch entscheidende Städte. Die Festungen sollten starke Kräfte des Angreifers binden, seinen Vormarsch behindern, seine Nachschubverbindungen unterbrechen beziehungsweise dessen freie Bewegung im Gelände unmöglich machen.

Die Festung Ehrenbreitstein (Farbtafel 11) wurde jedoch nicht in der französischen, sondern der „neupreußischen Befestigungsmanier" ausgeführt: Sie folgte den natürlichen Linien der Berglage und erlaubte sowohl die passive Verteidigung durch Geschütz- und Gewehrfeuer als auch den Angriff aus der Festung.

Mit der nach dem Krieg von 1870/71 erfolgten Abtretung Elsaß-Lothringens an Deutschland und damit einer Westverlegung der deutschen Reichsgrenze erlitt Ehrenbreitstein einen Bedeutungsverlust und fungierte nur noch als Befestigung in der „Zweiten Linie".

Durch das Ende des Ersten Weltkrieges war dann jedoch die „alte Grenzsituation" wieder hergestellt, so daß die Franzosen im Friedensvertrag von Versailles die Schleifung der Festungsanlagen in Koblenz verlangten. Doch ließ sich Frankreich schließlich davon überzeugen, daß die Anlagen veraltet und als Denkmal erhaltenswert seien.

Schloß und Festung Ehrenbreitstein: Bauzustand Mitte des 17. Jahrhunderts

Wie kaum in einem anderen Kulturdenkmal spiegelt sich hier die wechselvolle deutsch-französische Geschichte der Neuzeit. Dies gilt in ähnlicher Weise für das Schicksal der zweihundert Zentner schweren Kanone „Vogel Greif", die der Trierer Kurfürst 1524 in Frankfurt gießen und mit anderen Geschützen auf der inzwischen stark befestigten Burg aufstellen ließ. Obwohl als Prunkkanone ohne militärischen Wert, deportierten die Franzosen 1799 das Geschütz nach Metz. Als 1815 Preußen den „Vogel Greif" zurückforderte, galt er als unauffindbar, tauchte aber 1865 im Pariser Artilleriemuseum auf. Bismarck verzichtete 1871 auf die Rückgabe; nach der Niederlage Frankreichs im Zweiten Weltkrieg kam sie nach Deutschland. Folgerichtig holte Frankreich 1946 die Kanone nach Paris zurück. Seit 1984 (anläßlich eines Besuches des französischen Staatspräsidenten Mitterrand) steht sie nunmehr als Leihgabe im Landesmuseum Koblenz - Staatliche Sammlung technischer Kulturdenkmäler - wieder auf der Festung Ehrenbreitstein.

Dieses Museum - wie das Rheinmuseum in einem der Hauptbauten der Festung untergebracht - widmet sich dem Handwerk und der Industrie vor allem des Mittelrheins (darunter Bimsindustrie, Weinbau und Mühlenwesen) und porträtiert „Berühmte Konstrukteure aus Rheinland-Pfalz" (Michael Thonet, August Horch, Franz Xaver Wagner, Carl Clemens Bücker und Nikolaus August Otto).

i Das Landesmuseum Koblenz - Staatliche Sammlung technischer Kulturdenkmäler auf der Festung Ehrenbreitstein (Hohe Ostfront, Tel.0261/71715) ist von 21. März bis ersten Sonntag im November täglich von 9 bis 17 Uhr geöffnet. Gleiches gilt für das Rheinmuseum.

Deutsches Eck:
Das Problem des deutschen Nationalstaates

Im späten 19. Jahrhundert entstanden im Deutschen Reich zahlreiche Kaiser-Wilhelm-Denkmäler. Zu den größten und bekanntesten gehörten die Denkmäler auf dem Kyffhäuser in Thüringen, auf dem Wittekindsberg der Porta Westfalica, in Berlin und am Deutschen Eck in Koblenz. Sie alle sollten das politische Denken Kaiser Wilhelms II. zum Ausdruck bringen, die Erinnerung an seinen Großvater Wilhelm I. als Symbolfigur für die Gründung und Einheit des Deutschen Reiches pflegen und zur Legitimation seiner eigenen Herrschaft dienen.

Im Jahre 1888 begannen in der preußischen Rheinprovinz die Planungen für ein Kaiser-Wilhelm-Denkmal. Ein langjähriger Streit über den geeigneten Ort wurde letztlich durch Wilhelm II. mit der Entscheidung für Koblenz beendet.

Als das Kaiserpaar am 31. August 1897 das Denkmal einweihte, hatte der Bau insgesamt 1.500.000 Mark gekostet. Wie üblich waren die Kostenanschläge erheblich überschritten worden. Zwar wurde die Figurengruppe aus Kostenersparnisgründen statt aus Bronze in Kupfer angefertigt, aber noch im Februar mußte der Landtag einen Nachtrag von 600.000 Mark bewilligen. In dieser Zeit verdiente ein Arbeiter ca. sechs Mark am Tag.

Bestand hatte das Denkmal bis gegen Ende des Zweiten Weltkrieges, als ein unbekannter amerikanischer Soldat das Denkmal von seinem Sockel schoß, die Edelmetallmassen in einen unbekannten Schmelzofen wanderten. Nur der Kopf des Kaisers und der gewaltige Steinuntersatz blieben erhalten. Letzteren erklärte der erste deutsche Bundespräsident Theodor Heuß im Mai 1953 zum „Mahnmal der deutschen Einheit" (vgl. dazu die Länderwappen und Ländernamen an den Pfeilern des die Denkmalplattform abschließenden Rundbaus).

Das Deutsche Eck: Im Alten Reich Besitz des Deutschen Ordens

Entscheidend geprägt wird der Gesamteindruck des Deutschen Ecks durch die im spitzen Winkel auslaufende Landzunge zwischen Rhein und Mosel, die eigens für den Bau des Denkmals aufgeschüttet wurde.

Der ursprünglichen politischen Botschaft des auf dieser Landzunge errichteten Denkmals begegnet der Besucher bereits beim Treppenaufgang: Ein Adler schwebt über Dämonen und einer Hydra; darüber ist die auf Wilhelm II. zurückgehende Widmung „Wilhelm dem Großen" eingefügt. Der als Halle gestaltete Denkmalsockel trägt auf der Vorderfront die Inschrift: „Nimmer wird das Reich zerstört, wenn ihr einig seid und treu", während auf der Rückseite die Denkmalstiftung dokumentiert ist: „Errichtet von der Rheinprovinz im Jahre 1897".

Ist schon diese Pfeilerhalle ein Denkmal für sich, so gilt dies noch mehr für das darauf positionierte Reiterstandbild Wilhelms, dessen Geschichte in anschaulicher Weise Phasen der historisch-politischen Kultur in Deutschland spiegelt: Aufstellung der Statue in der Kaiserzeit, Demontage und Zerstörung 1945, Wiederaufstellung einer Nachbildung - nach einer heiß geführten Diskussion über die Zeitgemäßheit des Vorhabens - aus Anlaß des 2000jährigen Jubiläums der Stadt Koblenz.

Feier
der Vollendung des Provinzialdenkmals
des Hochseligen Kaisers und Königs
Wilhelm des Grossen
am Deutschen Eck zu Koblenz am 31. August 1897
Vormittags 11 Uhr.

Eintrittskarte
zum Festplatze für Frau Mündenich
Platz Tribüne
Die Plätze müssen von 10-10½ Uhr Vormittags eingenommen werden.
Anzug für Militair: Paradeanzug, für Civil: Gala mit dunklen Beinkleidern bezw. Frack mit weisser Halsbinde.
Der Landeshauptmann der Rheinprovinz
Dr. Klein.

„Nimmer wird das Reich zerstoeret wenn ihr einig seid und treu."
Promenadenkarte.
Anzug: Promenadenanzug.
Diese Karte ist persönlich.

Denkmalseinweihung 1897: Eintrittskarte

Südliche Vorstadt und Oberwerth: Stadterweiterung nach der Entfestigung

Am 13. März 1890 wurde „das gänzliche Aufgeben der Stadtbefestigung von Coblenz verfügt". Damit konnte die Stadt entfestigt und das südlich der bisherigen Befestigung liegende Gelände bebaut werden. Dies war möglich geworden, weil aufgrund der 1871 nach Westen verschobenen Reichsgrenze und der modernen Festungen Metz und Straßburg nun Koblenz als „minderwertige Großfestung" eingestuft wurde.

Der nun schnell einsetzenden Bebauung der heutigen Stadtteile Südliche Vorstadt (begrenzt durch den Friedrich-Ebert-Ring im Norden, den Rhein im Osten, die Theodor-Körner-Straße im Süden und den Bahndamm im Westen) und Oberwerth (zwischen Schwanenteich/Winterhafen, Rhein und Bahndamm) liegt ein Grundriß sich im allgemeinen rechtwinklig kreuzender Straßen mit Wohnblock- und Villenbebauung zugrunde.

Als Beispiel der Villenbebauung kann das Haus Rheinau 1 im Stadtteil Oberwerth dienen, ein achsensymmetrisch gegliederter, zweigeschossiger Putzbau mit überstehendem Walmdach. Während der in der Fassadenmitte liegende Eingang wenig ins Auge fällt, beeindruckt die Freitreppe auf der Gartenfront. Etwas versteckt an der Seite führt ein Dienstboteneingang in einen separaten Treppenaufgang.

Bauherr des 1909/10 errichteten Hauses war der im Koblenzer Amtsgericht für Familienrecht und Nachlaßangelegenheiten zuständige königlich-preußische Amtsgerichtsrat Karl Devin. 1934 ließ dieser - inzwischen in Pension - die Villa in zwei Etagenwohnungen umbauen; eine behielt Devin, in die andere zog zunächst ein Regierungsrat, später ein Landgerichtsrat a.D. ein. Schließlich verkaufte Karl Devin sein Haus an die Stadt Koblenz und bezog eine Innenstadtwohnung.

Rheinau 1 wurde 1940 Dienstwohnung des gerade eingesetzten Koblenzer Oberbürgermeisters Dr. Nikolaus Simmer. Dessen Vorgänger Wittgen war von Gauleiter Simon gezwungen worden, sein Amt niederzulegen, weil er Bürger vor Willkürmaßnahmen der NSDAP zu schützen suchte.

Da die Villa im Zweiten Weltkrieg erhebliche Schäden erlitten hatte, war das Haus für die französische Besatzungsmacht unattraktiv, so daß deutsche Behörden einziehen konnten. Bis 1951 arbeitete beispielsweise der „Landeskommissar für die politische Säuberung" (Entnazifizierung).

Ähnlich zeittypisch werden die Jahre des „Deutschen Wirtschaftswunders" greifbar: Die Stadt schätzt sich glücklich, als ein Industrieller aus Berlin zusagt, seine Betriebe nach Koblenz zu verlegen. Als Gegenleistung bietet sie ihm im Haus Rheinau 1 eine Wohnung in der ersten Etage zur Miete.

Karl Devin, der in seiner Innenstadtwohnung ausgebombt und nach Hachenburg verzogen war, hat mit seinem Gesuch „um wohlwollende Berücksichtigung", im zweiten Stock seiner ehemaligen Villa eine Wohnung zugewiesen zu bekommen, dagegen keine Chance. Doch dient das Haus nicht nur Wohnzwecken, denn im Erdgeschoß richtet sich die Sport-Toto GmbH ein. Und als 1951 noch zwei Wohnungen im Dachgeschoß ausgebaut werden, nutzen zeitweise acht Parteien das ehemalige Einfamilienhaus.

Verwohnt und immer noch gezeichnet von den Kriegsschäden, drohte dem Haus dann in den sechziger Jahren der Abbruch. Das Land Rheinland-Pfalz erwarb und rettete jedoch die Villa, weil dringend Räume für die Erziehungswissenschaftliche Hochschule (inzwischen Universität Koblenz-Landau) benötigt wurden.

Schloß Stolzenfels

Schloß Stolzenfels (Farbtafel 13) - linksrheinisch am südlichen Stadtbezirksrand von Koblenz gelegen - ist Mitte des 13. Jahrhunderts von Erzbischof Arnold II. von Isenburg als Hangburg errichtet worden. Im Pfälzischen Erbfolgekrieg 1689 zerstört, wurde sie 1823 von der Stadt Koblenz dem preußischen Kronprinzen (als Friedrich Wilhelm IV. von 1840 bis 1861 dann König) geschenkt. Dieser ließ die Burg nach Plänen von Karl Friedrich Schinkel zu einem der bedeutendsten Profanbauten der deutschen Romantik wieder aufbauen.

Schloß Stolzenfels: Vor dem Wiederaufbau (1838/40)

i Schloß Stolzenfels ist täglich außer montags geöffnet: ab April bis September von 9 bis 12.15 und 14 bis 17.15 Uhr, ab Oktober bis März von 10 bis 12 und 14.30 bis 16.15 Uhr.

Literatur:

Energieversorgung Koblenz (Hrsg.), Ingrid Batori (Red.) in Verbindung mit Dieter Kerber und Hans Josef Schmidt: Geschichte der Stadt Koblenz, Band 1, Von den Anfängen bis zum Ende der kurfürstlichen Zeit; Koblenz 1992; Band 2, Von der französischen Stadt bis zur Gegenwart (i.Vorb.).

Standardwerk neuesten Datums zur Koblenzer Stadtgeschichte anläßlich des 2000jährigen Jubiläums.

Hans Bellinghausen: 2000 Jahre Koblenz; Boppard 1971.

Gängiges Werk zur Stadtgeschichte.

Landesvermessungsamt Rheinland-Pfalz und Stadt Koblenz (Hrsg.), Franz-Josef Heyen (Schriftl.): 2000 Jahre Koblenz im Herzen Europas, Ein Stadtatlas; Koblenz 1992.

Nachdruck historischer Stadtpläne ab 1740 mit Kommentaren unter dem Aspekt der Stadtentwicklung bis zur Gegenwart.

Landesarchivverwaltung Rheinland-Pfalz (Hrsg.): 200 Jahre Residenz Koblenz; Koblenz 1986.

Reich illustrierte Schloßgeschichte.

Ulrike Vogt: Preußische Staatsbauten in Koblenz einschließlich der Festungsanlagen von 1815 bis 1914; Phil. Diss. RWTH Aachen 1987.

Grundlegend vor allem im Hinblick auf das Deutsche Eck.

Rüdiger Wischmann: Die Festung Koblenz; Koblenz 1978.

Aufarbeitung der Koblenzer Befestigungsgeschichte von der Römerzeit bis in die Gegenwart.

Provinzialverband der Rheinprovinz (Hrsg.), Fritz Michel (Bearb.): Die kirchlichen Denkmäler der Stadt Koblenz (= Die Kunstdenkmäler der Rheinprovinz, Bd. 20,1); Düsseldorf 1937 (NDr. 1981).

Herbert Dellwig und Udo Liessem (Bearb.): Stadt Koblenz, Südliche Vorstadt und Oberwerth (= Denkmaltopographie Bundesrepublik Deutschland, Kulturdenkmäler in Rheinland-Pfalz, Bd. 3.1); Düsseldorf 1986.

Wichtige Facetten der Koblenzer Kunst- und Kulturgeschichte aufzeigende Standardwerke.

ANGELIKA DAMS-RUDERSDORF/
FRANZ-JOSEF SCHMILLEN

Landkreis Mayen-Koblenz

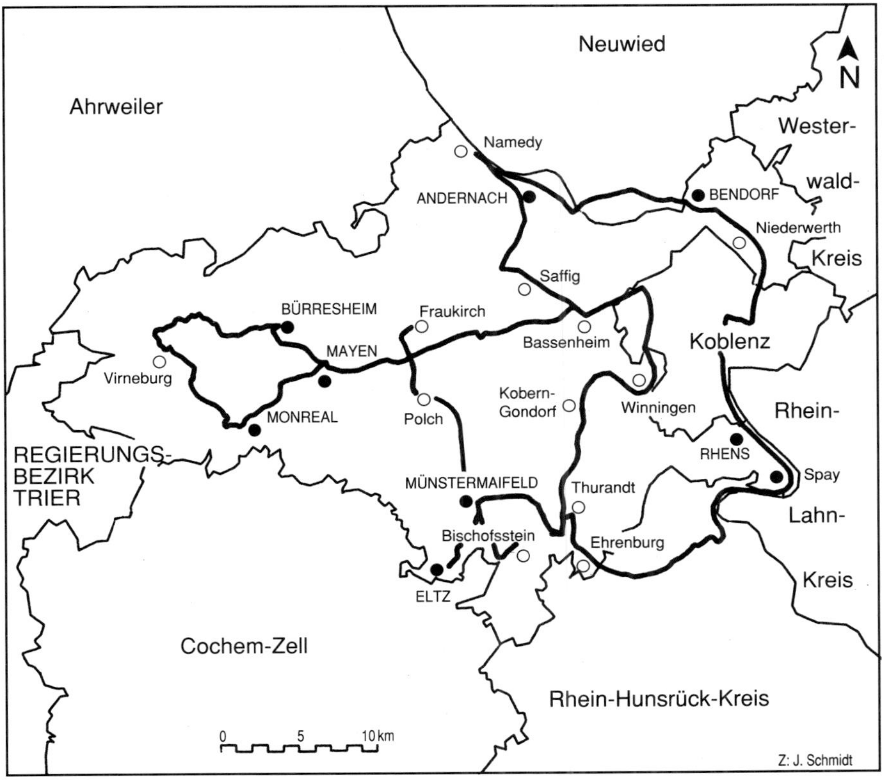

Das Gebiet des Landkreises Mayen-Koblenz gehört nach neuesten Ausgrabungsergebnissen in Mühlheim-Kärlich zu den ältesten Siedlungsgebieten in Europa: Hier lebten bereits vor rund 1 Mill. Jahren Menschen als Großwildjäger und Sammler. Ihre Spuren waren durch den Ausbruch des Laacher See-Vulkans vor etwa 11.000 Jahren mit Bimstuffen zugedeckt worden.

Eine dauernde Besiedlung ist seit der Altsteinzeit nachzuweisen. Ab dem 5. Jahrtausend läßt sich im „Mayener Grubenfeld" der Basaltabbau und die Verarbeitung zu Reib- und Mühlsteinen nachweisen. In vorrömischer Zeit war dieses Gebiet das Zentrum der „Hunsrück-Eifel-Kultur" (beispielsweise Kultzentrum Goloring und Hügelgräberfelder bei Bassenheim). Während der Römerherrschaft konnten sich dann im Schutz des Limes Landwirtschaft, Keramikproduktion, Steingewinnung und Export dieser Güter zu bedeutenden Wirtschaftszweigen entwickeln.

Mit dem Untergang des Römischen Reiches und der beginnenden Christianisierung zerfiel die in der Römerzeit aufgebaute politisch-administrative und wirtschaftliche Einheit: Es entstanden historische Kleinräume, die den Aufbau von Mittelzentren begünstigt haben; diese Entwicklung prägt das Gebiet bis heute. Dazu gehörten die Königsgüter am Mittelrhein (etwa Andernach), Herrschaftsbereiche der Pfalzgrafen (darunter Pellenz) und von kleineren Adelsfamilien (so Virneburg oder Sayn) sowie geistliche Herrschaftsbereiche der Kölner und Trierer Erzbischöfe, wobei es Kurtrier gelang, sich fast über die ganze Region als Landesherrschaft zu setzen. Im Laufe der Zeit wurde Koblenz zum Mittelpunkt dieser Herrschaft ausgebaut. Um das Oberzentrum Koblenz herum entwickelten sich das kurkölnische Andernach, die kurtrierischen Orte Mayen, Mendig, Münstermaifeld, Polch und in mancher Hinsicht auch Kobern zu Mittelzentren, die die heutige Verwaltungsgliederung des Landkreises bestimmen. Dazu kommt eine Vielzahl kleinerer Territorialherren, deren Burgen als ehemalige Herrschafts- und Verwaltungsmittelpunkte vielfach noch bestehen.

Als dann die französischen Revolutionstruppen ab 1794 in das heutige Kreisgebiet eindrangen und es für rund 25 Jahre beherrschten, wurde mit der Auflösung aller geistlichen und weltlichen Territorien wieder ein einheitlicher Herrschafts-, Rechts- und Wirtschaftsraum hergestellt. War dieser bis 1815 französisch geprägt, so danach preußisch. Denn auf dem Wiener Kongreß erhielt Preußen mit seinen linksrheinischen Erwerbungen die Aufgabe der „Wacht am Rhein" gegen Frankreich. Damit kam nicht nur das katholisch geprägte Gebiet an Mittelrhein und Mosel an ein traditionell protestantisches Herrscherhaus, sondern nun beeinflußte auch die neue militär-strategische Bedeutung erheblich die Entwicklung dieses Gebietes: Koblenz wurde Großfestung und Oberzentrum der Rheinprovinz sowie eines Regierungsbezirkes.

Dazu kamen die Umstellung der Eisenindustrie im Bendorfer Raum auf Rüstungsindustrie sowie der Bau eines Eisenbahnnetzes an Rhein, Mosel und in der Eifel. Diese Förderung vor allem im Militär- und Verwaltungsbereich behinderte andererseits aber eine industrielle Erschließung und Entwicklung der ganzen Region auf breiter Basis. Lediglich die Lava- und Bimsvorkommen in der Pellenz und der Schieferabbau im Mayener Grubenfeld ermöglichten dort aufgrund der gesteigerten Nachfrage im 20. Jahrhundert für Straßen- und Hausbau einen industriellen Aufschwung, der in den letzten Jahren allerdings nachgelassen hat.

Die Wirtschaftsstruktur war weiterhin bestimmt durch landwirtschaftliche Kleinbetriebe auf den Höhen von Eifel und Hunsrück und durch den Weinbau an Mittelrhein und Mosel. Im 19. Jahrhundert blieb der Fremdenverkehr noch auf den „romantischen Mittelrhein" beschränkt, erst in den 1970er Jahren ist er über den Mittelrhein hinaus zu einem bedeutenden Wirtschaftsfaktor geworden.

In der vulkanischen Pellenz prägen bis heute der Lava- und Bimsabbau das Bild der Kulturlandschaft. Die Verwendung der gebietstypischen Natursteine Basalt, Tuff, Lava und Schiefer zum Bau von Häusern, die unverputzt gelassen werden, kennzeichnen anstelle von Fachwerkbauweise noch heute viele Dorfbilder, auch über die Pellenz hinaus.

Für die Verwaltungsgeschichte des heutigen Landkreises Mayen-Koblenz ist das Jahr 1816 grundlegend. Damals waren in unserem Raum zunächst drei preußische Landkreise, Koblenz, Mayen und Adenau, gebildet worden; aus dem Landkreis Koblenz wurde 1887 die Stadt Koblenz als eigener Kreis ausgegliedert, wobei der Kreissitz jedoch in der Stadt verblieb.

Mit der Auflösung des preußischen Staates am Ende des Zweiten Weltkrieges wurde das heutige Kreisgebiet zunächst Teil der französischen Besatzungszone, 1947 kam es zum neuen Bundesland Rheinland-Pfalz. Durch Zusammenlegung der Kreise Koblenz-Land und Mayen in der Verwaltungsreform von 1970 (mit kleineren Gebietskorrekturen in den folgenden Jahren) wurde der Landkreis Mayen-Koblenz geschaffen. Der Sitz der Kreisverwaltung dieses Doppelkreises blieb nach heftigen Debatten Koblenz.

Das Wappen des neuen Kreises stellt eine Kombination der beiden Wappen der Vorgängerkreise dar: Im oberen Feld weisen die Krone auf den Königstuhl in Rhens als Wahlort deutscher Könige, das geschwungene Band auf die Flüsse Rhein und Mosel, der Baum im unteren Feld auf den Waldreichtum des ehemaligen Kreises Mayen hin.

Mayen und Bürresheim: Kurtrierische Territorialpolitik

Die schon seit vorgeschichtlicher Zeit nachgewiesene Verarbeitung von Basaltsteinen zu Reib-, Mahl- und Bausteinen hat Mayen früh zu einem Siedlungsschwerpunkt der Vordereifel werden lassen. In römischer Zeit kamen Schieferbruch und die Produktion von Töpferware hinzu; Grabungen im Bereich der Genovevaburg haben eine Keramikproduktion in großem Stil von der Spätantike bis ins ausgehende Mittelalter nachgewiesen; außerdem hat die Lage an der Fernhandelsroute zwischen Maas und Rhein die Entwicklung Mayens auch als Marktort nachhaltig gefördert. Aus dem frühmittelalterlichen Siedlungskern zwischen neuem Rathaus und Clemenskirche entwickelte sich Mayen zur Stadt; sie erhielt durch die Stadtrechtsverleihung des Erzbischofs von Trier als Landesherr im Jahre 1291, durch den damit verbundenen Bau der Burg als kurtrierischem Amtssitz sowie durch die Errichtung der rund 2 Kilometer langen Stadtmauer ihre mittelalterlich-wehrhafte Gestalt. Trotz der Brandschatzungen von 1689 durch die Franzosen und der Zerstörungen des Zweiten Weltkrieges hat die Stadt diesen wehrhaften Charakter bewahrt.

Ihre Wahrzeichen sind die Genovevaburg, um die sich die Genovevasage rankt, und der „Schiefe Turm" der Clemenskirche. Die über steilem Schieferfelsen auf dem höchsten Punkt der mittelalterlichen Stadt errichtete Genovevaburg war in die Stadtbefestigung einbezogen worden, zusammen mit dem 34 Meter hohen Bergfried, dem „Goloturm", der den Zugang über den Graben sicherte. Nach den Zerstörungen des Jahres 1689 wurde die Burg schloßartig ausge-

Die Genovevaburg: In stadtbeherrschender Lage

baut; seit 1938 ist sie in städtischem Besitz und beherbergt das „Eifeler Landschaftsmuseum" mit seinen informativen Abteilungen über Vulkanismus, Geologie, Geschichte und Volkskunde der Eifel.

Am Ort der Clemenskirche, einer ehemaligen Stiftskirche, ist eine lückenlose Folge christlicher Kultbauten von der Merowingerzeit (um 600 n.Chr.) über eine romanische Basilika aus dem 12. Jahrhundert bis zur jetzigen querhauslosen, dreischiffigen gotischen Hallenkirche aus dem 14. Jahrhundert nachgewiesen worden. Die nach dem Zweiten Weltkrieg wieder aufgebaute Kirche erhielt sogar den - beim spätmittelalterlichen Bau durch einen Konstruktionsfehler 1,70 Meter aus dem Lot geratenen - Helm des Nordturmes zurück.

Etwa 5 Kilometer nordwestlich von Mayen umfließen Nette und Nitz auf drei Seiten das auf einem Felsrücken erbaute Schloß Bürresheim. Der Lage abseits der großen Heer- und Fernhandelsstraßen verdankt diese Burganlage ihre vorzügliche Erhaltung. Ende des 12. Jahrhunderts erwarb der Kölner Erzbischof einen Burganteil im Westen zusammen mit dem Bergfried („Kölner Burg"), ein Jahrhundert später der Trierer Erzbischof den Ostteil („Trierer Burg"). Jahrhundertelang war das „Schloß" - im Grenzgebiet des Kölner und Trierer Territoriums gelegen - faktisch eine Doppelburg mit einem gemeinsamen Bergfried, in deren Besitz sich verschiedene Adelsfamilien als Ganerben (vgl. Burg Eltz) teilten. Die Freiherren von Breidbach-Bürresheim als Ganerben seit dem 15. Jahrhundert und Alleinerben seit 1659 überließen die „Kölner Burg" dem Verfall und bauten seit dem 17. Jahrhundert den trierischen Ostteil der Burg Zug um Zug zu einem wohnlichen barocken Bau mit Terrassengarten aus. Ferner wurde um 1700 die jahrhundertelange bauliche Trennung zwischen der „Kölner Burg" und der „Trierer Burg" geschlossen und erscheint seitdem als geschlossene Gesamtanlage, die sie aber im Mittelalter nicht war. Zu besichtigen ist allerdings nur die zum Schloß ausgebaute ehemalige „Trierer Burg".

Zwischen Mayen und Ettringen führt die Straße nach wenigen Kilometern über einen hohen gemauerten Damm; dieser verläuft mitten durch das seit vorgeschichtlicher Zeit im Tagebau betriebene Mayener Grubenfeld. Über bizarren Basaltwänden stehen noch alte Hebekräne als Rest des neuzeitlichen Steinabbaus und vermitteln das Bild einer kahlen industriebrachen Landschaft. Um die Mitte des 20. Jahrhunderts kam der Mayener Basaltabbau durch die Kostenentwicklung in der Steingewinnung und die weitgehende Erschöpfung der abbauwürdigen Vorräte fast ganz zum Erliegen.

i Das Eifeler Landschaftsmuseum in Mayen (Genovevaburg, Tel. 02651/88262) ist dienstags bis samstags von 9 bis 12 und 14 bis 17 Uhr sowie sonntags von 10 bis 13 Uhr geöffnet. Schloß Bürresheim ist täglich (außer montags) von 9 bis 12.15 und 14 bis 17 Uhr (im Winterhalbjahr bis 16.15 Uhr) geöffnet.

Eltz: Inbegriff einer mittelalterlichen Burg

Die ganz von Wald umgebene Burg Eltz (Farbtafel 6) liegt fast verborgen auf einem steilen, etwa 70 Meter hohen Schieferfelsen, der auf drei Seiten von der Elz umflossen wird. Sie ist eine der wenigen erhalten gebliebenen rheinischen Höhenburgen, die auch im Pfälzischen Erbfolgekrieg unversehrt blieb, als Ludwig XIV. alle Burgen an der unteren Mosel zerstören ließ. Daß sie bestehen blieb, ist einem Angehörigen der Eltzer Herren zu verdanken, der als Offizier im französischen Dienst stand. Lediglich ein Brand im Jahre 1920 beschädigte die Burg, die so zum Inbegriff einer mittelalterlichen Burg schlechthin werden konnte.

Ihre Ursprünge gehen ins 12. Jahrhundert zurück, als die reichsfreien Herren von Eltz zur Sicherung der Verbindungen vom Maifeld zur Mosel eine erste Burganlage errichteten, die bis heute im Besitz dieser erstmals 1157 mit Rudolf von Elze als Zeuge in einer Schenkungsurkunde Kaiser Friedrichs I. genannten Familie geblieben ist. Das Geschlecht teilte sich ab dem 13. Jahrhundert in verschiedene Linien, die die Burg als Gemeinschaftsbesitz inne hatten und in einzelnen Häusern auf der Burg wohnten. Die Burg ist demnach eine Ganerbenburg. Das Zusammenleben wurde dabei durch Burgfriedensbriefe geregelt; der älteste stammt von 1323.

Wenige Jahre später gerieten die Herren von Eltz in Konflikt mit dem moselaufwärts ausgreifenden Trierer Erzbischof Balduin. In der 'Eltzer Fehde' (1331-1336) erzwang dieser die Übergabe der Burg, nachdem er auf einer gegenüberliegenden Anhöhe eine Belagerungsburg (die 'Trutzeltz') angelegt hatte. Er konnte auf diese Weise die Burgbesatzung aushungern und das Bündnis lösen, das die Familie der Eltz mit den Herren der nahegelegenen Burgen Ehrenburg, Schöneck und Waldeck im Hunsrück geschlossen hatte. Die Herren von Eltz wurden nun kurtrierische Lehensleute. Sie hatten enge Beziehungen zu Münstermaifeld, stellten Kurfürsten in Mainz und Trier und übernahmen Ämter in den Kurstaaten und im Reich. 1733 wurden sie schließlich in den Reichsgrafenstand erhoben.

Als Ganerbenburg repräsentiert die Eltz den Typ einer Randhausburg: Um den engen Innenhof gruppieren sich die wohnturmartigen Häuser der einzelnen Familien, das Haus Platt-Eltz aus dem 13., das Haus Rübenach aus dem 15., die Rodendorf-Häuser aus dem 16., die Kempenicher Häuser aus dem 16./17. und das Haus Burgthorn aus dem 16. Jahrhundert. Alle Häuser wurden immer wieder um- und ausgebaut, mit Fachwerk, Giebeln, Erkern und Türmchen.

Von den mehr als einhundert Innenräumen der Gesamtanlage können einige besichtigt werden. Im Rübenacher Haus ist der Erdgeschoßsaal mit adelskul-

Burg Eltz: Als Ganerbenburg Sitz mehrerer Adelsfamilien

turellem Mobiliar und alten Tafelgemälden ausgestattet. Der Schlafbereich im ersten Stock wurde im 15. Jahrhundert mit Blumen- und Rankendarstellungen ausgemalt. Das Bett aus dem 16. Jahrhundert hat einen Baldachin aus Holz, der mit geschnitzten Jagd-, Kampf- und Turnierszenen verziert ist. An diesen Raum schließt ein spätgotischer Kapellenerker mit Netzgewölbe, Wandmalereien und farbigen Glasfenstern an. Neben dem überbauten Eingang in den Burghof liegt die Burgkapelle, die einen kleinen, spätgotischen Flügelaltar bewahrt. In den Rodendorfer Häusern ist der Fahnensaal des 16. Jahrhunderts zugänglich, der von einem Sterngewölbe überspannt wird, außerdem der Rittersaal im oberen Stockwerk, in dem sich alle Familienmitglieder zu gemeinsamen Zusammenkünften trafen (darauf weisen eine Narrenmaske als Symbol der Redefreiheit und einer Rose als Symbol der Verschwiegenheit hin). Die Burgküche, die von mehreren Familien benutzt wurde, ist mit einer offenen Herdstelle, darüber angebrachten Kesselhaken, einem Backofen, Spülstein und Wandschränken ausgestattet. In den Kellergewölben des Rübenacher Hauses schließlich werden seit 1981 die Bestände der Schatzkammer präsentiert, die im Laufe der Jahrhunderte von den Familienmitgliedern erworben und benutzt worden sind: Silberschmiedearbeiten aus einem Raritätenkabinett, Gläser, Porzellane, Waffen und sakrale Gegenstände.

i Burg Eltz (Tel. 02672/1300) ist vom 1. April bis 1. November täglich von 9 bis 17.30 Uhr geöffnet.

Untermosel: Herrschaftskonkurrenz und Burgenbau

An der Untermosel liegen zwischen dem Münstermaifelder Ortsteil Lasserg und Kobern-Gondorf (ca. 16 Kilometer) insgesamt sieben Burgen, die sich durch ihre Lage, Form, Besitzverhältnisse und Funktion stark voneinander unterscheiden. Die hohe Dichte der Burgen erklärt sich dadurch, daß der Bereich der Untermosel im Interessengebiet der Erzbischöfe von Trier und Köln, des Pfalzgrafen und kleinerer Herrschaften des Eifel- und Hunsrückraumes liegt, die durch diese Burgen ihre Herrschaftsrechte dokumentierten, sicherten und auszudehnen versuchten.

An der Geschichte jener Burgen haben in fast allen Fällen die Erzbischöfe von Trier entscheidenden Anteil, hauptsächlich Balduin von Luxemburg (1308 bis 1354). Denn sie konnten langfristig fast alle nachstehend behandelten Burganlagen unter ihre Kontrolle bringen. Ebenso eingreifend hat sich der Pfälzische Erbfolgekrieg (1688/89) ausgewirkt, in dem die meisten Untermoselburgen zerstört wurden.

Die Ruine Bischofsstein liegt im Bereich des Münstermaifelder Ortsteiles Lasserg auf einem Felsvorsprung über der Mosel. Die Trierer Erzbischöfe errichteten diese Burg im 12. Jahrhundert zur Sicherung ihrer Herrschaft gegenüber den Adelsfamilien aus Hunsrück und Eifel. Sie wird von dem erhöht stehenden Bergfried beherrscht. Ihr weitgehender Wiederaufbau erfolgte nach 1930. Heute ist in ihr ein Schullandheim untergebracht. Einen Besuch wert ist auch die auf halber Höhe des Burgberges errichtete romanische Pauluskapelle mit einem um 1380 geschaffenen Relief der Fides, Spes und Caritas.

Die Ehrenburg steht bei Brodenbach auf einer 130 Meter hohen spornartigen Schieferkuppe zwischen dem Ehrbach und einem kleineren Bachtal. Sie wurde um 1120 durch Pfalzgraf Hermann von Stahleck gebaut und blieb pfälzisches Lehen unter kurtrierischer Oberhoheit. Bis 1413 sind die Ritter von Ehrenburg belegt, danach wechselten die Besitzer; heute ist die Burg im Besitz der Grafen von Kanitz. Sie ist auf einem ovalen Grundriß errichtet. Von der romanischen Burganlage blieben Teile von zwei Häusern auf der Oberburg und ein runder Bergfried erhalten, der im 14. Jahrhundert unter französischem Einfluß zu einer imposanten Doppelturmanlage - mit einem Verbindungsturm dazwischen - ausgebaut wurde, die als Schildmauer, Turm und Tor für die Oberburg diente. Die Vorburg wurde im 15./16. Jahrhundert durch einen mächtigen Rampenturm mit einer spiralförmigen Auffahrt (auch für Geschütze) gesichert. In dieser Vorburg ist heute ein Gasthaus und Hotel untergebracht.

Burg Thurandt wurde um 1200 von Pfalzgraf Heinrich (Sohn Heinrichs des Löwen und Bruder König Ottos IV.) auf einem Weinbergssporn 125 Meter über der Mosel bei Alken errichtet (benannt ist sie nach einer im Dritten Kreuzzug 1198 vergeblich belagerten syrischen Burg bei Tyrus). 1214 kam sie an die staufertreuen Wittelsbacher, die dadurch in einen Interessenkonflikt mit den auf welfischer Seite stehenen Trierer Erzbischöfen gerieten. Als zudem Burggraf Zorno trierisches Land überfiel, nahm Erzbischof Arnold von Isenburg nach zweijähriger Belagerung mit Unterstützung des Kölner Erzbischofs Konrad von Hochstaden die Burg ein, und 1248 mußte die Pfalz in einem Vertrag völlig auf sie verzichten; sie wurde nun von den Erzbischöfen in gemeinschaftlichen Besitz übernommen und Sitz eines kölnischen Amtes. Die breitgelagerte Burg ist eine mehreckige Anlage, die durch eine große Quermauer in zwei Teile (Trierer und Kölner Hälfte) mit jeweils einem runden Bergfried und einem Tor geteilt ist. Einige Gebäude wurden 1915/16 neu errichtet.

Die burgenreichste Gemeinde an der Untermosel ist Kobern-Gondorf mit je einer Ober- und Unterburg in den Ortsteilen Kobern sowie Gondorf.

Die beiden Burgen in Kobern - sie liegen auf einem Bergsporn zwischen dem Mosel- und Mühlental - gehen auf die Herren von Kobern beziehungsweise Isenburg-Kobern zurück und wurden Anfang des 14. Jahrhunderts von Balduin von Luxemburg für das Trierer Erzstift erworben.

Die Oberburg ist eine spätstaufische fast rechteckige Anlage mit einem Bergfried nahe der Schildmauer. Die in den Burgverband eingebundene spätromanische Matthiaskapelle stellt allerdings keine Burgkapelle im gewöhnlichen Sinn dar. Hier wurde im 14. und 15. Jahrhundert die heute in Trier befindliche Matthiasreliquie (Kopf des Heiligen) aufbewahrt.

Die dagegen weniger bedeutende Niederburg ist eine ringförmige Anlage mit einem Zwinger und einem in der Mitte der Burg auf erhöhter Felsplattform plazierten Bergfried (mit trapezförmigem Grundriß).

In Gondorf haben sich im Mittelalter die Herren von der Leyen als Bauherrn zweier Burganlagen betätigt. Ihr Stammsitz war die auf einer Felszunge am Moselufer errichtete Oberburg. Sie wird erstmals 1272 genannt. Ab dem 14. Jahrhundert erfolgte eine Reihe von An- und Umbauten. Der rechteckige, zur Mosel hin geöffnete Komplex besteht aus einem spätgotischen Wohnturm und einem Renaissance-Bau. Die Hauptburg wird heute durch einen Tunnel der Moselstraße entstellt, zudem durch die Bahnlinie von der Vorburg getrennt. Die Vorburg ist ein langgezogener, leicht gewinkelter Bau aus dem 15. Jahrhundert mit Toreinfahrt und Eckrundturm, der auch als Glockenturm für die erhöht daneben stehende, aus dem 19. Jahrhundert stammende Pfarrkirche dient.

Letzte Station ist die Gondorfer Niederburg. Sie wurde im 13. Jahrhundert errichtet und 1858/61 für den Koblenzer Bankier Johann Peter Clemens neugotisch umgebaut. Burgenromantik und Standesbewußtsein im 19. Jahrhundert durchdringen sich hier in enger Weise.

Winningen

Bei Winningen wurde 1971/72 eine römische Villa ausgegraben, in den Grundmauern konserviert und in den Parkplatz der Autobahn Köln-Ludwigshafen einbezogen. Das Herrenhaus gibt einen guten Eindruck vom römischen Bauen auf dem Lande. Entstanden ist diese Villa um 200 n.Chr. und dürfte dann bis zur Mitte des 4. Jahrhunderts bewohnt worden sein.

Monreal:
Traditionswurzeln ritterlicher Lebensformen

Geht der Ortsname Monreal auf die Beeinflussung des deutschen durch das französische Rittertum im 12./13. Jahrhundert zurück? Denn Graf Hermann III. von Virneburg hatte 1229 über dem Ort die heutige 'Große Burg' gegründet, die im Spätmittelalter zweite Virneburger Residenz wurde. Oder ist der Ortsname durch die Teilnahme Graf Hermanns am Fünften Kreuzzug zu erklären? In dessen Verlauf könnte der Virneburger nämlich die südlich des Toten Meeres gelegene Deutschordensburg Monreal gesehen haben.

Die 'Große Burg', auch 'Löwenburg' genannt, liegt auf einer steilen Anhöhe über dem Elzbachtal. Errichtet wurde sie als Hangburg auf ovalem Grundriß mit einem runden Bergfried mitten auf einem Felsplateau, der durch einen im Winkel vorgesetzten Mauerzug zusätzlich geschützt ist. Von den Gebäuden, die sich an die Ringmauer der Burg anlehnen, ist die Burgkapelle aus dem 13. Jahrhundert am besten erhalten.

Ursprung und Funktion der 'Kleinen Burg', die von der 'Großen' durch eine Senke getrennt wird, bleiben im unklaren: Ist sie älter oder jünger? Ist sie eine eigenständige Burg, die als kurtrierisches Lehen an die Familien Eltz, von der Leyen und Metzenhausen erscheint, oder als ein Vorwerk der Hauptburg anzusehen? Erhalten ist lediglich ein Turm mit vier runden Ecktürmchen.

Der Ort Monreal hatte, obwohl er mehrmals als Stadt (oppidum) bezeichnet wird, keine Stadtrechte, sondern die rechtliche Stellung eines „Tales", einer Zwischenstufe zwischen Stadt und Dorf. Wurde die Ortsgeschichte anfangs unmittelbar von den Virneburger Grafen bestimmt, so ab dem 14. Jahrhundert eher nur noch mittelbar. Denn wie die Herren von Eltz und viele andere Burgen an der Mosel gerieten auch die Grafen von Virneburg - und damit Monreal - im 14. Jahrhundert in die Lehensabhängigkeit des Erzbischofs von Trier.

Während der ersten Hälfte des 15. Jahrhunderts erfolgte der Ausbau der beiden Monrealer Burgen und die Errichtung der Pfarrkirche. Als dann 1545 die Virneburger ausstarben, erhielten die Grafen von Leiningen Monreal zu Lehen. Bereits zehn Jahre später erfolgte jedoch keine neuerliche Lehensübertragung mehr; Monreal wurde nun bis 1794 Sitz eines kurtrierischen Amtes. Nach den Zerstörungen im Dreißigjährigen Krieg und im Pfälzischen Krieg erlebte der Ort aber aufgrund seiner Marktrechte und das vom Erzbischof geförderte Tuchgewerbe einen neunen Aufschwung (1765: 64 Webstühle).

Das Ortsbild wird beherrscht von der spätgotischen, unmittelbar an der Elz gelegenen, einschiffigen Kath. Pfarrkirche zum Hl. Kreuz. Deren Westturm mit seinem hohen Spitzhelm könnte noch ein Teil des Vorgängerbaues sein.

Kath. Kirche in Monreal:
Ursprünglich eine Eigenkirche
der Grafen von Virneburg

Ebenfalls einschiffig und spätgotisch ist die Friedhofskapelle im Osten des Ortes. Sozialgeschichtlich verdienen hier die Grabplatten und Kreuze aus Basaltlava Interesse.

Mit den drei steinernen und jeweils zweibogigen Elzbachbrücken rückt die Verkehrsgeschichte ins Blickfeld. Die mittlere Brücke war Fahrbrücke und wurde nach den Steinmetzzeichen um 1500 errichtet. Auf ihr steht gegenüber einer Nepomukfigur ein im Rheinland einzigartiges Löwendenkmal: Um eine Mittelsäule, die ein Kreuz trägt, sind vier sitzende, sehr naturalistisch gestaltete Löwen wie Wappentiere angeordnet.

Der Ort war mit einer Mauer befestigt, die mit beiden Burgen in Verbindung stand, von der sich jedoch nur Reste erhalten haben. Der Ort ist auch heute noch kaum über den alten Mauerbereich hinausgewachsen und konnte den Charakter einer kleinen, stadtartigen Handwerkssiedlung im Schutz einer Burg bewahren.

Zu diesem Eindruck tragen insbesondere auch die Fachwerkhäuser in der Unter- und Obergasse sowie um den Marktplatz bei. Sie stammen zumeist aus dem 17. und 18. Jahrhundert, haben geschnitzte Eckbalken, erkerartige Vorsprünge, hohe Giebel und steile Schieferdächer.

Virneburg

Wenige Kilometer von Monreal entfernt liegt die Stammburg der Virneburger Grafen, errichtet auf einer Anhöhe, die auf drei Seiten vom Nitzbach umflossen wird, zum Schutz der Straße vom Rhein über Mayen nach Aachen. Von der ursprünglich umfangreichen Anlage haben sich die Schildmauer sowie Reste des Palas und der Umfassungsmauer erhalten. Die Virneburg gibt damit noch einen guten Eindruck vom Stammsitz einer Grafenfamilie, die im Spätmittelalter als Pellenz-Grafen des Erzbischofs von Trier und der Pfalzgrafen landesgeschichtlich in Erscheinung traten.

Maifeld und Pellenz: Landesgeschichte als Sakralbaugeschichte

Neben der Rheinschiene und dem Moseltal sind das Maifeld und die Pellenz die Haupträume des Landkreisgebietes. Sie erscheinen in naturräumlichen wie verwaltungsräumlichen Bezeichnungen (Maifeld-Pellenzer Hügelland, Verbandsgemeinde Maifeld). Landesgeschichtlich ist diese Region in wesentlichen Konturen in ihrer Sakralbaugeschichte greifbar.

Dies zeigt sich vor allem in Münstermaifeld, dessen Geschichte von einem im 6. Jahrhundert als Missions- und Seelsorgezentrum entstandenen und bis 1802 bestehenden Stift geprägt ist, dessen Kirche der Siedlung auch den Namen gab: „Münster im Maifeld". Einer der Pröpste dieses Stiftes war der Humanist und spätere Bischof von Brixen Nikolaus von Kues (1401-1464). Eine gute Vorstellung von dieser mittelalterlichen Gemeinschaft von Priestern mit Grundbesitz und eigenen Rechten vermittelt ein Stadtrundgang: beginnend auf dem Münsterplatz als Zentrum des Stiftsbereiches; weiter zur ehemaligen Stiftskirche St. Martinus und Severus mit ihrer wehrhaften Außenmauer (Westwerk aus dem 12. Jahrhundert) und ihrer reichhaltigen Ausstattung im Innern; um die Kirche herum sind in der Herren- und der Stiftsstraße stattliche Häuser ehemaliger Stiftsherren und Verwaltungsstellen des Stifts erhalten. Der ganze Stiftsbezirk, die Immunität, war mit eigenen Toren gegen die Stadt abgeschlossen.

Von den um diesen Bereich herum errichteten anderen Bauten sind hervorzuheben: das Renaissance-Rathaus aus dem 16. Jahrhundert Ecke Martinsstraße/Unterthorstraße); Bürgerhäuser in Fachwerkbauweise in der Oberthor- und Unterthorstraße; die Häusergruppe „Am Heiliggeist-Spital" (Ecke Unterthorstraße 21) und das in der Nähe gelegene ehemalige „Heilig-Geist-Hospital" als soziale Einrichtung der Stiftsgeistlichen für Arme und Bettler, Pilger und Reisende sowie pflegebedürftige Kranke; die in der Reichspogromnacht 1938 niedergebrannte Synagoge, die als Ruine restauriert ist (Severus-Gasse 7).

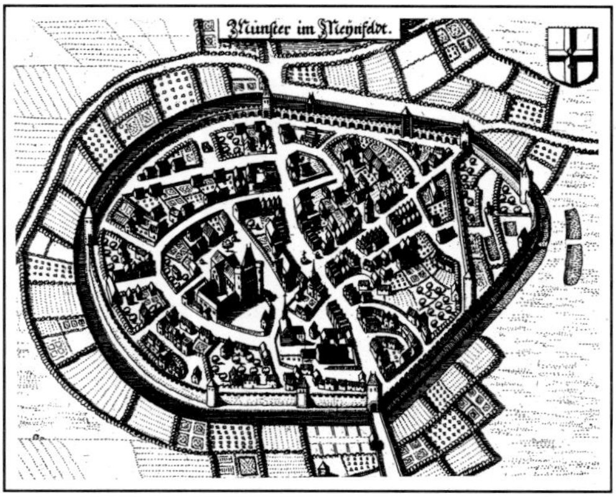

Münstermaifeld: Ein frühes Missions- und Seelsorgezentrum

In die Zeit des Münstermaifelder Westwerkes reicht auch die St. Georgskirche in Polch zurück, eine kleine Pfeilerbasilika, die heute als Friedhofskapelle fungiert. Die vielfältigen Beziehungen des Maifeldes zur Trier dokumentiert dort darüber hinaus der ehemalige Hof der Trierer Abtei St. Matthias, eine dreiflügelige Barockanlage.

Ebenfalls eine Barockanlage stellt die ehemalige Gerichtsstätte der Abtei Maria Laach in Fraukirch dar; sie liegt unmittelbar neben der Wallfahrtskirche St. Maria. Der im 14. Jahrhundert abgefaßten Genovevalegende zufolge ist diese Kirche an der Stelle errichtet, an der Pfalzgraf Siegfried seine Gemahlin wiedergefunden hat. Die Ausstattung der Kirche nimmt darauf mehrfachen Bezug: mit dem in Basalt gehauenen „Golokreuz" und dem Hochaltaraufsatz von 1667 aus Sandstein, der die Genovevalegende in derb-realistischer Weise darstellt.

Die beiden nächsten Stationen stellen Bezüge zu zwei Familien her, von denen Angehörige in der Barockzeit auf die Erzbischofsstühle von Trier und Mainz sowie den Bischofsstuhl von Worms gelangt sind.

In Saffig sind dies die Herren (seit 1711 Reichsgrafen) von der Leyen, aus deren Familie im 16. und 17. Jahrhundert drei Erzbischöfe hervorgingen (zwei Trierer und ein Mainzer). Im Auftrag dieses Adelshauses, das in Saffig über ein Schloß verfügte, entstand 1738/1742 eine Barockkirche nach Plänen Balthasar Neumanns. Weiterhin erwähnenswert ist die kürzlich wiederhergestellte Synagoge, ein neuromanischer Bau mit einer Fassade aus verschieden behauenen Lavasteinen.

Bassenheim schließlich war Sitz einer Adelsfamilie, die im späten 17. Jahrhundert einen Wormser Bischof stellte. Bekannt ist das Dorf durch den „Bassenheimer Reiter", ein St. Martinsrelief, das ursprünglich für den Lettner des Mainzer Domes durch den „Naumburger Meister" geschaffen worden war. Daß dieses fast vollplastische und ausdrucksstarke staufische Kunstwerk des 13. Jahrhunderts von Mainz nach Bassenheim gelangte, hängt mit der Grafenfamilie Waldbott (= Gewaltbote) von Bassenheim zusammen, die seit dem Ende des 16. Jahrhunderts alleiniger Ortsherr war und Schloß sowie Gut Bassenheim zu einer reichsunmittelbaren ritterlichen Herrschaft ausbauen konnte. Graf Casimir Waldbott von Bassenheim, der Domherr in Mainz war, ließ nach dem Abbruch des Mainzer Lettners 1683 das Martinsrelief nach Bassenheim bringen, wo es heute in der neuromanischen Katholischen Pfarrkirche St. Martin seinen Platz hat.

Im 19. Jahrhundert gehörten Schloß und Gut Bassenheim verschiedenen Besitzern. Darunter war die Bankiersfamilie von Oppenheim; auf sie gehen die Gestaltung des Walpotplatzes und die 1914/17 zu einem Schloß umgestaltete ehemalige Wasserburg mit ummauertem Englischem Garten zurück.

Rhens:
Wahl- und Huldigungsort spätmittelalterlicher Könige

Rhens - der Name ist keltischen Ursprungs - kam vermutlich durch eine Schenkung des Merowingerkönigs Dagobert im 7. Jahrhundert in den Besitz des Kölner Erzbischofs. Sichtbarer Ausdruck der daran anknüpfenden zielstrebigen Kölner Territorialpolitik ist die Stadterhebung um 1400, auf die das Stadtwappen mit den Stadtschlüsseln und dem schwarzen Kreuz auf weißem Grund (als Zeichen kurkölnischen Besitzes) Bezug nimmt.

Die Bedeutung von Rhens als einer ehemals landesherrlichen Kleinstadt ist noch heute am Stadtbild des 16. bis 18. Jahrhunderts abzulesen: Das Rathaus am Marktplatz in Fachwerkbauweise fällt im Erdgeschoß durch seine massiven Balken und durch den Laubengang (Gerichtslaube?) auf. Der Marktplatz hat nur bescheidene Ausmaße: Das Marktrecht als ein wesentlicher Bestandteil der Stadtrechte hat offenbar die wirtschaftliche Bedeutung dieser kölnischen Exklave nur wenig fördern können. Weitere Fachwerkhäuser stehen in unmittelbarer Nähe des Marktplatzes, beispielsweise in der Hoch- und Neustraße. Von den fünf Stadttoren sind drei erhalten. Im Süden liegt auf einer Anhöhe außerhalb der mittelalterlichen Stadt die ehemalige Pfarrkirche St. Dionysius mit spätromanischem Turm aus dem 13. Jahrhundert und barocker Innenausstattung. Außerhalb der Stadtmauer führt der Schießgraben zum Eckturm der Stadtbefestigung am Rhein, dem Scharfen Turm. Die Rheinfront stellt mit dem sich an den Scharfen Turm anschließenden ehemaligen kurkölnischen Amtshaus (heute Hotel), den auf der Stadtmauer aufgebauten Gebäuden der Wackelburg (aus dem Jahr 1576) und dem Deutschen Haus, dem Rheintor sowie dem Josefstor ein baugeschichtliches Ensemble dar.

Das historisch wichtigste Exkursionsobjekt in Rhens ist jedoch der Königstuhl. Hier wurden Karl IV. (1346) sowie Ruprecht von der Pfalz (1400) zum deutschen König gewählt. Und am 16. Juli 1338 erfolgte hier durch den „Kurverein" (Kurfürstentag) die Festlegung, daß die deutsche Königswahl durch die Kurfürsten erfolgen müsse und nicht auch noch der Zustimmung des Papstes bedürfe. In jenem Jahrhundert erfolgte auch der Bau des Königstuhls, auf dem sich im 14. und 15. Jahrhundert die neu gewählten deutschen Könige vor ihrer Krönungsfeier in Aachen huldigen ließen. Daß dies gerade in Rhens erfolgte, lag hauptsächlich in der engen Nachbarschaft der Territorien von vier der sieben Kurfürsten (Rhens: Köln; Niederlahnstein, Stolzenfels und Boppard: Trier; Oberlahnstein: Mainz; Braubach mit Marksburg: Kurpfalz).

Der 1376 erstmals erwähnte Königstuhl wurde um 1800 von den Franzosen zerstört, 1842 von dem Koblenzer Architekten Johann Claudius von Lassaulx wiederaufgebaut. Er steht heute nicht mehr an historischer Stelle am Rheinufer

Der Königstuhl in Rhens: Ort mittelalterlicher Reichsgeschichte

vor der Stadt, sondern wurde 1929 auf die Anhöhe zwischen Rhens und Waldesch versetzt. Gestaltet ist er als Zentralbau auf dem Grundriß eines Oktogons mit einer erhöhten Plattform, die von außen über eine Treppe zugänglich ist.

Spay

Etwa 3 Kilometer von Rhens entfernt liegt rheinaufwärts das alte Fischer- und Lotsendorf Spay. Auf diese früheren Funktionen weisen noch zahlreiche zum Rhein hinunterführende Gassen hin. Dazu wurden Wein-, Obst- sowie Ackerbau betrieben. Außerdem war der Ortsteil Oberspay Rastplatz an der Fernstraße Mainz-Köln. Die Größe und Ausstattung der zahlreich erhaltenen Fachwerkhäuser aus dem 18. Jahrhundert dokumentieren einen daraus erwachsenen - im Vergleich mit dem Hinterland - beachtlichen Wohlstand.

Andernach: Städtisches Selbstbewußtsein contra bischöfliche Stadtherrschaft

Andernach liegt am Nordrand des Neuwieder Beckens. Das Stadtgebiet ist seit der Altsteinzeit besiedelt. Entsprechende Funde zeigt das Stadtmuseum, zu dessen Exponanten auch zahlreiche aus der römischen Zeit gehören. Denn im frühen 1. nachchristlichen Jahrhundert legten die Römer ein Holz-Erde-Kastell und eine Station der Rheinflotte an, in deren Umgebung eine zivile Siedlung - ein vicus - entstand, dessen Name Autumnacum auf eine keltische Vorgängersiedlung verweist. Die verkehrsräumliche Lage dieses vicus wurde dadurch bestimmt, daß hier von der Rheintalstraße die Fernstraße nach Mayen und Trier abzweigte. Dazu kam die bis in die Neuzeit bewahrte Funktion als Umschlagplatz und Verladehafen für die Gewerbegüter aus der Gegend um Mayen und der Pellenz (Töpfereiwaren, Mühlsteine, Tuffstein). Der erhaltene Rheinkran aus dem 16. Jahrhundert ist ein technikgeschichtlicher Beleg dafür.

Erhalten blieb auch ein Teil der spätrömischen Steinkastellmauern, die im Mittelalter als Stadtmauer weiterbenutzt wurden. Dabei vollzog sich der Übergang vom Altertum zum Mittelalter durchaus fließend. Die römischen Truppen waren zwar zu Beginn des 5. Jahrhunderts abgezogen worden, die Zivilbevölkerung blieb jedoch zumindest teilweise am Ort, wie die zahlreichen Grabsteine aus römischer und fränkischer Zeit (manche mit lateinischen Namen) im Stadtmuseum und die teilweise kontinuierlich belegten Gräberfelder außerhalb der Stadt beweisen.

Im Frühmittelalter war Andernach im Besitz der fränkischen Könige, die hier eine Pfalz einrichteten, die vor allem die Merowinger-Könige mehrfach besuchten. Wie viele rheinische Städte wurde dann aber auch Andernach vom Normannensturm (883) stark betroffen. Doch die günstige verkehrsgeographische Lage sicherte der Stadt, die im Hochmittelalter mit Zoll, Markt und Münze ausgestattet wurde, wieder einen raschen Aufschwung. Der Handel mit Steinprodukten und Keramik wurde bis nach England und in die nordeuropäischen Länder ausgedehnt.

Deshalb richteten auch die Erzbischöfe von Köln und Trier ihr Interesse auf die prosperierende Stadt, die sich inzwischen erheblich über die spätantike Stadtmauer nach Osten ausgedehnt hatte. Daß dabei Köln erfolgreicher war, ist ein Ergebnis der Politik des Erzbischofs Reinald von Dassel, dem Kaiser Friedrich I. 1167 als Dank für dessen Hilfe während des Italienzuges den königlichen Hof in Andernach mit allen Rechten schenkte. Andernach blieb nun bis zum Ende des Alten Reiches im Besitz des Kölner Erzstiftes. Der Trierer Erzbischof konnte lediglich die Liebfrauenkirche als Mittelpunkt einer Großpfarrei erwerben.

Wie die Bürger von Köln, Koblenz und Mainz strebten jedoch auch die Andernacher danach, die erzbischöfliche Stadtherrschaft abzuschütteln. Ab 1200 sicherte deshalb der Erzbischof seine Herrschaft durch den Bau einer gut befestigten Wasserburg, die von den Andernachern mehrmals erfolglos bestürmt wurde und daraufhin von den Bürgern jeweils wieder hergestellt werden mußte. Erhalten haben sich von dieser erzbischöflichen Zwingburg die Umfassungsmauern, der viereckige Hauptturm (mit einem vorkragenden Bogenfries und Erkern), der Rest des zweigeschossigen Palas und der Pulverturm.

Das in diesen Auseinandersetzungen mit dem Erzstift erkennbare stadtbürgerliche Selbstbewußtsein kommt vor allem in der Stadtbefestigung zum Ausdruck. Das gilt insbesonders für das Koblenzer Tor, das Rheintor, die wohl älteste rheinische Doppeltoranlage, vor allem aber das Wahrzeichen der Stadt, den 55 Meter hohen Runden Turm, den die Andernacher Bürger aus eigenen Mitteln im 15. Jahrhundert errichteten und mit einem Dreipaßfries und Giebeln künstlerisch gestalteten.

Die damit zum Ausdruck kommende Bedeutung Andernachs im Mittelalter belegt die zwischen 1200 und 1220 errichtete Pfarrkirche Mariae Himmelfahrt (Liebfrauenkirche), die in die Reihe der großen spätromanischen Kirchen an Nieder- und Mittelrhein gehört. Ihre Apsis wird von zwei Türmen flankiert, der nordöstliche Chorflankenturm gehört zu einem Vorgängerbau des 12. Jahrhunderts. Besonders reich ist die von zwei Türmen beherrschte Westseite gestaltet. Ebenso eindrucksvoll ist der dreigeschossige Innenraum.

Darüber hinaus kommt das geistliche Andernach auch noch in den baulichen Resten dreier Klöster zum Ausdruck: der gotischen Minoritenkirche St. Nikolaus (1854 der evangelischen Gemeinde überlassen), der 1736/39 erbauten Kapelle des damaligen Annunziatenklosters (jetzt Hospitalkapelle St. Nikolaus und Elisabeth), schließlich der im frühen 13. Jahrhundert errichteten Friedhofskapelle St. Thomas Becket des ehemaligen Augustinerklosters.

Schließlich ist auch noch die frühere Andernacher Judengemeinde greifbar: im hochgotischen Judenbad (Mikwe) unter dem Vorgängerbau des Rathauses, an dessen Stelle ursprünglich eine Synagoge stand.

Namedy

Schloß Namedy wurde im 13. Jahrhundert von der Andernacher Patrizierfamilie Huysmann als Wasserburg errichtet und im späten 19./ frühen 20. Jahrhundert zu einer hufeisenförmigen Schloßanlage ausgebaut. Heute ist die Anlage im Besitz der Fürsten von Hohenzollern-Sigmaringen.

i Das Andernacher Stadtmuseum (Hochstraße, Tel. 02632/406226) ist dienstags bis freitags von 10 bis 12 und 14 bis 17 Uhr sowie samstags und sonntags von 14 bis 16 Uhr geöffnet. In Schloß Namedy (Tel. 02632/48625) sind für Gruppen ab zehn Personen Führungen möglich.

Bendorf: Territorialentwicklung und frühe Industrialisierung am Mittelrhein

In römischer Zeit lag die heutige Gemarkung Bendorf teils auf römischem, teils auf germanischem Gebiet, also im unmittelbaren Limesbereich. Aufschlußreiche Informationen darüber bietet das Städtische Museum.

Ebenso dokumentiert das Museum die mittelalterliche Geschichte Bendorfs, für die vor allem die Grafen von Sayn bestimmend waren. Dies wird in der dem Museum benachbarten Kirchengruppe Evangelische Kirche - Katholische Kirche - Reichardsmünster deutlich. Als nämlich die Sayner Grafen 1561/62 die Reformation einführten, wurde die um 1204 als dreischiffige Pfeilerbasilika entstandene St. Medarduskirche evangelisch, während das um 1230 als kleinere Doppelkapelle erbaute Reichardsmünster den Katholiken verblieb; die heutige eigentliche Katholische Kirche wurde dann 1864/67 als neugotische Basilika an die Südwand des Reichardsmünsters angefügt.

Kirchengeschichtlich wirksam waren die Grafen von Sayn auch im Stadtteil Sayn, wo sie um 1200 eine Abtei stifteten, die von Prämonstratensermönchen besiedelt und 1803 aufgelöst wurde. Erhalten sind die spätromanische Kirche, ein Kreuzgangflügel und einige Klostergebäude (darunter die barocke Prälatur).

Vor allem aber sind die Sayner Grafen in Bendorf-Sayn als Burg- und Schloßbauherrn in Erscheinung getreten. Ihre hochmittelalterliche Burg (am Zusammenfluß der Bäche Sayn und Brex) bestand aus der hochgelegenen Hauptburg und zwei tieferliegenden Burghäusern (Reiffenbergsches Burghaus und von Steinscher Sitz). Alle drei Burgen sind seit dem Dreißigjährigen Krieg Ruinen.

Ein neues Schloß entstand dann im 19. Jahrhundert am Fuß des Burgberges. Fürst Ludwig Adolf Friedrich von Sayn-Wittgenstein ließ dazu das ehemalige von Wentzsche Burgmannenhaus in neugotischem Stil zum „Schloß Sayn" umbauen; durch die gleichzeitige Einbeziehung des spätmittelalterlichen Torturmes in die neugotische Umgestaltung und durch die Anlage eines Englischen Gartens als Schloßpark, der mit einer als Freitreppe dienenden Brücke mit dem Schloß verbunden wurde, stellte diese Anlage vor dem Hintergrund des aufsteigenden Burgberges mit seinen Ruinen ein eindrucksvolles bauliches Ensemble dar. Deutsche Truppen zerstörten es jedoch beim Herannahen der Alliierten im Frühjahr 1945. Erhalten blieb allein die Schloßkapelle (als fürstliche Grablege sowie als Hauskapelle in Form einer Doppelkapelle errichtet). 1968 wurde der Schloßturm in neugotischer Form wiederhergestellt. Seit 1981 sind weitere Wiederaufbauarbeiten des Gesamtkomplexes im Gang.

Bendorf-Sayn:
Schloß, Burgen und Hütte (zweite Hälfte des 19. Jahrhunderts)

Wiederhergestellt wurde in den letzten Jahren auch die Gießhalle der „Sayner Hütte", ein bemerkenswertes technisches Kulturdenkmal (Farbtafel 14). Sie repräsentiert die Eisenverarbeitung im Raum Bendorf (vgl. dazu auch die Sammlungen des Stadtmuseums Bendorf), die sich bis in 3. vorchristliche Jahrhundert zurückverfolgen läßt. Die Erzgruben des Westerwaldes (v.a. bei Horhausen), der Wasserreichtum der Bäche Brex und Sayn für den Antrieb der Ofengebläse, die Möglichkeit ausreichender Holzkohlegewinnung in der waldreichen Umgebung sowie die Lage am Schnittpunkt mehrerer Fernstraßen boten dafür die Voraussetzung. Entscheidend jedoch wurde, daß der Trierer Kurfürst Clemens Wenzeslaus 1769/70 am Fuß der Burg Sayn die „Sayner Hütte" gründete. 1815 fiel sie an Preußen. Ihre nunmehrige Aufgabe, vor allem die jetzt preußischen Rheinfestungen Koblenz und Ehrenbreitstein mit Geschützen und Munition zu versorgen, führte zum Bau eines neuen Hochofens und einer Gießhalle, die 1828/30 in Form einer gußeisernen dreischiffigen gotischen Basilika errichtet wurde. 1865 verkaufte Preußen die Hütte samt Gießhalle an die Fa. Krupp, die bald die Fabrikation von Geschützen und Munition einstellte und die Gießhalle nur noch bis zum Anfang dieses Jahrhunderts zur Herstellung von Gußöfen und gußeiserner Kleinkunst verwendete. 1926 erwarb die Stadt Bendorf die Gießhalle, die sich seit 1976 in Privatbesitz befindet und in den letzten Jahren restauriert wurde.

Niederwerth

Auf der Rheininsel Niederwerth sind die Reste eines Konventes erhalten, der von seiner Gründung im 13. Jahrhundert bis zur Auflösung 1811 von wechselnden Gemeinschaften (Beginen, Augustinerchorherren, Zisterzienserinnen) bewohnt wurde. Die reich ausgestattete ehemalige Klosterkirche aus dem 15. Jahrhundert ist ein gutes Beispiel der für Nonnenkirchen charakteristischen Innenaufteilung von Nonnenempore, Laienschiff und Chor.

i Die Sayner Hütte (Tel. 02622/1220) ist täglich nach Vereinbarung und das Stadtmuseum Bendorf (Kirchplatz 9b, Tel. 02622/703240) dienstags bis sonntags in der Zeit von 15 bis 18 Uhr geöffnet.

Literatur:

Kreis Mayen-Koblenz (Hrsg.): Heimat-Jahrbuch Kreis Mayen-Koblenz, Bd. 1 ff.:; Düren 1982 ff.

Informatives Kreisjahrbuch mit Beiträgen aus Vergangenheit und Gegenwart.

Helmut Prößler: Mayen-Koblenz, Portrait eines Landkreises; Koblenz 1980.

Reich bebilderte Landkreis-Monographie.

Hans-Helmut Wegner (Bearb.): Koblenz und der Kreis Mayen-Koblenz (= Führer zu archäologischen Denkmälern in Deutschland, Bd. 12); Stuttgart 1986.

Mit prägnanten Einführungsbeiträgen über die archäologisch greifbaren Phasen von der Altsteinzeit bis zum frühen Mittelalter verbundene Objektbeschreibungen von Andernach bis Winningen.

Hans-Erich Kubach, Fritz Michel und Hermann Schnitzler (Bearb.): Die Kunstdenkmäler des Landkreises Koblenz (= Die Kunstdenkmäler der Rheinprovinz, Bd. 16.3; Düsseldorf 1944 (NDr. 1981).

Hanna Adenauer, Josef Busley und Heinrich Neu (Bearb.): Die Kunstdenkmäler des Kreises Mayen (= Die Kunstdenkmäler der Rheinprovinz, Bde. 17.1 u. 17.2); Düsseldorf 1943 (NDr.1985).

Grundlegende Kunstdenkmälertopographien.

Rheinischer Verein für Denkmalpflege und Landschaftsschutz (Hrsg.): Rheinische Kunststätten; H. 8, Andernach (Neuss 1979); H.241, Sayner Hütte in Bendorf (Neuss 1986); H.259, Monreal (Neuss 1982); H.294, Bendorf-Sayn (Neuss 1988).

Reich illustrierte Führungshefte durch die genannten „Rheinischen Kunststätten".

Franz-Josef Heyen (Hrsg.): Andernach, Geschichte einer rheinischen Stadt; Andernach 1988.

Fundierte und detaillierte stadtgeschichtliche Darstellung.

ALFRED BAUER

Rhein-Hunsrück-Kreis

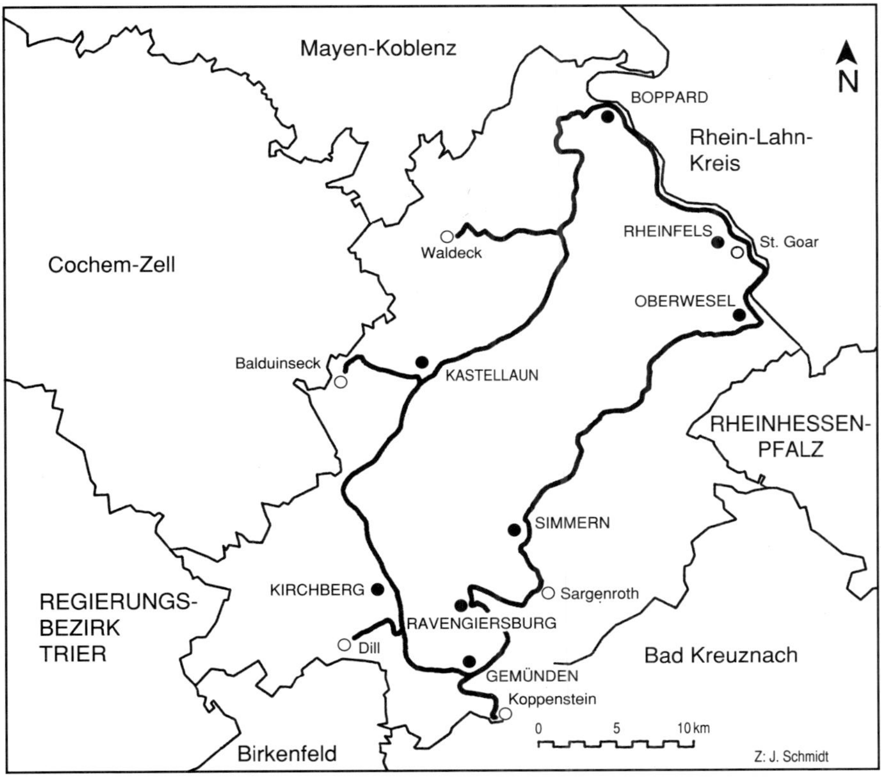

Die siedlungsgeschichtlichen Anfänge der beiden, das heutige Kreisgebiet gleichermaßen landschaftsprägenden Bestandteile, „Rhein" und „Hunsrück", lassen sich zwar vereinzelt bis in die Jungsteinzeit (ca. 3000 bis 2000 v.Chr.) zurückverfolgen, verbinden sich aber vor allem im Blick auf die schwerer zugängliche Gebirgszone mit zahlreichen Hügelgräbern, die die „Hunsrück-Eifel-Kultur" (ca. 600 bis 475 v.Chr.) als sichtbaren Ausdruck der Körperbestattung hinterlassen hat.

Mit der Eroberung Galliens durch Gaius Julius Caesar (58 bis 50 v.Chr.) kam unsere Region für Jahrhunderte unter römische Herrschaft und erlebte den Prozeß der Romanisierung vornehmlich in der Anlage von Kastellen und Fernstraßen. Besondere Bedeutung erlangte hierbei, in Fortsetzung der direkten Verbindung von Italien her, die linksufrige Rheintalstraße mit „Baudrobiga" (Boppard) und „Volsovia" (Oberwesel) als älteste Siedlungen sowie die quer über den Hunsrück führende Militärstraße Mainz-Trier, an der der „vicus Dumnissus" (Kirchberg-Denzen) lag.

Seit dem Vordringen der Franken aus dem Kölner Raum (ca. 450 n.Chr.) fielen die kultivierten römischen Staatsländereien kraft des Eroberungsrechts an die fränkischen Könige und wurden Reichsgut. Dies gilt namentlich für die Rheinlinie, wo zwischen Bingen und Koblenz die Fiskalbereiche eng beieinanderlagen. Urkundlich bezeugte Aufenthalte deutscher Könige und Kaiser belegen die raumbestimmende Kraft des Reiches am Mittelrhein.

In Konkurrenz mit ihm setzte dann im 11. Jahrhundert der Territorialisierungsprozeß ein. Dabei wirkte allerdings die landschaftliche Zerrissenheit des Hunsrücker Berglandes einer weiträumigen und in sich geschlossenen Territorialbildung eher entgegen.

Trotzdem schaffen es die Grafen von Sponheim, in den Räumen von Kirchberg, Gemünden, Koppenstein und Kastellaun einen relativ geschlossenen Herrschaftsbereich aufzubauen. Dieser verband die sponheimischen Besitzungen an Mosel und Nahe und behauptete sich das ganze Mittelalter hindurch als wirksame Klammer.

Im 12. Jahrhundert gelang es außerdem den Pfalzgrafen, zunächst von Rheinböllen aus, später mit Simmern als Mittelpunkt, durch den Hinzugewinn der Propstei Ravengiersburg ihre Position im mittleren Hunsrück auszubauen.

Seit dem 14. Jahrhundert gerieten die auf dem Hunsrück begüterten Adelsfamilien jedoch in den Sog der expansiven Außenpolitik des Trierer Kurstaates, der in Boppard und Oberwesel schließlich zum Erben des Reiches wurde.

Auf diese territorialpolitische Situation nimmt das Kreiswappen Bezug. Unter dem sponheimischen Schach vereinigt es den pfälzischen Löwen mit dem Reichsadler.

Daneben waren im Spätmittelalter noch andere Territorialherren im Gebiet des heutigen Landkreises präsent. So etwa in St. Goar die Grafen von Katzenelnbogen sowie die Wild- und Rheingrafschaft im äußersten Südwesten des Kreisbereiches.

Nach dem Augsburger Religionsfrieden blieben die kurtrierischen Gebiete katholisch, während die Kurpfalz, die in ihren Nebenlinien Simmern und Zweibrücken zusammen mit der Markgrafschaft Baden die Nachfolge in den sponheimischen Besitzungen angetreten hatte, zunächst lutherisch, später calvinistisch-reformiert wurde. Mit weiteren Veränderungen der Konfessionskarte im Gefolge der Reunionskriege Ludwigs XIV. wurde schließlich der Zustand festgeschrieben, der in der Konfessionsverteilung des Kreises bis heute nachwirkt.

Simmern: Aus einem Flugblatt um 1620

Nachhaltiger als etwa die zwangsweise Einrichtung von Simultaneen hat sich jedoch der Hunsrücker Bevölkerung die Erinnerung an die durch den französischen Eroberungs- und Vernichtungskrieg verursachten Leiden und Entbehrungen eingeprägt. Als „Hunsrücker Zerstörungs- und Jammertag" ist der 17. September 1689 in die regionale Geschichte eingegangen.

Die Französische Revolution und die Besetzung des linken Rheinufers brachten das Ende der überkommenen mittelalterlichen Staatlichkeit und begründeten zugleich die Anfänge einer überschaubaren und funktionierenden Verwaltung. Auf ihr konnte die preußische Administration nach den Befreiungskriegen aufbauen: Mit der Einrichtung der Rheinprovinz wurden Simmern und St. Goar 1816 Verwaltungsmittelpunkte der gleichnamigen Landkreise. Ihre „Fusion" schließlich ist das Ergebnis der Verwaltungsreform 1969/70.

Kirchberg: Straßenstation auf dem römischen Hunsrück

„Vorbei kam ich an dem trockenen Denzen, wo die Felder ringsum nach Wasser dürsteten..." Wenig schmeichelhafte Worte fand der römische Dichter und Prinzenerzieher Ausonius bei seiner Reise von Bingen quer über den Hunsrück nach Trier (368 n.Chr.) für die Straßenstation „vicus Dumnissus" oder (Dumnissum), die im Namen des Ortsteiles Kirchberg-Denzen noch in Erscheinung tritt. Dieser Hunsrück-vicus vermochte also wohl in keinster Weise dem zu entsprechen, was der kultivierte Gelehrte und seine Reisegesellschaft aus dem mondänen Rom gewohnt waren. Immerhin verdanken wir seiner Notiz zu Beginn der „Mosella" aber die erste literaturgeschichtliche Erwähnung des „römischen Hunsrücks", wenngleich Kirchberg unter dem keltischen Namen „Dumno" in einer Straßenkarte, überliefert durch die „Tabula Peutingeriana", zeitlich noch früher datiert ist.

Mit dem Verfall der Römerherrschaft kam bei der fränkischen Landnahme der weiträumige Staatsdomänenkomplex an die merowingischen Könige. Dieser Prozeß ging jedoch vermutlich mit einer siedlungsgeschichtlichen Umorientierung einher, da sich das Zentrum des ehemals römischen Fiskalbezirks vom gegenwärtigen Stadtkern auf dem „Berg" weg in die ca. 1000 Meter weiter östlich gelegene „Quellmulde" des Heimbaches verlagerte. Der heutige Stadtteil Denzen ist also mit der antiken Siedlung topographisch nicht identisch, vielmehr ist deren Existenz archäologisch innerhalb der Ortslage von Kirchberg gesichert.

Die weitere Geschichte des Ortes verzeichnet dann die auch anderwärts für den engeren Bereich des Hunsrücks gravierenden historischen Einschnitte. 995 schenkte König Otto III. das Hofgut Denzen („paedium Domnissa") seinem Getreuen Bezelin. Damit wurde die Familie der Bertholde, als Rechtsnachfolger der Bezelinen, Besitzer des Raumes, für den wir bis 1074, dem Verlauf der Römerstraße entsprechend, eine Teilung annehmen müssen. Noch im selben Jahr wurde mit der Nordhälfte des ehemaligen Königsgutes das neugegründete Kloster Ravengiersburg dotiert, während die Südhälfte mit Kirchberg an die Grafen von Sponheim gelangte, die den Ort schon 1259 zur Stadt erhoben und damit seiner zentralen geographischen Lage inmitten der an Mosel und Nahe konzentrierten sponheimischen Besitzungen Rechnung trugen. Erwähnenswert ist in diesem Zusammenhang, daß die spätere administrative Komponente sich schon frühzeitig andeutet: Über 50 Orte gehörten im ausgehenden Mittelalter zur Großpfarrei Kirchberg (Michaelspatrozinium). Sie war wohl räumlich identisch mit dem frühmittelalterlichen Königsgut und leitete ihren Namen von der damaligen Funktion her („Kirche auf dem Berg").

Kirchberg: Älteste Stadt des Hunsrücks

Nach dem Aussterben der Grafen von Sponheim kam Kirchberg unter die Gemeinsherrschaft der Hinteren Grafschaft Sponheim. Die Kondominatsverwaltung erwies sich jedoch als ineffektiv und wurde im 18. Jahrhundert vertraglich beendet. Dabei fiel Kirchberg 1708 an die Markgrafschaft Baden und wurde Verwaltungssitz eines neu errichteten Oberamtes. Die Franzosen machten dann 1798 die Stadt zum Kantonssitz im Arrondissement Simmern. Außerdem erhielt Kirchberg eine Mairie, die 1816 von Preußen als Bürgermeisterei übernommen wurde. Seit 1970 schließlich ist Kirchberg Sitz einer Verbandsgemeinde, die mit ihren 40 Ortsgemeinden zu den flächenmäßig größten in Rheinland-Pfalz zählt.

Dill

Die südwestlich von Kirchberg gelegene Burg Dill (1107 als Eigentum des Adalbertus de Dille erstmals genannt) kam 1124 an die Grafen von Sponheim, die sie durch alle Erbteilungen hindurch als Kondominatsbesitz behaupteten. Doch wurde Dill nie „nachgerüstet", erlangte somit nur geringe militärische Bedeutung. Seit 1960 befindet sich die Burg im Besitz der Familie Castendyck (Traben-Trarbach).

i Das „Heimathaus" in Kirchberg (Eifelgasse, Tel. 06763/1363) kann dienstags und freitags jeweils von 17 bis 18 Uhr besichtigt werden.

Boppard: Frühes Christentum im spätrömischen Kastellbad

BOPARDIA LIBERUM ET SPETIALE OPIDUM ROMANI IMPERII („Boppard, freie und besondere Stadt des römischen Reiches"), so lautet die Umschrift auf dem zweiten großen Siegel der Stadt Boppard, das erstmals an einer Urkunde vom 11. April 1236 erscheint (Original heute im Britischen Museum, London. Es zählt zu den „eindrucksvollsten und schönsten Städtesiegeln" (T. Diederich) im Rheinland und führt in seiner stolzen Umschrift und anspruchsvollen Gestaltung unmittelbar in die ältere stadtgeschichtliche Entwicklung hinein.

Die räumliche Lagegunst hat schon sehr früh eine Besiedlung der Gegend um Boppard bewirkt. Daß der Ort auch während der Völkerwanderungszeit kontinuierlich besiedelt war, dokumentiert ein archäologischer Befund, der noch heute einen Akzent im Stadtbild darstellt: das im Stadtkern gelegene spätrömische Kastell Bodobrica (nach 350 n.Chr.), mit dem Boppard in die neue Verteidigungslinie, den sogenannten Rheinlimes, integriert war.

Zusammen mit dem Kastell, deren Via praetoria als Oberstraße und Via principalis als Kirchstraße sich noch im heutigen Ortsgrundriß niederschlagen, errichteten die Römer eine Badeanlage, die an die nördliche Kastellmauer angelehnt war. Die Thermenanlage ihrerseits diente nach der Abberufung der römischen Truppen (405/406 überschritten die Wandalen und Sueben bei Mainz den Rhein) als Basis für die Errichtung einer frühchristlichen Kirche. Die neue Zweckbestimmung der ehemaligen Badeanlage als christlicher Kultbau ist durch zwei bemerkenswerte archäologische Funde gesichert: Durch ein Taufbecken (piscina) und eine Anlage besonderer Prägung für die Wortverkündung (ambo).

Diese Befunde sind Ergebnisse der umfangreichen Ausgrabungen, die von 1963 bis 1967 in der Pfarrkirche St. Severus anläßlich ihrer Restaurierung vorgenommen wurden. Die archäologischen Untersuchungen haben überdies zweifelsfrei die topographische Identität der heutigen Pfarrkirche mit dem frühchristlichen Gotteshaus erwiesen, wobei die Kontinuität durch zwei Zwischen-Kirchenbauten aus karolingischer und ottonischer Zeit vermittelt wird.

Mit der Okkupation des römischen Staatslandes durch die fränkischen Könige war Boppard im frühen Mittelalter zum Mittelpunkt eines sich weit in den Hunsrück erstreckenden königlichen Fiskus geworden. Damit waren enge Bindungen des „Bopparder Reiches" an die deutschen Herrscher vorgezeichnet, wie dies etwa eine Reihe urkundlich bezeugter Aufenthalte deutscher Könige und Kaiser in Boppard belegt. Wann der Ort bei dieser vorteilhaften Konstellation zur „Stadt" im mittelalterlichen Rechtssinne wurde, läßt sich nicht eindeutig klären, immerhin ermöglicht das älteste Stadtsiegel von 1216 eine ungefähre Datierung und markiert in Verbindung mit dem neuen Siegel einen Höhepunkt in der stadtgeschichtlichen Entwicklung, der möglicherweise mit der Fertigstellung von St. Severus zusammenfiel. Das detailgetreue Portrait mit dem Adler auf dem Dachfirst des Langhauses und die Umschrift dokumentieren bürgerliches Selbstbewußtsein und den Anspruch Boppards auf den Status einer reichsfreien Stadt.

Der war der Stadt aber nur für kurze Zeit vergönnt, denn mit dem Zusammenbruch der Stauferherrschaft in Deutschland (1250) kündigte sich in den Auseinandersetzungen um das Erbe des Reiches am Mittelrhein das Ende der „freien und besonderen Stadt" Boppard an: 1312 überließ der neugewählte König Heinrich VII. seinem Bruder Erzbischof Balduin von Trier als Dank für die nachhaltige Unterstützung seiner Thronkandidatur Boppard und Oberwesel pfandweise. Gegen den Widerstand der Bürgerschaft und der ansässigen reichsministerialen Familien eroberte Balduin die Stadt schließlich 1327 mit Waffengewalt und ließ zur dauerhaften Anerkennung des Trierer stadtherrlichen Regiments die Alte Burg errichten, eine Vierflügelanlage mit Rundtürmen an der Südost- und der Südwestecke.

Lassen St. Severus und die Alte Burg Boppard bereits als geistliche Stadt erscheinen, so verstärken die ehemaligen Klöster (Franziskanerkloster, Kloster St. Martin und Karmeliterkloster) diesen Eindruck noch. Dies gilt besonders für das Karmeliter-Kloster, das 1265 (als nach Köln damit ältestes dieses Ordens im Rheinland) gegründet wurde. Eine Reihe bedeutender Grabdenkmäler erinnert hier an die Stiftungsfreudigkeit des ortsansässigen Adels, so das Wandgrab des Grafen Johann von Eltz (†1547) und das Epitaph für Margarete von Eltz (†1509).

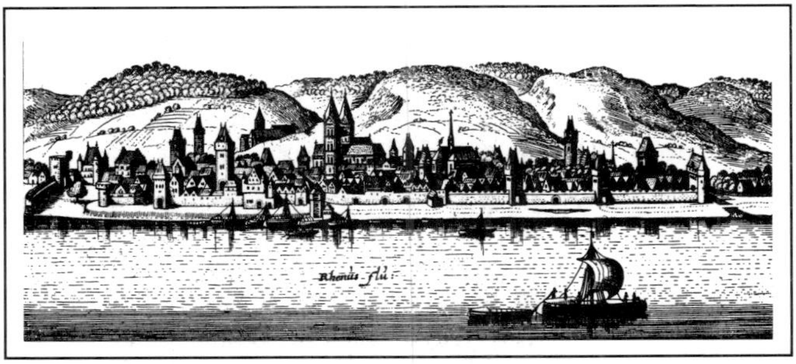

Boppard: Aus einem römischen Kastell entstanden

i Das Museum der Stadt Boppard in der Alten Burg (Burgstraße, Tel. 06742/10369) ist von April bis Oktober dienstags bis sonntags jeweils von 10 bis 12 und 14 bis 17 Uhr geöffnet.

Ravengiersburg: Kurmainzische Präsenz auf dem Hunsrück

Daß das Kloster Ravengiersburg (Farbtafel 5) vielfach als „Hunsrückdom" bezeichnet wird, resultiert hauptsächlich aus seiner romanischen Doppelturmfassade. In wirtschaftsgeschichtlicher Hinsicht kann es zudem als Beispiel einer geistlichen Grundherrschaft dienen, die mit ihren ausgedehnten Besitzungen die kirchengeschichtliche Entwicklung eines zentralen Bereiches der Hunsrücklandschaft im Hoch- und Spätmittelalter entscheidend prägte.

Dabei zeigen die Anfänge der kirchlichen Erschließung und Pfarrorganisation, wie sehr das Hunsrücker Höhengebiet von seiner verkehrsgeographischen Peripherie an Rhein, Mosel und Nahe profitierte. Entlang ihrer quer über den Hunsrück verlaufenden Grenze war der Einfluß der Bistümer Trier und Mainz unterschiedlich raumwirksam. Während im Südteil des heutigen Kreisgebietes über das Kollegiatstift St. Martin in Bingen und das Kloster Disibodenberg Mainz kirchenorganisatorisch dominierte, erfolgte die kirchliche Anbindung des Rhein- und Mosel-Hunsrücks unter der Regie Triers, in dessen Stellvertretung die Kirche im ehemaligen Kastell Boppard wie auch das St. Kastorstift in Karden (Mosel) missionarisch und pfarrorganisatorisch tätig waren.

Mit der Herausbildung der Großpfarreien Kirchberg und Simmern begann am Ende des 11. Jahrhunderts auch die Geschichte des Klosters Ravengiersburg. Mit Zustimmung des Mainzer Erzstifts, dessen Repräsentanten seit Erzbischof Willigis (975-1011) mit Nachdruck die Siedlungstätigkeit in dem Höhengebiet des Hunsrücks betrieben (Gehinkirche bei Auen, Semeindiskapelle bei Seesbach, Kirche bei Mörschbach), kam es 1074 zur Gründung des Augustiner-Chorherrenstifts, als das Grafenpaar Berthold und Hedwig ihre Güter an Nahe, Mosel und in „Hunsruche" dem Altar St. Christophorus in Ravengiersburg schenkten. Nachdem sie ihre dortige Kapelle bereits 1072 aus dem Pfarrverband der Mutterkirche (Simmern) hatten trennen lassen, war damit der Schritt hin zur Verselbständigung getan und im Hunsrück erstmals eine Antwort auf die Herausforderungen durch die kirchliche Reformbewegung des 11. Jahrhunderts gegeben. „Es war jene fromme Zeit, in der der Hochadel aus religiösen Motiven heraus Haus- und Familienklöster ins Leben rief" (W.Wagner).

Wenngleich die Dotation von 1074, zu der u.a. das alte Königsgut um Denzen („praedium Tonnense") gehörte, lediglich als grundherrschaftliches „Startkapital" für die Ausstattung eines Klosters, nicht aber als Initiierung einer weiteren Großpfarrei (neben Simmern und Kirchberg) gedacht war, so nahm hier doch eine besitz- und wirtschaftsgeschichtliche Entwicklung ihren Anfang, die bis zum Ende des Mittelalters eine der größten Grundherrschaften im mittelrheinischen Raum hervorbringen sollte.

Besondere Bedeutung erlangten hierbei die seit dem 12. Jahrhundert einsetzenden Schenkungen. Daneben waren die Pröpste erfolgreich darum bemüht, durch Güterkäufe und Tauschgeschäfte ihre Besitzungen zu arrondieren.

Das heraufziehende Konfessionszeitalter beendete jedoch all diese Bestrebungen: 1566 wurde das Kloster durch Pfalzgraf Georg von Simmern aufgehoben. 1803 fiel Ravengiersburg schließlich den Säkularisierungsverfügungen der französischen Besatzer endgültig zum Opfer.

Doch läßt der Gesamtkomplex noch die frühere Bedeutung des Stiftes erkennen. Dies gilt besonders für den aus romanischer Zeit stammenden Westbau der Kirche („Hunsrückdom"). Das Fassadenprogramm mit Majestas-Relief, bekleidetem Kruzifix sowie Adam- und Eva-Relief macht eine architektonische Orientierung an den Domen in Trier und Verdun wahrscheinlich (trierisch-lothringische Schule). Der heutige einschiffige barocke Kirchenbau gehört in die „Wiederaufbauphase" nach dem Pfälzischen Erbfolgekrieg (1689), während die um den spätgotischen Kreuzgang gruppierten drei Stiftsflügel (abgesehen von einem aus dem 18. Jahrhundert stammenden Teil des Südflügels) ab 1921 errichtet wurden.

Ravengiersburg: Ehemalige Klosteranlage (Südfront)

Sargenroth

Im Zusammenhang mit den Gründungsvorbereitungen für das Kloster Ravengiersburg wird 1072 die Nunkirche bei Sargenroth als Mutterkirche erwähnt. Neben seiner tradierten Funktion als Markt erlangte der Ort für das benachbarte Ravengiersburg sehr bald die Bedeutung einer Gerichtsstätte mit der Bezeichnung „Hundegeding". Das Gotteshaus selbst war bis zur Einführung der Reformation (1557) ein bekanntes Wallfahrtsziel. Nach jüngsten Restaurierungsmaßnahmen kann man in ihm wertvolle Wand- und Gewölbefresken (13./14. Jahrhundert) bewundern.

Kastellaun:
Befestigung und Markt als stadtbildende Kriterien

Eine vergleichende Betrachtung der städtischen Zentren im Hunsrück unter dem Blickwinkel einzelner städtischer Merkmale erweist vor allem die Kontinuität der administrativen Funktion. Die schon am Ende des Mittelalters oder in der Neuzeit begründete Rolle eines Verwaltungsmittelpunktes hat sich über die Zwischenstationen einer französischen Mairie (im häufig gleichnamigen Kanton) und preußischen Bürgermeisterei bis zum Sitz einer Verbandsgemeinde der Gegenwart erhalten.

Dies gilt neben Simmern und Kirchberg in gleicher Weise für Kastellaun, das beim Aussterben der Grafen von Sponheim 1434 in den Besitz der Herzöge von Zweibrücken und Markgrafen von Baden gelangte. 1689 wurden die Burg und der Ort bis auf wenige Häuser zerstört, 1776 schließlich aus der Gemeinherrschaft gelöst und Pfalz-Zweibrücken zugeteilt. Die weiteren, für die Geschichte Kastellauns bestimmenden Einschnitte sind bereits angedeutet. An ihrem Ende steht die Wiederverleihung des Stadtrechts vom 14. September 1969 durch die rheinland-pfälzische Landesregierung, nachdem Kastellaun erstmals 1305 von Graf Simon II. von Sponheim das Stadtrechtsprivileg erhalten hatte.

Im Unterschied zu Simmern und Kirchberg sind für Kastellaun jedoch zwei Aspekte besonders hervorzuheben: „Fast alle Städte oder stadtähnlichen Gebilde des Hunsrück-Nahe-Raumes hatten im Spätmittelalter und in der frühen Neuzeit Befestigungsanlagen" (R. Feld), die von unterschiedlicher Qualität waren, aber in kaum einem anderen Ort ist die für den Hunsrück vielerorts typische Entwicklung der späteren Stadt im Schutz einer bereits vorhandenen Burg noch so gut nachvollziehbar wie eben in Kastellaun. Schon Daniel Meisner zeigte sich von der Silhouette Kastellauns mit der auf einem mächtigen Felsblock plazierten Burg beeindruckt, wie seine Abbildung von 1645 verrät. Nicht umsonst dient diese historische Ansicht - zusammen mit dem zwei Jahrzehnte später entstandenen Merian-Stich - derzeit als Vorlage für die umfangreichen Restaurierungsmaßnahmen an der sponheimischen Burgruine.

Wie sehr die Burg zum Stadtwerdungsprozeß beitrug, dokumentiert die Chronologie: Seit 1301 residierte Graf Simon II. von Sponheim auf der Burg, 1305 gewährte er dem in der Talmulde vorgelagerten Ort Stadtrechte, 1309 schließlich erwirkte er bei Kaiser Heinrich I. die Erlaubnis, einen Wochenmarkt abzuhalten. Damit trug er nicht nur Kastellauns zentraler Lage am Schnittpunkt wichtiger Fernstraßen Rechnung, sondern bekundete auch sein Interesse an einer schnellstmöglichen wirtschaftlichen Aufwärtsentwicklung des Ortes.

Kastellaun: Stadtentwicklung durch sponheimische Privilegierung

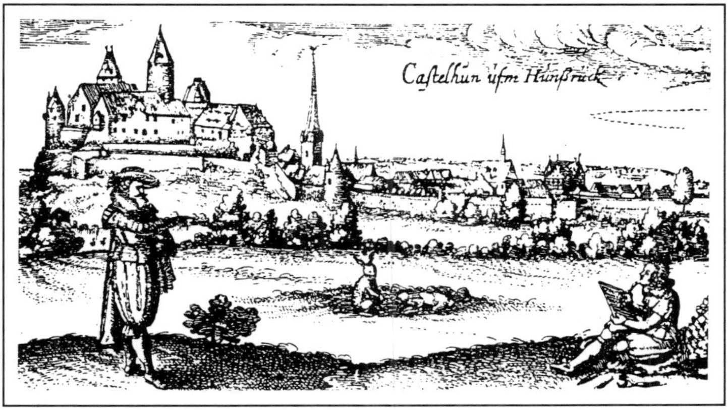

Bezeichnend ist, und darin wäre eine weitere Besonderheit Kastellauns zu sehen, daß das Marktrecht und der Handel für die künftige Stadtentwicklung von größerer Bedeutung werden sollten als die verliehenen städtischen Freiheiten. So stieg die Zahl der hier stattfindenden Wochen-, Frucht-, Kram- und Jahrmärkte zwischen 1780 und 1819 auf vierzehn. Diese Attraktivität gerade der Kastellauner Märkte mag nicht zuletzt in der Marktregelung ihre Ursache haben, die für die Jahrmärkte der hinteren Grafschaft Sponheim (Alterkülz, Gödenroth, Kastellaun, Roth) das in reformatorischer Strenge erlassene allgemeine Tanzverbot aufhob, um sie so für die Besucher wieder attraktiver zu machen. An die große Tradition der hintersponheimischen Märkte erinnert heute der jährlich im Juli stattfindende „Beller Markt".

Balduinseck und Waldeck

Die westlich von Kastellaun zwischen Buch und Mastershausen gelegene Burgruine Balduinseck steht beispielhaft (wie auch die Rauschenburg bei Mermuth) für das ständige Bemühen des Trierer Kurstaates, besonders deutlich bei Kurfürst Balduin, den eigenen Herrschaftsbereich im Hunsrück auszudehnen. Durch den 1325 begonnenen Burgenbau mußten sich, bei der Eindeutigkeit der geographischen Stoßrichtungen, naturgemäß die Grafen von Sponheim bedroht fühlen. Angesichts der potentiellen Gefährdung ihrer Kastellauner Residenz begegneten die Brüder Simon und Johann dem trierischen Expansionsstreben deshalb mit der Lehenübertragung ihrer Besitzung an Balduin.

Während Burg Balduinseck nie zerstört wurde, sondern im 17. Jahrhundert verfiel, brachte für die Burg Waldeck der Pfälzische Erbfolgekrieg 1689 das Ende. Im späten Mittelalter wohnten hier bis zu dreizehn ritterliche Familien (darunter die Boos von Waldeck) in einer Ganerbengemeinschaft. Heute erfährt die ehemalige Schloßanlage durch die Aktivitäten der Nerother Wandervögel und der Arbeitsgemeinschaft Waldeck (TheaterWorkshops) eine späte Nachblüte.

Simmern:
Kurpfälzische Residenz- und Herzogszeit

„Simren (...) ligt auff dem Hundsrück und ist erstlich duch Pfand von einem Ruchgrafen (Raugrafen) an Kayser Rupertum, gebohrnen Pfalzgrafen (...) und hernach erblich durch Kauff an die Pfalz kommen." Dieser in der „Topographie Palatinus Rheni" des Matthäus Merian berichtete Vorgang datiert auf das Jahr 1359 und markiert einen vorläufigen Höhepunkt in dem Bemühen der Pfalzgrafen, ihre Position im Hunsrück auszubauen. Simmern hatte 1330 Stadtrechte erlangt und wurde nun zum Mittelpunkt der pfalzgräflichen Besitzungen, die durch den Erwerb der Propstei Ravengiersburg 1408 eine beträchtliche Arrondierung erfuhren. Damit war wohl in der Einschätzung der kurpfälzischen Administration in Heidelberg die ökonomische Basis geschaffen, um abseits der verkehrsgeographischen Leitlinien Rhein, Mosel und Nahe ein selbständiges „Binnenterritorium" einzurichten. So erhielt bei der Erbteilung 1410 Pfalzgraf Stephan (1410-1459), neben einem Länderkomplex südlich der Nahe, die Gebietsteile auf dem Hunsrück, und schloß sie politisch zum Fürstentum Simmern zusammen. Von 1410 bis 1598 und wieder von 1610 bis 1673 vermochte Simmern daraufhin, seine Position als autonomes Herzogtum zu behaupten.

Wesentlich hat dazu die Regentschaft von Herzog Johann II. (1509-1557) beigetragen. Johann unternahm den erfolgreichen Versuch, aus der großen Zahl der macht- und bedeutungsarmen Fürsten seiner Zeit aufzusteigen und sein Herzogtum vor allem in reichspolitischer und geistigkultureller Hinsicht zu formen.

Ein wesentlicher Grundzug seiner Persönlichkeit war die Aufgeschlossenheit gegenüber den humanistischen Tendenzen seiner Zeit. Herzog Johann ist nicht nur die Förderung des Simmerner Schulwesens zu verdanken - das ortsansässige Gymnasium trägt noch heute seinen Namen -, sondern auch die Aufhebung der Leibeigenschaft 1555. Hierin trafen sich die Erkenntnisse, die Johann während seiner Jugend am kurpfälzischen Hof in Heidelberg gewonnen hatte, mit der gewachsenen Einsicht, daß obrigkeitliche Initiativen zugunsten einer staatlich motivierten Wohlfahrt für die Befindlichkeit der eigenen Untertanen unerläßlich waren.

Trotz vielfältiger Verpflichtungen, die die politische und administrative Alltagspraxis mit sich brachte, fand der Regent die Zeit, privaten Studien nachzugehen. So existiert von ihm beispielsweise eine umfangreiche Reimchronik. Erwähnenswert ist ebenso die enge Freundschaft mit dem Basler Gelehrten Sebastian Münster. In einer intensiven Korrespondenz begleitete Johann die Entstehung der berühmten „Cosmographey" und steuerte wesentliche geographische und historische Details über den Hunsrück bei.

In Simmern 1530 gedruckt:
Das „Rixnersche Turnierbuch"

Fortschrittliche Denkart und künstlerisch motiviertes Mäzenatentum waren auch bei der Einrichtung einer Druckerei bestimmend. Unter der Leitung seines aus Bamberg stammenden Kanzleichefs Hieronymus Rhodler entstanden in einem Seitenflügel des Schlosses bedeutende Druckerzeugnisse, wie etwa das seinerzeit weitverbreitete „Rixnersche Turnierbuch" oder Huttens „Weltlich Klösterlein".

Bei aller Offenheit gegenüber den Neuerungen der Renaissance und des Humanismus blieb Herzog Johann - entgegen den berechtigten Erwartungen vieler Zeitgenossen - jedoch beim katholischen Bekenntnis. Erst unter seinem Sohn und Nachfolger Friedrich II. wurde 1557 die Reformation eingeführt.

Die ehemalige Schloßkirche ist seither evangelische Pfarrkirche. In ihr sind die Herzöge Johann I. (†1509), Johann II. (†1557) und Reichard (†1598) beigesetzt. Ihre Epitaphien (zum Teil Doppelgrabmäler) sind gelungene Arbeiten der rheinischen Renaissanceplastik und verdanken ihre Entstehung dem Hofbildhauer Johann von Trarbach.

Nicht mehr erhalten ist allerdings die herzogliche Residenz. Sie wurde 1689 zerstört. Der heutige Schloßbau - eine schlichte Dreiflügelanlage - entstand 1708/12 als Sitz des Oberamtmannes (heute: Heimatmuseum und Archiv).

Ebenfalls zerstört wurde 1689 die Stadtbefestigung. Erhalten ist lediglich der Pulverturm, in der im Hunsrück der berüchtigte Bandenführer „Schinderhannes" Johann Bückler vom Februar bis August 1799 einsaß.

i Das Heimatmuseum (Schloß Simmern, Tel. 06761/3345) ist von Mai bis September dienstags, mittwochs, donnerstags und freitags sowie von Oktober bis April dienstags und donnerstags jeweils von 10 bis 12 und von 15 bis 17 Uhr geöffnet.

Gemünden:
Revitalisierung einer Hunsrückburg

Mit seinem auf einem Felsvorsprung gelegenen, imposanten Schloßbau gehört Gemünden zu den eindrucksvollsten Bildern im denkmälerarmen Hunsrück. Eingerahmt von vier wuchtigen Türmen mit „bulligen" Schweifhauben und durch eine hohe, bastionsartige Terrasse vom Ort getrennt, vermittelt der barocke Schloßbau einen geradezu klassisch-festungshaften Eindruck. Die umfangreichen Sanierungsmaßnahmen der letzten Jahre - notwendig geworden, weil unsachgemäße Renovierungen und Umbauten vergangener Jahrhunderte die Statik der beiden Osttürme beeinträchtigt hatten - sind für die Substanzerhaltung ebenso notwendig gewesen wie zur Erreichung einer besseren Wohnqualität. Als Besitzer der einzigen noch bewohnten Burganlage im gesamten Hunsrück führt hier die freiherrliche Adelsfamilie von Salis-Soglio die nunmehr fast 500jährige Tradition einer der vielen ritterschaftlichen Familien unseres Raumes nicht nur genealogisch fort, sondern dokumentiert mit ihrem Wohnsitz zugleich historische Verantwortung.

Die Schloßgeschichte Gemündens beginnt im 12. Jahrhundert mit einer sponheimischen Burg. Zwischen 1514 und 1540 kauften dann die Herren von Schmidtburg, Burgmannen auf der namengebenden Festung (Hahnenbachtal) und Lehensträger des trierischen Erbschenkenamtes, den Ort Gemünden samt der Burg aus der sponheimischen Erbschaft, die an Kurpfalz und die pfälzische Nebenlinie in Simmern gefallen war. Unmittelbar nach dem Erwerb ging Fritz von Schmidtburg an den Ausbau der vom Verfall bedrohten und wehrtechnisch absolet gewordenen mittelalterlichen Anlage; damals entstand der Kern des heutigen Schlosses.

1689 wurden Burg und Ort durch französische Truppen zerstört. Ereilte damit Gemünden zunächst dasselbe Schicksal wie alle anderen Burgen des Hunsrücks, von denen keine über die zerstörerische Barriere des 17. Jahrhunderts hinauskam, so erweist sich seine Besonderheit eben darin, daß es - neben dem zwischen 1708 und 1712 als Verwaltungsgebäude neu errichteten Simmerner „Schloß" - als einzige Anlage unseres Raumes im frühen 18. Jahrhundert eine „Wiedergeburt" erlebte.

Noch unter Ernst von Schmidtburg (bis 1709) wurde die Ruine durch eine Notbedachung gegen weiteren Verfall geschützt. Der damit eingeleitete Wiederaufbau gelangte zwischen 1718 und 1724 zur Vollendung. Federführend war dabei der Architekt Hans Georg Judas, der seit 1723 das Amt eines kurtrierischen Hofbaumeisters ausübte. Seine Berufung auf den Hunsrück verdankte er den engen Kontakten, die sowohl in wirtschaftlicher - aufgrund des Schenkenamtes - wie auch in familiärer Hinsicht nach Trier bestanden: 1663 hatte Wolf

Ernst von Schmidtburg nämlich die Schwester des Kurfürsten und Erzbischofs Hugo von Orsbeck (1676-1711) geheiratet und damit die Beziehungen zum Erzstift gefestigt, wie die zeitweilige Ausübung des Bürgermeisteramtes der Stadt Koblenz vermuten läßt. Dieser geographischen Orientierung entsprechend verlegten die Schenken ihre Familiengruft nun in die Koblenzer St. Kastor-Kirche, nachdem die Schloßkirche von Gemünden mit dem bereits unter Wolfs Vater vollzogenen Wechsel zum katholischen Glauben ihre Funktion als Grablege (vgl. die Epitaphien aus dem 16. und frühen 17. Jahrhundert) verloren hatte.

Vergleichbar große Bedeutung für die Geschichte des Schlosses erlangte 1815 die Ehe der letzten Erbtochter Maria Theresia mit Anton von Salis-Soglio: Der Hauptmann aus Graubünden wurde zum „Stammvater" der heutigen Schloßeigner.

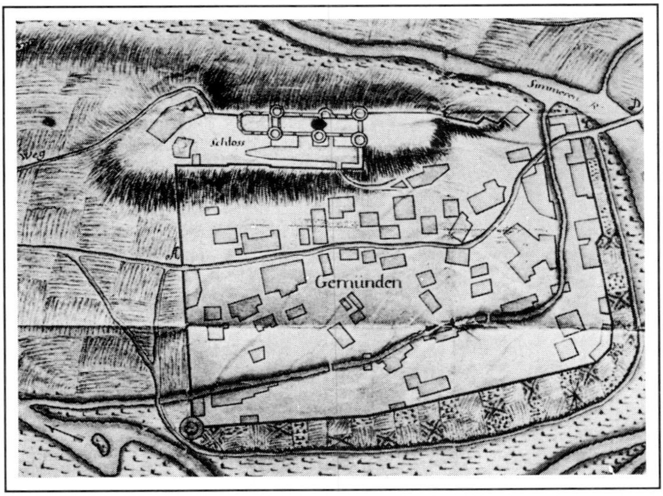

Schloß und Ort Gemünden: In der frühen schmidtburgischen Zeit (1568)

Koppenstein

Südlich von Gemünden steht auf einer felsigen Kuppe des nördlichen Soonwaldrückens der Bergfried der Burg Koppenstein. Er erinnert an älteste Besitzrechte der Sponheimer Grafenfamilie auf dem Hunsrück. Trotz seiner strategisch bedeutsamen Lage am Übergang einer Verbindungsstraße zwischen den sponheimischen Hauptbesitzungen an Nahe und Mosel und der Verleihung des Stadtrechtes (1330) hat der Koppenstein den Dreißigjährigen Krieg nicht überdauert. Die zu geringe landwirtschaftliche Nutzfläche, vor allem aber Wassermangel veranlaßten die Koppensteiner Bürger zur Umsiedlung in die benachbarten Dörfer, so daß bereits Ende des 16. Jahrhunderts Burg und Stadt verfielen.

i Da Schloß Gemünden Wohnzwecken dient, besteht keine öffentliche Besichtigungsmöglichkeit. Dagegen sind die Schenken-Grabdenkmäler in der ehemaligen Schloßkirche (heute Evang. Kirche Gemünden) zugänglich.

Rheinfels: Landesherrliche Territorialpolitik

Wie kaum eine andere Burg am Rhein dokumentiert Rheinfels Machtanspruch und Erfolg landesherrlicher Territorialpolitik. 1245 begonnen, diente sie durch Jahrhunderte zunächst einem gräflichen, später fürstlichen Haus als Residenz und Verwaltungszentrale. Von der Mitte des 13. bis zum Ende des 15. Jahrhunderts war Rheinfels das „Herrschaftszentrum des reichsten und bedeutendsten mittelalterlichen Grafengeschlechtes am Rhein, der Grafen von Katzenelnbogen, - dann vom Ende des 15. bis zum Ende des 18. Jahrhunderts der Hauptplatz der Landgrafen von Hessen" (K.E. Demandt). Aber nicht nur gesamthessische Geschichte begegnet hier, die Burg wird in der Retrospektive auch zum Spiegel der Festungsgeschichte, insofern sie als einzige rheinische Burg seit der Entwicklung der Feuerwaffen in verschiedenen Phasen fortwährend zu einer jeweils zeitangepaßten Festung ausgebaut worden ist.

Die Gründe dafür, daß die Herren von Katzenelnbogen, die im 11. Jahrhundert am Mittelrhein politisch aktiv wurden, ihre dortige Stellung territorial und politisch kontinuierlich weiterentwickelten, ergeben sich aus der räumlichen Situation. Denn die beiden einander gegenüberliegenden Orte St. Goar und St. Goarshausen mit den Burgen Rheinfels sowie Neukatzenelnbogen (Burg Katz) und der nachfolgenden Loreleyenge stellten eine „zwingende Paßstellung" sowohl für den Flußverkehr wie für den ihn dort kreuzenden, von Mosel und Hunsrück kommenden Landverkehr dar. Die Einrichtung einer Zollstelle für den rheinaufwärts gerichteten Schiffsverkehr bei St. Goar lag also auf der Hand.

Diese verkehrsmäßig, strategisch wie wirtschaftlich gleichermaßen günstige Topographie erklärt letztlich auch den wiederholten fortifikatorischen Ausbau der Burg. So erfuhr der Festungscharakter von Rheinfels nach dem Aussterben der Katzenelnbogener (1479) unter ihrem neuen Besitzer, Landgraf Wilhelm von Hessen, eine beachtliche Erweiterung. Jener hatte sich bei der Belagerung Boppards durch den Trierer Erzbischof (1497) von der Wirksamkeit moderner Geschütze überzeugen können und nutzte diese Erfahrung bei der Anlage von Kasematten und Vorwerken, die die Burg schließlich zur bedeutendsten Festung am Mittelrhein machten.

Die so vorgezeichnete Linie setzte Landgraf Philipp d.J. (1567-1583) konsequent fort. Rheinfels wurde zur Residenz erweitert und zu einem „Höhepunkt künstlerischen Lebens am Rhein" (K.E. Demandt) ausgestattet. Das Bild von der imposanten Fassade des ehemaligen Renaissanceschlosses, wie es die Nachzeichnung Wilhelm Schäfers genannt Dilich aus dem Jahre 1608 vermittelt, beeindruckt noch heute.

Burg Rheinfels: Hessische Präsenz am Mittelrhein

Die Wirren des Dreißigjährigen Krieges wie auch die wiederholt militärisch ausgetragenen Erbstreitigkeiten der hessischen Hauptlinien (Hessen-Kassel und Hessen-Darmstadt) überdauerte Rheinfels relativ unbeschadet, so daß sie nach weiteren fortifikatorischen Maßnahmen (Fort Scharfeneck) 1692 ein letztes Mal ihrer Rolle als „Wacht am Rhein" gerecht wurde: Den massierten Angriffen der Franzosen (mehrfacher Artilleriebeschuß) hielt die Burg stand, der französische Vorstoß zum Mittelrhein war gescheitert.

Ein Jahrhundert später fiel Rheinfels der französischen Revolutionsarmee dann fast kampflos in die Hände (1794), wurde zwei Jahre später zerstört und seit 1815 als Steinbruch beim Wiederaufbau der Festung Ehrenbreitstein benutzt: Mit dem Ende des Alten Reiches war auch das Ende dieser ehemals bedeutenden Anlage gekommen.

St. Goar

Mit der wechselvollen Geschichte von Burg Rheinfels untrennbar verbunden war das Schicksal der Stadt St. Goar. Folge dieser Abhängigkeit war, daß St. Goar durch Belagerungen und Brandkatastrophen nicht über den mittelalterlichen Stadtkern hinauskam. Erst die Eingemeindungen unseres Jahrhunderts haben dieses Bild revidiert.

Dabei begann die Entwicklung verheißungsvoll. Aus dem Missionszentrum des Aquitaniers Goar entwickelte sich seit dem Ende des 6. Jahrhunderts ein bedeutender Wallfahrtsort, der durch eine Schenkung König Pippins der Abtei Prüm unterstellt wurde.

Wallfahrten mit ihren an die Verehrung des Heiligen anknüpfenden Märkten und der zunehmende Schiffsverkehr bedingten eine rasche Entwicklung, doch schon 1264 bezeichnen die Katzenelnbogener St. Goar als ihre Stadt. Damit trat der Ort mehr und mehr in den Schatten von Burg Rheinfels und verlor 1527 mit der Einführung der Reformation seinen Charakter als Wallfahrtsstätte.

Vermutlich entstand an der Stelle der ehemaligen Goarskapelle im späten 11. Jahrhundert die Krypta der heute Evang. Stiftskirche. Letztere gilt als der wichtigste Kirchenbau des 15. Jahrhunderts am Mittelrhein. Der weitgespannte Hallenbau mit eingebautem Westturm besticht durch die fast vollständig erhaltene Ausmalung aus der Erbauungszeit (1443/69).

Oberwesel:
Mittelalterliche Civitas

Was viele Besucher noch heute veranlaßt, die mittelrheinische Strecke des „königlichen Stromes" (F. Schlegel, 1802), wie der Rhein in der geistesgeschichtlichen Situation des beginnenden 19. Jahrhunderts - der Romantik - überschwenglich gefeiert wurde, auf dem Schiff zurückzulegen, begegnet in Oberwesel: „das geschlossenste Städtebild an den deutschen Ufern des Rheines" (W. Bornheim gen. Schilling). Weder die neuere Bebauung, die Uferbefestigung oder der Bahndamm, der den Ort vom Strom abschneidet, noch die Zerstörung durch Krieg und Brände seit dem 17. Jahrhundert vermochten das im Mittelalter gewachsene Stadtbild entscheidend zu gefährden.

Oberwesel war ursprünglich Reichsbesitz und gehörte - mit Unterbrechungen - bis etwa 1232 durch Schenkung Otto I. zum Erzstift Magdeburg. Seit 1253 führte der Ort ein eigenes Stadtsiegel, neben der Bezeichnung „civitas" (Stadt) ein sicheres Indiz dafür, daß Oberwesel nunmehr den Status einer freien Reichsstadt für sich reklamierte. Doch schon 1309 war es damit vorbei: Durch Verpfändung kam die Stadt unter kurtrierische Oberhoheit und blieb es, erst recht nach dem verlorenen „Weseler Krieg" (1390-1391) bis zum Ende des Alten Reiches. Gleichwohl erlebte Oberwesel mit dem Einsetzen der trierischen Epoche im 14. Jahrhundert seinen baugeschichtlichen und künstlerischen Höhepunkt.

Rundgang: St. Martins-Kirche - Ochsenturm - Wernerkapelle - Marktplatz - Liebfrauenkirche - Schönburg.

Oberwesels Rolle als ein ehemals wichtiger kirchlicher Mittelpunkt verdeutlicht neben der Liebfrauenkirche und zwei untergegangenen Klöstern (Nonnenkloster Allerheiligen in der Vorstadt, Niederburg Richtung Koblenz und Minoritenkloster auf der Hangseite der Stadt) die katholische Pfarrkirche St. Martin. In der ersten Hälfte des 14. Jahrhunderts begonnen, beherrscht die „weiße Kirch", wie sie im Unterschied zur roten Außenfassung der Liebfrauenkirche genannt wird, mit ihrem burgartigem Westturm am nordwestlichen Stadtrand das gesamte Ortsbild. Sie gilt als das imponierendste Beispiel sakraler Wehrarchitektur der Gotik im Rheinland, in der Gestaltung des Turmes sowohl von der französischen Wehrarchitektur wie auch von den sogenannten „Butterfaßtürmen" rheinischer Burgen beeinflußt.

Bei der Umwehrung des Stadtteiles Niederburg nach dem „Weseler Krieg", in dem, für das Rheinland erstmals urkundlich bezeugt, „Feuergeschütze" eingesetzt wurden, entstand der „Ochsenturm" als nordöstliche Eckbastion der Stadt. Im „Spalier der Individualisten" entlang der Rheinfront (Zehner-, Haags-,

Schönburger-, Hospital-, Steingasse und Katzenturm) bildet die mächtigste Bastion der mittelalterlichen Wehrbefestigung mit ihrem (an italienischem Vorbild orientiertem) eigenwilligen „Gesichts" den festungsmäßigen wie künstlerischen Angelpunkt des Verteidigungswalles am Rhein.

Entlang der Rheinseite (in Richtung Bingen), auf die Stadtmauer gestützt, steht noch der Chor eines der ältesten kirchlichen Denkmäler von Oberwesel, die Wernerkapelle. Sie verdankt ihre Entstehung dem angeblichen Martyrium des Knaben Werner (1278), der bei einem Juden in Dienst stand, und erinnert an wiederholte Pogrome, wie sie im Spätmittelalter, wie anderwärts auch, für Oberwesel nachweisbar sind.

Am Markt blieben Wohnbauten und Fachwerkgiebel des 17. und 18. Jahrhunderts erhalten (Haus Weiler). In der früheren Vorstadt Kirchhausen war seit 1308 als „kostbares Kleinod trierischer Gotik" die Liebfrauenkirche entstanden. Die einheitlich rote Tönung ihrer Außenfassade ist möglicherweise ein Hinweis auf die „Reichsfarbe" Purpur und damit auf den bei Baubeginn noch gegebenen reichsfreien Status von Oberwesel. Die dreischiffige Basilika besticht im Innern durch ihren wohl über Trier vermittelten Kunstreichtum (Lettner-Statuen, Wangenfiguren, Hochaltarschrein) und ist ein gutes Beispiel für den durch Stiftungen bewirkten früheren Reichtum einer Kirche (Epitaph des Kanonikers Peter Lutern aus der Werkstatt von Hans Backoffen in Mainz).

Der Rundgang endet bei der Schönburg, einer der eindrucksvollsten Burganlagen am Rhein.

Oberwesel: Geschlossenes mittelalterliches Stadtbild

Literatur:

Kreisverwaltung des Rhein-Hunsrück-Kreises (Hrsg.): Rhein-Hunsrück-Kalender, Ein Volksbuch mit Beiträgen zur Natur und Kultur, Geschichte und Gegenwart; Simmern 1970 ff.

Kreisjahrbuch mit informativen Beiträgen, das 1928 durch den damaligen Landkreis Simmern begründet wurde.

Hunsrücker Geschichtsverein (Hrsg.): Hunsrücker Heimatblätter; Jg. 1, 1961 ff.

Periodisches Publikationsorgan mit einer umfassenden heimatgeschichtlichen Themenpalette (im Anhang: die fortlaufend ergänzte und auf den neuesten Stand gebrachte „Kleine Hunsrücker Bibliographie").

Hansen-Blatt, Schriftenreihe des Internationalen Hansenordens; St. Goar 1945 ff.

Wichtige Beiträge zur Regionalgeschichte des Mittelrheins.

Kreisverwaltung Simmern (Hrsg.): Landkreis Simmern (=Heimatführer der Deutschen Landkreise, Bd. 2); Bonn 1967.

Zeitgemäße Selbstdarstellung des Altkreises Simmern, erweitert um ein fundiertes Ortslexikon.

Franz-Josef Heyen (Hrsg.): Zwischen Rhein und Mosel, Der Kreis St. Goar; Boppard 1965.

Sammelband zum 150jährigen Bestehen des Kreises St. Goar mit grundlegenden Beiträgen zur Geschichte und Gegenwart.

Magnus Backes, Hans Caspary, Norbert Müller-Dietrich (Bearb.): Die Kunstdenkmäler des Rhein-Hunsrück-Kreises, Teil 1, Ehemaliger Kreis Simmern (=Die Kunstdenkmäler von Rheinland-Pfalz, Bd. 6); 2 Bde., München 1977.

Grundlegende Beschreibung der Kunstdenkmäler mit umfassenden bibliographischen Angaben.

Rheinischer Verein für Denkmalpflege und Landschaftsschutz (Hrsg.): Rheinische Kunststätten; H. 46, Kirchberg (Neuss 1993); H. 81, Oberwesel (Neuss 1989); H. 95, Simmern im Hunsrück (Neuss 1983).

Reich illustrierte Führungshefte durch die genannten „Rheinischen Kunststätten".

BODO LIPPS

Landkreis Bad Kreuznach

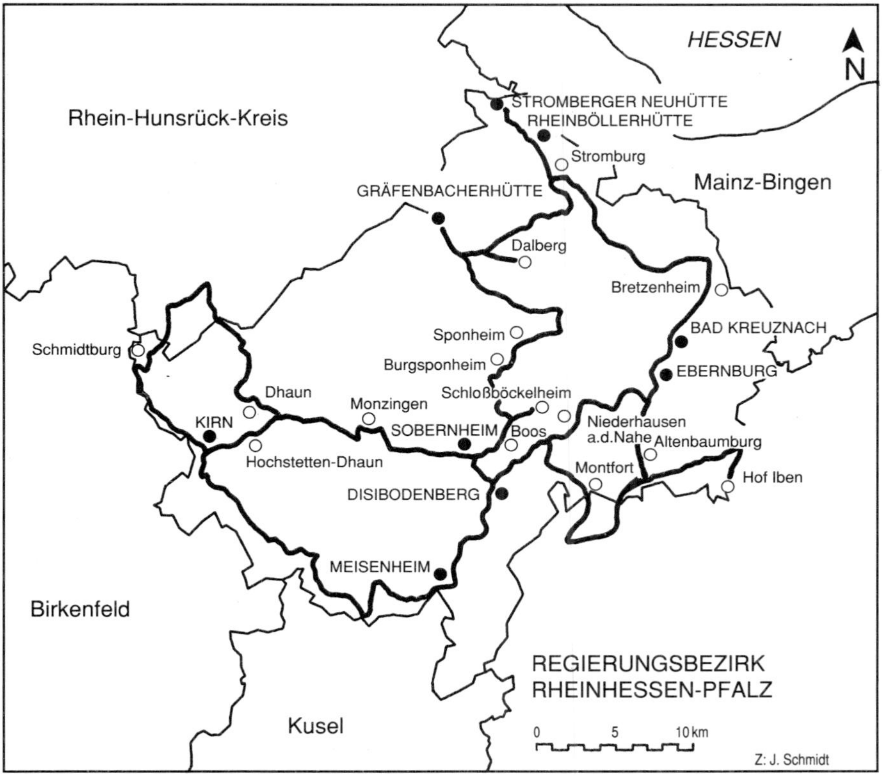

Am 14. Mai 1991 feierte der Landkreis Bad Kreuznach sein 175-jähriges Jubiläum. Anlaß dazu war die Bildung des preußischen Kreises Kreuznach 1816. Wesentlich erweitert wurde er 1932 durch die Eingliederung des bis dahin selbständigen, aus dem hessen-homburgischen Oberamt hervorgegangenen Landkreises Meisenheim. Weitere Gebietsgewinne (etwa Ebernburg) brachte schließlich die rheinland-pfälzische Verwaltungsreform 1969.

Trotz seiner Randlage zu den rheinischen Verkehrs- und Wirtschaftszentren war das untere Naheland schon früh ein Verbindungs- und Durchgangsland zwischen den Rheinlanden, der Saar- und Moselgegend und der Pfalz. Es entstanden Handelsstraßen in West-Ost- bzw. Nord-Süd-Richtung, die im Mittelalter von Burgen an strategisch bedeutsamen Standorten gesichert wurden.

Günstige Klima- und Bodenverhältnisse bewirkten zudem eine frühe Besiedlung in der Jungsteinzeit. Ab etwa 50 v.Chr. drangen erstmals Germanen in das Gebiet der unteren Nahe ein, die die Kultur der Kelten überlagerten. Schließlich begründete die Eroberung Galliens durch Caesar die römische Herrschaft in unserem Raum, zu deren Festigung Kastelle, wie in Kreuznach, errichtet wurden. Das Kreisgebiet war nun Teil der Provinz Germania Superior. Und außer in Kreuznach wurden auch in Boos und Schweinschied bedeutende Zeugnisse der römischen Vergangenheit gefunden.

Nach dem Ende der Römerzeit übernahmen vorübergehend die Alemannen die ehemals römischen Siedlungsgebiete, bevor dann die Franken die Herrschaft antraten. Viele heutige Dorfnamen gehen auf diese fränkischen Niederlassungen zurück. Ortsnamen, die auf -heim, -hausen, -stätten oder -weiler enden, deuten auf Siedlungen hin, die schon im frühen Mittelalter entstanden.

Das Missionszentrum des heutigen Kreisgebietes war das Kloster Disibodenberg.

Kloster Disibodenberg: Ruinen des ehemaligen Hospizgebäudes (1833)

Die Verwaltung des unteren Naheraumes erfolgte seit dem 8. Jahrhundert durch die Nahegau-Grafen. Seit 960 erscheinen die Emichonen in diesem Amt, die sich seit dem Ende des 11. Jahrhunderts nach ihren verschiedenen Burgen nannten und seit etwa 1100 als Wildgrafen bezeichneten. Von ihnen spaltete Gerlach um 1134 die Linie der Grafen von Veldenz ab, Emicho III. um 1150 die Linie der Raugrafen.

Dhaun: Schloßruine und Dorf (1833)

Eine besondere Stellung nahmen unter den adligen Geschlechtern des Nahegebietes jedoch die Grafen von Sponheim ein, die sich ein Herrschaftsgebiet schufen, das von der Nahe bis zur Mosel reichte. Sie lassen sich bis ins 11. Jahrhundert zurückführen. Zur Sicherung ihres Territoriums bauten sie im Kreisgebiet mehrere Burgen, gründeten Klöster und stifteten Kirchen.

Der besonderen Bedeutung der Grafen von Sponheim für das untere Nahegebiet wurde im Wappen des Landkreises Rechnung getragen. Es zeigt im unteren Teil ein in den Farben der Sponheimer blau-golden geschachtes Feld.

Mit dem Aussterben der Grafen von Sponheim im Jahre 1437 setzten sich als deren Erben Kurpfalz, Pfalz-Zweibrücken und die Markgrafschaft Baden an der Nahe fest. Die Vordere Grafschaft Sponheim teilten sich Kurpfalz mit einem Anteil von 3/5 und die Markgrafschaft Baden mit 2/5. Damit erhielten die Wittelsbacher - zumal ihr Zweig der Zweibrücker Herzöge 1444 mit der Grafschaft Veldenz auch sponheimische Anteile erbte - eine herausragende politische Stellung an der unteren Nahe.

Im Wappen des Landkreises wird deshalb neben dem genannten Bezug auf die Grafen von Sponheim auch durch die Darstellung eines rotgekrönten, bewehrten goldenen Löwen auf die historische Bedeutung der Kurpfalz für Teile des Kreisgebietes aufmerksam gemacht.

In der beginnenden Neuzeit hat das Kreisgebiet bereits früh mit der Reformation Kontakt, denn Franz von Sickingen gewährt einer Reihe von Reformatoren Zuflucht auf der Ebernburg, darunter Martin Bucer.

Ebernburg: Die „weilend Franciscus von Sickingen gewesen" (Holzschnitt, 1523)

Im 17. und 18. Jahrhundert war die Naheregion Schauplatz mehrerer kriegerischer Auseinandersetzungen. Insbesondere während des Dreißigjährigen Krieges kam es zu erheblichen Menschenverlusten und Zerstörungen. Darüber hinaus beeinflußten immer wieder Hunger, Krankheiten und wirtschaftliche Nöte die Bevölkerungsentwicklung. Im sogenannten Orléanschen Krieg verwüstete schließlich 1688/89 der französische Feldherr Mélac auf Anordnung von König Ludwig XIV. die Region. Mit diesem Feldzug scheiterte allerdings der Versuch des Sonnenkönigs, die Kurpfalz seinem Besitz einzuverleiben. Es war aber insbesondere jener Krieg, der viele Burgen, Schlösser und Kirchen in Schutt und Asche legte.

Nach dem Friedensschluß im Jahre 1697 und durch einen Tauschvertrag mit dem Markgrafen von Baden gelangte 1708 der Kurfürst von der Pfalz in den Alleinbesitz weiterer großer Teile der Vorderen Grafschaft Sponheim (vgl. Karte S. 37).

Hauptwirtschaftszweige bis ins 19. Jahrhundert waren neben Weinbau, Ackerbau und Viehzucht auch die Waldwirtschaft, Handwerk, Handel, Bergbau und Hüttenwesen sowie die Salzgewinnung in Münster und Kreuznach. Die bereits erwähnte politische Zersplitterung stand einer großräumig ausgerichteten Wirtschaftsentwicklung lange Zeit entgegen. „Jedes einzelne Territorium hatte ein kaum noch zu entwirrendes Zoll-, Steuer- und Finanzwesen ausgebildet, das nicht nur den Handelsverkehr mit dem benachbarten 'Ausland' erschwerte, sondern durch Binnenzölle. Wegegelder und städtisches Gebührenwesen auch den Warenfluß innerhalb eines Herrschaftsgebietes belastete." (H. Silbermann) Erst nach der Teilung der Vorderen Grafschaft Sponheim im Jahre 1707 entfalteten Baden und Kurpfalz eine größere wirtschaftliche Aktivität. Die kurpfälzische Regierung förderte insbesondere den Bergbau des Nahegebietes und die Eisenhütten des Soonwaldes.

Die militärischen Auseinandersetzungen mit dem revolutionären Frankreich endeten mit der Annexion des linken Rheinufers durch die Franzosen im Jahre 1797. Alle linksrheinischen Herrschaften wurden im Zuge der französischen Machtübernahme aufgehoben. Bereits 1798 war die territoriale Gebietszersplitterung durch die Bildung der Départements „Donnersberg" östlich des Glans, „Rhein-Mosel" nördlich der Nahe und „Saar" westlich des Glans aufgehoben worden. Schließlich befreiten die preußischen Truppen Blüchers 1813/14 die Rheinlande von der Franzosenherrschaft. Als Folge des Wiener Kongresses fand eine territoriale Neuordnung statt, nach der die heutigen Landkreisgebiete nördlich der Nahe an Preußen und südlich sowie östlich davon an Bayern, Hessen-Homburg und Hessen-Darmstadt fielen.

Diese Grenzziehungen sind noch heute spürbar.

Bad Kreuznach: Provinzialrömischer Luxus

Der Name Kreuznach ist vermutlich keltischen Ursprungs, er leitet sich von der frühen lateinischen Form „Cruciniacum" ab, das heißt Heim des Crucinius, ist allerdings erst aus Urkunden der karolingischen Zeit bekannt. Die Keimzelle jener Siedlung befand sich im Nordosten des heutigen Stadtkerns im Bereich des Schulzentrums „Am Römerkastell". Vermutlich schuf hier Kaiser Augustus während seines Aufenthalts in Gallien (16 bis 13 v.Chr.) eine Straßenstation. Unter Kaiser Valentinian I. wurde wahrscheinlich um 370 n.Chr. ein befestigtes Kastell angelegt, von dem heute noch einige Mauerreste unter der Bezeichnung „Heidenmauer" erhalten sind. Grabungen ab 1858 ergaben einen fast quadratischen Grundriß des Römerkastells von ca. 170 m Seitenlänge beziehungsweise einer Größe von 2,9 ha. Das Römerkastell hatte vorwiegend Verteidigungsaufgaben wahrzunehmen und diente vermutlich auch als Nachschublager. Doch es hatte nur eine kurze Lebensdauer, denn nach der Zerstörung von Mainz (404 n.Chr.) war das Land dem Einfall germanischer Stämme preisgegeben.

Eine weitere römische Niederlassung wurde 1893 an der Hüffelsheimer Straße entdeckt: die Reste einer stattlichen villa rustica aus dem 2. bis 4. Jahrhundert n.Chr. mit über 100 m Seitenlänge. Darin fand sich ein noch vollständig erhaltenes römisches Gladiatorenmosaik (Farbtafel 2), das heute zusammen mit einer Hypokaustanlage und einem 1966 gefundenen, nicht weniger interessanten Oceanusmosaik im Museum Römerhalle besichtigt werden kann. Der Besitzer der villa rustica - ein Modell der Anlage befindet sich im Museum Römerhalle - muß ein reicher Großgrundbesitzer gewesen sein. Seine Palastvilla bestand aus vier Flügeln, die um einen Innenhof gruppiert waren. In der Mitte des Südflügels befand sich ein apsidenartig nach außen erweiterter Raum, vermutlich der Speisesaal. Diesen Speisesaal und einen Innenhof hatte der Hausherr mit Mosaiken auslegen lassen. Sie zählen zu den wertvollsten Zeugnissen römischer Kunst nördlich der Alpen. Das Gladiatorenmosaik zeigt in einzelnen Szenen die bei den Römern beliebten Kämpfe zwischen Menschen, Menschen und Tieren sowie zwischen Tieren. Das Oceanusmosaik thematisiert den griechischen Meeresgott in einer mit Fabelwesen belebten Meereslandschaft. Unter dem Gladiatorenmosaik wurde die dazugehörige, vollständig erhaltene Fußbodenheizung (Hypokaustanlage) wieder aufgebaut und zugänglich gemacht.

Sieben Jahrhunderte nach dem Abzug der Römer kam das Kreuznacher Gebiet 1001 als speyerisches Lehen an die Grafen von Sponheim. Dieses Grafengeschlecht hat der Entstehung der städtischen Siedlung und deren Weiterentwicklung entscheidende Impulse gegeben. Ansatzpunkt dazu war die Burg zum Schutz des Kreuznacher Naheübergangs. Die älteste Nachricht über deren Bau findet sich in einer Urkunde aus dem Jahre 1205. In der Folgezeit wurde die Burg dann zugleich Sitz der Kreuznacher Linie des Sponheimer Grafengeschlechts. Für die Stadtentwicklung hatte sie zur Folge, daß der Schwerpunkt der Siedlung auf das linke Naheufer unterhalb der Burg verlegt wurde. Hier entstand die Kreuznacher „Neustadt", die Keimzelle der mittelalterlichen Stadt, die von ihrer Bausubstanz her jedoch eher den Charakter einer Altstadt besitzt.

Ein Rundgang durch die Neustadt offenbart alle wesentlichen Züge eines mittelalterlichen Stadtbildes. Viele enge, verwinkelte Gassen tragen Namen, die Rückschlüsse auf alte Handwerksberufe zulassen. Mittelpunkt der Neustadt ist die Katholische Pfarrkirche St. Nikolaus am historischen Eiermarkt, die 1266 errichtet wurde und 1281 in den Besitz des Karmeliterordens kam.

1311 stiftete Graf Johann II. von Sponheim eine Kirche auf dem Nahewörth, die heutige Evangelische Pauluskirche. Sie wurde 1332 fertiggestellt und war ursprünglich eine dreischiffige gotische Basilika; 1768/81 wurden Hauptschiff und Turm barock erneuert.

Etwa zeitgleich mit den Anfängen der Pauluskirche entstand die alte Nahebrücke, die damit zu den ältesten Steinbrücken in Rheinland-Pfalz zählt. Auf ihr stehen die Brückenhäuser, Wahrzeichen der Stadt Bad Kreuznach, die ab Mitte des 15. Jahrhunderts erbaut wurden.

Bad Kreuznach: Nahebrücke mit Brückenhäusern (um 1830)

i Die beiden Bad Kreuznacher Museen (Tel. 0671/800248) - die Römerhalle (Hüffelsheimer Str. 11) und das Schloßparkmuseum (Dessauer Str. 49) - sind jeweils dienstags bis sonntags von 10 bis 17 Uhr geöffnet.

Bretzenheim

Bretzenheim gehörte im Mittelalter zum Erzstift Köln. 1772/74 kam die kleine Herrschaft durch Verkauf an den Sohn des Kurfürsten Karl Theodor von der Pfalz (1724-1799), Karl August Graf von Heydeck. Sein Schloß geht in seinem Ursprung auf eine Anlage aus dem Jahre 1595 zurück. Der barocke Ausbau erfolgte 1774.

Deutschlandweit bekannt wurde Bretzenheim nach dem Zweiten Weltkrieg: Im hiesigen Kriegsgefangenen- und später dann Durchgangslager waren von Anfang 1945 bis zum Beginn des Jahres 1948 zeitweise über 200.000 ehemalige deutsche Soldaten unter wenig menschenwürdigen Bedingungen interniert. Zwischen Mai und Juli 1945 verstarben hier mehr als 3.500 Menschen. Das Mahnmal „Feld des Jammers" erinnert daran.

Disibodenberg: Missionszentrum für das Pfalz-Nahe-Hunsrück-Gebiet

Am Zusammenfluß von Nahe und Glan bei Odernheim stehen auf einem bewaldeten Hügel die Ruinen des ehemaligen Benediktiner- und Zisterzienserklosters Disibodenberg, eines der ältesten Klöster Deutschlands. Der Legende zufolge soll hier der iroschottische Mönch Disibod bei einer seiner Missionsreisen eine Kapelle errichtet haben.

Die Gründung einer ersten Kirche durch Disibod wird heute in die zweite Hälfte des 7. Jahrhunderts datiert. Im Jahre 745 weihte Bischof Bonifatius von Mainz eine neue Kirche und vielleicht ein erstes Kloster ein. In der Folgezeit entwickelte sich das Kloster zu einer der bedeutendsten mittelalterlichen Kultstätten im Nahegebiet und zu einem der frühesten Missionszentren für die Ausbreitung des Christentums im Raum Pfalz-Nahe-Hunsrück.

Im 10. Jahrhundert wurde das Kloster wahrscheinlich von den Ungarn zerstört, die Gebäude verfielen. Es war schließlich der Mainzer Bischof Willigis (975-1011), der durch die Gründung eines Kanonikerstifts gegen Ende des 10. Jahrhunderts dem Kloster zu einer neuen Blüte verhalf und es erneut zum Mittelpunkt des kirchlichen Lebens an der mittleren Nahe machte. Mit dieser Gründung handelte Willigis aber auch aus eigenem Interesse, galt es doch, den Einfluß des Mainzer Bistums im Nahegebiet zu sichern und auszubauen. Der Disibodenberg stellte somit auch einen Vorposten am Rande der noch weitgehend unbesiedelten Waldgebiete des Hunsrücks und der nordwestlichen Pfalz dar.

Eine einschneidende Veränderung trat jedoch mit Erzbischof Ruthard von Mainz (1108-1143) ein, der das Stift aufhob und die Kanoniker vom Klosterberg vertrieb. Im Jahre 1108 besetzte er das Kloster mit Benediktinern aus St. Jakob in Mainz. Zur gleichen Zeit wurde der Grundstein für eine neue Kirche gelegt, die nach dem Vorbild der Hirsauer Klosterkirche entstand. Es war eine dreischiffige, kreuzförmige Pfeilerbasilika, die von ihren Ausmaßen her (57 Meter auf 34 Meter) durchaus mit dem Mainzer Dom vergleichbar ist. Leider sind heute von der im Jahre 1143 vollendeten Abteikirche nur noch wenige Grundmauern erhalten. Bereits 1138 hatte man die Gebeine des Hl. Disibod in eine andere Kirche überführt und dort vorerst beigesetzt. 1143 waren auch die neuen Kloster- und Konventgebäude sowie der Kreuzgang fertiggestellt. Refektorium und Klosterbibliothek wurden erst gegen Ende des 12. / Anfang des 13. Jahrhunderts errichtet. Eine spätgotische Kapelle folgte 1470/87 neben dem Kapitelsaal am Platze einer älteren Kapelle.

Noch zu Beginn des 12. Jahrhunderts entstand an der Südwestseite der Abteikirche eine Frauenklause, die allerdings nur kurze Zeit existierte. Die Führung dieses Frauenkonvents übernahm zunächst Jutta, die Tochter des Grafen Stephan von Sponheim, nach deren Tod Hildegard von Bermersheim, die später als Heilige Hildegard von Bingen bekannt wurde und 1148 an der Nahemündung das Kloster Rupertsberg gründete. Im Jahre 1170 veranlaßte sie die Niederschrift der „Vita St. Disibodi".

Eine Fehde zwischen Erzbischof Siegfried III. von Mainz und dem Wildgrafen Konrad von Kyrburg brachte dem Kloster um das Jahr 1240 durch Brandschatzung und Plünderung großen Schaden. Ein nicht mehr aufzuhaltender Verfall des Klosters setzte ein. 1259 berief Erzbischof Gerhard von Mainz Zisterzienser vom Kloster Otterberg in der Pfalz auf den Disibodenberg. Die Mönche errichteten neue Klostergebäude, das Hospiz, das Abteigebäude, den Kapitelsaal, den Kreuzgang und die Marienkapelle.

Eine vom Otterberger Abt verfügte Klosterreform konnte den Niedergang des Disibodenberger Ordenshauses aber nicht mehr aufhalten. Im 15. Jahrhundert stand das Kloster dann im Spannungsfeld der Auseinandersetzungen zwischen den Erzbischöfen von Mainz, den Pfalzgrafen von Zweibrücken-Veldenz und dem Kurfürsten von der Pfalz. Schließlich wurde das Kloster im Jahre 1559 im Zuge der Reformation aufgehoben.

Bei den Instandsetzungsarbeiten, die bereits in den 1950er Jahren begannen, wurden u.a. die Grundmauern der Abteikirche freigelegt. Auch vom ehemaligen Kreuzgang aus dem 13./14. Jahrhundert sind Reste erhalten geblieben. Besonders eindrucksvoll ist das Hospiz, ein mächtiger Giebelbau des 14. Jahrhunderts im Westen des Klostergeländes.

Grabungen in den 1980er Jahren erbrachten über 60 bislang unbekannte Grabplatten des 13. bis 15. Jahrhunderts, kunstvoll gearbeitete, teils mit Ornamenten, Wappen oder figürlichen Darstellungen gestaltete Steine.

Sponheim und Burgsponheim

Die ehemalige Benediktinerklosterkirche Sponheim ist ein romanischer Bau aus der zweiten Hälfte des 12. Jahrhunderts, der im 13. Jahrhundert seine heutige Gestalt erhielt. Sie geht zurück auf eine Stiftung des Grafen Eberhard von Nellenburg. Graf Stephan von Sponheim erweiterte die Kirche im Jahre 1101 zu einem Kloster, das später dem Erzbischof Adalbert I. von Mainz übergeben wurde. Von 1483 bis 1504 war Johannes Trithemius Abt des Klosters Sponheim. Bekannt wurde seine Sammlung von Handschriften und ersten Drucken. Die durch ihn begründete Bibliothek enthielt vermutlich weit über 2.000 Handschriften.

Knapp 2 Kilometer entfernt liegt in Burgsponheim die Burgruine Sponheim, deren erste urkundliche Erwähnung 1127 datiert. Ein Jahrhundert später erfolgte eine Teilung des sponheimischen Territoriums in eine Vordere und eine Hintere Grafschaft Sponheim mit den Hauptsitzen in Kreuznach und Starkenburg an der Mosel. Daraufhin verlor die Stammburg Sponheim an Bedeutung.

Kirn:
Wild- und rheingräfliche Stammlande

Kirn wurde 841 in Urkunden des Klosters Fulda erstmals erwähnt. Obwohl schon im 14. Jahrhundert als „Altstadt" bezeichnet, erfolgte die offizielle Verleihung der Stadtrechte erst 1857 in preußischer Zeit.

Als die Landwirtschaft noch die Haupterwerbsgrundlage der Kirner Bevölkerung bildete, wurde neben Ackerbau und Viehzucht auch Weinbau betrieben. Im 15. Jahrhundert hatte sich die Handwerkerschaft bereits in Zünften zusammengeschlossen. Grundlagen der Kirner Wirtschaft wurden die Lederverarbeitung, Hartsteingewinnung und die Bierbrauerei. „Wer sich will ernähre, der geh' uff Kiere", sagte man gar gegen Ende des 19. Jahrhunderts, als sich der Strukturwandel vom Handwerk zur Industrie vollzog. Die Lederwarenindustrie und die Bierbrauerei spielen auch heute noch eine wichtige Rolle im wirtschaftlichen Leben der Stadt.

Hoch über Kirn liegt an der Einmündung des Hahnenbachtals die Kyrburg, neben der Schmidtburg und Schloß Dhaun eine der Hauptburgen der Wildgrafen (comes silvester: Grafen der Waldgebiete), der ältesten und vielleicht wichtigsten Nachkommen der Emichonen (Grafen im Nahegau). 1128 wurde die Kyrburg erstmals in einer Urkunde des Grafen Emich de Kirberc und seines Sohnes Gerlach erwähnt. Sie blieb jahrhundertelang im Besitz dieses Grafengeschlechts. 1242 übertrug Wildgraf Konrad III. seine Burg dem Erzstift Mainz zu Lehen. Bei der Teilung der Wildgrafschaft nach dessen Tod 1263 erhielt Wildgraf Emich III. als ältester Sohn die Kyrburg und die Schmidtburg. Er war der Stifter der Linie der Wildgrafen von der Kyrburg, die 1409 mit Wildgraf Otto erlosch. Sein Erbe fiel an den Rheingrafen Johann III., Wildgraf zu Dhaun, der im gleichen Jahr in die Gemeinschaft der Kyrburg aufgenommen wurde. Die Erben nannten sich Wild- und Rheingrafen, aus denen 1499 bzw. 1607 die jüngeren Linien der Wild- und Rheingrafen von der Kyrburg hervorgingen. Den Kyrburger Wild- und Rheingrafen folgten seit 1743 als Erben die Fürsten von Salm-Kyrburg.

Die Kyrburg diente gleichzeitig als Residenz, Festung und landwirtschaftlicher Gutsbetrieb. Nachdem 1734 die Anlage von den Franzosen zerstört worden war, ließ Fürst Johann Dominik zu Salm-Kyrburg in den Burgruinen ein Garnisonshaus errichten.

Dieser Fürst Johann Dominik (†1778) zählte für die Stadt Kirn zu den bedeutendsten Herrschern. Er hatte lange Zeit am kaiserlichen Hof in Wien gelebt, war weit gereist und sehr vermögend. Nach seinem Entschluß, sich in Kirn mit seinem Hauptwohnsitz niederzulassen, trug er wesentlich zum wirtschaftlichen und kulturellen Wohlstand der kleinen Stadt bei. In seine Zeit fällt der Bau des finanziell großzügig ausgestatteten Piaristenklosters (heute Rathaus), dem eine höhere Jungenschule angeschlossen war. Die dreiflügelige repräsentative Anlage wurde in den Jahren 1753/69 nach den Plänen seines Hofbaumeisters Johann Thomas Petri aus Schneppenbach errichtet, unter dessen Leitung auch die Fürstliche Kellerei (1769/71) entstand.

Zu den bemerkenswerten Bauwerken der Kirner Altstadt, die in den 1980er Jahren durch umfassende Sanierungsmaßnahmen ein ansprechendes historisches Zentrum erhalten hat, gehört die Evangelische Kirche als eine der ältesten Kirchengründungen im Naheraum.

Dhaun, Hochstetten-Dhaun, Schmidtburg

Das auf einem steilen Felsplateau im unteren Kellenbachtal gelegene Schloß Dhaun wurde vermutlich in der ersten Hälfte des 12. Jahrhunderts erbaut. Unter Wild- und Rheingraf Karl erfolgte in der ersten Hälfte des 18. Jahrhunderts die Umgestaltung der Burg zu einem barocken Residenzschloß. Die Parkanlagen wurden nach französischem Vorbild gestaltet. Nach der Besetzung des Schlosses durch die französische Revolutionstruppen gegen Ende des 18. Jahrhunderts, erwarb der Kreuznacher Unterpräfekt Andreas van Recum die Anlage. Er ließ die Gebäude teilweise abbrechen, verkaufte sie als Baumaterial und ließ wertvolle Teile auf die Kauzenburg in Kreuznach bringen, die sich ebenfalls in seinem Besitz befand. Heute ist Schloß Dhaun Sitz einer Heimvolkshochschule.

Etwa 3 Kilometer südlich von Schloß Dhaun liegt in Hochstetten-Dhaun die ehemalige Stiftskirche St. Johannisberg. Sie ist 1283 erstmals erwähnt und vermutlich von Anfang an Grablegungskirche für Familienangehörige der Wildgrafen. 1318 wurde die Kirche dem Mainzer Erzbischof unterstellt und zur Stiftskirche erhoben. Im Zuge der reformatorischen Bewegung im Nahetal erfolgte 1561 die Umwandlung der Stiftskirche in eine lutherische Superindentantur, die bis 1614 bestand. Unter Einbeziehung der alten Umfassungsmauern aus der zweiten Hälfte des 13. Jahrhunderts wurde die Kirche zu Beginn des 14. Jahrhunderts neu gebaut. Ihre zahlreichen wild- und rheingräflichen Grabdenkmäler spannen einen landesgeschichtlichen Bogen vom 14. bis zum 18. Jahrhundert (von Graf Johann II., † 1383, bis zu Graf Karl, † 1773).

Die Schmidtburg bei Schneppenbach ist eine der ältesten Burgen des Hunsrücks. Die Burg im Hahnenbachtal war Stammsitz der Grafen im Nahegau. Als Teilerben übernahmen später die Wildgrafen den Schmidtburger Besitz. 1328 ging die Burg in trierischen Besitz über. Erzbischof Balduin zog den Besitz an sich, so daß es zu Spannungen mit dem wildgräflichen Haus kam. In der sogenannten „Dhauner Fehde" (1337-1342) versuchten die Wildgrafen vergeblich den Besitz zurückzugewinnen. Balduin baute die Burg als Sitz eines Amtsmannes weiter aus und verstärkte die Verteidigungsanlagen, denn für Kurtrier stellte der Besitz einen wichtigen Stützpunkt gegen die Grafen des Hunsrücks sowie gegenüber den Besitzungen des Bistums Mainz und der Kurpfalz dar. 1688 wurde die Anlage von den Franzosen zerstört.

Meisenheim: Wittelsbach am Glan

Vom Turm der Evangelischen Schloßkirche bietet sich der beste Überblick über die Altstadt von Meisenheim mit dem für mittelalterliche Städte typischen Gewirr von Häusern, Dächern, unregelmäßig verlaufenden Straßen und Gassen und einer alles umrahmenden, fast vollständig erhaltenen Stadtummauerung, mit deren Bau man nach der Verleihung der Stadtrechte im Jahre 1315 begonnen hatte.

Meisenheim war im 11. Jahrhundert als Besitz des Mainzer Erzbistums den Grafen von Veldenz als Lehen übertragen, die hier am Glan ihren Hauptsitz hatten und in zwei Linien bis zum Jahr 1444 regierten. Danach kam Meisenheim durch Erbschaft an die Herzöge von Zweibrücken aus dem Hause Wittelsbach, bis 1798 die Französische Revolution die herzogliche Herrschaft beendete.

Trotz des ländlichen Gepräges liegt die Bedeutung Meisenheims darin, daß es zeitweise die Hauptstadt eines kleinen Fürstentums war und so Mittelpunkt der Region. Meisenheim wurde durch die Fürsprache der herzoglichen Witwe Luise im Dreißigjährigen Krieg und durch den Einsatz der Herzogin Charlotte Friderike im Pfälzischen Erbfolgekrieg 1689 weitgehend von Zerstörungen verschont. Dadurch konnte sich die alte Bausubstanz bis heute erhalten: die ehemalige Johanniterkomturei (sog. Gelbes Haus) von 1349, das Rathaus von 1517 sowie die zahlreichen Bauten verschiedener Adelsgeschlechter (Steinkallenfelser Hof, Fürstenwärther Hof, Boos von Waldecker Hof und Hunolsteiner Hof) und nicht zuletzt die Bürgerhäuser in der Amtsgasse, der Unter- und der Obergasse.

Von der ehemaligen Residenz der Herzöge von Pfalz-Zweibrücken ist allerdings nur noch ein Teil erhalten geblieben. Die vollständige Anlage des Schlosses überliefert ein Plan aus dem 18. Jahrhundert: Die Hauptgebäude waren danach der „Stephansstock", der „Steinerne Bau" und der noch als „Herzog-Wolfgang-Haus" erhaltene „Magdalenenbau" aus dem Jahre 1614. Der Name des noch bestehenden Schlößchens bezieht sich auf den bedeutendsten pfalz-zweibrückischen Landesherrn im Zeitalter der Reformation: Herzog Wolfgang (1532-1569). Er gründete 1558 in Meisenheim eine Lateinschule und förderte die wirtschaftliche Entwicklung der Stadt, indem er erfahrene Bergleute aus Tirol und dem Bayrischen Wald nach Meisenheim holte, um die Bodenschätze der Umgebung (Quecksilber, Silber und Kohle) zu fördern. Nach seinem Tode teilten sich seine beiden Söhne das Erbe. Zweibrücken wurde fortan Hauptstadt des Herzogtums; Meisenheim blieb als zweite Hauptstadt nur noch Witwensitz der Herzoginnen.

Die Evangelische Schloßkirche zeigt noch sehr klar diese ehemalige Residenzfunktion. Graf Ludwig von Pfalz-Zweibrücken ließ ab 1479 die Kirche am Platze eines älteren Baus errichten. Baumeister war der aus Frankfurt am Main stammende Philipp von Gmünd. Im Jahre 1504 wurde die Kirche geweiht. 1766 bis 1772 erfolgte ein Umbau durch Landbaudirektor Philipp Heinrich Hellermann, und 1791 ließ Baudirektor Wahl den Turm erneuern. Die Schloßkirche zeigt sich heute als dreischiffige spätgotische Hallenkirche. Besonders hervorzuheben ist die Orgel (1767) aus der Werkstatt der Gebrüder Stumm in Rhaunen-Sulzbach sowie die barocke Kanzel aus dem Jahre 1769, die aus der Werkstatt der Schreinerfamilie Schmidt in Meisenheim stammt.

Meisenheim:
Westfassade der Schloßkirche

Vor allem aber dokumentiert die Schloßkirche die Verbindung des Hauses Wittelsbach mit Meisenheim. Denn in der Stephansgruft sind 21 Wittelsbacher (darunter die Herzöge Stephan, †1459; Friedrich Ludwig, †1681; Christian II., †1717) und in der Ludwigsgruft weitere 21 Angehörige dieser Familie (darunter die Herzöge Ludwig I., †1489; Wolfgang, †1569; Karl I., †1600) bestattet. Besonders eindrucksvoll ist schließlich das 1575 geschaffene Grabmal für Herzog Wolfgang und seine Frau Anna von Hessen mit überlebensgroßen Figuren der Verstorbenen, ein Werk Johanns von Trarbach.

Wie das 1643 verfaßte „Verzeichnus aller heuslichen Wohnungen in dem Stättle Meißenheim" ausweist, gab es zu dieser Zeit bereits vier Juden am Ort. Um 1860 hatte Meisenheim dann mit 260 Mitgliedern die größte jüdische Gemeinde im Naheraum. Ihre Synagoge wurde in den Jahren 1864/66 erbaut. Zu den Baukosten gewährte der damalige Landesherr, Landgraf Ferdinand von Hessen-Homburg, einen Zuschuß. In der sogenannten „Reichskristallnacht" im November 1938 wurde die Synagoge demoliert und geplündert. 1986 baute der Förderverein „Synagoge Meisenheim" das unter Denkmalschutz stehende Gebäude zu einem „Haus der Begegnung" um. Im Erdgeschoß ist eine Ausstellung der jüdischen Geschichte Meisenheims und der Umgebung gewidmet. Im Obergeschoß befindet sich in der Ostwand ein modernes Glasgemälde, das die Rückkehr der zwölf Stämme Israels nach Jerusalem thematisiert.

Ebernburg: Rittertum und Reformation

Oberhalb der Einmündung der Alsenz in die Nahe liegt auf einem Bergsporn die Ebernburg. Man vermutet, daß sie im 11. Jahrhundert von den Saliern erbaut worden ist. Ihre erste urkundliche Erwähnung fällt in das Jahr 1209; den Namen erhielt sie der Sage nach während einer Belagerung: Jeden Tag ließ der Burgherr einen Eber im Burghof so drangsalieren, daß dieser in Todesangst zu schreien begann. Die Belagerer glaubten daraufhin, daß die Burgbewohner genügend Vorräte besäßen, um auch einer längeren Belagerung standzuhalten und zogen schließlich unverrichteter Dinge wieder ab. Der Burgherr nannte fortan seine Festung nach dem rettenden Eber und gab ein großes Fest, wobei der Eber letztendlich doch geschlachtet wurde.

Im 13. und 14. Jahrhundert war die Ebernburg als Lehen des Bischofs von Worms nacheinander im Besitz der Grafen von Saarbrücken, der Grafen von Leiningen und seit 1312 der Raugrafen von der Alten Baumburg. Seit 1381 besaßen die Grafen von Sponheim die Ebernburg. Als Teil der Grafschaft Sponheim fiel die Burg 1437 an die gemeinsamen Erben Kurpfalz, Baden und Veldenz.

1448 kamen vier Fünftel der Herrschaft Ebernburg als Lehen an die Ritter von Sickingen. Schweickhard von Sickingen erhielt 1482 vom Kurfürsten von der Pfalz das restliche Fünftel als erbliches Lehen. Schweickhard war Amtmann in Kreuznach und ein energischer und zielbewußter Burgherr, der die Ebernburg zu einer mächtigen Renaissancefestung umbauen ließ. 1481 wurde Franz, sein einziger Sohn, geboren. Dieser führte das Werk seines Vaters fort und baute die Burg weiter aus.

Im September 1520 kam der Humanist Ulrich von Hutten (1488-1523) für einige Zeit auf die Ebernburg. Hutten gewann Sickingen, mit dem er freundschaftlich verbunden war, für die Lehre Martin Luthers. Als Zufluchtsstätte für verfolgte Reformatoren wurde die Ebernburg bald weit über die Grenzen des Nahegebietes hinaus bekannt. In seinen Schriften bezeichnete Hutten die Burg als „Herberge der Gerechtigkeit". Neben Martin Bucer (1491-1551) weilten zwischen 1521 und 1523 die lutherischen Theologen Kaspar Aquila, Johannes Oekolampad und Johannes Schwebel auf der Ebernburg. Selbst Luther wurde die Ebernburg als Zufluchtsort angeboten, er lehnte das Angebot von Hutten und Sickingen jedoch ab (1521).

Trotz seines großen Einsatzes für die Sache der Reformation vergaß Sickingen aber auch seine persönlichen Interessen nicht: die Errichtung eines Fürstentums. Über sein Wirken als Burgherr, kurpfälzischer Amtmann und kaiserlicher

Feldhauptmann hinaus, verstrickte er sich nach dem Tode seiner Frau Hedwig von Flörsheim im Jahre 1515 immer mehr in zum Teil verantwortungslose kriegerische Auseinandersetzungen im südwestlichen Raum. Während der von ihm begonnenen „Wormser Fehde" belagerte er die Stadt mit einem großen Aufgebot von Landsknechten und Reisigen, was ihm schließlich die Reichsacht einbrachte. Im Jahre 1522 wagte Sickingen als führender Kopf der Reichsritterschaft einen Feldzug gegen Trier. Am 7. Mai 1523 wurde er dann bei einem Gegenangriff des Kurfürsten von Trier, des Kurfürsten von der Pfalz und des Landgrafen von Hessen auf der Festung Nanstein bei Landstuhl tödlich verwundet. Einige Wochen später fiel auch die Ebernburg in die Hände der Fürsten, die die bis zu jenem Zeitpunkt als uneinnehmbar geltende Festung weitgehend zerstörten. Mit dem Tode Sickingens hatte sich auch die letzte Hoffnung zerschlagen, dem Rittertum wieder ein stärkeres politisches Gewicht im Reich zu verleihen.

Nach dem Wiederaufbau der Anlage nach 1543 durch die Söhne Franz von Sickingens bestand die Festung bis zu ihrer Schleifung gemäß dem Vertrag von Ryswijk (1697).

Neue Bedeutung erlangte die Burgruine dann im 19. Jahrhundert: 1889 wurde auf halber Höhe zur Burg das von dem Kreuznacher Bildhauer Carl Cauer (1828-1885) entworfene und von seinen Söhnen vollendete „Hutten-Sickingen-Denkmal" errichtet. Hutten und Sickingen galten dem Empfinden des ausgehenden 19. Jahrhunderts nach als frühe Verfechter der nationalen deutschen Einigung und damit des Kaiserreichs von 1871.

Schließlich übernahm der „Ebernburg-Verein" die Anlage und begann mit der Behebung der Schäden. Nach den Baumaßnahmen der Jahre 1974/81 präsentiert sich heute die Ebernburg im wesentlichen wieder als eine Renaissancefestung der zweiten Hälfte des 16. Jahrhunderts. Im wiederaufgebauten Torturm (1980/81) befinden sich Archiv, Bibliothek und Räumlichkeiten der „Ebernburg-Stiftung", die sich zum Ziel gesetzt hat, das Studium der Reformationsgeschichte in Südwestdeutschland zu fördern.

Altenbaumburg, Montfort, Hof Iben und Niederhausen/Nahe

Südlich der Ebernburg liegen die 1129 erstmals erwähnte Altenbaumburg (Stammburg der Raugrafen; oberhalb von Altenbamberg) und die Burgruine Montfort (Ganerbenburg bei Hallgarten; Stammsitz der Ritter von Montfort). Im Hof Iben bei Fürfeld belegt eine gotische (vermutlich vom „Naumburger Meister" geschaffene) Kapelle eine ehemalige Niederlassung der Templer. Und in Niederhausen/Nahe tritt der 1939 eingestellte Quecksilberbergbau mit dem Besucherbergwerk Schmittenstollen und einem romanischen Barbarazyklus in der Evangelischen Kirche in Erscheinung.

Sobernheim: Ländliche Kulturgeschichte

Sobernheim war im Mittelalter Mittelpunkt der Besitzungen des Mainzer Erzstiftes an der mittleren Nahe. Stadtrechtsverleihungen erfolgten 1292 durch König Adolf von Nassau; Kaiser Ludwig der Bayer erneuerte sie 1324. Im 15. Jahrhundert gelangte die Stadt mit dem zugehörigen Amt Böckelheim an Pfalz-Zweibrücken. Die ehemalige Disibodenberger Kapelle, die frühere Johanniterkommende (mit durch Johann Boos von Waldeck gestifteter spätgotischer Kapell) und zahlreichen einstigen Adelshöfen (darunter: Ehemhof, Igelsbachstraße 8; Steinkallenfels'scher Hof, Wilhelmstraße 8) zeigen vielfältig landesgeschichtliche Verbindungen.

Andersartige Aspekte der Landesgeschichte führt das Freilichtmuseum Sobernheim im Nachtigallental vor: Freilichtmuseen bemühen sich um den Erhalt, die wissenschaftliche Aufarbeitung und die pädagogische Vermittlung volkskundlicher Sachkultur, insbesondere der ländlichen Architektur und der dazu gehörigen Gegenstände. In diesem Sinn hat sich das seit 1974 im Aufbau befindliche Freilichtmuseum Sobernheim (Farbtafel 9) die Aufgabe gestellt, Zeugnisse vergangener Siedlungs-, Bau- und Wirtschaftsformen sowie volkskundlicher Sachkultur aus den verschiedenen Großlandschaften von Rheinland-Pfalz der Nachwelt zu bewahren. In mehreren „Museumsdörfern" werden in Sobernheim landschaftstypische Häuser- und Hofanlagen aus den Regionen Mittelrhein-Westerwald, Eifel-Mosel, Pfalz-Rheinhessen und Nahe-Hunsrück aufgebaut. Die Häuser und Höfe, die im Sobernheimer Freilichtmuseum zu sehen sind, waren an ihrem ursprünglichen Standort aus unterschiedlichen Gründen nicht mehr zu erhalten. Viele dieser alten Gebäude mußten zum Beispiel modernen Bauten oder neuen Verkehrswegen weichen. Die Translozierung in das Freilichtmuseum war schließlich die einzige Möglichkeit, sie für die Nachwelt zu retten. Hier stellen sie nun in exemplarischer Weise landschaftstypische Anlagen dar, von denen sich Erkenntnisse über Haustypen sowie sozial- und wirtschaftsgeschichtliche Zusammenhänge ableiten lassen.

1976/78 wurde in Sobernheim als erstes Gebäude das Schul- und Backhaus von Neuwied-Heddesdorf wiederaufgebaut. Mittlerweile sind bereits eine ganze Reihe von Gebäuden wiedererrichtet worden, so daß die vorgesehenen Museumsdörfer Konturen gewinnen. Am weitesten fortgeschritten sind die Baugruppen Hunsrück-Nahe (darunter: Gemeindehaus aus Hesselbach, Dorfschmiede aus Altenkülz, Gehöft aus Weinsheim, Schusterhaus aus Wallhausen, Tanzhaus aus Winterburg) und Mittelrhein-Westerwald (u.a.: Fachwerkhaus aus Niederbreisig, Schul- und Backhaus aus Neuwied-Heddesdorf).

Doch geht es nicht nur um die Dokumentation von Hauslandschaften, sondern ebenso um die Veranschaulichung früheren Lebens und Arbeitens. Dementsprechend sind die einzelnen Gebäude mit historischen Möbeln, Haushalts- bzw. Arbeitsgeräten eingerichtet. Und auf den die einzelnen „Museumsdörfern" umgebenden Wald-, Wiesen- und Weideflächen werden zudem einige früher übliche Anbau- und Viehzuchtformen gepflegt. So hat man mit einer kleinen Schafzucht begonnen, einen Weinberg mit alten Rebsorten angelegt und ein Bienenhaus nach Plänen des vorigen Jahrhunderts gebaut. Zudem werden Versuchspflanzungen mit Tabak, Flachs und anderen Pflanzen durchgeführt, die im früheren Wirtschaftsleben wichtig waren.

Auch wenn hinsichtlich der angestrebten realitätsnahen Darstellungsweise vergangener Epochen Abstriche gemacht werden müssen, so ist das Freilichtmuseum Sobernheim dennoch kein Ort, der die Vergangenheit in romantisierender Verklärung darstellt. Die Geschichte wird hier nicht in großen politischen Ereignissen und Taten herausragender Persönlichkeiten vor Augen geführt, sondern als Bild dessen, was Bauern, Handwerker und Arbeiter bei der alltäglichen Arbeit geleistet haben.

i Das Freilichtmuseum Sobernheim (Nachtigallental, Tel. 06751/3840) ist vom 1. April bis 31 Oktober täglich von 9 bis 18 Uhr geöffnet.

Monzingen, Schloßböckelheim und Boos

Monzingen, eine der ältesten Siedlungen im Nahetal, liegt zwischen Sobernheim und Kirn in einem kleinen Seitental des Gaulbaches. 1355 verlieh Kaiser Karl IV. auf Bitten des Landesherren, des Erzbischofs von Mainz, Monzingen die Stadtrechte. Allerdings führte dies nicht zu einer bedeutsamen städtischen Entwicklung, da Monzingen das Hinterland fehlte. Ortsbildprägend sind neben der gotischen Kirche und dem spätklassizistisch-neugotischen Rathaus von 1861/64 vor allem die Bauern- und Bürgerhäuser des späten 16. und 18 Jahrhunderts, die zum Teil hervorragende Fachwerkkonstruktionen zeigen: zum Beispiel das Alt'sche Haus von 1589, Hauptstraße 59 und das Haus Müller aus dem beginnenden 17. Jahrhundert, Hauptstraße 64.

Die Burg in Schloßböckelheim war als Teil des Reichsbesitzes an Grafenfamilien verliehen, zuletzt an die Salier. 1105 hielt Kaiser Heinrich V. seinen Vater - Kaiser Heinrich IV. - gefangen. Am 31. Dezember 1105 brachte man ihn dann nach Ingelheim, wo er auf den Thron verzichtete. Nach 1105 belehnte der Bischof von Speyer den Grafen von Sponheim mit Böckelheim. 1279 verkaufte Graf Heinrich von Sponheim die Burg entgegen den Vereinbarungen mit seinem Bruder Johann an Erzbischof Werner von Mainz, der sie dann auch in der nachfolgenden Fehde mit Graf Johann von Sponheim zu behaupten wußte. 1688 wurde die Burg von den Franzosen bis auf wenige Mauerreste zerstört.

1987/88 wurden vor der Evangelische Kirche in Boos römische Mauerreste freigelegt, konserviert und restauriert. Sie gehören zum Hauptbau einer villa rustica aus dem 2./3. Jahrhundert.

Stromberger Neuhütte, Rheinböllerhütte und Gräfenbacherhütte: Frühe Mittelgebirgsindustrialisierung

Daß im vorderen Hunsrück frühneuzeitliche Eisenhütten entstehen konnten, lag zunächst an den Raseneisensteinvorkommen. Die Erze fanden sich in „Nestern" direkt unter der Erdoberfläche und konnten daher im Tagebau gewonnen werden. Allerdings war der Metallgehalt von durchschnittlich 25-30% sehr niedrig. Wie in den anderen Mittelgebirgsregionen, konnte auch in den engen Tälern des Guldenbachs und des Gräfenbachs die Wasserkraft zum Antrieb der Gebläse und Hammerwerke genutzt werden. Die ausgedehnten Waldungen des Soonwaldes boten zudem genügend Eichen und Buchen für die Gewinnung von Holzkohle. In Stromberg wurde der für den Verhüttungsprozeß notwendige Kalk abgebaut.

Ursprünglich erfolgte die Eisenschmelzen einem Berghang mit starken Aufwinden in „Rennöfen". Diese wurden jedoch im 16. Jahrhundert wieder aufgegeben und durch die Eisenhütten abgelöst, in denen die natürliche Windzufuhr durch mit Wasserkraft angetriebene Blasebälge ersetzt wurde.

Die erste urkundlichen Erwähnung der Eisenverhüttung in Stromberg stammt aus dem Jahr 1605. Schon im 17. Jahrhundert gewann sie rasch an Bedeutung. Der Lütticher Handelsmann Jean de Mariot erwarb 1649 die Hütte für 2.000 Taler, holte erfahrene Landsleute aus seiner wallonischen Heimat ins Guldenbachtal, errichtete mit ihnen zusammen die Stromberger Neuhütte und betrieb außerdem die Rheinböllerhütte.

In der ersten Hälfte des 18. Jahrhunderts wurde die Stromberger Hütte nach längerer Zeit des Verfalls wieder in Betrieb genommen und ausgebaut. Ab 1786 waren die Gebrüder Sahler Alleinbesitzer. Mittlerweile hatte der kurpfälzische Forstbeamte Friedrich Wilhelm Utsch, von dem behauptet wird, er sei der „Jäger der Kurpfalz" gewesen, die benachbarte Rheinböllerhütte erworben, die zunehmend in Konkurrenz zur Stromberger Neuhütte trat.

Der dritte bedeutende Eisenhüttenstandort befand sich im nahegelegenen Gräfenbachtal. Kurfürst Johann Wilhelm von der Pfalz hatte am 2. Juni 1712 dem Eisenhammerbeständer Georg Koch aus Neunkirchen und seinen beiden Mitgewerken, dem kurpfälzischen Jagdrat Hügel und dem Oberförster Geiseweide, einen Erbbestandsbrief für ein Hütten- und Hammerwerk im Gräfenbachtal erteilt.

Im Jahre 1741 traten die Gebrüder Stumm aus Rhaunen im Hunsrück als Teilhaber in das Hüttenwerk ein. 1785 wurden sie alleinige Eigentümer der Gräfenbacherhütte. Der Familie Stumm gelang es im 18. Jahrhundert ein bedeutendes

Wirtschaftsunternehmen aufzubauen, das sich bis an den Rhein und die Mosel erstreckte sowie Teile des Saarlandes und des Ruhrgebietes mit einschloß.

Im Jahre 1808 gab es auf der Gräfenbacherhütte nur einen Schmelzofen. Der Eisenhammer war seit 1796 nicht mehr in Betrieb. Der Schmelzofen wurde nur etwa ein halbes Jahr beschickt. Da im Sommer oft nicht genügend Wasser zur Verfügung stand, lag die Hütte in dieser Jahreszeit nicht selten still. Die jährliche Produktion an Gußwaren und anderen Erzeugnissen betrug 200.000 bis 250.000 Kilogramm. Im Jahre 1808 wurden etwa 850 Tonnen Erze aus den Gruben Gebroth und Neupfalz verschmolzen, der Holzverbrauch lag jährlich bei ungefähr 8.000 Kubikmeter. An der Zahl der Arbeiter, die in dieser Zeit mit 110 angegeben wurde, zeigt sich, daß die Gräfenbacherhütte für viele Familien im Soonwald eine wichtige Erwerbsmöglichkeit darstellte.

Einen wirtschaftlichen Aufschwung erlebte die Gräfenbacherhütte unter der Leitung der Gebrüder Böcking, die in den Jahren 1837 bis 1842 neue Gebäude errichten ließen, die größtenteils heute noch erhalten sind. Aus dieser Zeit stammen auch noch Teile eines Hochofens, vermutlich des einzigen erhaltenen Hochofens aus dem 19. Jahrhundert, der im südwestdeutschen Raum zu finden ist. Weiterhin existierten noch das Magazin und die ehemaligen Herrenhäuser. Während des Ersten Weltkrieges, als das Große Hauptquartier im Kreuznacher Kurhaus eingerichtet war, kam Generalfeldmarschall von Hindenburg oft als Gast zur Gräfenbacherhütte.

Bereits in der Mitte des 19. Jahrhunderts haben sich jedoch die Wettbewerbsbedingungen für die Hüttenbetriebe in den Mittelgebirgslandschaften gegenüber den neuen Revieren an Saar und Ruhr erheblich verschlechtert. 1873 schloß die Gräfenbacherhütte ihren Betrieb. In den 1880er Jahren wurde dann auch der Betrieb auf der Stromberger Neuhütte aufgegeben. Die Gießerei führte man dort zwar weiter, doch die alten Werksbauten sind abgerissen worden.

Stromburg und Dalberg

Als eine der ältesten Burganlagen des Hunsrücks wird die hoch über der Stadt Stromberg gelegene Stromburg 1056 erstmals urkundlich erwähnt. Sie war unter anderem auch Amtssitz der Ritter von Obentraut, deren berühmtester, Johann Elias Michael von Obentraut (ca. 1575-1628), genannt der „Deutsche Michel", war. Obentraut und seine Reiter waren im Dreißigjährigen Krieg die gefürchteten Gegner der spanischen Soldaten. Respektvoll nannten die Spanier ihn „Miguel Aléman", den „Deutschen Michel".

Ein anderes Rittergeschlecht unseres Raumes nannte sich nach der Burg Dalberg. Nach deren Aussterben (1323) erbten die Kämmerer von Worms Burg und Herrschaft. Ab 1375 führten sie den Namenszusatz „genannt von Dalberg". Die Anlage entstand nach dem Vorbild staufischer Burgen mit einem rechteckigen Grundriß.

Literatur:

Kreisverwaltung Bad Kreuznach (Hrsg.): Naheland-Kalender; Bad Kreuznach 1951 ff.

Die Tradition des ‘Heimatkalenders des Kreises Bad Kreuznach’ (Bad Kreuznach 1937 ff) fortsetzendes Kreisjahrbuch.

Kurt Becker (Hrsg.): Heimatchronik des Kreises Kreuznach (= Heimatchroniken der Städte und Kreise des Bundesgebietes, Bd. 30); Köln 1966.

Breit angelegte Kreisbeschreibung mit fundiertem landesgeschichtlichem Teil, den Werner Vogt verfaßt hat.

Hans Forster (Hrsg.): Kennzeichen KH, Heimatkunde für den Landkreis Bad Kreuznach; Stuttgart/Lörrach 1986.

Materialreiche Kreisdarstellung unter unterrichtsdidaktischen Aspekten.

Horst Silbermann: Die wirtschaftliche Entwicklung des unteren Nahegebietes im 18. Jahrhundert (=Heimatkundliche Schriftenreihe des Landkreises Bad Kreuznach, Bd. 8); Bad Kreuznach 1980.

Detaillierte regionale Wirtschaftsgeschichte der vorindustriellen Zeit.

Walter Zimmermann (Bearb.): Die Kunstdenkmäler des Kreises Kreuznach (=Die Kunstdenkmäler der Rheinprovinz, Bd. 18.1); Düsseldorf 1935 (NDr. 1985).

Edith Ruser und Herbert Dellwing (Bearb.): Stadt Bad Kreuznach (= Denkmaltopographie Bundesrepublik Deutschland, Kulturdenkmäler in Rheinland-Pfalz, Bd. 5.1); Düsseldorf 1987.

Umfassende Kunst-/Kulturdenkmälerinventare.

Rheinischer Verein für Denkmalpflege und Landschaftsschutz (Hrsg.): Rheinische Kunststätten, H. 268, Monzingen (Neuss 1991); H. 362, Meisenheim (Neuss 1991).

Reich illustrierte Führungshefte durch die genannten „Rheinischen Kunststätten".

Bodo Lipps: Entdeckungsreisen im Landkreis Bad Kreuznach, Historisch-Sehenswertes; Bad Kreuznach 1991.

Von der Kreisverwaltung Bad Kreuznach herausgegebene informative Schrift.

Wolfgang Reiniger: Stadt- und Ortsansichten des Kreises Bad Kreuznach 1523-1899; Bad Kreuznach 1990.

Ortstopographisch grundlegende Darstellung.

Meinhold Lurz: Meisenheim, Architektur und Stadtentwicklung; Horb 1987.

Vorzügliche städtebaugeschichtliche Aufarbeitung.

Freilichtmuseum Sobernheim und Landesbildstelle Rheinland-Pfalz (Hrsg.): Freilichtmuseum Sobernheim (= Museen in Rheinland-Pfalz, Bd. 2); Speyer 1986.

Reich bebilderte Vorstellung des zentralen rheinland-pfälzischen Freilichtmuseums.

WOLFGANG H. MÜNCHEN

Landkreis Birkenfeld

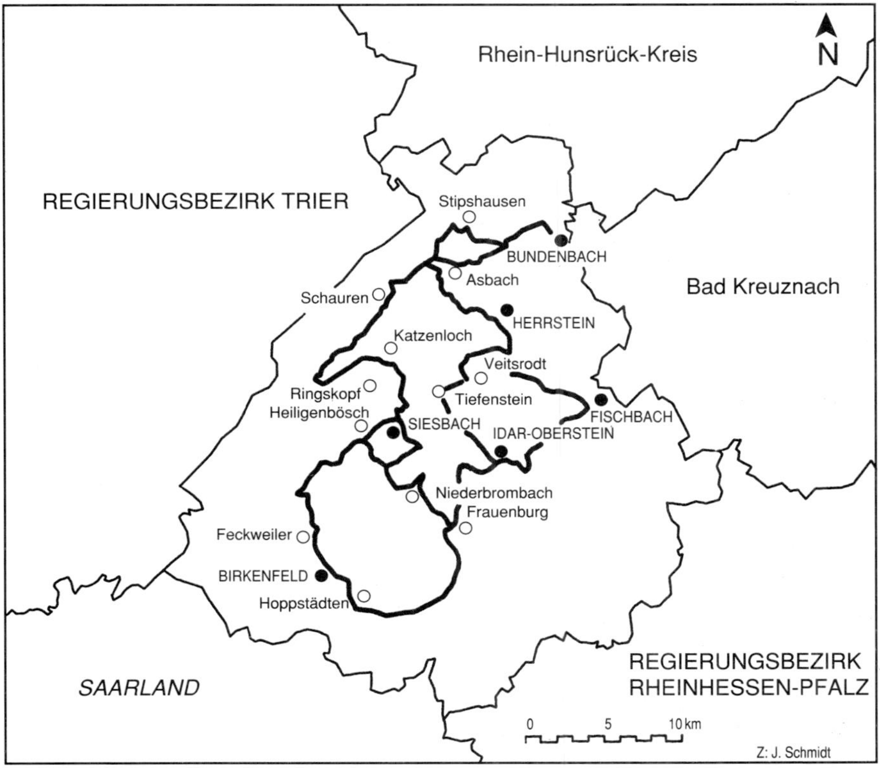

Der Landkreis Birkenfeld stellt weder eine geographische noch eine verwaltungsmäßig gewachsene Einheit dar. Die mehr oder weniger treffenden Bezeichnungen „Birkenfelder Land", „Land an der oberen Nahe" oder gar „Land des blauen Löwen" verdeutlichen auch heute dieses Dilemma eines fehlenden historisch-geographischen Identifikationsmusters. „Es ist das historische Schicksal dieser Landschaft, so nirgends recht dazuzugehören", so Landrat a.D. Dr. Walter Beyer.

Die Siedlungsgeschichte jenes Raumes wird erst mit der Jungsteinzeit (ca. 4500 bis 1800 v.Chr.) anhand weniger Einzelfunde belegbar. Ebenso spärlich sind die archäologischen Zeugnisse aus der frühen und mittleren Bronzezeit (ca. 1800 bis 1200 v.Chr.), worunter die als Weihgabe deutbaren oder vielleicht auch von einem Händler aus Angst vor einem Überfall deponierten Bronzebeile aus Nohen (heute im Museum Birkenfeld) besonders hervorragen. Erst die jüngere Bronzezeit (ca. 1200 bis 700 v. Chr.), überliefert mit Brandgräberfunden zum Beispiel von Baumholder und Rückweiler sowie einer bei Enzweiler nachgewiesenen befestigten Talsiedlung, zeigt eine allerdings immer noch eher dünne Besiedlung des Kreisgebietes. Charakteristisch für diese Epoche der Urnenfelderkultur ist die Beisetzung des Leichenbrandes in einer Urne auf Flachgräberfeldern.

In der Eisenzeit (ca. 700 v. Chr. bis zur Zeitenwende) dagegen wurde das „Birkenfelder Land", nach dem Fundgut zu urteilen, mit einer davor nicht gekannten Vehemenz in Besitz genommen. Unter dem Einfluß der überregionalen Späthallstatt-Kultur war das Gebiet Bestandteil der nach dem Verbreitungsgebiet benannten, eigenständigen „Hunsrück-Eifel-Kultur", die in ihrer älteren Kulturstufe (ca. 600 bis 475 v. Chr.) wieder die Körperbestattung unter Grabhügeln bevorzugte. Diese regionale Sonderform der Eisenzeit mündete, beeinflußt von der „Latène-Kultur", kontinuierlich in die „Jüngere Hunsrück-Eifel-Kultur" (ca. 475 bis 225 v.Chr.) ein. Träger dieser Kultur sind frühe Kelten. Insbesondere die „Fürstengräber" von Hoppstädten/Nahe belegen deren Bedürfnis zu gesteigerter Selbstdarstellung (Tracht, Schmuck, Gefäßformen). Weitere eindrucksvolle Zeugnisse dieser Epoche sind die zahlreichen keltischen Bergbefestigungen, beispielsweise der „Ringskopf" bei Allenbach.

Im 3. vorchristlichen Jahrhundert gehörte der Kreisbereich zum südlichen Stammesgebiet der keltischen Treverer. Sie waren Erbauer der Befestigungsanlagen der sogenannten Altburgen von Bundenbach und Weiersbach sowie der Wehranlage auf der Wildenburg bei Kempfeld und bestatteten ihre Toten wieder in Flachbrandgräbern, wobei der Trevererfriedhof vom „Heidenbiegel" bei Weiersbach als Besonderheit Wagengräber aufwies. Im „Gallischen Krieg" Cäsars (58 bis 50 v.Chr.) wurde dann das Siedlungsgebiet jener Kelten erobert, das

„Birkenfelder Land" Bestandteil der römischen Provinzen Gallia Belgica und Germania Superior; die Grenze verlief wohl entlang des Siesbaches. Damit begann auch allmählich die Romanisierung der einheimischen Treverer. Als eindrucksvollstes Beispiel gallorömischer Provinzialkultur in unserer Region sei auf den Grabhügel „Kipp" bei Siesbach hingeweisen.

Mit den Germaneneinfällen im 3. und 4. Jahrhundert und dem Zusammenbruch des Römischen Weltreiches endete allerdings diese Blütezeit auch im „Birkenfelder Land", das noch bis zum 7./8. Jahrhundert dünn besiedelt blieb. Die Aufsiedlung des heutigen Landkreisgebietes durch die Franken während der Landnahme-, Ausbau und Rodungszeit (7. bis 12. Jahrhundert) läßt sich freilich nicht archäologisch erfassen, dafür aber in den typischen Ortsnamen des Kreises auf -bach, -weiler, -berg, -rodt, -schied und -feld ablesen.

Im Frühmittelalter gehörte der überwiegende Teil des Gebietes zunächst zum Nahegau und war kirchliches Eigengut der Erzbistümer Trier, Mainz, Metz, Verdun, Reims sowie der Abteien Mettlach und Tholey. Die Verwaltung dieser Gebiete überließ man adligen Vögten, da die Kirche die Gerichtsbarkeit nicht ausüben wollte: „Die Kirche trinkt kein Blut" - „Ecclesia non sitit sanguinem", lautete der programmatische Spruch. So kam es im Laufe der Jahrhunderte im Hochmittelalter zur Verselbständigung dieser Verwaltungseinheiten und zur Herausbildung einer Vielzahl mehr oder weniger großer Territorien. Neben kleineren und kleinsten Herrschaften (Eberswald, Dagstuhl, Sötern, Werdenstein, Wartenstein) waren bis zum Jahre 1794 die Hintere Grafschaft Sponheim, das Herzogtum Pfalz-Zweibrücken, welches 1444 die Grafschaft Veldenz beerbt hatte, die Wild- und Rheingrafschaft, die Herrschaft Oberstein und die Markgrafschaft Baden die bedeutendsten. Von den Gemeinden des Landkreises Birkenfeld gehörten etwa 92 Prozent zu den drei erstgenannten Herrschaften.

Die Inhalte des Kreiswappens, der rot-silbern geschachte Schild, belegt mit einem rotgezungten, goldengekrönten und bewehrten blauen Löwen, verweisen auf frühere Territorialherrschaften: die Hintere Grafschaft Sponheim (Schach), die Grafschaft Veldenz (Löwe) und das Herzogtum Pfalz-Zweibrücken (Krone des Pfälzer Löwen).

Langfristig wirkende Einschnitte brachte dann vor allem die Reformation, denn bis zum Augsburger Religionsfrieden (1555) war bereits ein großer Teil des Kreisgebietes durch seine damaligen Territorialherren protestantisch geworden. Die übrigen folgten bald nach.

Im Dreißigjährigen Krieg (1618 bis 1648) war die Region zwar „nur" Durchzugsgebiet kaiserlicher, spanischer, schwedischer, lothringischer und französischer Truppen; dennoch war die Bevölkerung auf ein Drittel der ursprünglichen Einwohnerzahl dezimiert worden. An den politischen und konfessionellen Gegebenheiten änderte der Krieg dabei überraschenderweise nichts. Schon 1667 brachten die Reunionskriege Ludwigs XIV. das „Land an der oberen Nahe" in den Besitz der französischen Krone. Erst im Frieden von Rijswijk (1697) mußte Ludwig auf diese „Reunionen" wieder verzichten.

Bereits der Spanische Erbfolgekrieg (1701 bis 1714) machte das „Birkenfelder Land" aber wieder zu einem schweren Belastungen ausgesetzten Durchmarschgebiet. Die anschließende Phase der Ruhe und Erholung für das Land dauerte dann bis 1792, als französische Revolutionstruppen das linke Rheinufer besetzten. Das heutige Kreisgebiet kam im Zuge der französischen Verwaltungsneuordnung von 1797 als Arrondissement Birkenfeld mit neun Kantonen - darunter die das heutige Kreisgebiet abdeckenden Kantone Baumholder, Birkenfeld und Rhaunen - zum Saardepartement. Dies bedeutete nicht nur das Ende des Ancien régime, sondern auch das Ende der Kleinstaaterei in unserem Gebiet; gleichzeitig stellte sich das Landkreisgebiet erstmals als Verwaltungseinheit dar, die zudem, wenn auch nur für kurze Zeit, in einen großen Zentralstaat - zuerst die Republik, dann das Kaiserreich Frankreich - eingegliedert worden war.

Die Neuordnung Europas durch die Siegermächte über Napoleon auf dem Wiener Kongreß (1815) teilte diese Verwaltungseinheit allerdings wieder auf: Das Gebiet rechts der Nahe kam als Fürstentum Lichtenberg an den Herzog von Sachsen-Coburg-Saalfeld, der es aber bereits 1834 an Preußen verkaufte, das daraus den preußischen Kreis St. Wendel bildete; das Gebiet links der Nahe mit

Schloß und Stadt Oberstein: Einer der Herrschaftsmittelpunkte an der oberen Nahe

Schloß Birkenfeld: Pfalz-zweibrückischer Herrschaftssitz

„20.000 Seelen" erhielt der Herzog von Oldenburg (1817), der es Fürstentum Birkenfeld nannte, Hauptstadt dieser politischen Kuriosität wurde Birkenfeld.

Der preußische Kreis St. Wendel wurde 1920 aufgrund der Bestimmungen des Versailler Vertrages um 26 von 94 Gemeinden - darunter die Kreisstadt St. Wendel - „amputiert", die an das autonom gewordene Saargebiet abgegeben werden mußten. Der so reduzierte preußische Landkreis wurde wenig originell „Restkreis St. Wendel-Baumholder" (Verwaltungssitz Baumholder) genannt.

Als im Zuge der Novemberrevolution (1918) der Großherzog von Oldenburg abdankte, leitete ein Direktorium den nunmehrigen Landesteil Birkenfeld im „Freistaat Oldenburg". Gefördert und geduldet von den Franzosen, riefen neun Bürger aus Birkenfeld und Umgebung am 14. Juli 1919 die selbständige „Republik Birkenfeld im Deutschen Reich" aus. Dieses mehr Posse als Putsch darstellende Intermezzo dauerte aber nur bis November 1919.

Im Jahre 1937 endete dann schließlich auch das Kuriosum einer rhein-oldenburgischen Exklave, als der preußische Restkreis St. Wendel-Baumholder mit dem oldenburgischen Landesteil Birkenfeld zum neuen preußischen Kreis Birkenfeld vereinigt und in den bereits 1816 gebildeten preußischen Regierungsbezirk Koblenz eingegliedert wurde.

Neuerliche Gebietsveränderungen erfolgten 1937 durch die Anlegung des Truppenübungsplatzes Baumholder und der damit verbundenen Umsiedlung von 14 Gemeinden und Wohnplätzen (Gehöfte, Mühlen) und der Entstehung einer militärräumlichen „Enklave". Vor allem erfolgte nach dem Zweiten Weltkrieg 1946/47 auf Anordnung des französischen Oberkommandos die Abtretung von insgesamt 24 Gemeinden um St. Wendel an das Saarland.

Die heutigen Kreisgrenzen entstanden schließlich 1969/70 im Zuge der Verwaltungsreform durch Ausgliederung von rund 20 Gemeinden in den Landkreis Kusel und der Eingliederung von ebensovielen Gemeinden aus dem Landkreis Bernkastel.

Bundenbach: Einblick in die Keltenzeit

In keltischer Zeit gehörte unsere Region zum südlichen Teil des Stammesgebietes der Treverer. Neben dem zahlreichen, meist aus Gräbern stammenden Fundgut, vergegenwärtigen dies vor allem die zahlreichen Wehranlagen, die als Ring- oder Abschnittswälle erhalten sind. Einen besonderen Stellenwert innerhalb dieser im Westen mit dem Hunnenring von Otzenhausen beginnenden Befestigungskette nimmt deren östliches Glied, die Altburg bei Bundenbach (Farbtafel 1) ein. Seit den von Reinhard Schindler durchgeführten Ausgrabungen (1971 bis 1975) ist sie die auch überregional am vollständigsten untersuchte spätkeltische Höhenburg. Erstmals gelang hier, den gesamten Plan der Innenbebauung einer keltischen Burg freizulegen: Dies macht die Altburg zu einem hervorragenden archäologischen Denkmal. Sie steht „exemplarisch für zahlreiche weitere kleine und kleinste Burganlagen des Trevergebietes (...), einen Siedlungstyp, den Caesar in seinen Kriegsberichten als castellum bezeichnet hat." (Haffner)

1985 bis 1988 wurde das Palisadenviereck innerhalb der Ummauerung und zehn für die Innenbebauung repräsentative Gebäudetypen - Speicher und Wohnhäuser - am Ort der Ausgrabung möglichst authentisch rekonstruiert, so daß in einer Art Freilichtmuseum über die Siedlungs-, Wohn- und Gesellschaftsverhältnisse der Treverer informiert wird. Ein Dokumentationsraum über die Grabung und die Geschichte der Befestigungsanlage befindet sich in dem über dem treverischen Felsenkeller errichteten Eingangshaus zur Burg.

Aufgrund der Grabungen ergibt sich ein detailliertes Bild dieses kleinen Siedlungszentrums: Das 1,5 Hektar große Hauptplateau des Burgberges wurde vom 3. bis 1. Jahrhundert v.Chr. besiedelt und rundum, je nach den natürlichen Gegebenheiten, mit mehr oder weniger starken Trocken- und Pfostenschlitzmauern befestigt, auf denen eine Palisade aufgesetzt war. (Auf der ebenfalls im Landkreis gelegenen Wildenburg beim Kempfeld ist ein solcher Mauerabschnitt rekonstruiert.) Besonders gut erkennbar sind die Reste dieser zum Teil gewaltigen Wehrmauer als verstürzter fast acht Meter hoher und 80 Meter langer Wall an der heutigen Zugangsseite der Burg. Zwischen diesem Wall befand sich, dort wo heute auch der Weg ins Burggelände einmündet, der Torzugang, der durch einen Turm gesichert war. Innerhalb dieses so abgeriegelten Plateaus konnte anhand von zirka 3.600 in den Schieferfels eingetieften Pfostenlöchern, Palisaden- und Zaungräben sowie einem Keller, Relikte der von den Kelten praktizierten Pfostenbauweise, eine sehr dichte Innenbebauung festgestellt werden. Innerhalb der Ummauerung befand sich unmittelbar hinter dem Wall der Zugangsseite ein durch eine Palisadeneinfriedung markierter Burgbezirk mit dem auffälligen Felsenkeller. Diese auch im Gelände etwas erhöht gelegene sogenannte Oberburg war der gegenüber den anderen Bewohnern des castellums abgegrenzte Sitz der Burgherren; ihre Macht gründete sich unter anderem darauf, daß sie in den zahlreichen Speicherhäusern über den Eigenbedarf der Burgbewohner hinaus Feldfrüchte einlagern konnten.

„Der Bau der Burg war (...) sicherlich nicht gegen die Römer überhaupt oder einen auswärtigen Feind gerichtet. Viel eher besaß hier wohl eine regional führende Familie ihren befestigten Stützpunkt, gleichermaßen Demonstration ihrer Stellung wie Rückhalt gegen die ebenso mißtrauisch verschanzten wie mit ihren Mauern protzenden Burgherren ringsum." (Nortmann)

Warum die Burg Mitte des 1. Jahrhunderts aufgegeben oder gar zerstört wurde, muß Spekulation bleiben: Waren dafür ein innerkeltischer Konflikt oder Germaneneinfälle ins Treverergebiet vor dem „Gallischen Krieg" die Ursache? Gingen die Burgherren in der Auseinandersetzung der einheimischen Treverer mit den Römern unter? Oder wurde die Unterhaltung einer Wohnburg angesichts der römischen Besatzung sinnlos, gegen feindliche Eindringlinge überflüssig und aufgrund des damit nun nicht mehr verbundenen Prestigegewinns vielleicht auch zu aufwendig?

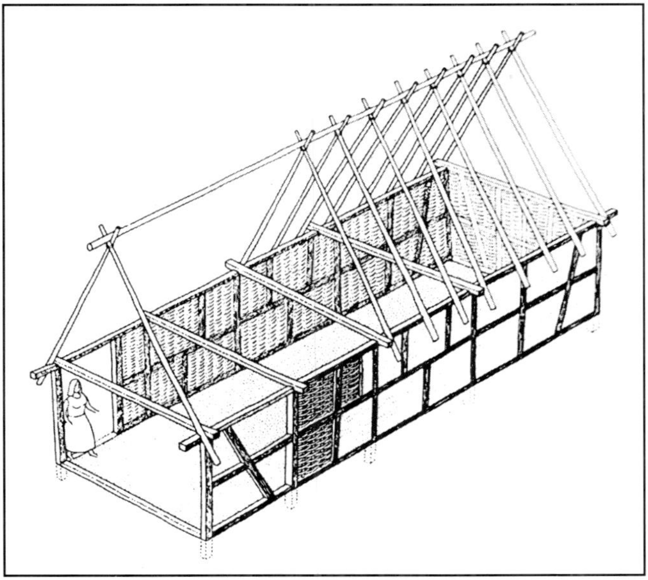

Bundenbach: Rekonstruktion keltischer Wohnformen

i Mit dem Besuch der Altburg sollte die Besichtigung des Besucherbergwerkes „Grube Herrenberg" und des Fossilienmuseums verbunden werden; sowohl die Schiefergrube als auch das Museum befinden sich in unmittelbarer Nähe am Fuße der Altburg. Alle drei Einrichtungen (Tel. 06544/589 und 286) sind vom 1. April bis 31. Oktober täglich von 10 bis 13 und 14 bis 17 Uhr geöffnet.

Siesbach:
Gallo-römische Provinzialkultur

Etwa 2 Kilometer nordwestlich von Siesbach liegt im Flurbezirk „Kipp", am Rande des Hochwaldes verborgen, ein ausgedehnter gallo-römischer Grabhügel. 1976/77 durch das Rheinische Landesmuseum Trier vollständig ausgegraben, stellt er nach seiner am Grabungsbefund orientierten Rekonstruktion eines der wichtigsten archäologischen Denkmäler des Birkenfelder Landes dar.

Dem Besucher bietet sich ein eindrucksvolles Bild: Umgeben von einer äußeren quadratischen Umfassungsmauer aus massiven Quadern mit halbwalzenförmigen Abdecksteinen erhebt sich, wiederum umfaßt von einer ringförmigen Mauer gleichen Typs, ein mächtiger Grabhügel (lat. tumulus) von 21 Meter Durchmesser und ca. 4 Meter Höhe. Bekrönt wird der Hügel von einer Steinstele mit der 1,20 Meter hohen Skulptur eines Adlers, der, auf einem Pinienzapfen sitzend, eine Schlange in den Fängen hält. Schlange und Pinienzapfen als Bestandteile römischer Grabsymbolik drücken die Hoffnung auf ein Weiterleben nach dem Tode (immergrüne Pinien), der sich erneuernden Lebenskraft (die sich häutende Schlange) - auf das ewige Leben also - aus. Der Adler des Göttervaters Jupiter hat den durch die Schlange verkörperten Genius - etwa als Seele zu übersetzen - in eine himmlische Welt emporgetragen.

Die quadratische Außenmauer wird von einem 3,8 x 2 Meter großen Altar unterbrochen, der wohl ursprünglich mit zwei lebensgroßen Figuren des Gottes Mars Lenus und vielleicht des Attis ausgestattet war. Deren Sandsteinköpfe fanden sich ebenso wie die Adlerskulptur im Grabungsschutt und können als Repliken im Museum Birkenfeld besichtigt werden. Der populäre Mars Lenus wurde im Trevererland mehr als beschützender Gott, denn als Kriegsgott verehrt. Attis' Rolle im Totenkult besteht darin, die Auferstehung zu propagieren.

Siesbach: Rekonstruktion eines gallisch-römischen Grabhügels

Gräber gab der Hügel allerdings keine mehr frei; dennoch konnten aufgrund der vier gefundenen Aschengruben mit ihren anzunehmenden 248 Keramikgefäßen, Metallresten, Perlen, Knochenartefakten, verkohlten Holzstücken und tierischen Knochen sowie sogar Resten von Steinobstkernen - darunter eine Dattel (!) - drei Bestattungsvorgänge zwischen 167 und 174 n.Chr. ermittelt werden. Dabei hat eine größere Trauergemeinde offenbar auch aufwendige Totenmahlzeiten mit ausgiebigen Speisen und Getränken gehalten.

Das nicht nur für die Nahegegend bedeutende Grabdenkmal zeigt mit seiner Grabarchitektur und -symbolik und seinem Grabinventar den Einfluß der römischen Kultur auf die einheimische Bevölkerung der gallischen Treverer. Seit Cäsars „Gallischem Krieg" (58 bis 50 v.Chr.) war deren Stammesgebiet in die römischen Provinzen Gallia Belgica und Germania Superior einverleibt worden, deren Grenzen wohl der Siesbach markierte. Dies ließ auch in der Nahe-Hunsrück-Region eine gallo-römische Provinzialkultur entstehen. Das Grabmal war als Familiengrabstätte kurz nach der letzten Bestattung 175 n.Chr. fertiggestellt und von einer jener vornehmen und zu Reichtum gekommenen Trevererfamilie angelegt worden, die als Mitglied der Oberschicht der gallo-römischen Bevölkerung gesellschaftliche und wirtschaftliche Beziehungen über ihr Stammesgebiet hinaus unterhielt. Vielleicht ist sie mit der nahen römischen Siedlungsstelle (villa rustica oder kultische Anlage?) in Beziehung zu setzen.

Ringskopf, Heiligenbösch, Niederbrombach und Frauenburg

Vom Grabmal „Kipp" bietet sich die Erwanderung der nördlich davon auf dem Ringskopf (Name!) 650 m hoch gelegenen Ringwallanlage an. Die im Gelände vorzüglich erhaltene Bergbefestigung mit der noch gut erkennbaren Torgasse umschließt mit einer etwa 450 m langen verstürzten Mauer ein Höhenplateau; sie diente um 400 v.Chr. frühen Kelten als Fliehburg beziehungsweise zur Herrschaftssicherung.

Oberhalb von Leisel - das Dorf selbst mit gut erhaltener ländlicher Architektur - steht das Kirchlein von Heiligenbösch. Es wurde auf den Grundmauern einer römischen villa rustica, wovon bescheidene Reste des Warmbades (caldarium) noch heute zu besichtigen sind, erbaut. Neben dem romanischen Turm des 13. Jahrhunderts sind besonders die Heiligenbilder in ländlicher Barockmanier an der Emporenbrüstung sehenswert.

Eine kunsthistorische Besonderheit der Romanik und Gotik ist die vierschiffige Magdalenenkirche in Niederbrombach; ihre für den ländlichen Raum aufwendige Bau- und Ausstattungsweise verdankt sie vielleicht der Gräfin Loretta von Sponheim, der damaligen Landesherrin (1300 - 1346). Deren Witwensitz (seit 1330/31), die in der Nähe liegende bastionhaft und wenig komfortabel wirkende Frauenburg (Name!) ist ein bedeutendes Zeugnis der Wehrarchitektur des 14. Jahrhunderts im Hunsrück-Nahe-Raum.

i Von Siesbach aus ist der Weg zum Römerhügel ausgeschildert und kann mit dem Pkw erreicht werden. Da die Kirchen in Heiligenbösch und Niederbrombach außerhalb der Gottesdienstzeiten geschlossen sind, sollte man Besichtigungstermine mit den Pfarrämtern in Leisel (Tel. 06787/524) und Niederbrombach (Tel. 06787/238) vereinbaren.

Herrstein:
Mittelalterliche „Stadt" im ländlichen Raum

Vermutlich wurde Herrstein als Burg auf einem Felsvorsprung zwischen 1250 und 1275 von Graf Heinrich von Sponheim (†1289) zum Schutz seines alten umliegenden Eigenbesitzes - insbesondere vor den Wildgrafen - begründet. Der zudem 1279 erstmals urkundlich erwähnte Hof Herrstein mit einem Ritter Ruther von Heresteyn diente wohl der Versorgung der Burg.

Burg und Hof versprachen Sicherheit und Wirtschaftlichkeit, so daß sich daran unmittelbar angelehnt eine Siedlung entwickelte. Dazu kam, daß die Sponheimer den Ort schon früh zum Verwaltungssitz erhoben. Eine nochmalige Aufwertung erfuhr Herrstein durch den letzten Grafen von Sponheim, Johann V., als dieser „seinem Dorf" 1428 aus wirtschaftlichen Gründen Stadtrechte verlieh und es 1432 zum Witwensitz seiner Frau Walpurga bestimmte.

Die Stadtrechtsverleihung brachte den Einwohnern zwar eine Verminderung von Abgaben und Frondiensten sowie die persönliche Freiheit („Stadtluft macht frei"), doch demgegenüber standen beispielsweise die Unterhaltung der Wehranlage (Stadtmauer), weiterhin die Leistung landesherrlicher Abgaben (Zoll, Weinschank etc.) und das Ausgeschlossensein von der politischen Verwaltung der „Stadt", denn Amtmann, Schultheiß und Schöffe wurden weiterhin vom Landesherrn bestimmt. Dennoch kam es zur Bildung von Zünften, allerdings scheint nur die Wollweberzunft im Wirtschaftsleben des Ortes eine Rolle gespielt zu haben. Wenngleich es nur in bescheidenem Maße zur Herausbildung städtischen Lebens kam, so förderte dennoch die Funktion Herrsteins als kleiner Verwaltungsmittelpunkt den Handel und das Gewerbe und privilegierte seine Bürger rechtlich gegenüber dem Umland.

Rundgang: Uhrturm/Heimatmuseum, Uhrturmgasse, Schloßweg, Rathausplatz, Schloß, Sichelturm, Schloßkirche, Glockenturm, Wehrgang, Schinderhannesturm, Pfarrgasse, Uhrturmplatz, Stadtmauer, Uhrturm.

Zu Beginn oder am Ende des Rundganges steht ein Besuch des Heimatmuseums, wobei für unsere Thematik die Dokumentation der Herrsteiner Geschichte vorrangig ist. Durch den Uhrturm aus dem 12./13. Jahrhundert, das einzige mittelalterliche Stadttor (Torturm) der Nahe-Hunsrück-Region, betritt man die ehemalige mittelalterliche „Stadt", deren Engräumigkeit der Wohnverhältnisse sowie die Charakteristika der Fachwerkarchitektur (16. bis 18. Jahrhundert) bereits die überkragten Häuser der Uhrturmgasse und des Schloßweges vermitteln. Besonders beachtenswert sind die alten Zunftzeichen über den sehenswerten Haustüren, wobei die Häuser Schloßweg Nr. 3 (Hausinschrift „Pax Intrantibus") und Schloßweg Nr. 4 (Haus Lind, einziger umbauter Innenhof) auffallen. An dieser Stelle war ein zweites oberes Stadttor geplant, das aber nie verwirklicht wurde. Über dem Rathausplatz, dem Marktplatz innerhalb der Stadtmauer, steht das 1742 als badisches Amtshaus erbaute „Schloß" (Privatbesitz). Vorbei am Schandpfahl (Pranger) und dem Felsen (Herren-/Heidenstein?), der Herrstein vermutlich seinen Namen gab, gelangt man in die ehemals sponheimische Burg, von der noch drei Ecktürme erhalten sind; der vierte Turm stand an der Stelle des Schlosses. Vom sichelförmigen Turmstumpf zur Linken, „Sichelturm", ist anhand der Dachlandschaft die Siedlungsstruktur der mittelalterlichen Stadt und der Verlauf ihrer Mauer gut erkennbar. Von den restlichen beiden Ecktürmen dient der ehemalige Bergfried mit dem Verlies als Glockenturm. Mit ihm durch einen Wehrgang verbunden ist der vierte Eckturm, der „Schinderhannesturm", in dem der legendäre Räuber Johannes Bückler, genannt „Schinderhannes", am 10. Juli 1798 eine (!) Nacht eingekerkert war. Sehenswert sind hier mehrere Gefängniszellen aus der französischen Zeit (1794/1814) und das fünf Meter tiefe „Angstloch" mit dem darüberliegenden Raum, der mit einem Richtblock und mittelalterlichen Folterwerkzeugen die Gerichtsbarkeit der Zeit veranschaulicht. Im Burgbereich steht die mit kunstgeschichtlich beachtenswertem Inventar des 16. bis 18. Jahrhunderts ausgestattete spätgotische Schloßkirche: Sie ist hervorgegangen aus der Burgkapelle und birgt das Grab der letzten Gräfin von Sponheim, Walpurga von Leiningen (†1456), die auf der Burg ihren Witwensitz hatte.

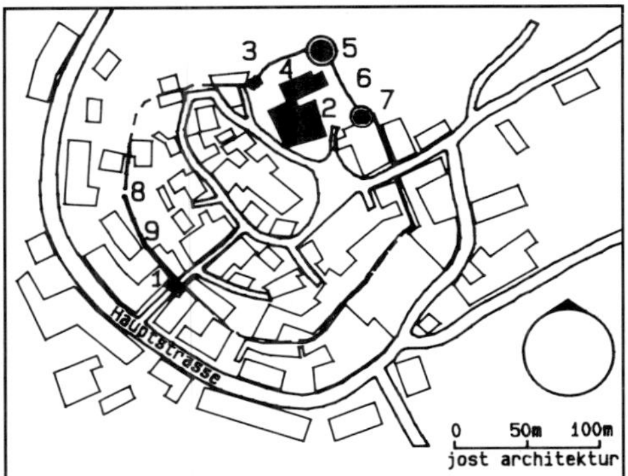

1 Uhturm, 2 Schloß, 3 Sichelturm, 4 Schloßkirche, 5 Glockenturm, 6 Wehrgang, 7 Schinderhannesturm, 8 Hankelbrunnen, 9 Stadtmauer

Herrstein: Mittelalterliches Ambiente

Schauren, Stipshausen und Veitsrodt

Kaum minder aufschlußreiche Einblicke in barockes Denken und Repräsentieren wie die großen - im Birkenfelder Land allerdings fehlenden sakralen - Kloster- und Residenzbauten des 18. Jahrhunderts bieten die barocken Dorfkirchen des Nahe-Hunsrück-Raumes. So stammt beispielsweise die Orgel (1780) der in den 1760er Jahren erbauten Evang. Kirche in Schauren von den in Sulzbach bei Rhaunen im Hunsrück ansässigen Brüdern Stumm. Zudem ist die Kirche mit Bildwerken reich ausgestattet (Holzdecke mit Bildern aus dem Leben Jesu, Brüstungsfelder der Westempore mit biblischen Darstellungen). Ebenfalls eine umfangreiche barocke Ausmalung weist die Evang. Kirche in Stipshausen (1772/79) auf. Und die Evang. Kirche in Veitsrodt (1752) enthält eine einheitliche Schnitzwerkausstattung aus der Erbauungszeit, geschaffen von Schreinermeister Bernhard Engisch aus Kirn. Darüber hinaus ist Veitsrodt aber auch als Pfarrort (1804-1811) des Magisters Friedrich Christian Laukhard erwähnenswert, dessen „Lebenserinnerungen" vielschichtige Innenansichten des späten 18. Jahrhunderts bieten.

i In Herrstein werden vom 1. Mai bis 31. Oktober jeweils donnerstags um 16.30 Uhr und samstags um 14.30 Uhr Stadtführungen (beginnend am Uhrturm) veranstaltet (Voranmeldung Tel. 06785/790). Die Kirche in Stipshausen ist täglich von 8.30 bis 19 Uhr geöffnet. Besichtigungen der Kirchen in Schauren und Veitsrodt können über die Pfarrämter angemeldet werden (Schauren: 06786/1336; Veitsrodt: 06785/328).

Fischbach:
Gewinnung und Verarbeitung von Kupfererzen

„In der Grafschaft Sponheim / besonders in der hinderen Graffeschaft / gen Trabach gehörig / findt man bey Herstein das best Kupfer so in allen Landen mag gefunden werden." Mit diesen Worten lobt Sebastian Münster das Fischbacher Kupferbergwerk 1544 in seiner „Cosmographia" überschwenglich.

Vielleicht schon in frühgeschichtlicher oder gallorömischer Zeit, sicher aber seit dem Mittelalter, war das Land an der oberen Nahe eine auch von montanistischen Unternehmungen geprägte Region. Vor allem der Bergbau auf Eisen- und Kupfererze, deren Verhüttung und Verarbeitung, gelangten hier zu wirtschaftlicher Bedeutung. Eine besondere Stellung nimmt die 1975 als Schaubergwerk „Historisches Kupferbergwerk Fischbach/Nahe" eröffnete Grube Hosenberg ein.

Dieses bei Fischbach betriebene Bergwerk war wegen seiner reichen Kupfererzlagerstätten überregional bekannt. Darüber hinaus stellte es im nahezu ausschließlich landwirtschaftlich geprägten Hunsrück-Nahe-Raum einen industriellen und wirtschaftlichen Mittelpunkt dar.

Die Geschichte des Bergwerks ist wechselvoll: 1473 erstmals urkundlich erwähnt und in gemeinsamer Verwaltung der Grafen von Kyrburg und der Grafen von Sponheim, ist es 1572 in Händen der nach den Fuggern mächtigsten Kupfermagnaten „Haug, Langenauer und Mitverwandte" in Augsburg; im Dreißigjährigen Krieg ruht der Abbau, 1697 Wiederaufnahme des Betriebes, erst 1755 wieder gewinnbringend arbeitend, 1776 im Besitz des Markgrafen Carl Friedrich von Baden und Neuverschuldung des Bergwerkes, mit Beginn der französischen Verwaltung 1794 Erliegen des Betriebes, 1825 und 1841 unter oldenburgischer Verwaltung Versteigerung und Verkauf der Bergwerksgebäude, der Betriebseinrichtung und des Grundbesitzes. Spätere Prüfungen der Abbauwürdigkeit der Erze unter wirtschaftlichen Gesichtspunkten - zuletzt 1934 bis 1936 - fielen negativ aus.

In der Blütezeit gegen Ende des 16. Jahrhunderts ernährte der Betrieb 300 Bergleute mit ihren Familien, unter anderem aus dem Erzgebirge, dem Harz und Tirol zugewandert. Verhüttet wurde das Erz in Fischbach selbst sowie in den vom Holzreichtum des Hochwaldes profitierenden Hütten in Allenbach, Kirschweiler und Mörschied. Die Qualität des Fischbacher Kupfers garantierte auch einen überregionalen Absatzmarkt, wovon die belgische Messingindustrie in Dinant („Dinanteries") an erster Stelle zu nennen ist. Friedrich von Hellbach charakterisiert dies in seinem „Preislied auf das liebe Vaterland" 1605, in dem er „das schöne und uralte Bergwerk zu Fischbach" besonders hervorhebt, weil es „gut Kupfer gibt und von den Dinantischen und Hennegauischen Kaufleuten in hohem Werth abgeholet wirdt."

Das Besucherbergwerk bietet die Möglichkeit, die Technik des mittelalterlichen Bergbaus auf Kupfer und die Weiterverarbeitung des Erzgesteins in einer rekonstruierten mittelalterlichen Hüttenanlage mit Wasserrad, Pochwerk, Waschtrögen, Röststadeln und Schmelzöfen anschaulich nachzuvollziehen. Somit wird ein aufschlußreicher Einblick in das mittelalterliche Sozial- und Wirtschaftsleben möglich.

Spätmittelalterlich-frühneuzeitliche Erzverarbeitung: Trockenpochwerk (nach Georg Agricola)

Asbach und Katzenloch

Auf der Spurensuche nach Relikten montanistischer Unternehmungen lohnt auf dem Friedhof von Asbach, an der Straße nach Hellertshausen, der Besuch des Grabmals für den Besitzer der nahegelegenen Asbacher Hütte (dort erinnert nur noch der Name des Ortsteils und das ehemalige Verwaltungsgebäude an Hüttenwerk und Eisenhammer) Rudolph Heinrich Böcking (1810-1871). Die Marmorreliefs unter einem Porträt des Hüttenherrn sowie links und rechts am Grabstein setzen Themen aus dem Erzbergbau und der Eisenverhüttung, die die Leistungen des Hüttenherrn würdigen, beispielhaft in Szene.

Über Schauren mit seiner Barockkirche und Allenbach mit seinem ehemaligen sponheimischen Schloß (Privatbesitz), unterhalb dem sich die obere oder neue Kupferhütte befand, gelangt man nach Katzenloch. Im früheren Sägewerk (heute Kfz-Betrieb), als Folgeeinrichtung des von 1758 bis 1872 arbeitenden Hammerwerkes, können die beiden mächtigen oberschlächtigen Wasserräder mit acht Meter Durchmesser besichtigt werden. Mit eisernen Schaufeln über dem hölzernen Rahmen trieben sie das Spitzbalggebläse des Katzenlocher Hammers. Sie gelten als herausragende technische Denkmäler Südwestdeutschlands.

i Das Kupferbergwerk Fischbach ist ganzjährig täglich von 10 bis 17 Uhr geöffnet; Führungen (Anmeldung erwünscht, Tel. 06784/2304). Die Katzenlocher Wasserräder befinden sich in Privatbesitz (Kfz-Betrieb Stolz und Thelen, Tel.06786/7007).

Idar-Oberstein: Vom Achatschleifergewerbe zur Edelsteinindustrie

Die entscheidenden Standortfaktoren der im Raum Idar-Oberstein stark verbreiteten Edelsteinbe- und -verarbeitung waren zum einen die ergiebigen Achat- und Jaspisvorkommen (Gemarkung Mambächel - heute Teil des Truppenübungsplatzes Baumholder -, Weißelberg bei Oberkirchen und Steinkaulenberg bei Idar-Oberstein), zum anderen die der Nahe tributären, wasserreichen Hunsrückbäche.

Die ersten, wasserbetriebenen Schleifmühlen werden bereits Anfang des 16. Jahrhunderts an der oberen Nahe erwähnt, aber erst mit der Zunftordnung des Grafen Philipp Franz von Daun-Oberstein (1609) nahm das Achatschleifergewerbe einen zuvor nicht gekannten Aufschwung. Ein weiterer Entwicklungsschub wurde Mitte des 19. Jahrhunderts ausgelöst, als - bedingt durch die sich erschöpfenden einheimischen Schürfstellen - Rohsteine, vor allem Achate aus Brasilien (erste Lieferung 1834), eingeführt wurden. Blieb das Schleifereizentrum zunächst nur auf die kleine, reichsunmittelbare Herrschaft Oberstein beschränkt, die kaum größer war als das heutige Stadtgebiet von Idar-Oberstein, so weitete sich das Gewerbe im Laufe der Zeit immer mehr aus. 1876 gab es rund 150 Schleifen, die sich vor allem am Idarbach - damals das betriebsreichste Gewässer Deutschlands - konzentrierten.

Aus der Achatgräberei hat sich über die Edelsteinbe- und -verarbeitung eine breit gefächerte Schmuckwaren- und schließlich auch Metallwarenindustrie entwickelt. 1701 wird beispielsweise von einem Goldschmied berichtet, der sich niederließ, 1705 von der Zunft der Achatbohrer. In der zweiten Hälfte des 19. Jahrhunderts wurden aus Böhmen und Antwerpen neue Fertigungsmethoden übernommen, die die Bearbeitung der härteren Edelsteine ermöglichten: das Schleifen auf kleinen, horizontal laufenden Metallschleifscheiben (Edelstein- oder Lapidärschleiferei) und das Schleifen von Diamanten (seit 1861). Ebenso entwickelten Idar-Obersteiner Fachleute das Perlenschneiden und -bleichen. Daneben konnte das ortsansässige Graveurgewerbe eine Welt-Spitzenstellung erlangen. Auf dieser Basis ist Idar Oberstein noch heute das Zentrum der edelsteinbe- und -verarbeitenden Industrie Deutschlands.

Die Gewinnung des Rohmaterials veranschaulicht die Edelsteinmine Steinkaulenberg (Stadtteil Algenrodt). Beim Rundgang durch das Schaubergwerk gewinnt der Besucher einen Einblick in den historischen Achatbergbau, wie ihn Collini in seinem Reisebericht von 1774 beschreibt: „Das Graben nach den Achaten geschiet in dem Berge durch Stollen (...). Zwei oder drei Personen machen eine Gesellschaft aus, welche das Graben versuchen, und es gibt viele Gesellschaften, welche in diesem Berge arbeiten. Diese Gräber machen sich in dem Felsen unterirdische Gänge gegen die Höhe des Berges zu und begeben sich mit angezündeten Lampen hinein, die Achate los zu machen (...). Wenn sie nun eine oder mehrere Achatkugeln antreffen, die in der Mitte der Steine stecken, es sei nun oben im Dache oder in den Wänden der Grube, so suchen sie dieselben heraus: nämlich sie arbeiten mit der Picke oder dem Meißel den Stein in einiger Entfernung und rund herum los, damit sie dieselben nicht beschädigen, sondern sie völlig mit ihrer Mutter herausbringen, von welcher sie hernach gar leicht mit einigen Hammerschlägen können befreit werden."

Diese Rohsteine wurden in den Wasserschleifen verarbeitet, deren Niedergang mit der Einführung der Elektrizität zu Beginn des 19. Jahrhunderts einsetzte. In der „Historischen Weiherschleife" am Idarbach (Stadtteil Tiefenstein) werden die Arbeitsschritte vom Rohstein bis zum Endprodukt veranschaulicht: 1. Sägen des Rohmaterials, 2. Formen und Gestalten (Ebauchieren; frz. ébaucher = aus dem Groben oder roh bearbeiten) der Steine, 3. Schleifen der Steine im Liegen, 4. Schmirgeln und Polieren mit Holz-, Kork- oder Filzscheiben und Poliermittel.

Idar-Oberstein: Arbeitsplatz Achatschleife (19. Jahrhundert)

Weitere Informationen vermitteln die Sammlungen des Museums Idar-Oberstein, unterhalb der Felsenkirche (Stadtteil Oberstein). „Ursprünglich einfache Formen: der angeschliffene 'Kabinettstein' (...), der gemugelte 'Broschstein', der in Silber gefaßt und als Schmuck getragen wurde, die 'Krelle', die kleine Kugel, die durchbohrt, mit anderen zusammen zu Halsketten und Rosenkränzen aufgereiht wurde. Knöpfe (...), Petschafte, Degen- und Stockgriffe (...), auch Schreibtischgarnituren, bestehend aus Federschale und Tintenfaß, Schachspiele, Armbänder, Fingerringe, Gürtelschnallen, Kreuze und Zierat für sakrales Gerät, Artikel also, woran Achatschleifer und Goldschmiede Hand in Hand arbeiteten" (Museumsführer), dies alles gehört zur Produktpalette der edelsteinbe- und -verarbeitenden Industrie, die - chronologisch geordnet - im Raum E2 präsentiert wird. Wie außerdem eine Goldschmiedestube um 1850 aussah und welche Arbeitsgeräte damals benutzt wurden, veranschaulicht Raum E3. Darüber hinaus läßt sich ein Einblick in die sozioökonomischen Verhältnisse des Handwerks gewinnen.

Dies gilt auch für die historische Achatschleife Biehl im Fischbachtal bei Herrstein (Asbacher Hütte, Richtung Kempfeld). Sie dokumentiert die technische Ausstattung und Arbeitsweise einer Wasserschleife aus der Mitte des 19. Jahrhunderts.

Im Stadtteil Idar schließlich zeigt das Deutsche Edelsteinmuseum als Leihgaben der ortsansässigen Industrie Edelsteine aus allen Teilen der Welt und Erzeugnisse der heimischen Betriebe (Gravuren, Figuren, Schalen, Schmuckstücke).

i Öffnungszeiten der genannten musealen Einrichtungen: Edelsteinmine Steinkaulenberg (Tel.06781/47400) vom 15. März bis 15. November täglich von 9 bis 17 Uhr; Historische Weiherschleife (Tel.06781/33165) vom 1. März bis 30. November montags bis freitags von 8.30 bis 17.30 Uhr, von Ostern bis Ende Oktober samstags, sonntags und feiertags von 8.30 bis 16.30; Museum Idar-Oberstein (Tel.06781/24619) täglich von 9 bis 18 Uhr; Deutsches Edelsteinmuseum (Tel.06781/4821 und 4822) vom 1. Mai bis 30. September täglich von 9 bis 18 Uhr, ansonsten täglich von 9 bis 17 Uhr (Mitte/Ende Januar drei Wochen geschlossen); Schleife Biehl (Tel.06786/1505) täglich von 9 bis 18 Uhr.

Birkenfeld:
Kleinstaaterei nach dem Wiener Kongreß

„Ich komme dazu, wie jener zu einer Ohrfeige, ich weiß nicht wie. Was soll ich mit den Leuten, und was sollen sie mit mir (...) Es ist doch ein wahrer Spott, mir ein Land jenseits des Rheins anzuweisen, und es macht den klugen Seelenverkäufern in Wien verzweifelt wenig Ehre." Mit diesen Worten soll sich Herzog Peter Friedrich Ludwig wenig begeistert geäußert haben, als ihm im Zuge der Neuordnung Europas auf dem Wiener Kongreß (1815) die Region zwischen Nahe und Hunsrück zugewiesen worden war. Der Vorschlag kam von Preußen, das von der 1816 in Frankfurt am Main tagenden Territorialkommission zur Entschädigung Oldenburgs verpflichtet worden war und seinen Regierungsdirektor Freiherr von Schmitz-Grollenburg mit der konkreten Ausarbeitung betraut hatte.

Die Zusicherung einer Gebietsentschädigung mit 20.000 „Seelen" war dem Herzog von Oldenburg für seine Beteiligung an den Befreiungskriegen gegen Napoleon zugesichert worden. Entgegen seinen Erwartungen, die sich an einen Landzuwachs im Anschluß an sein Territorium, das an die Nordsee grenzte, knüpften, erhielt er ein Gebiet im ehemals französischen Saardepartement, ein Gebiet nördlich der Nahe - 400 km Luftlinie beziehungsweise 200 Postkutschenstunden entfernt von Oldenburg. Erst am 16. April 1817 nahm er nach langem Zögern sein neues Land in Besitz, dem er als oldenburgische Exklave den Namen Fürstentum Birkenfeld gab, und dessen Hauptstadt Birkenfeld wurde. Heinrich von Treitschke erkannte „im Doppelreich(e) Oldenburg - Birkenfeld" eine diplomatische Konstruktion, „wie sie die Phantasie eines Tollhäuslers nicht wundersamer ersinnen konnte."

Auch nachdem die Revolution von 1918 aus dem konstitutionellen Großherzogtum den Freistaat Oldenburg machte, verblieb Birkenfeld - nunmehr als gleichnamiger Landesteil - beim „Mutterland", bis es im Zuge des „Groß-Hamburg-Gesetzes" am 1. April 1937 gegen Wilhelmshaven zusammen mit dem preußischen Restkreis St. Wendel-Baumholder als neuer preußischer Landkreis Birkenfeld im Regierungsbezirk Koblenz aufging.

Rundgang: Museum Birkenfeld, Regierungsgebäude II, Infanteriekaserne, Neues Schloß, Pulverturm.

Vor dem eigentlichen Stadtrundgang sollte das Museum Birkenfeld besucht werden, das in seiner neuzeitlichen Abteilung einen ersten Überblick über die Territorialgeschichte und die Geschichte der oldenburgischen Exklave zu geben vermag. Vom Museum - 1910 als Landesmuseum des Fürstentums Birkenfeld eingeweiht - führt der Rundgang entsprechend seiner thematischen Ausrichtung durch die Friedrich-August-Straße (Großherzog Friedrich-August 1900 bis 1918) zurück in die Schneewiesenstraße und die dort einmündende Schloßallee. In diesem gerne auch als „Regierungsviertel" angesprochenen Teil der Kreisstadt befinden sich aus der Oldenburger Zeit im spätklassizistischen Stil errichtete Verwaltungsgebäude. Zunächst fällt der Blick zur Linken auf das 1912 erbaute ehemalige „Regierungsgebäude II" mit dem schlicht in Sandstein gehaltenen oldenburgischen Wappen über dem Portal. Schräg rechts gegenüber liegt die 1841/42 erbaute Infanteriekaserne der Birkenfelder Garnison, deren breiter, auf drei Pilastern ruhender Architrav ein aufwendig farbig gefaßtes Wappen des Großherzogtums Oldenburg ziert. Das sich einst daran anschließende, 1843 errichtete und durch ein mächtiges Eisentor mit der Kaserne verbundene „Gefangenenhaus" (Gerichtsgefängnis) wurde 1965 unverständlicherweise abgerissen. Gegenüber der Kaserne führt die heutige Schloßallee als Auffahrtsstraße zum erhöht und ursprünglich vor der Hauptstadt gelegenen sogenannten neuen Schloß: Es diente dem Regierungspräsidenten des Fürstentums als ständiger Wohn- und Verwaltungssitz und dem Großherzog als Quartier anläßlich seiner alle drei bis fünf Jahre durchgeführten „Staatsbesuche". Das von dem Frankfurter Architekten Professor Johann Wilhelm Brofft geplante und 1819/21 errichtete „Hauptregierungsgebäude" ist zweigeschossig mit zwei schmalen rückseitigen Flügeln und zwei vorgelagerten alleinstehenden eingeschossigen Nebengebäuden, die ursprünglich die Pedellwohnung sowie Remise und Stallungen beherbergten; sie bilden einen kleinen Ehrenhof. Folgt man schließlich am rechten Nebengebäude vorbei dem Fußweg in die Oldenburger Straße und biegt dann links ab, so gelangt man durch die Straße „Am Pulverturm" zum Pulvertürmchen der ehemaligen oldenburgischen Garnison - 1849 aus Sicherheitsgründen im freien Feld errichtet und noch weit vor der Stadt gelegen.

Birkenfelder „Regierungsviertel": Schloßallee mit Regierungsgebäude (1883)

Feckweiler und Hoppstädten

Als hervorragend erhaltenes technisches Denkmal bietet die Ölmühle im Birkenfelder Stadtteil Feckweiler einen anschaulichen Einblick in eine untergegangene ländliche Wirtschaftsform und Erwerbsquelle.

Das benachbarte Hoppstädten, wo um die Mitte des 19. Jahrhunderts mit 181 Einwohnern die meisten im Fürstentum Birkenfeld ansässigen Juden wohnten, war zugleich Sitz des Großherzoglichen Landesrabbiners. In der Ortsmitte läßt die 1836 eingeweihte und nach dem Kriege zum Wohnhaus umgebaute ehemalige Synagoge noch ihre frühere Funktion erkennen. Der außerhalb des Dorfes gelegene jüdische Friedhof ist mit 168 Grabstellen der größte in der weiteren Umgebung und vermag als bedeutendstes Denkmalensemble jüdischer Geschichte im Kreis Birkenfeld die Stellung der Hoppstädter jüdischen Gemeinde zu dokumentieren.

i Das Museum Birkenfeld (Tel.06782/5772) ist von April bis Oktober sonntags von 10 bis 12 Uhr geöffnet. Die Feckweilerer Ölmühle befindet sich in Privatbesitz; Besichtigungen sind jedoch möglich (Tel.06782/5807).

Literatur:

Landkreis Birkenfeld (Hrsg.): Heimatkalender des Landkreises Birkenfeld, Bd. 1 ff; Birkenfeld 1957 ff.

Kreisjahrbuch mit populären Beiträgen zur Geschichte und Gegenwart, Kultur und Natur des Landkreisgebietes (Jahrgänge 1957 bis 1979 einschließlich der Ausgaben 1926 bis 1936 des Westrichkalenders des Restkreises St. Wendel-Baumholder durch ein 1979 publiziertes Register erschlossen).

Verein für Heimatkunde im Landkreis Birkenfeld (Hrsg.): Mitteilungen des Vereins für Heimatkunde im Landkreis Birkenfeld und der Heimatfreunde Oberstein, Jg. 1 ff; Birkenfeld 1927 ff.

Jahrbuch des Vereins für Heimatkunde im Landkreis Birkenfeld (bis 1983 als Einzelhefte erschienen) mit überwiegend fachwissenschaftlichen Beiträgen zur Geschichte des „Birkenfelder Landes" (Gesamtregister 1927 bis 1976 als Sonderheft 28 der Mitteilungen erschienen).

Kurt Becker (Hrsg.): Heimatchronik des Landkreises Birkenfeld; Köln 1961.

Von mehreren Autoren verfaßte handbuchartige Gesamtdarstellung zur Geschichte des Landkreises, deren besonderer Wert im wirtschafts- und verkehrsgeschichtlichen Teil liegt.

Hans Forster und Horst Silbermann (Hrsg.): Aus der Geschichte des Birkenfelder Raumes unter besonderer Berücksichtigung der Oldenburger Zeit (= Institut für Lehrerfort- und -weiterbildung Mainz, Landeskunde und Unterricht H. 5); Mainz 1991.

Heimatgeschichtliche Handreichung für die Schulen des Landkreises Birkenfeld.

Hugo Klar: Geschichtliche Grundlagen des Landkreises Birkenfeld (= Sonderdruck aus: Die Landkreise in Rheinland-Pfalz, Bd. 7); Birkenfeld 1979.

Handbuchartige Gesamtdarstellung, die einen raschen Überblick in allgemeinverständlicher Sprache ermöglicht.

H. Peter Brandt: Der Landesteil Birkenfeld; in: Albrecht Eckhardt und Heinrich Schmidt (Hrsg.): Geschichte des Landes Oldenburg; Oldenburg 3. Aufl. 1988, S. 591-636.

Auf dem neuesten Stand der Forschung stehender Beitrag, der die Geschichte der oldenburgischen Exklave Birkenfeld von den Anfängen (1817) bis zu deren Aufgehen im preußischen Landkreis Birkenfeld (1937) erstmals zusammenhängend wissenschaftlich darstellt.

Peter Brommer und Werner Knopp: 50 Jahre Kreis Birkenfeld 1937 bis 1987 (= Katalog zur Ausstellung des Landeshauptarchivs Koblenz); Koblenz 1987.

In gedrängter Form wird die Geschichte des Kreises auf wissenschaftlicher Grundlage von den Anfängen bis zum Jubiläumsjahr nachgezeichnet.

Heimatfreunde Oberstein (Hrsg.): Museum Idar-Oberstein unterhalb der Felsenkirche (= Museum o.Nr.); Braunschweig 2. Aufl. 1991.

Nicht nur ein Wegweiser durch die Ausstellungsräume des Hauses, sondern auch ein Abriß zur Geschichte der Stadt sowie zur edelsteinbe- und -verarbeitenden Industrie.

JOHANNES MÖTSCH / MARTIN SCHOEBEL

Landkreis Cochem-Zell

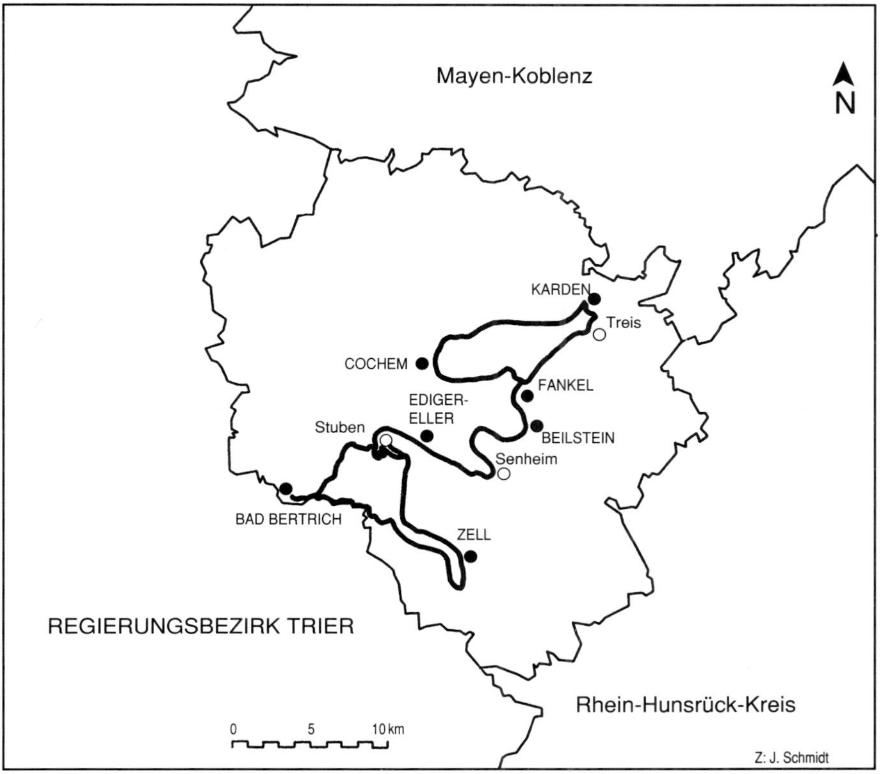

Die zentrale Raumachse des Landkreisgebietes ist die Mosel. Sie war in römischer Zeit die Hauptverkehrsader für den Gütertransport von der Provinzhauptstadt Trier zu den vorgeschobenen Kastellen und Siedlungen entlang des Limes bei Koblenz; Produkte des Moseltals, vor allem Wein, nahmen den umgekehrten Weg. So verwundert es kaum, daß sich bereits in römischer Zeit zahlreiche Handwerker und Weinbauern an der Mosel niederließen und dort Dörfer gründeten. Diese entstanden häufig in unmittelbarer Nähe kultischer Zentren (wie der römische Wallfahrtsort Karden) oder anderer Reiseziele der römischen Oberschicht (so bei den Thermalquellen von Bad Bertrich).

Um 450 brach jedoch die römische Verwaltung im Rheingebiet unter den anstürmenden Germanen zusammen. Die großen Villen auf den Hochebenen der Eifel wurden von ihren Bewohnern verlassen und verfielen, während sich die romanisierte Bevölkerung der Handwerkssiedlungen im Moseltal mit den Franken als neuen Herren arrangierte.

Bereits in spätrömischer Zeit stieß das Christentum an die Mosel vor und verbreitete sich rasch im 5. und 6. Jahrhundert. Dazu trug vor allem die Missionstätigkeit des aus Aquitanien stammenden Priesters Castor bei, der in Karden das geistliche Zentrum seines Missionsgebietes an der unteren Mosel schuf. Von hier aus wurden neue Kirchen gegründet und die schnelle Ausbreitung des Christentums betrieben. Frühchristliche Grabsteine sind in Cochem, Karden, Müden und Moselkern gefunden worden.

Die großen römischen Güter - Staatsdomänen, Legionsländereien, Wälder - fielen in der Zeit der fränkischen Landnahme an den König. Der Umfang des Königsguts läßt sich noch anhand zahlreicher Schenkungen der Merowinger an die Kirche ermessen. Der Merowingerkönig Childebert II. übertrug Ende des 6. Jahrhunderts dem Bistum Verdun Königsland in Müden und auf der anderen Moselseite zwischen dem Beybach und dem Lützbach. Ende des 8. Jahrhunderts schenkten die Karolinger die Königskirche Klotten samt ihrem Zehntbezirk der Benediktinerabtei Stablo-Malmedy. So kann es kaum verwundern, daß sich im Mittelalter ein Großteil der Ländereien des heutigen Kreisgebietes in Kirchenbesitz befand. Alter Besitz der Abtei St. Maximin in Trier ist so für das 10. Jahrhundert im Kardener Hinterland und später auch im Hunsrück belegt.

Die Schenkungen an die Kirche setzten sich auch im 12. Jahrhundert fort. Nun war es der Pfalzgraf Wilhelm, der kurz vor der Mitte des 12. Jahrhunderts das Regularkanonikerstift Springiersbach mit altem Reichsgut ausstattete. Seit etwa 850 erhielten die Aachener Pfalzgrafen im Moselraum Reichsgut als Lehen, auf dem sie ihre Machtposition aufbauten. Bis ins 13. Jahrhundert waren sie die dominierende Kraft in diesem Raum. Auf Reichslehen bauten auch kleinere Grafengeschlechter ihre Herrschaft auf. Die Herren von Braunshorn-Beilstein erhielten 1309 vom König das Gericht Ellenz und Poltersdorf, verloren es jedoch zwei Generationen später an den Trierer Erzbischof.

Die wichtigste politische Kraft an der Mosel war jedoch das Erzstift Trier, das seit dem ausgehenden 13. Jahrhundert seinen Besitzstand zielstrebig zum Territorialstaat ausbaute. Als Kaiser Heinrich II. 1018 den Königshof Koblenz mit Zoll und Münze an das Erzbistum Trier schenkte, entstand am Rhein ein großer Güterkomplex, und das Bestreben der Erzbischöfe sollte sich von nun an darauf richten, in Verbindung mit bedeutenden kirchlichen Zentren wie Karden an der Unter- und Mittelmosel seinen Besitz auszudehnen. Allmählich gelang es Trier dann auch, mit der Übernahme der Burgen Klotten und Cochem 1294 auf dem Weg der Verpfändung die Pfalzgrafen als politische Konkurrenten zurückzudrängen. Durch Erzbischof Balduin von Luxemburg begann dann der Aufbau einer durchorganisierten Verwaltung für das Kurfürstentum. Dreißig Städte wurden in seiner Regierungszeit als Amtsstädte ausgebaut, darunter Cochem und Zell.

Mit dem Ausbau der landesherrlichen Amtsverwaltung ergab sich nicht nur eine stärkere Konzentration bei der Erfassung von Einnahmen und Abgaben. Es lag auch in der Natur der Sache, daß die Amtmänner als Vertreter des Landesherrn seit dem 16. Jahrhundert in steigendem Maße wichtige Rechtsgefälle an das Gericht des Amtssitzes zogen. Vereinzelt fielen diesem Prozeß ältere Gerichte zum Opfer. So bestand in Cochem im Burgfrieden von 1563 ein Gericht, dem die Dörfer Dohr, Weiler und Nehren angehörten. Im 18. Jahrhundert aber ist das Cochemer Stadtgericht für Cochem, Sehl, Ebernach, Faid, Dohr, Nehren und Weiler zuständig und beanspruchte darüber hinaus die Zuständigkeit für weitere Orte.

Die kirchliche Organisation des heutigen Kreisgebietes wurde im wesentlichen von den beiden Zentren in Karden und in Kaimt-Zell bestimmt. Karden war seit dem 10. Jahrhundert Sitz eines Chorbischofs bzw. eines Archidiakons und Kaimt-Zell Sitz eines Landdekans. Diese Zentren gründeten wiederum eigene Pfarreien und sorgten für eine flächendeckende Seelsorge entlang der Untermosel. Im 12. Jahrhundert unterstanden Karden als Mutterpfarrei vier Pfarrkirchen und sechs halbselbständige Pfarrkirchen. Diese Kirchenorganisation wurde im Kreisgebiet auch durch die Reformation nicht verändert, da diese sich kaum durchsetzen konnte. Die Kirche trug zugleich in einem erheblichen Maß zum Wohlstand vieler Moselgemeinden bei. Bis heute prägen noch zahlreiche Fachwerkbauten geistlicher Dignitäre und Klöster, die zum Teil bis ins Mittelalter zurückreichen, das Bild vieler Moseldörfer wie Karden und Ediger-Eller.

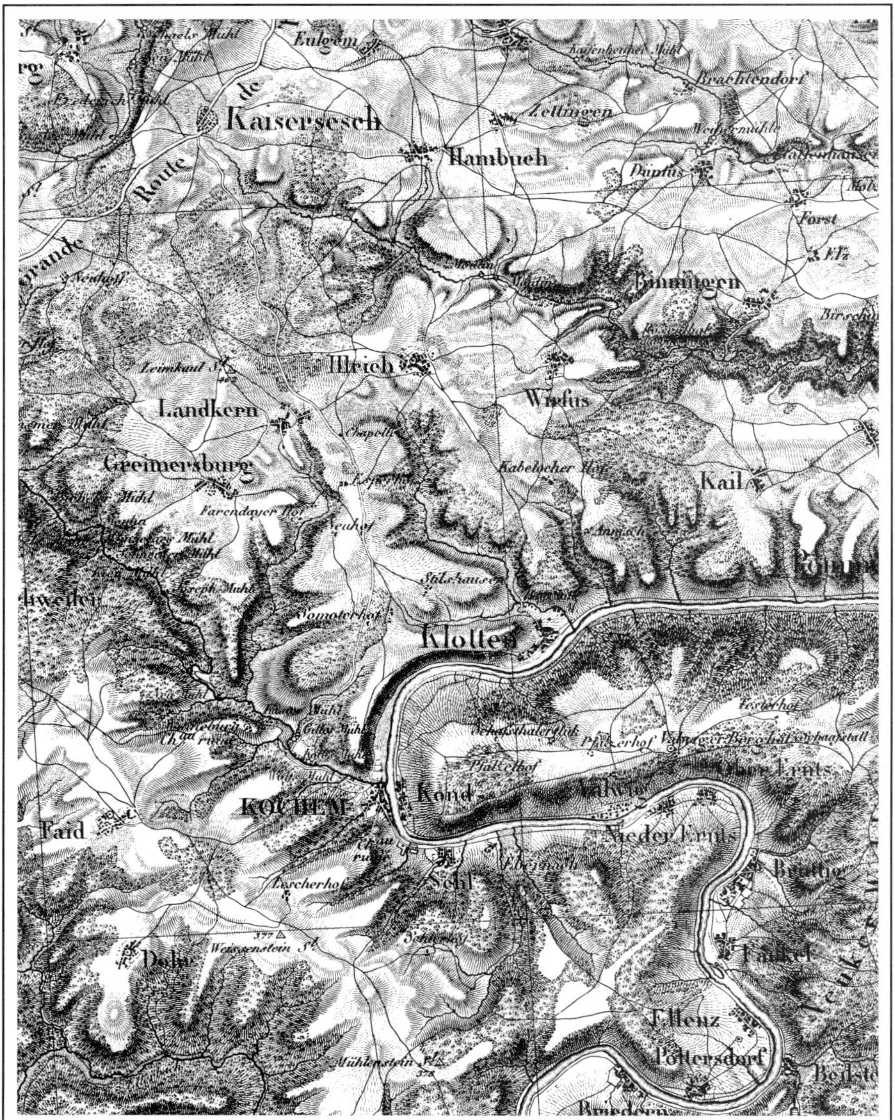

Das Moseltal: Ausschnitt aus der „Carte topographique des Pays compris entre la France, les Pays-Bas et le Rhin 1.100.000" (Blatt Simmern, 1840)

Vervielfältigt mit Genehmigung des Landesvermessungsamtes Rheinland-Pfalz, Kontrollnummer 1/93, durch den Verband der Geschichtslehrer Deutschlands - Landesverband Rheinland-Pfalz

Mit den französischen Revolutionstruppen, die 1794 das Moselgebiet bis zum Rhein hin besetzten, zog dann eine neue Zeit ein. Im Frieden von Lunéville erhielt Frankreich das linke Rheinufer zugesprochen. Bei der Errichtung der französischen Verwaltung kam das Kreisgebiet zum Arrondissement Koblenz im Département Rhin-et-Moselle. Cochem, Lutzerath, Ulmen, Treis, Kaisersesch und Zell wurden Verwaltungssitze der Kantone, die sich wiederum in Mairien unterteilten.

Auf dem Wiener Kongreß fiel das Rheinland an Preußen, das 1816 die beiden Landkreise Cochem und Zell schuf und diese dem Regierungsbezirk Koblenz eingliederte. Im Zug der rheinland-pfälzischen Verwaltungsreform wurden am 7. Juni 1969 die beiden Kreise schließlich fast vollständig zum Landkreis Cochem-Zell zusammengefaßt.

Das neue Wappen, das sich der Kreis aus diesem Anlaß gab, spielt auf die bedeutendsten politischen Kräfte seiner Geschichte an. Im schräglinks geteilten Schild verweist das Balkenkreuz auf Kurtrier, das Hifthorn auf die Herrschaft Braunshorn-Beilstein und der Löwe auf die Pfalzgrafen.

Das Moseltal: Eine historische Weinlandschaft (um 1880)

Bad Bertrich:
Badeort mit römischem Ursprung

Die Thermalquelle des im engen Üßtal gelegenen Bad Bertrich wußten schon die Römer zu schätzen; sie nutzten als erste die 32 Grad warme Wasserquelle und errichteten ein größeres Badegebäude, bei dem sich allmählich eine kleinere Siedlung (Bertriacum) bildete. Die archäologischen Spuren dieses Badebetriebes der römischen Zeit sind vielfältig. Als man beispielsweise 1903 die Quelle neu einfaßte, fand man eine antike Abschlußplatte und das bleierne Steigrohr. Überreste des römischen Thermengebäudes konnten bereits 1881 teilweise an der Stelle des heutigen Badehauses nachgewiesen werden. Die aufwendige Badeanlage mit drei Schwimmbassins, mehreren Einzelzellen und Umkleidekabinen mit Ziegelverkleidung wurde wahrscheinlich mit finanzieller Unterstützung der Provinzialverwaltung in Trier errichtet. Überhaupt profitierte der Ort von der nahegelegenen Provinzhauptstadt, von der zahlreiche "Kurgäste" den Weg ins Üßtal fanden. Im 2. und 3. Jahrhundert blühte hier deshalb auch ein schwungvoller Handel mit Terrakottafigürchen, die die Besucher aus Dankbarkeit für ihre Genesung an den Tempeln der verschiedenen Gottheiten niederlegten.

An diese Vergangenheit als überregional bedeutsames Kur- und Heilbad konnte Bertrich jedoch während des gesamten Mittelalters nicht wieder anknüpfen. Sogar eine kontinuierliche Besiedlung des Ortes bis 1097, der ersten urkundlichen Erwähnung, ist sehr unwahrscheinlich, da archäologische Zeugnisse aus dieser Zeit gänzlich fehlen. Erst mit dem zwischen 1476 und 1487 erfolgten Erwerb durch die Erzbischöfe von Trier setzte allmählich der Badebetrieb wieder ein. Bereits 1481, also noch vor dem endgültigen Besitz aller hiesigen Rechte ließ Kurfürst Johann von Baden den engeren Badekomplex erneuern. Trotz angespannter Finanzlage brachte Kurtrier 16.000 Gulden auf, um die zerfallenen Badegebäude wieder zu errichten.

Bertrich wurde so zum Fürstenbad, das im 16. Jahrhundert zahlreiche Adelsfamilien anzog. 1489 und 1496 hielt sich beispielsweise Johann von Baden längere Zeit in Bad Bertrich auf, und 1533 besuchte der Kölner Erzbischof Hermann das Bad. Auf die Heilkraft des Bertricher Wassers machte zudem Sebastian Münster (1489-1552) in seiner "Cosmographia universalis" ein breiteres Publikum aufmerksam und sorgte damit für einen größeren Bekanntheitsgrad des Eifelbades.

Eine tiefe Zäsur bedeuteten dann der Dreißigjährige Krieg mit seinen großen Menschenverlusten und die zahllosen Pestepidemien. Der Badebetrieb kam fast völlig zum Erliegen. 1657 verkaufte Kurfürst Carl Caspar von der Leyen das

Bad für 320 Gulden an die Gemeinde. Erst am 4. August 1762 verzichtete diese wieder gegen eine jährliche Rente gegenüber Kurfürst Johann Philipp von Walderdorff auf ihre Rechte an dem Bad.

Mit dem Regierungsantritt des letzten Trierer Kurfürsten Clemens Wenzeslaus 1768 begann eine neue Blütezeit, die heute noch an einzelnen Gebäuden abzulesen ist. Auf der Grundlage eines Bebauungsplans wurden zahlreiche Gebäude für den Badebetrieb und die Unterbringung der Badegäste errichtet.

Ein schönes Beispiel der Bauweise dieser Zeit ist das Badehaus. Nachdem verschiedene Baupläne verworfen worden waren, verwirklichte man 1788 den Plan des Baumeisters Andreas Gärtner, der zuvor in Versailles gearbeitet hatte. Die Kosten für das „Badeschlößchen" (jetzt „Kleines Kurhaus") beliefen sich auf 11.000 Taler.

Die französischen Truppen setzten dieser Blütezeit dann ein Ende. Zwar wurde der Badebetrieb unter ihrer wie unter der folgenden preußischen Verwaltung nicht eingestellt, doch verlor Bertrich seinen alten Glanz. Erst in jüngster Zeit gewann Bad Bertrich allmählich seine alte Bedeutung als Badeort wieder zurück.

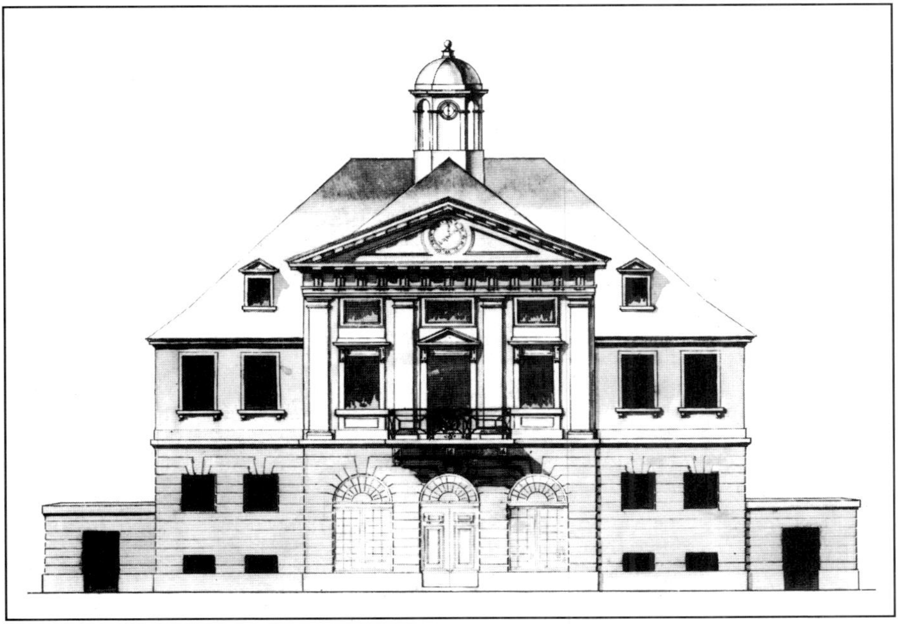

Bad Bertrich: Entwurf des Hofbaumeisters Andreas Gärtner für ein Kurfürstliches Badehaus (jetzt „Kleines Kurhaus")

Karden:
Römischer und mittelalterlicher Wallfahrtsort

Die früheste schriftliche Nennung Kardens verdanken wir dem „Geographen von Ravenna" in der zweiten Hälfte des 5. Jahrhunderts, der von einem „vicus cardena" berichtet. Daß der Ort allerdings wesentlich älter ist, belegen zahlreiche Grabungsfunde, die bis in das erste vorchristliche Jahrhundert zurückreichen.

Die Bewohner des „vicus cardena" waren zumeist Handwerker und Händler, die zwischen dem Brohlbach und der heutigen Maximinstraße siedelten. Sie verdankten ihren wirtschaftlichen Wohlstand einem römischen Heiligtum auf dem Martberg über Karden. Die Anziehungskraft des Heiligtums auf zahlreiche Besucher nutzten auch die vielen Töpfer, die sich in einem südlich an die Handwerkersiedlung angrenzenden Viertel niederließen. Hier sind inzwischen allein 19 Töpferöfen mit Keramik ausgegraben worden. Bemerkenswert sind die gefundenen Terrakottastatuen verschiedener Gottheiten und Orakelhähnchen. Einen Überblick über die Funde bietet das Stiftsmuseum.

Das Christentum konnte sich in Karden bereits in spätrömischer Zeit durchsetzen, als Castor, ein Priester aus Aquitanien, eine erste christliche Gemeinde ins Leben rief. Seine Vita aus dem 13. Jahrhundert berichtet davon, daß er an der Stelle der späteren Pfarrkirche eine Marienkirche gründete, die allerdings bisher durch Grabungen nicht nachgewiesen werden konnte. Umfangreiche Funde frühchristlicher Gräber belegen jedoch diese.

In fränkisch-merowingischer Zeit war Karden Pfarrzentrum eines ausgedehnten Seelsorgesprengels. Die zu seiner Betreuung notwendigen Geistlichen lebten in Karden in einer klösterlichen Gemeinschaft. Aus ihr erwuchs der Konvent des Kastorstiftes. Die Wiederauffindung der Gebeine des hl. Castor um 781 löste zudem zahlreiche Wallfahrten nach Karden aus, so daß bald ein erweiterter Kirchenbau notwendig wurde. Er ist an der Stelle der heutigen Stiftskirche als eine dreischiffige karolingische Basilika nachgewiesen. Am 11. November 836 teilte man jedoch die Reliquien des hl. Castor und überführte den größten Teil in die neu errichtete Kastorkirche nach Koblenz.

Zu Beginn des 10. Jahrhunderts war Karden Sitz eines der fünf Archidiakonate des Erzbistums Trier. Der Propst des Stiftes war in Personalunion zugleich Chorbischof bzw. später Archidiakon. Sein Verwaltungsbezirk erstreckte sich über weite Teile des Kreisgebietes und reichte im Nordosten bis an den Rhein und im Südwesten ebenfalls über die Kreisgrenzen hinaus. Bis zur Aufhebung des Stifts als Folge der Französischen Revolution bestimmte es maßgeblich die Entwicklung des Ortes.

Die zwischen 1183 und 1295 erbaute Stiftskirche St. Kastor, der wohl bedeutendste Sakralbau an der Mosel zwischen Trier und Koblenz, spiegelt eindrucksvoll die Wirtschaftskraft des Stiftes wider. Ende des 18. Jahrhunderts verfügte St. Kastor über eine Viertelmillion Weinstöcke, ausgedehnte Ackerflächen, Wiesen und umfangreiche Waldungen; 53 Orte und 10 Höfe waren dem Stift zehntpflichtig.

Im Umkreis der Stiftsimmunität erbauten bis ins 18. Jahrhundert zahlreiche Adelsgeschlechter des Umlandes repräsentative Häuser. Von dem ehemaligen Gut des Ritters Friedrich Schwan von Cochem ist noch ein gotischer Weinkeller erhalten.

Neben den Adelshäusern prägen vor allem die Gebäude der Stiftsgeistlichkeit das Ortsbild, so das Haus Stiftsstraße 10. Erzbischof Johann von Trier schenkte es 1212 dem Stift. Erbaut hatte es Kanoniker Friedrich. Dieses Haus wurde zunächst Wohn-, später Verwaltungssitz des Propstes. Noch heute weist sein volkstümlicher Name „Chorbisch" auf seine ursprüngliche Bestimmung hin.

Karden: Burghaus aus dem 16. Jahrhundert

Treis

Auf der anderen Moselseite gegenüber Karden liegt Treis mit seiner an der Straße nach Altstrimmig gelegenen Burg. Erzbischof Albero von Montreuil (1131-1152) gewann Treis für das Trierer Erzbistum, und seine Nachfolger besetzten die Burg mit kurtrierischen Burg- und Lehensmännern.

i Das Stiftsmuseum (An St. Castor 10, Tel. 02672/7567) ist von Ostern bis Ende Oktober mittwochs und samstags von 15 bis 17 Uhr sowie an Sonn- und Feiertagen von 10 bis 12 Uhr geöffnet.

Beilstein:
Zentralort einer kleinen Reichsherrschaft

Herrschaft konnte im Mittelalter durch Besitz von Grund und Boden, von Menschen (Leibeigenen) und von Gerichten ausgeübt werden. Durch Sammeln und Bündeln dieser Rechte entstanden während des Hochmittelalters die Territorien, die im Spätmittelalter und in der frühen Neuzeit die Landkarte unseres Raumes geprägt haben.

Einen Vorsprung hatten bei diesem Prozeß die geistlichen Fürsten - etwa der Erzbischof von Trier -, die von den Kaisern und Königen überdurchschnittlich begünstigt wurden. Doch auch weltliche Fürsten und Grafen gelangten zunehmend in den Besitz von Privilegien. In einigen wenigen Fällen ist es dabei auch Edelfreien gelungen, kleine Herrschaften aufzubauen. Beilstein ist der Mittelpunkt einer solchen kleinen Reichsherrschaft.

Die Burg (heute Restaurant) ist erstmals 1268 urkundlich als Lehensbesitz der Herren von Braunshorn belegt. Wenig später verkauften diese ihre gleichnamige Stammburg; fortan war Beilstein Sitz der Familie. Johann Herr von Braunshorn, belegt seit 1284, gestorben 1347, war Hofmeister Kaiser Heinrichs VII. und enger Vertrauter des Erzbischofs Balduin von Trier. Er hat versucht, die ererbten Besitzungen zu einer kleinen Herrschaft zusammenzufügen und Beilstein zu deren Zentrum zu machen.

1309 erlaubte ihm Heinrich VII., unter der Burg Beilstein eine Siedlung anzulegen und diese zu ummauern; darüber hinaus durfte er dort zehn Judenfamilien ansiedeln (und von diesen hohe Abgaben erheben). 1310 gestattete der König die Aufnahme von 40 Bürgern in Beilstein und gewährte dem Ort städtische Freiheiten; diese wurden 1316 von Ludwig dem Bayern bestätigt. Bereits 1313 hatten Johann und seine Frau aus eigenen Mitteln in Beilstein eine Kirche errichtet und diese so ausgestattet, daß sie vom Erzbischof von Trier zur Pfarrkirche erhoben werden konnte. Die Herrschaft des Herrn von Braunshorn verfügte somit über eine ummauerte „Hauptstadt", in deren Pfarrkirche für das Seelenheil des Gründers gebetet wurde und deren Zukunft durch Ansiedlung von 40 Bürger- und 10 Judenfamilien gesichert schien. Noch heute trägt der Ort deutlich spätmittelalterliche Züge.

Durch die geographische Lage waren der Entwicklung Beilsteins aber von Anfang an Grenzen gesetzt. Hinzu kam, daß die Nachfahren Johanns von Braunshorn nicht imstande waren, das Erbe zusammenzuhalten und auszubauen. Beilstein war zwar rechtlich gesehen eine Stadt, hat aber nie städtischen Charakter gewonnen.

Im 17. Jahrhundert fiel die Herrschaft Winneburg-Beilstein an die Reichsfreiherren von Metternich. Diese haben hier ein Karmeliterkloster gestiftet und so dem Ortsbild einen barocken Akzent verliehen. Letzter Inhaber Winneberg-Beilsteins war Clemens Wenzel Fürst von Metternich, der österreichische Staatskanzler.

Beilstein: Mittelpunkt einer der Reichsherrschaften an der mittleren Mosel

Senheim

Auch Senheim, einige Kilometer weiter moselaufwärts gelegen, war im Mittelalter ummauert. Einem Brand im Jahre 1839 fiel der größte Teil des Dorfes zum Opfer. Hervorzuheben ist neben der Kirche die sogenannte Vogtei, ein viergeschossiger adliger Wohnturm des 13. Jahrhunderts.

Zell:
Kurtrierische Amtsstadt an der Mittelmosel

Im späten Mittelalter lösten sich die alten auf Lehensbindungen beruhenden Herrschaften auf, und es entstanden größere selbständige Territorialstaaten mit einer strafferen Verwaltung. Deren lokale Organisationsform war die des Amtes, das auf eine bestimmte Zeit einem Amtmann zur Verwaltung übergeben wurde. Dieser war dem Landesherrn zur Rechenschaft verpflichtet und erhielt für seine Tätigkeit einen finanziellen Ausgleich. Aus der Amtszeit des Trierer Bischofs Balduin von Luxemburg - 1307 bis 1354 - sind für Kurtrier 30 derartige Ämter urkundlich belegt. Zentrum eines Amtes waren in der Regel befestigte Städte oder Orte mit nahegelegenen Burgen, die den Amtmännern als Amtssitz zugewiesen wurden. Die Funktion als Verwaltungszentrum brachte für die Amtsstädte auch wirtschaftliche Vorteile mit sich. Rasch entwickelten sie sich zu regionalen Handelszentren und erlebten im ausgehenden Mittelalter eine Blütezeit.

Ein solches kurtrierisches Verwaltungszentrum an der Mittelmosel war Zell. Die Stadt profitierte bereits früh von ihrer günstigen Lage am Ostrand einer weiten Moselschleife, die hier eine fruchtbare Hochebene das sogenannte Hamm umfloß. Urkundlich wird Zell erstmals 1143 erwähnt.

Um 1220 begann der Bau einer Ortsbefestigung, von der noch zwei (später teilweise umgebaute) Türme erhalten sind: der Pulverturm und Viereckige Turm. Als Stadt erscheint Zell jedoch erst 1332 in einer Urkunde Kaiser Ludwigs IV., die dem Trierer Erzbischof das volle Verfügungsrecht über insgesamt 13 Städte zusichert. Damit wird Kurtrier zugleich erstmals der Besitz der Stadt Zell bestätigt. Zu diesem Zeitpunkt beginnt auch der Ausbau Zells als kurtrierisches Oberamt. Die Erschließung der Zink-, Blei- und Silbererzvorkommen sowie der florierende Weinhandel warfen gute Gewinne für den Landesherrn ab, so daß 1481 in der Nähe des Untertores zur Verwaltung dieser Einkünfte eine kurfüstliche Kellerei errichtet wurde.

Kurfürst Johann II. von Baden (1456-1503) begann in Zell zudem mit dem Bau eines kurfürstlichen Schlosses (heute Hotel). Von der Vollendung des Baus unterrichtet eine rechteckige Tafel mit der Jahreszahl 1543 und dem Wappen des Kurfürsten Johann von Hagen. Sie befindet sich eingelassen in den Nordwestturm, einen der beiden mächtigen achteckigen Türme, die den an die Schloßstraße grenzenden Schloßflügel flankieren. Das Schloß diente den Kurfürsten mehrfach als Wohnung und stand ansonsten dem Amtmann von Zell als Amtssitz zur Verfügung.

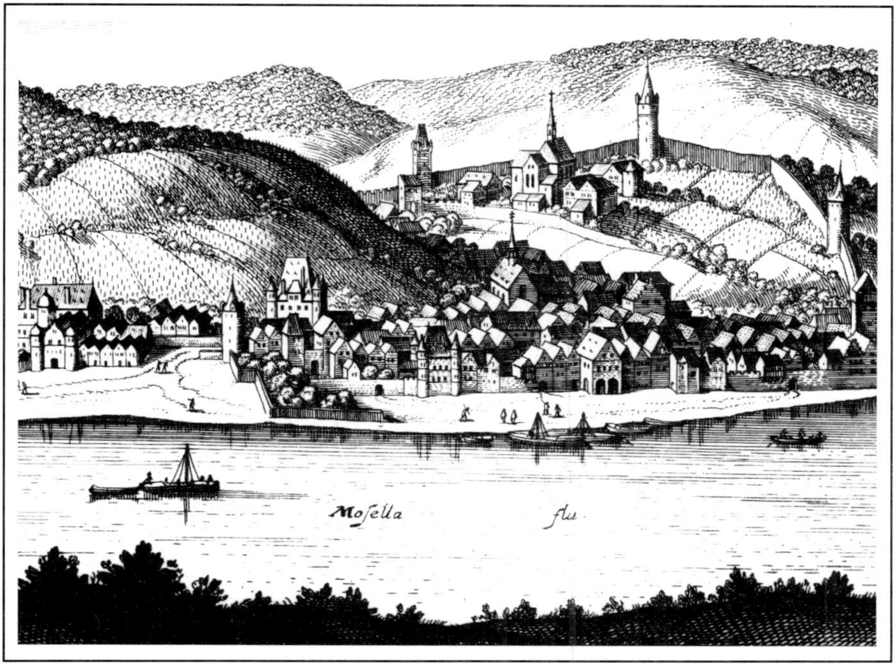

Zell: Sitz eines kurtrierischen Amtmannes

Auch sozial- und geistesgeschichtlich hat die kurtrierische Zeit ihre Spuren hinterlassen: etwa mit der Judengasse und dem Judenturm oder dem Minoritenkloster im Stadtteil Merl, das eine Lateinschule betrieb.

Die lange Phase des politischen und wirtschaftlichen Aufschwungs fand jedoch in den Wirren des Dreißigjährigen Krieges ein jähes Ende. Zwischen 1624 und 1650 wurde die Stadt mehrfach besetzt und geplündert. Die kurfürstliche Kellerei wurde niedergerissen und die Stadtbefestigung weitgehend geschleift. Von diesen Schlägen erholte sich die Stadt nur sehr langsam, und erst im 18. Jahrhundert setzt allmählich wieder eine größere Bautätigkeit ein.

Stuben

Gegenüber von Bremm liegt inmitten von Feldern auf der Moselschleife das 1136 errichtete ehemalige adlige Augustiner-Nonnenkloster Stuben. Bis 1794 wurde hier eine 1204 durch Heinrich von Ulmen während des Vierten Kreuzzuges in Byzanz erworbene Reliquie vom Heiligen Kreuz aufbewahrt, die heute Teil des Limburger Domschatzes ist.

Ediger-Eller: Moselfachwerk in herrschaftlichem und bürgerlichem Ambiente

Die beiden Orte Ediger und Eller, die heute eine Gemeinde (Ediger-Eller) bilden, haben eine über jahrhundertelange gemeinsame Geschichte. Ihre Gemarkungen sind, wie zahlreiche Funde nachweisen, bereits in römischer Zeit besiedelt gewesen. Aus fränkischer Zeit sind mehrere Gräberfelder bekannt.

Die ältesten urkundlichen Zeugnisse stammen aus den Archiven geistlicher Institutionen, die in Ediger und Eller - meist durch Schenkungen - Grundbesitz erwarben, auf dem der für den Gottesdienst benötigte Wein angebaut wurde. Stifte und Klöster, die weiter entfernt lagen, haben ihre Güter und Rechte vielfach später verloren oder aufgegeben; die Höfe der übrigen prägen bis heute die Ortsbilder.

Landesherr beider Orte war der Erzbischof von Trier; der zuständige Amtmann saß in Zell. 1363 gestattete Kaiser Karl IV. dem Trierer Erzbischof Cuno von Falkenstein, dem Dorf Ediger an der Mosel Stadtrechte zu verleihen; von dieser Ermächtigung haben die Erzbischöfe jedoch keinen Gebrauch gemacht. Allerdings erhielt Ediger in der Folgezeit (belegt erst im 15. Jahrhundert) eine aufwendige Ortsbefestigung, von der noch Reste vorhanden sind.

Das Ortsbild der beiden Dörfer wird überragt von den Kirchen. Die in Ediger ist dem heiligen Martin geweiht. Der bestehende spätgotische Bau, eine zweischiffige Hallenkirche, wurde zu Beginn des 16. Jahrhunderts errichtet; er ersetzte eine wohl um 1100 erbaute, dreischiffige romanische Basilika. Die Schlußsteine im Gewölbe zeigen die Wappen des während der Bauzeit regierenden Erzbischofs Jakob von Baden (1503-1511) und der beiden Dompröpste Eberhard von Hohenfels-Reipoltskirchen und Philipp von Kriechingen.

Prägend für das Ortsbild sind bis heute die zahlreichen Fachwerkhäuser (Farbtafel 8), die vielfach bis in das 16. und 17. Jahrhundert zurückgehen. Teilweise handelt es sich um die Höfe der am Ort begüterten geistlichen Institutionen (Dompropstei Trier, Kloster Springiersbach, Kloster Steinfeld); der älteste Profanbau ist das kurfürstliche Hofhaus (Moselweinstraße 13) mit dem Wappen des Erzbischofs Richard von Greiffenklau (1511-1531). Weitere moseltypische Fachwerkhäuser befinden sich in der Moselwein-, Kirch-, Oberbach-, Unterbach-, Rathaus- und Eulenstraße.

Unterhalb von Ediger fällt an der Bundesstraße 49 der Lehmener Turm auf, ein aus dem 13. Jahrhundert stammender ehemaliger Wohnturm der adligen Familie von Lehmen, zu dem ursprünglich eine kleine Siedlung gehörte.

Die Pfarrkirche St. Hilarius in Eller wurde zu Beginn des 18. Jahrhunderts errichtet, wobei Teile eines Vorgängerbaus übernommen wurden.

Die Moselfront des Dorfes wird von der ehemaligen kurfürstlichen Kellerei bestimmt: Teile der Anlage, darunter das Kelterhaus, stammen aus dem 18. Jahrhundert. Auch in Eller gehörten die bedeutendsten Fachwerkbauten früher zu Adels- bzw. Klosterhöfen (Pyrmonter Hof und Aremberger Hof).

Oberhalb von Eller überquert die Eisenbahnstrecke von Trier nach Koblenz auf einer Brücke die Mosel und mündet in den Cochemer Tunnel ein, einen der längsten Eisenbahntunnel Deutschlands. Ausschlaggebend für dessen Bau war die Möglichkeit, dadurch die Moselmäander zwischen Ediger-Eller und Cochem abzuschneiden. Aus demselben Grund folgt die Bahntrasse zwischen Bullay und Trier auch dem Alftal und der Wittlicher Senke, womit zahlreiche Mosel-Ortsbilder vom Bahnbau unbeeinflußt blieben, darunter St. Aldegund oder Alf.

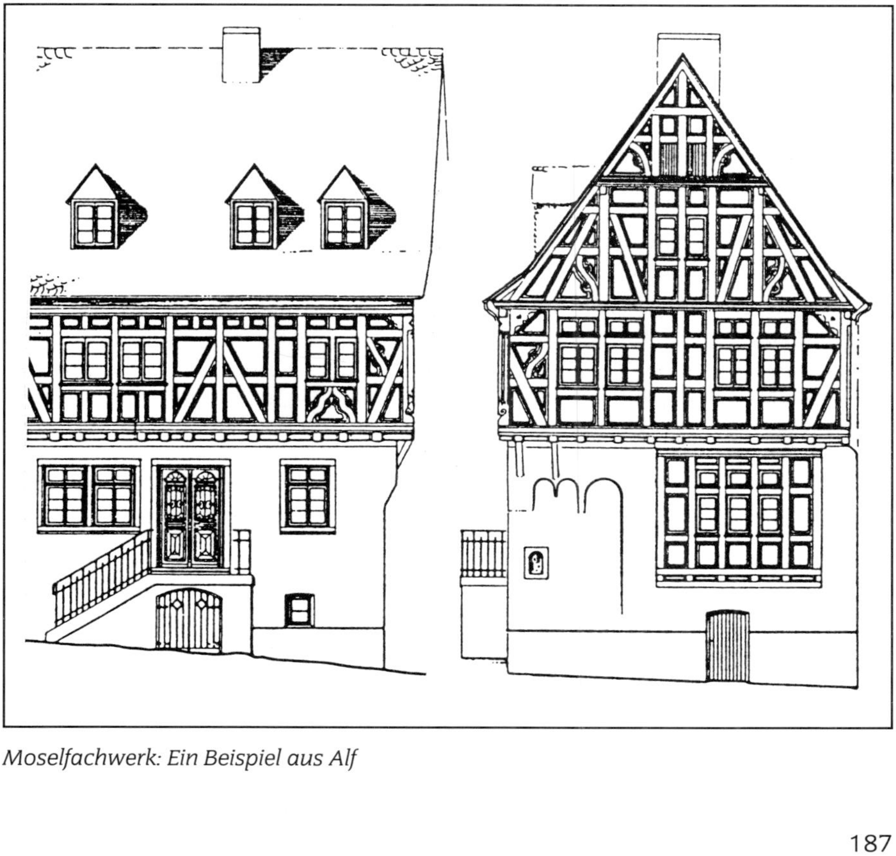

Moselfachwerk: Ein Beispiel aus Alf

Cochem:
Bürgerliche Architektur der Jahrhundertwende

In der zweiten Hälfte des 19. Jahrhunderts rief der Eisenbahnbau entlang der Mosel in vielen der anliegenden Ortschaften einen sozialen Wandel hervor, der sich nachhaltig in den Stadtbildern niederschlug. Zugewanderte Kaufleute und höhere Verwaltungsbeamte sowie durch die neuen Möglichkeiten der Vermarktung zu Wohlstand gekommene Weinhändler begannen zwischen 1860 und 1870 entlang der Eisenbahn am Stadtrand von Cochem mit dem Bau repräsentativer Villen.

Angestoßen wurde diese Entwicklung von einem Berliner Unternehmer, dem Geheimrat Jakob Louis Ravené, der 1868 mit umfangreichen Renovierungsarbeiten an der 1689 fast vollständig zerstörten Cochemer Burg begann. Die von dem früheren Kölner Stadtbaumeister Julius Raschdorff für Palas und Nebengebäude entworfenen Neurenaissancebauten mit spätgotischen Elementen fanden ihr Gegenstück in den im Stil des zeittypischen Historismus erbauten Villen der Bahnhofs- und Ravené-Straße. Ebenfalls von Raschdorff selbst und dem Kreisbaumeister Schmid stammt die 1881/1882 dem Landhausstil der späten Renaissance nachempfundene Villa für den Weinhändler Merzenbach (Nr. 33).

Der eigentliche großbürgerliche Neurenaissancestil setzte jedoch erst um 1900 ein. Inzwischen waren mit dem Weinhandel Vermögen verdient worden, und man wollte seinen neuen Wohlstand auch angemessen darstellen. Ein Beispiel dafür ist der für den Kaufmann Dr. Hausmann errichtete Bruchsteinbau (Nr. 32).

In den folgenden Jahren wurden die Baulücken geschlossen. Daß sich dabei auch öffentliche Bauten unter die repräsentativen Privatgebäude reihten, zeigen das Amtsgericht und besonders die kurz nach 1900 erstellten Bahnhofsgebäude von Hüther und Schunk. Die beiden Architekten, die auch weitere Bahnhöfe entlang der Moselbahn errichteten, wählten für das Empfangsgebäude eine eindrucksvolle Silhouette mit einem asymmetrisch angeordenten Eck-Uhrturm. Damit gestalteten sie das Gebäude optisch zum markanten Abschluß der Ravené-Straße nach Norden.

Nach dem Ausbruch des Ersten Weltkrieges nahm die private Bautätigkeit ab und setzte erst nach 1921 allmählich wieder ein. Die nunmehrige eher sachliche und einfache Bauweise gibt der nördlichen Ravené-Straße jedoch einen eher bescheidenen Charakter. Denn mit dem Kaiserreich und der Inflation, die manches Vermögen vernichtet hatte, war das repräsentative Denken einer großbürgerlichen Gesellschaft untergegangen.

Erhebliche Gebäudeverluste brachten dann die Bombenangriffe auf die Cochemer Eisenbahnanlagen 1943/45; ihnen fiel auch ein Teil der Ravené-Straße zum Opfer. Besonders im Bereich zwischen der Landratsvilla und dem Haus Kehrer wurden zahlreiche Häuser vernichtet oder erheblich beschädigt. Unter ihnen befand sich auch das 1890 von Carl Hilken erbaute „Hotel Stadt Köln", ein verblendeter Ziegelsteinbau mit einem neugotisch wirkenden Eckturm, im Detail aber mit zahlreichen Formen der späten Renaissance.

Die häufig nüchterne und zweckmäßige Bauweise der Nachkriegszeit nahm schließlich weitere Veränderungen an der ursprünglichen Bausubstanz vor. Die Villa Merzenbacher beispielsweise erhielt einen einstöckigen flachen Ladenvorbau, und ihr repräsentatives Erdgeschoß wurde für einen Supermarkt entkernt. Das klassizistische Haus Bremm/Kehrer wurde gar 1975 durch einen Neubau ersetzt.

Heute ist die Ravené-Straße vor allem eine Straße mit zahlreichen Dienstleistungsbetrieben, nur noch zehn Gebäude werden vorwiegend zu Wohnzwecken genutzt. Dennoch läßt sich an vielen Gebäuden noch sehr ausgeprägt das Denken und die Selbstdarstellung des wilhelminischen Bürgertums nachvollziehen.

Cochem, Ravené-Straße: Wilhelminisches Bauen (Beispiele der Neurenaissance und des Heimatstils)

Fankel:
Wasserbautechnische Zeitgeschichte

Im 18. Jahrhundert war an der Saar ein Industrierevier mit Kohlegruben, Eisen- und Stahlfabriken entstanden, das in engen Beziehungen zum angrenzenden Lothringen stand. Mit der Angliederung der Rheinlande an Preußen (1816) gerieten diese Fabriken jedoch in eine Randlage; niedrige Wasserstände der Mosel konnten zudem über mehrere Monate im Jahr die Zufuhr der Rohstoffe vom Rhein und den Absatz der Produkte gefährden. Man hat daher bald alte Pläne einer Moselkanalisierung wieder aufgegriffen. Zunächst versuchte man, durch Ausbaggerungen und Bühnenanlagen eine Fahrrinne zu schaffen, die über das ganze Jahr hinweg die Dampfschiffahrt gewährleisten konnte. 1857 wurde dieses Projekt jedoch eingestellt.

Nach dem Anschluß von Elsaß-Lothringen an das Deutsche Reich (1871) drängte dann die Industrie auf Schaffung einer Schiffahrtsverbindung zwischen dem Kohlerevier an der Ruhr und den Erzlagern in Lothringen. Interessengegensätze zwischen Ruhr und Saar verhinderten aber die Verwirklichung des Projektes.

Noch ungünstigere Rahmenbedingungen brachte dann der Versailler Vertrag: Das Vorhaben ruhte völlig.

1940 wurde Lothringen jedoch erneut an das Deutsche Reich angeschlossen. 1942 begann man in Koblenz mit dem Bau der ersten Mosel-Staustufe; 1944 wurden die Arbeiten eingestellt.

Nach dem Zweiten Weltkrieg begann zunächst Frankreich Pläne für den Ausbau der Mosel zur Schiffahrtsstraße zu entwickeln. Dies fand bald Unterstützung in Luxemburg und in Rheinland-Pfalz, wo sich die Industrie- und Handelskammern Trier und Koblenz sowie die betroffenen Städte und Kreise 1952 zu einer diesbezüglichen Interessengemeinschaft zusammenschlossen. Die Schaffung einer europäischen Montanindustrie nach 1952 brachte dann das Vorhaben weiter der Verwirklichung näher: Frankreich, Luxemburg und die Bundesrepublik Deutschland bildeten eine gemeinsame Kommission zur Klärung aller mit dem Ausbau zusammenhängenden Fragen. Besonders die französische Regierung drängte auf den Abschluß eines Vertrages, der schließlich am 27. Oktober 1956 unterzeichnet wurde. 1958 begannen die Bauarbeiten; am 26. Mai 1964 wurde die Wasserstraße zwischen Koblenz und Thionville eingeweiht.

Laut diesem Vertrag sollte die Mosel zu einer Großschiffahrtsstraße mit einer Wassertiefe von 2,90 und einer Breite von 40 Meter ausgebaut werden. Zu der vorhandenen Schleuse in Koblenz waren weitere 13 Staustufen vorgesehen, die Schiffe bis 1500 Tonnen Tragfähigkeit und Schubverbände bis 170 Metern

Länge aufnehmen konnten. Im Regierungsbezirk Koblenz sind dies die Schleusen Koblenz, Lehmen, Müden, Fankel und St. Aldegund. Hier werden die Schiffe zwischen 6,50 und 7 Metern angehoben beziehungsweise abgesenkt.

Von Anfang an war vorgesehen, die Moselstaustufen auch für die Energiegewinnung zu nutzen; zusammen mit den Schleusen wurden deshalb Wasserkraftwerke gebaut. Bauherr war die Moselkraftwerke GmbH (MKG), eine RWE-Tochtergesellschaft. Die Kraftwerke sind mit Rohrturbinen ausgerüstet, deren Anordnung in Fließrichtung des Wassers mit leichter Neigung gegen die Horizontale es ermöglicht, die Maschinenhallen niedrig zu halten, so daß die Aufbauten das Landschaftsbild nicht wesentlich stören. Ein Vergleich der Staustufe Koblenz mit den später errichteten Kraftwerken macht dies deutlich. Alle Wehre sind zudem mit einer Fischtreppe versehen. Das Treibgut wird an den Kraftwerken durch Rechen dem Fluß entnommen und auf Deponien gebracht; jährlich fallen etwa 15.000 Kubikmeter an.

Die zentrale Schaltwarte befindet sich in Fankel. Von hier wird die gesamte Kraftwerkskette gesteuert. Sie ist als Beispiel von technischer Zeitgeschichte zugleich ein Exempel für einen Interessensausgleich von energie- und verkehrswirtschaftlichen Erfordernissen, den Erwägungen der Landeskultur, Fischerei und des Fremdenverkehrs sowie den Möglichkeiten der Technik.

Staats-Zeitung

STAATSANZEIGER FÜR RHEINLAND-PFALZ

Herausgegeben von der Staatskanzlei im Auftrage der Landesregierung

Verlagsort Koblenz

Ein großes Werk ist vollendet:

Der Ausbau der Mosel zur Großschiffahrtsstraße

Am Dienstag, dem 26. Mai, wird in Anwesenheit des französischen Staatspräsidenten de Gaulle, der Großherzogin von Luxemburg und des Bundespräsidenten Lübke sowie einer großen Zahl von Ehrengästen der neue Moselschiffahrtsweg, der in fünf Jahren ausgebaut worden ist, eingeweiht werden. Diese neue Großschiffahrtsstraße hat nicht nur für Deutschland und Frankreich, sondern sicher auch für die gesamte europäische Wirtschaft Bedeutung, nicht zuletzt auch mit ihren Folgeerscheinungen für unser Land Rheinland-Pfalz. Dieser Bedeutung entsprechend würdigen wir das große Werk heute in einigen Aufsätzen.

Viele Probleme waren zu bewältigen

Verbindung der Ruhrkohle mit dem lothringischen Erz - Wie es zum Ausbau der Moselwasserstraße kam

Von Regierungsdirektor Dr. Kieffer, Staatskanzlei

Beim Bau der Moselwasserstraße handelt es sich um eines der größten technischen Projekte, die in der Bundesrepublik und vielleicht in ganz Europa in den letzten Jahren errichtet wurden. Die technischen Daten sind bekannt: Die Wasserstraße hat zwischen Koblenz und Diedenhofen eine Länge von 270 Kilometern. Dreizehn Staustufen helfen, den Höhenunterschied zu überwinden. In der Schiffahrtsrinne des deutschen Bauabschnitts mußten 9,25 Millionen Kubikmeter Erdmassen, davon 2,3 Millionen Kubikmeter Fels, ausgebaggert werden. Für Geländeaufhöhungen und den Bau von Schutzhäfen mußten weitere sechs Millionen Kubikmeter bewegt werden. Das ganze Projekt wird ohne die Wasserkraftwerke rund 900 Millionen DM beanspruchen, von denen der größere Teil von Frankreich aufgebracht werden muß.

Mainz sowie für die alten Regierungsbezirke Koblenz und Trier in den Städten gleichen Namens. Diese Entwicklung wurde jäh unterbrochen, als die französische Besatzungsmacht die ihr zugewiesene Zone bezog und dort die Militärregierung übernahm. Ihre erste Maßnahme war die Herausnahme des Saargebiets aus dem Bereich des Oberregie-

Bedeutung zu entkleiden und die Saar gleichsam als Modellfall für die Zukunft zu europäisieren. Es kam im Oktober 1954 zu dem bekannten Statut der Saar, das wiederum eine Europäisierung der Saar vorsah. Wesentlicher Punkt der Vereinbarung über das Saarstatut war jetzt allerdings, daß der Saarbevölkerung das Recht eingeräumt wurde, über die Annahme des Statuts zu entscheiden.

Ein Jahr danach lehnte die Saarbevölkerung das Statut mit eindrucksvoller Mehrheit ab und gab damit unzweideutig zu erkennen, daß sie eine echte Lösung der Saarfrage nur in der vollen Rückgliederung an die Bundesrepublik sehen könne. Frankreich zog die Konsequenzen

desrepublik gehört. Es umfaßt 289 Seiten und besitzt damit bereits den Umfang eines Buches. Auf den Vertrag über die Schiffbarmachung der Mosel entfallen 25 Seiten.

Durch den Abschluß der genannten drei Verträge sahen Deutschland und Frankreich die zwischen ihnen bestehenden, aus Kriegs- und Nachkriegszeit herrührenden großen politischen Streitfragen als erledigt an. In beiden Ländern ist man inzwischen über das Konkurrenzdenken, das jahrzehntelang die Auseinandersetzung über die Moselwasserstraße beherrschte, hinausgewachsen. Das Zusammenwachsen des europäischen Wirtschaftsraumes hat es als nur natürlich

„Staatszeitung" vom 24. Mai 1964: „Ein großes Werk ist vollendet"

i Für die Schleuse in Fankel, die besichtigt werden kann, ist das Wasser- und Schiffahrtsamt in Koblenz zuständig (Tel. 0261/9819-0). Ansprechpartner für Besucher der zentralen Schaltwarte Fankel ist die Moselkraftwerke GmbH, Betriebsleitung Bernkastel (Postfach 1368, 5550 Bernkastel-Kues, Tel. 06531/4081). Informationsmaterial über die Kraftwerke an der Mosel mit ihren Zuflüssen steht zur Verfügung; auf Wunsch wird eine Ton-Dia-Schau „Die Mosel und ihre Kraftwerke" (32 Minuten) gezeigt.

Literatur:

Kreisverwaltung Cochem-Zell (Hrsg.): Jahrbuch für den Kreis Cochem-Zell; Bd. 1 ff; 1985 ff.

Beiträge zur Geschichte, Volkskunde, Wirtschaft und Kultur des Kreises.

Landkreis Cochem-Zell (Hrsg.): Mosel-Eifel-Hunsrück, Der Landkreis Cochem Zell, Landschaft-Kultur-Geschichte-Wirtschaft; o.O. 1979.

Interessante und amüsante Beiträge zur Kultur und Geschichte des Kreises.

Kreisverwaltung Cochem-Zell (Hrsg.): Kultur- und naturkundliche Wanderfibel Landkreis Cochem-Zell; Monschau 1991.

Handliche und informative Kreisbeschreibung an hand von ausgewählten Wanderrouten.

Landesarchivverwaltung Rheinland-Pfalz (Hrsg.): Mosel - Fluß und Wasserstraße, Lebensraum; Koblenz 1989.

Anregender kulturlandschaftlicher Ausstellungskatalog.

Hans Vogts (Bearb.): Die Kunstdenkmäler des Kreises Zell an der Mosel (=Die Kunstdenkmäler der Rheinprovinz, Bd. 19,3); Düsseldorf 1938.

Ernst Wackenroder (Bearb.) Die Kunstdenkmäler des Landkreises Cochem (=Die Kunstdenkmäler von Rheinland-Pfalz, Bd. 3); 2 Teile; München 1959.

Ausführliche Beschreibungen der Kulturdenkmäler des Landkreisgebietes.

Rheinischer Verein für Denkmalpflege und Landschaftsschutz (Hrsg.): Rheinische Kunststätten; Heft 40/41: Karden (Neuss 1978); H. 179: Zell an der Mosel mit Kaimt und Merl (Neuss 1975); H. 242: Beilstein an der Mosel (Neuss 1987); H. 317: Stadt Cochem (Neuss 1987).

Reich illustrierte Führungshefte durch die genannten „Rheinischen Kunststätten".

Johannes Mötsch: Regesten des Archivs der Herrschaft Winneburg-Beilstein im Gesamtarchiv der Fürsten von Metternich im Staatlichen Zentralarchiv zu Prag, Urkunden bis 1400 (=Veröffentlichungen der Landesarchivverwaltung Rheinland-Pfalz, Bd. 53); Koblenz 1989.

Prägnante historische Einleitung und Dokumentation aller einschlägigen Urkunden.

Franz-Roman Janssen: Kurtrier in seinen Ämtern vornehmlich im 16. Jahrhundert, Studien zur Entwicklung frühmoderner Staatlichkeit; Bonn 1985.

Gute Studie nach alten Amtbeschreibungen.

Eifelverein (Hrsg.): Bad Bertrich, Einzige Glaubersalztherme Deutschlands, Naturlandschaft - Geschichte - Der Kur- und Badeort; Trier 1988.

Umfangreicher Führer mit guten Aufsätzen zur Geschichte und Kunstgeschichte.

Reinhold Schommers: Bürgerliche Architektur der Jahrhundertwende in Cochem (1870-1914); in: Landeskundliche Vierteljahrsblätter 33 (1987), S. 57-76.

Detaillierte Beschreibung der Cochemer Ravené-Straße mit zahlreichen Fotos und Abbildungen alter Baupläne.

FERDINAND HEINZBERGER

Landkreis Ahrweiler

„Niemand wird behaupten, daß das Gebiet des Kreises unmittelbar geschlossen sei, einen sichtbaren landschaftlichen Zusammenhang bilde mit einem in der Mitte gelegenen, verbindenden Anziehungspunkt für alle Bewohner und mit schirmenden Grenzen um ein wirtschaftlich nutzbares, agrarisch wertvolles Land. Der trotzdem bestehende Zusammenhang beruht eher darauf, daß es zwischen zwei solchen auf sich konzentrierten Räumen liegt, und daß dieser Zwischenraum so groß und die Absonderung so deutlich ist, daß sich trotz spürbaren, inneren, landschaftlichen Zersplitterung eine neue, andersartige Zusammengehörigkeit bilden konnte." (Otto Kleemann)

Der geographischen Zersplitterung und Uneinheitlichkeit der wirtschaftlichen Verhältnisse entsprach für lange Zeit die politische; ein spätes Zeugnis dafür legt das Kreiswappen ab. Es wurde dem Landkreis Ahrweiler 1927 vom Preußischen Staatsministerium verliehen und dokumentiert in seinem Geviert die einstmals bestimmenden Herrschaftsmächte: Der schwarze, rot bewehrte Adler im goldenen Feld stellt das Wappen der Grafen von Are dar, die - vermutlich als Nachfahren der karolingischen Ahrgaugrafen - das Land rechts und links der Ahr im 11. bis 13. Jahrhundert beherrschten; den Namen tragen sie von ihrer Stammburg Are oberhalb von Altenahr. Das heraldische Sinnbild Kurkölns, das schwarze Kreuz in Silber, teilt das Wappen mit anderen Landkreisen und Städten (zum Beispiel Bonn) auf ehemals kurkölnischem Territorium. Die Kölner Erzbischöfe hatten sukzessiv den südwestlichen Teil des heutigen Landkreises erworben: 1246 gelangte das Erbe des letzten Grafen von Are-Hochstaden an das Erzstift Köln; 1290 besaß es endgültig auch die Grafschaft Nürburg. Die Ämter Altenahr (später Ahrweiler) und Nürburg (seit Zerstörung der Burg 1689 dann Adenau) blieben weit über 500 Jahre in der Oberhoheit Kurkölns. Der östliche Teil des Landkreises bis zur Rheingrenze (mit den Ämtern Neuenahr, Sinzig, Remagen) hatten dagegen ab dem 13. Jahrhundert - in erbitterter Rivalität mit Kurköln - schließlich die Herzöge von Jülich erworben: Ihr Symbol ist der schwarze, rot bewehrte Löwe im goldenen Wappenfeld. Die Landesherrschaft Jülich gelangte 1614 - zusammen mit ihren südlichen Enklaven - an die neuburg-pfälzischen Wittelsbacher (später Kurpfalz).

Die alten Landesherrschaften, neben den genannten drei noch über zehn kleinere bis kleinste - von Freiherren und Reichsrittern -, was eine starke territoriale Zersplitterung in dieser Region zur Folge hatte, endeten völkerrechtlich durch den Vertrag von Lunéville 1801, faktisch schon sieben Jahre früher infolge der Besetzung durch französische Revolutionsheere. Ihre ehemaligen Untertanen teilten in der „Franzosenzeit" das Schicksal des gesamten linken Rheinufers. Organisatorisch gehörte das Gebiet seit 1801 mit seinen Kantonshauptorten

Adenau, Ahrweiler, Remagen u.a. zum Département „Rhin-et-Moselle", Arrondissement Bonn. Die so geschaffene einheitliche Struktur wies in die Zukunft; ansonsten hinterließ diese kurze, von der Bevölkerung mit gemischten Gefühlen hingenommene Herrschaft verständlicherweise keine Symbole im Wappen, wohl aber die darauffolgende: Nach dem Besitzergreifungspatent des preußischen Königs Friedrich Wilhelm III. über die rheinischen Lande, legitimiert durch den Wiener Kongreß, erfolgte im April 1816 die Errichtung zweier neuer preußischer Provinzen, später zusammen die „Rheinprovinz" genannt. Deren heraldisches Symbol - ein silbener gewellter Schrägbalken in Grün - belegt das vierte Feld des Kreiswappens.

Die „Geburtsstunde" des Landkreises läßt sich auf den 14. Mai 1816 datieren, als im Amtsblatt der „Königlichen Regierung zu Coblenz" die Einteilung der neuen Kreise veröffentlicht wurde, unter ihnen - noch getrennt - Ahrweiler (wozu 1818 noch das „Breisiger Ländchen" geschlagen wurde) und Adenau. Diese fanden erst 1932 wieder zueinander, als der Kreis Ahrweiler Rechtsnachfolger des aufgelösten Kreises Adenau wurde, dafür aber u.a. das Amt Kempenich an Mayen abtreten mußte. Nichts scheint freilich weniger dauerhaften Bestand zu haben als neu gezogene Kreisgrenzen: Kempenich und andere Gemeinden gelangten 1970 wieder zu Ahrweiler, als der Kreis Mayen neu strukturiert wurde.

Von Anbeginn gehörte der Landkreis zum Regierungsbezirk Koblenz; dessen politisches Schicksal wurde auch für den Kreis in der Zeit nach 1945 bestimmend: im März 1945 nach der überraschenden Eroberung der noch intakten Brücke von Remagen Besetzung durch amerikanische Truppen, im Juli Übernahme durch die Franzosen.

1956 schien die Landesbildung noch einmal in Frage gestellt: Das aufgrund des Grundgesetzes (Artikel 29) zugelassene Volksbegehren über eine Angliederung der Regierungsbezirke Trier und Koblenz an Nordrhein-Westfalen erreichte zwar das erforderliche Quorum. Historische Argumente (die alte Bindung an Kurköln), vor allem aber wirtschaftliche Gesichtspunkte erbrachten jedoch bei dem 1975 durchgeführten Volksentscheid eine vergleichsweise hohe, aber in keiner Landkreisgemeinde mehrheitliche Stimmenzahl für eine Angliederung. Die inzwischen deutlich gewordene normative Kraft des Faktischen hatte die Kreisbewohner zu der Einsicht gebracht, daß die Landesgrenze mit der traditionellen wirtschaftlichen und kulturellen Ausrichtung auf den Köln-Bonner Raum nicht unbedingt im Widerspruch steht.

Inwieweit freilich in Zukunft durch die Bundestagsentscheidung von 1991 für Berlin als Sitz von Parlament und Regierung diese Raumorientierung gemindert wird, bleibt abzuwarten.

Ahrweiler: Lebensstil in der römischen Provinz

Römer und romanisierte Provinzialen haben zahlreiche Spuren im unteren Ahrtal und am Rhein zwischen Andernach und Bonn hinterlassen. Hier führte die römische Rheinuferstraße entlang, gesichert durch Kastelle, wie zum Beispiel in Remagen (Rigomagus), und Standort von handwerklichen Produktionsstätten. Das untere Ahrtal scheint wegen seines angenehmen Klimas von römischen Truppenkommandeuren und Provinzbeamten aus dem Bonner Raum bevorzugt worden zu sein.

Einen Einblick in diese Zeit gibt die Silberberg-Villa nordwestlich des Stadtbereiches von Ahrweiler. Vor ihrer Entdeckung beim Ausbau der B 267 im Frühjahr 1980 waren schon vier Villenkomplexe innerhalb der Gemarkung Ahrweiler bekannt; man vermutet zudem noch weitere am Fuß der Weinberghänge im Norden der Stadt. Die Sensation der Silberberg-Villa wird indessen kaum ein weiterer Fund übertreffen können: Bis zu 1,50 Meter aufgehendes Mauerwerk, gut erhaltene Estrichböden, Ausmalung der Räume in ihrer Sockelzone und weitgehend intakte Hypokaustanlagen (Boden- und Wandheizung) vermitteln den Eindruck, durch wirkliche römische Wohnräume gehen zu können. Der Grund für diesen erstaunlichen Erhaltungszustand ist im Prinzip derselbe wie in Pompeji, nur weniger dramatisch: Wohl schon kurz nach Auflassung des gesamten Gebäudekomplexes Anfang des 5. Jahrhunderts deckte der Silberberg mit seinen Hangrutschungen alle Teile mit einer bis zu 4 Meter dicken Hangschuttschicht zu, - keine Chance mehr also für spätere Ansiedler, die Villa - wie sonst üblich - als Steinbruch zu benutzen.

Die Bau- und Nutzungsgeschichte der Villa spiegelt die allgemeine Geschichte der Region in römischer Zeit wider. Der Feldherr Agrippa gestattete 38 v.Chr. den germanischen Ubiern, ihre Wohnsitze vom rechten auf das linke Rheinufer zu verlagern ; so siedelten sie auch im Gebiet der Eburonen nördlich des Vinxtbaches, die Caesar 53 v.Chr. unterworfen und nach einem Aufstand völlig vernichtet hatte. Die linksrheinische Region wurde nach Beschränkung auf die Rheingrenze erstaunlich schnell romanisiert: Das ausgegrabene große Herrenhaus hatte an derselben Stelle einen kleineren Vorgängerbau aus der ersten Hälfte des 1. Jahrhunderts n. Chr.

Nach dem gescheiterten Treverer- und Bataveraufstand 69/70 und mit der Einrichtung der Provinz „Germania Inferior" (die Vinxtbachmündung bildete die Grenze zu Obergermanien; auf der gegenüberliegenden Rheinseite begann der Limes) kehrten für rund zweieinhalb Jahrhunderte politische und wirtschaftliche Stabilität in die belgisch-germanischen Provinzen ein. Dies läßt sich an Hand der Silberberg-Villa belegen: „Haus I" wurde abgerissen, der Boden planiert (der Keller des ersten Hauses wurde verfüllt), um darüber die große „Villa urbana" („Haus II") zu errichten . Sie diente vermutlich einem römischen Beamten oder höher gestellten romanisierten Provinzialen als Sommersitz.

Die ersten Germaneneinfälle und die Rücknahme der Grenze vom obergermanischen Limes zum Rhein bedeuteten den nächsten Einschnitt zugleich in der Geschichte des Landes wie des Gebäudekomplexes: Wohl unter dem Eindruck der Bedrohung verließen um 260 die Bewohner das Haus, das danach durch Brand leicht beschädigt wurde. Die Lage stabilisierte sich zwar, aber mit dem allgemeinen Wohlstand war es vorbei: Ende des 3. Jahrhunderts wurde das Haus durch Aufteilung in kleinere Räume, Schaffung neuer Eingänge und Einbau einer großen Küche wohl zu einer Art Herberge oder Hospiz umfunktioniert. Die Nutzung des „Hauses III" erstreckte sich bis zur Mitte des 4. Jahrhunderts. Jetzt wurden die Zeiten jedoch erneut unsicher (355 plündern die Franken Köln, und das Haus wird jetzt entgültig verlassen).

Unter Kaiser Julian und der folgenden valentinianischen Dynastie (364-383), die ihren Sitz in Trier nahm, konnte dann allerdings noch einmal die Rheingrenze erneuert werden. In dieser letzten Blütezeit kehrte auch wieder Leben an den Siedlungsplatz zurück. Das ruinöse Gebäude wird jetzt freilich nur noch als Arbeitsstätte genutzt: Eine Vielzahl von kleineren Öfen mit aufgefundenen Werkzeugen deuten auf eine Metallschmelze. Mit dem Abzug römischer Truppen vom Rhein (401) oder kurz danach endet auch diese letzte Nutzungsphase des Hauses; wenig später fließt Hangschutt über die Anlage. Die Nutzung des Platzes war freilich nicht zu Ende: Südwestlich des Gebäudes fand man einen fränkischen Friedhof mit frühchristlichen Körpergräbern aus dem 8./9. Jahrhundert; auch sie waren von dem stetig nachrutschenden Berg zugedeckt worden.

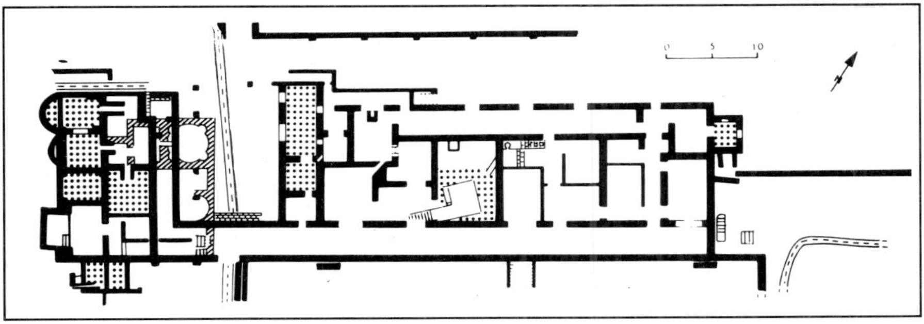

Ahrweiler, Silberberg-Villa: Wohnstil der provinzialrömischen Oberschicht

i Das über den Ausgrabungen errichtete Museum „Römervilla am Silberberg" (Tel. 02641/5311) ist ab Ende Mai 1993 dienstags bis samstags von 10 bis 17 Uhr und sonntags von 13 bis 17 Uhr geöffnet.

Ahrweiler:
Kurkölnisches Mittelzentrum

Innerhalb des kurkölnischen Territoriums hat Ahrweiler im späten Mittelalter und der frühen Neuzeit die Rolle eines Mittelzentrums gespielt. Dies drückt sich vor allem im Stadtkern aus, dessen teilweise erhaltene Ummauerung von der Mitte des 13. bis zur Mitte des 15. Jahrhunderts entstanden ist.

Die Namensendung „-weiler" - über das fränkische „villare" wohl von lat.: „villa" abgeleitet - deutet auf sehr frühe Besiedlung hin. Urkundlich zum ersten Mal erwähnt wird das kleine Winzer- und Bauerndorf „Arruuilre" in einem Güterverzeichnis des Klosters Prüm aus dem Jahre 893. Dieses Kloster blieb bis zur Franzosenzeit Grund-, Gerichts-, Markt-, Kirchen- und Schulherr in Ahrweiler, freilich im Laufe der Zeit in ständig schwindendem Maße. Die Herrschaft über das Dorf hatten sich nämlich schon früh die Grafen von Are als erbliche Schirmvögte des Klosterbesitzes angeeignet. Weil die Grafen zur Welfenpartei übergewechselt waren, wurde „Arwilre" 1242 von den Rittern der Stauferburg Landskron niedergebrannt. Aber der Kölner Erzbischof Konrad von Are-Hochstaden als Erbe der Grafschaft ließ die Bewohner ihre Häuser an heutiger Stelle (die alte Siedlung lag einige hundert Meter östlich) wieder aufbauen und gab dem neuen Ort die Stadtrechte (die urkundliche Bestätigung datiert aus dem Jahr 1248). Nun wird Ahrweiler regelmäßig „oppidum" genannt, besitzt ein eigenes Siegel und genießt die vier M-Rechte (Mauer, Markt, Münze, Maut), das Recht der Selbstverwaltung mit Stadtrat, Bürgermeister, Bürgerschaftsvertretung, städtischen Beamten und spielt als Sitz zahlreicher Ritterfamilien (es gab zwölf Adelshöfe in der Gemarkung) eine wichtige Rolle.

Auf das 14. Jahrhundert gehen dann die Anfänge handwerklicher Zusammenschlüsse zurück (darunter als eine der ältesten dieser Art im Rheinland die „Faßbinder-Bruderschaft"). Um 1400 treten die „Sebastianus-Bürgerschützen" auf, die bis heute ihre historischen Umzüge bewahrt haben. Aus etwa derselben Zeit ist die bemerkenswerte Einteilung der Stadt in vier „Huten" als feste Einrichtung bekannt. Die Bewohner dieser „Stadtviertel" - dazu gehörten noch die „auswendigen" Bewohner von Bachem, Walporzheim, Marienthal und den beiden Wüstungen Girenzheim und Giesenhoven - wurden bis in die Neuzeit unter anderem zu Verteidigungsaufgaben herangezogen und steuerlich gesondert erfaßt. Jede Hute besaß ein eigenes Backhaus („Backes") und pflegte ein spezielles Brauchtum. Die Hutennamen sind heute noch in Straßenbezeichnungen abzulesen (etwa „Adenbachhutstraße").

Im späten Mittelalter gelangte die Stadt als eine der wichtigsten kurkölnischen Städte (neben Bonn, Neuß, Andernach) zu beachtlichem Wohlstand. Besonders einschneidend wirkte sich dann jedoch der Pfälzische Erbfolgekrieg aus.

Weitere grundlegende Veränderungen brachte die Französische Revolution: Im Oktober 1794 ziehen französische Revolutionsheere ein. Ahrweiler bleibt bis 1814 Kantonhauptort und übernimmt 1816 die Rolle einer preußischen Kreishauptstadt. Auch im neuen Bundesland Rheinland-Pfalz bewahrt Ahrweiler diese Funktion, wird aber 1969 mit dem benachbarten, jedoch infolge der historischen Entwicklung völlig andersartigen Bad Neuenahr zu einer Gemeinde zusammengelegt.

Der alte Stadtkern, in den letzten Jahren durch Fußgängerzonen und die Neugestaltung des Marktplatzes optisch aufgewertet, gibt noch einen facettenreichen Eindruck des ehemaligen kurkölnischen Mittelzentrums und späteren preußischen Kreissitzes:

Pfarrkirche St. Laurentius: erste frühgotische Hallenkirche im Rheinland; erbaut 1269 bis 1300;
„Weißer Turm": auf romanischen Fundamenten errichtetes dreigeschossiges gotisches Turmhaus des 14./15. Jahrhunderts, ursprünglich mit gotischem Spitzturm, um 1663 durch eine italienische Barockhaube mit laternenartigem Aufsatz ersetzt;
Ehemaliges Hotel „Deutscher Hof" (Johannes Müller-Straße 1): ältestes Fachwerkhaus Ahrweilers (1581);
Kolwen-Hof: ursprünglicher Renaissance-Charakter von 1587 noch an der Hausfassade zur Adenbachhutstraße erkennbar; Turm und Gebäude bei der Renovierung 1902 im neugotischen Stil umgestaltet;
Wolffsches Haus (Niederhutstraße): schönster, 1621 errichteter Fachwerkbau der Stadt mit Erker und Barockhaube; ursprünglich gehörte noch der Ostflügel dazu;
Altes Rathaus (Marktplatz): zweigeschossiger Spätrokokobau (um 1780) mit Mansarddach und gebrochenem Giebel; über dem Eingang der Schmalseite reicher Trophäenaufbau mit Stadtwappen; der Schlußstein mit Stadtwappen und der Jahreszahl 1566 über dem zweiten Eingang stammt vermutlich von einem an dieser Stelle stehenden 1689 zerstörten Vorgängerbau;
Bahnhof Ahrweiler: neugotischer Bau, Grundsteinlegung 1879, Eröffnung 1880;
Synagoge (Altenbaustraße, gegenüber dem „Weißen Turm"): einzige im Landkreis erhaltene Synagoge von 1894; erbaut im „maurischen Stil", heute als kulturelle Stätte genutzt.

Ahrweiler: Im Stadtkern (Niederhutstraße, um 1880)

i Das Ahrgau-Museum Ahrweiler (Altenbaustraße 5, Tel.02641/34583) ist von Mai bis Oktober dienstags und freitags jeweils von 10 bis 12 und 14 bis 17 Uhr sowie sonntags von 10 bis 12 Uhr geöffnet.

Gelsdorf, Altenahr, Adenau, Königsfeld, Sinzig, Remagen: Modifikationen städtischer Entfaltung

Kurköln und Jülich von Norden, Kurtrier von Süden - in diesem Kraftfeld, das im Mittelalter bis in die Neuzeit hinein wirksam war, gelang es keiner der kleineren Herrschaften im heutigen Landkreisgebiet, eine überregionale Bedeutung zu erlangen. Dem im 13. Jahrhundert aufstrebenden Bürgertum einzelner Ortschaften sollte es nicht besser ergehen. So ist es zu erklären, daß Stadtwerdungsprozesse teils frühzeitig wieder zum Stillstand gebracht wurden, teils in rückläufige Entwicklungen mündeten. Ungünstige wirtschaftliche Faktoren kamen meist hinzu. Relativ viele Orte - mit Ausnahme allein von Ahrweiler und weniger deutlich von Sinzig - erreichten nur die Stufe eines „gefreiten Dorfes".

Gelsdorf bietet ein gutes Beispiel eines „gefreiten Dorfes". Die Kirche des Rodungsdorfes „Gefwaldasthorp" wird 877 urkundlich erwähnt. Die weitere Entwicklung erreichte 1359 mit der Stadtrechtsverleihung durch Kaiser Karl IV. ihren Höhepunkt. Trotz Mauern und Wassergräben (der Dorfgraben ist noch gut zu erkennen, weniger der Außengraben seit der Überbauung in den letzten Jahrzehnten) blieb Gelsdorf jedoch auf der Stufe eines Dorfes stehen. Gegen die Lehnsherrschaft Kurkölns setzte sich allerdings im Laufe des 16. Jahrhunderts eine unabhängige „Herrschaft Gelsdorf" durch. 1763 erwarb der kurkölnische Geheime Rat von Gruben diese Herrschaft einschließlich der mittelalterlichen Burg, legte diese nieder und errichtete an gleicher Stelle ein standesgemäßes Residenzschloß.

Altenahr entwickelte sich mit der im 12. Jahrhundert erbauten Stammburg der Are-Grafen. Wahrscheinlich waren Burg und Siedlung von einer gemeinsamen Mauer umschlossen, doch verblieb Altenahr im Rechtsstatus eines besser gestellten Dorfes.

Adenau, dessen Keimzelle ein Herrenhof der Grafen von Are-Nürburg bildete, wurde 1816 zur Kreisstadt erhoben und erscheint damit zugleich auch formal als Stadt. Dabei hatte Adenau bereits im Mittelalter viele Stadtmerkmale vorzuweisen: Befestigung, Märkte, eine Bürgerschaftsvertretung. 1647 wird es als „Flecken und Freiheit" bezeichnet, und nach der Zerstörung der Nürburg 1689 wurde der Sitz des gleichnamigen kurkölnischen Amtes nach Adenau verlegt. Erhalten ist der zweigeschossige Barockbau der Johanniterkommende (von 1743); die Johanniter hatten hier schon im 12. Jahrhundert den gräflichen Herrenhof der Are-Nürburg-Grafen erworben, eine der frühesten Besitzungen des Ordens im Rheinland.

Königsfeld, der Name deutet auf Reichsbesitz hin. In der Tat verblieb Königsfeld - anders als der ursprünglich rechts von der Ahr bis zum Rhein sich erstreckende Reichsbesitz - noch bis ins 13. Jahrhundert königliches Lehen. 1336 erhielt Königsfeld sogar von Kaiser Ludwig dem Bayer die Stadtrechte nach Frankfurter Vorbild, konnte sie jedoch nicht umsetzen.

Sinzig, erst römisches Dorf („vicus"), dann fränkische Königspfalz („Palatium Sentiacum"), war später Mittelpunkt eines Reichsgutsbezirks von erheblichem Ausmaß („Sinziger Reich"). Der Ritter Gerhard von Sinzig wird Burggraf der 1206 errichteten Staufenburg Landskrone; die vielen privilegierten Höfe adliger Ritter, die die Nähe zum Kaiser suchten, sollte Sinzig die Bezeichnung „Wiege des rheinischen Adels" einbringen. 1225/1241 wurde die Kirche St. Peter im staufischen Übergangsstil erbaut. Die verkehrsgünstige Lage am Rhein (von Sinzig ging im Mittelalter die Krönungs-, Heer-, Handels- und Pilgerstraße nach Aachen aus) brachte aber auch strategische Nachteile: Mit dem Ende der Staufer mußten sich die Bewohner den Einflußversuchen der Kölner Erzbischöfe und der Herzöge von Jülich erwehren. 1267 erhielt Sinzig zwar die Stadtrechte, aber ihre konkrete Ausgestaltung konnte nur mühsam dem jeweiligen „Sieger" in diesem Dauerstreit abgerungen werden. Wie wechselhaft dabei die Verhältnisse waren, mag daraus ersichtlich werden, daß die Einwohner Sinzigs im 14. Jahrhundert an die zwanzig Mal ihren Landesherrn wechselten, bis sich endlich Jülich durchsetzte. In dieser Zeit entstand auch die Burg der Herzöge von Jülich-Kleve-Berg in Sinzig; sie wurde 1688 zerstört. Das auf ihren Grundmauern 1854/58 errichtete neugotischschloßartige Gebäude ist heute Sitz der Stadtverwaltung und des Heimatmuseums.

Eine völlig andersartige Entwicklung weist Remagen auf. Hier gehen die Ursprünge zurück auf eine spätantike befestigte Stadt mit einem wehrhaften römischen Kastell als Mittelpunkt („Rigomagus"). Fränkische Könige machten Remagen zum Zentrum eines ausgedehnten Fiskalbezirkes, aber es verlor schon bald seine Rolle an die Königspfalz Sinzig. Zwar besaß Remagen seit dem 11. Jahrhundert eine eigene Münzprägung, führte auch ab 1221 ein Stadtsiegel, doch Stadtentwicklung und wirtschaftliche Bedeutung hinkten dem Anspruch einer „freien Stadt Remagen" hinterher. Dies erklärt, warum erst 1357 Kaiser Karl IV. dem „Dorf Remagen", wie es in der Urkunde heißt, das Recht zur Befestigung verlieh. Ähnlich wie Sinzig geriet es jedoch in dem folgenden Jahrhundert zum Streitobjekt zwischen Kurköln und Jülich; auch hier blieb Jülich Sieger. Als Landstadt des Herzogtums erlangte Remagen nun freilich keine größere Bedeutung mehr. Remagen verdient jedoch nicht nur unter stadtrechtsgeschichtlichen Aspekten Beachtung. Besonders eindrucksvoll kommt hier auch der Geist des 19. Jahrhunderts zum Ausdruck: in der 1839/43 errichteten Wallfahrtskirche St. Apollinaris, einem der Hauptwerke der deutschen Romantik, und dem 1855/56 erbauten repräsentativen Bahnhof Remagen-Rolandseck. Die Schlußphase des Zweiten Weltkrieges ruft schließlich die „Brücke von Remagen" in Erinnerung. Von ihr stehen noch die Brückenköpfe, in denen 1980 eine Gedenkstätte als Mahnmal für den Frieden eingerichtet wurde. Bilder Dokumente und Wochenschauberichte veranschaulichen hier das Ende des „Dritten Reiches".

i Das Heimatmuseum der Stadt Sinzig (Schloß, Tel. 02642/41031) ist sonntags von 10 bis 12 Uhr, das Römische Museum Remagen (Kirchstraße 3, Tel. 02642/21312) mittwochs bis sonntags von 15 bis 17 Uhr geöffnet.
Besichtigungen des Friedensmuseums „Brücke von Remagen" (Rheinpromenade, Tel. 02642/2100) sind von März bis November montags bis freitags von 14.30 bis 17 Uhr, samstags von 10 bis 16 Uhr und sonntags von 10 bis 17 Uhr möglich.
Der Bahnhof Rolandseck (Oskar-Kokoschka-Platz 1, Tel. 02228/578) ist täglich von 10 bis 17 Uhr zugänglich.

Maria Laach: Monastische Welt der Romanik

Die Kirche der „Abbatia S. Mariae ad lacum", im Mittelalter die „Laach" und erst im 19. Jahrhundert „Maria Laach" (Farbtafel 4) genannt, ist eines der wichtigsten romanischen Baudenkmäler in Deutschland.

Gestiftet wurde die Abtei 1093 durch Pfalzgraf Heinrich II. aus dem Hause Luxemburg-Salm. Die ersten Laacher Äbte kamen aus dem Benediktinerkloster Afflighem (Belgien). Der Kirchenbau erfolgte in mehreren Phasen und wurde auch nach der Kirchenweihe im Jahre 1156 noch bis ins 13. Jahrhundert fortgesetzt. Geringe Veränderungen aus späteren Stilepochen hat man jedoch im Zuge von Restaurierungsarbeiten wieder vollständig beseitigt, so daß die Kirche - bis auf wenige gotische Elemente - heute wieder ein rein romanisches Baugefüge darstellt.

Die beiden klar voneinander abgegrenzten Baugruppen des Ost- und des Westwerkes werden durch das Langhaus trotz spannungsreicher Verschiedenheit zu einer harmonischen Einheit verbunden. Etwas lichter wirkt die östliche Anlage, wo zwei quadratische Türme den oktogonalen Vierungsturm einrahmen; eher wehrhaft gibt sich das Westwerk mit den beiden runden Begleittürmen, gedeckt von achteckigen Turmhauben, neben dem mächtigen rechteckigen Mittelturm. Ursprünglich bestand die gesamte Bedachung aus Kupfer. Die Westapsis wird von einer um 1220 erbauten Vorhalle (Paradies) umschlossen. Die feingliedrigen Kapitellplastiken rechts und links des Außenportals (u.a. sogenannte Haarraufer, Fabeltiere und ein Teufelchen, das die Sünden der Menschen notiert) stammen vom „Samsonmeister". Die auf drei Seiten sich öffnenden Arkaden der Vorhalle gestatten den Blick auf einen Löwenbrunnen im Innenhof (1936 von Br. Radbod Commandeur geschaffen). Die Portaltüren des Haupthauses mit aufgelegten Bronzeplastiken sind in den 1950er Jahren angefertigt worden; durch sie betritt man den Kircheninnenraum in der Achse der Seitenschiffe.

Die bereits im Außenbau in Erscheinung getretene Spannung zwischen der westlichen und östlichen Anlage tritt im Kircheninneren ebenfalls hervor. So wird der Eindruck der Westapsis bestimmt durch das Hochgrab des Stifters Heinrich aus der zweiten Hälfte des 13. Jahrhunderts; sein jugendlich-ideal gestaltetes Bild, mit Blattgold belegt und im fürstlichen Gewand, in der Rechten ein Abbild der Kirche tragend, ruht auf einem fein geschnitzten Nußbaumdeckel. An den Pfeilerwänden ringsum befinden sich drei spätgotische Fresken aus der Zeit um 1500. Es sind die einzigen älteren Wandgemälde; alle übrigen, einschließlich der Mosaiken, stammen aus unserem Jahrhundert.

Die dieser weltlichen Westapsis in der Zentralachse der Kirche gegenübergestellte geistliche Ostapsis wird überwölbt von einem großes Christusmosaik, in der Conche der Ostapsis, ein kurz nach 1900 geschaffenes Werk der Beuroner Kunstschule, das stilistisch an byzantinisch-normannische Vorbilder anknüpft. Im eigentlichen Altarraum dominiert dagegen ein gotischer Akzent, der auf sechs Säulen ruhende, von einer offenen Haube bekrönte Altarbaldachin („Ziborium") aus dem späten 13. Jahrhundert.

Fortgesetzt werden diese wenigen gotischen Elemente in den seitlichen Fenstern. Die Vierung des Ostchores weitet sich nach Norden und Süden zum Querhaus aus und gibt dem Kirchengrundriß die charakteristische romanische Kreuzform. Der südliche Querhausarm bildet die sogenannte Sakramentskapelle, der nördliche die Muttergotteskapelle. Von ihr gelangt man zur Krypta hinab, dem ältesten Teil der Basilika. Mit seinen einfachen, farblich gegliederten Kalksteinsäulen und den bis auf zwei reicher gestalteten Komposit-, sonst klaren Würfelkapitellen ähnelt der niedrige Raum der Speyerer Domkrypta. Eine schlichte Mosaikplatte mitten auf dem Boden birgt die Gebeine des ersten Abtes Gilbert (1138-1152).

Die Abteianlage selbst ist nicht zugänglich. 1802 wurde das Kloster aufgehoben; 1855 kam es zu einer schweren Brandkatastrophe. 1862 ging die Klosteranlage in den Besitz der Jesuiten über. Von ihnen erwarb 1892 die Beuroner Benediktinerkongregation die Abtei zurück. Seitdem ist Maria Laach wieder von monastischem Leben erfüllt.

Maria Laach: Benediktinische Klosterkultur

i Die Abteikirche Maria Laach (Tel. 02652/590) ist an Sonn- und Feiertagen von 13 bis 17 Uhr geöffnet, werktags zusätzlich auch von 9 bis 11.30 Uhr.

Bad Bodendorf - Altenahr: Weinkultur an der Ahr

„Der Wein ist hiesiger Gegend fürnemste Nahrung." Dieser Satz im Ratsbuch der Stadt Ahrweiler von 1602 hat schon oft ein Schmunzeln hervorgerufen, bezeichnet jedoch ein wirtschaftsgeschichtliches wie wirtschaftsräumliches Charakteristikum. Die Weinkultur an der Ahr besitzt eine über tausendjährige Tradition; ob schon die Römer hier Wein anbauten, bleibt allerdings umstritten. Manche Gepflogenheiten in Rebenkultur und Weinhandel haben sich seit dem Mittelalter nicht oder nur wenig verändert, manches andere hat sich jedoch grundlegend gewandelt.

Zum einen hat sich der Weinbau im Landkreis seit Anfang dieses Jahrhunderts erheblich verringert. Der ursprünglich auch am Rhein und in seinen Seitentälern zwischen Brohl und Oberwinter (als „Winitorio", d.h. Winzerort, 886 zum ersten Mal erwähnt) intensiv betriebene Weinanbau ging durch Reblausbefall, lokalklimatische Veränderungen und dadurch bedingte Qualitätseinbußen vor rund 50 Jahren fast gänzlich ein. Zum anderen waren die jeweiligen Besitzverhältnisse an den Weinbauflächen alles andere als konstant. In der späten Karolingerzeit waren die Kirche und später der Adel die größten Weingutsbesitzer. Dieser Konzentrationsprozeß setzte sich bis ins hohe Mittelalter fort, kehrte sich jedoch mit dem Aufkommen der Geldwirtschaft langsam, aber stetig um: Gehörten zum Beispiel um 1200 in Ahrweiler 80% der Anbauflächen zwölf Klöstern (darunter vor allem Prüm) und zwölf Adelshöfen, während der Rest sich auf einzelne Ahrweilerer Bürger verteilte, so war es um 1790 genau umgekehrt. In den Jahrhunderten dazwischen gelang es dem reichen Bürgertum, die Weingüter den oft verschuldeten Herren abzukaufen. Deshalb änderten sich in der „Franzosenzeit" (1794-1814) in dieser Hinsicht die Besitzverhältnisse nur in geringem Maße. Der Weinanbau blühte aber erst in der preußischen Zeit ab 1816 wieder auf; freilich litt er wegen der mangelhaften Verkehrsanbindung unter Absatzschwierigkeiten.

Schon früh setzten die Ahrwinzer auf die genossenschaftliche Idee: Die erste Winzergenossenschaft Deutschlands wurde 1868 in Mayschoß gegründet. Heute sind rund 90% der Weinbauern in fünf großen Ahrwinzervereinen organisiert. Auch das Produkt selbst hat sich im Laufe der Zeit durchaus gewandelt. Seit 1490 wird in Rechnungen der Stadt Ahrweiler zwischen „roids und weis weyns" unterschieden. Die heute so beliebten roten Burgundertrauben gelangten jedoch erst seit dem 17. Jahrhundert ins Land. Zunächst kelterte man auch die roten Sorten vor der Gärung; das Erzeugnis war ein Schillerwein, hier „Ahrbleichert" genannt. Der „Rotwein" durch Gärung der ganzen Traube kam erst im 19. Jahrhundert auf.

Nach der Flurbereinigung (seit Ende der 1950er Jahre) werden im Weinbaugebiet Ahr auf etwa 474 ha Rebfläche über 70% rote Sorten gezogen (vor allem Burgunder und Portugieser), bei den weißen sind Riesling und Müller-Thurgau bevorzugt. Einen guten Namen hat sich auch die 1902 gegründete Weinbauschule in Ahrweiler erworben; ihr untersteht auch die staatliche Weinbaudomäne Marienthal, ursprünglich ein Augustinerinnenkloster mit reichem Weinbergsbesitz.

Und nicht zuletzt ist der Wein ein Faktor der Fremdenverkehrsgeschichte. Ausdruck dafür ist der 1972 eröffnete und zehn Jahre später bis zur heutigen Länge von 36 km geführte „Rotweinwanderweg". Er beginnt in Bad Bodendorf und führt bis Altenahr (markiert durch ein rotes Traubensymbol). An ihm liegen (bzw. sind durch Abzweige von ihm zu erreichen) die Burgen/Schlösser Bodendorf, Landskron, Saffenburg und Ahre sowie die Staatsdomäne Marienthal (im ehemaligen Kloster Marienthal). In der Territorialsituation des 18. Jahrhunderts hätte man im Verlauf des „Rotweinwanderweges" mehrmals Landesgrenzen überschritten: von Kurköln (Altenahr) über die Herrschaft Saffenberg (Mayschoß), die Herrschaft Lantershofen (Lantershofen), die Kurpfalz (Bad Neuenahr) zum Reichsland Landskron (Lohrsdorf).

Bad Neuenahr

Thermal- und Mineralwasserquellen im Landkreisgebiet sind ein letzter Ausklang der Laacher Vulkantätigkeiten. So entstanden hier auf engem Raum gleich vier Bäder: Bad Bodendorf, Bad Breisig, Bad Thönisstein und - als größtes - Bad Neuenahr. In rascher Folge wurden hier nach der Quellenweihe 1858 Trinkhalle, Badehaus, Kurhotel, Kurhaus (1903) erbaut. Die heutigen Kur- und Badeanlagen, dazu die Kurparkkolonnaden, stammen zum größten Teil aus den 1930er Jahren; vieles kam nach dem Zweiten Weltkrieg hinzu, so auch das bekannte Spielkasino in den repräsentativen Räumen des Kurhauses. Heute ist Bad Neuenahr mit seinen zahlreichen Hotels, Sanatorien und Pensionen (über 4.000 Betten) das größte Heilbad in Rheinland-Pfalz.

Bad Neuenahr: Kurbezirk in den 1860er Jahren

Nürburg: Lebensformen des mittelalterlichen und frühneuzeitlichen Adels

Etwa dreißig Höhen- und Wasserburgen, Burghäuser, Schlösser oder schloßartige Villen und herrschaftliche Gutshöfe lassen sich noch heute im Landkreis Ahrweiler finden. Freilich präsentieren sich diese Anlagen in sehr unterschiedlichem Bauzustand als mehr oder weniger von der Natur überwucherte Steinwüsten (so Burg bzw. Schloß Aremberg; die Burgen Kempenich, Pützfeld und Landskron), als imposante Ruinen (u.a. die Saffenburg, Nürburg, Wensburg im Lierstal; die Burgen Are, Olbrück und Rolandseck mit dem romantischen „Rolandsbogen") oder als durch Um- bzw. Neubau - auf altem Kern - vom ursprünglichen Aussehen oft weit entfernte, aber noch bewohnte und genutzte Anlagen (darunter die Burgen Rheineck, Lantershofen, die Schweppenburg im Brohltal, die ehemalige Wasserburg Bodendorf, Schloß Gelsdorf und das neugotische Sinziger Schloß.

Markante Anlagen aus vorgeschichtlichen Zeiten gibt es in der Region nicht. Historisierende Bauten täuschen dagegen aus der Ferne Relikte aus alter Zeit vor: Schloß Marienfels über dem Rhein (1849), die neugotische Villa in Sinzig, die 1872 dem in der jetzigen Form barocken „Zehnthof" angefügt wurde; Schloß Vettelhofen, eine herrschaftliche Villa von 1890; Schloß Ernich von 1908, zur Zeit noch genutzt als Residenz des französischen Botschafters.

Die Geschichte der Nürburg auf dem „mons Nore" (möglicherweise ist der Name keltischen Ursprungs in der Bedeutung „Fels") weist - bei aller speziellen Eigenart - typische Züge auch für andere Burgenschicksale dieser Region auf.

Im 10. Jahrhundert gehörte der kegelförmige Burgberg zum Herrschaftsbereich der Grafen von Are, die auf der Basaltkuppe eine Fluchtburg für ihren Adenauer Hof errichteten. Zur Ritter- bzw. Grafenburg wurde sie durch Ulrich von Are um 1160 ausgebaut. Seit 1290 gehörten Amt und Burg dem Erzstift Köln. Dem nun kurkölnischen Amtssitz wurden weitere Wohn- und Torbauten angefügt. Zeitweise lebten hier mehrere Rittergeschlechter zusammen in der Funktion von „Burgmännern" mit einem Vikarius (auch Burggraf genannt) an der Spitze. In den nächsten Jahrhunderten wurden Amt und Burg des öfteren verpfändet. In der Regel waren die jeweiligen Pfandinhaber jedoch weniger an der Burg selbst interessiert, so daß diese zu Beginn des 16. Jahrhunderts einen ziemlich verwahrlosten Eindruck machte. Deshalb legte einer der Pfänder, Augustin von Braunsberg, 4.000 holländische Gulden für Renovierung und Ausbau an (1530/45). So konnten er, sein Sohn und noch sein Enkel bis 1601 als Burgherren hier leben. 1587 allerdings plünderten niederländische Truppen („Geusen") die Burg. Zur Beschädigung durch Feinde (so vor allem durch Schweden im

Dreißigjährigen Krieg) gesellte sich die Natur: 1606 und 1612 zerstörten Stürme Teile der Burganlage, die gerade zuvor wieder ausgebessert worden waren. Den letzten Pfandinhabern, den Herzögen von Aremberg, sollte es noch schlimmer ergehen. Sie hatten seit 1645 die Burg noch einmal auf- und ausgebaut, als französische Truppen im Pfälzischen Erbfolgekrieg das Amt Nürburg verwüsteten und die Burganlage 1689 gründlich zerstörten.

Zwar dienten danach die Mauern der umwohnenden Bevölkerung als Steinbruch (sogar mit Erlaubnis des Kurfürsten); aber als die Burg 1815 in preußischen Besitz überging, nutzte man den Bergfried als trigonometrischen Punkt für optische Telegrafie und restaurierte im Laufe des 19. Jahrhunderts verschiedene Burgteile. Eine umfangreiche Sanierung und Sicherung erfolgte seit 1948 durch das Land Rheinland-Pfalz; so wurden u.a. die Außentürme der Hauptburg mit spitzen Schieferdächern versehen.

Der Zugang zum Burgbereich erfolgt von Süden, vorbei an den Grundmauern der Burgkapelle und ehemaligen Wirtschaftsgebäude sowie dem ersten Tor bis zum wieder aufgerichteten Haupttor, das ursprünglich mit einem Fallgitter versehen war. Über diesem Tor wurde 1878 das Löwenwappen Johanns von Nürburg angebracht, mit dem dieser 1245 siegelte. Der Weg vom Haupttor verläuft an der Zwingmauer mit Türmen entlang, wendet sich um und führt hoch durch Mauerreste der ehemaligen Wohnburg zum Bergfried, früher viergeschossig angelegt und heute noch 39 Meter hoch; ihn kann man seit 1889, als eine Tür durch das 3 Meter dicke Mauerwerk gebrochen wurde, ebenerdig betreten. Eine Wendeltreppe führt hinauf zum ersten Geschoß. Dessen Decke zum Verlies darunter ist nicht erhalten, aber man kann sich den Raum dank des Gewölbes und eines noch sichtbaren Kamins in seinem ursprünglichen Zustand recht gut vorstellen.

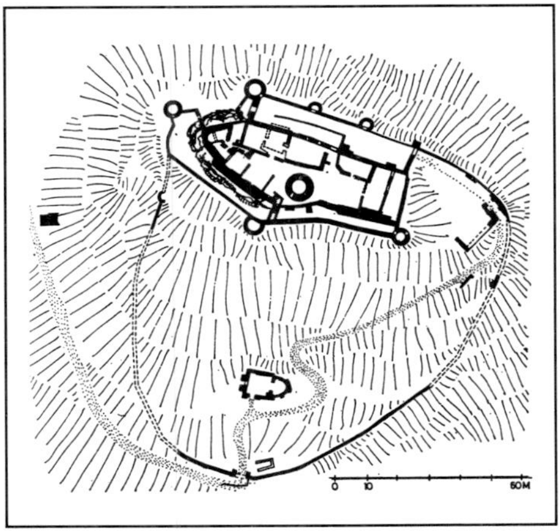

Nürburg: Burg auf dem „mons Nore"

i Die Nürburg ist - außer montags - von 9 bis 13 und 14 bis 18 Uhr (im Oktober und November sowie Januar, Februar und März bis 17 Uhr) geöffnet; geschlossen ist sie im Dezember.

Nürburgring: Klassische Zeit des Rennsports

Eine Erklärung für die seit den 1930er Jahren ungebrochene Anziehungskraft des Nürburgringes liegt darin, daß er jahrzehntelang als internationale Rennstrecke Weltgeltung hatte und immer noch als anspruchvollste, schwierigste, zugleich aber auch schönste Rennstrecke der Welt gilt. Für Bewohner umliegender Orte stellt er dagegen einen wichtigen Erwerbszweig in einer traditionell strukturschwachen Gegend dar.

Gerade der wirtschaftliche Aspekt spielte von Anfang an eine zentrale Rolle. Pläne, eine ständige, vom Verkehr freie „Renn- und Prüfstrecke für Automobile" zu schaffen, gehen auf die Zeit vor dem Ersten Weltkrieg zurück. Die Eifel kam als Standort schon damals in die engere Wahl, weil man von staatlicher Seite Maßnahmen gegen die wirtschaftlich schwierige Situation „Preußisch Sibiriens" ergreifen wollte.

Die Idee, diese Strecke um die Nürburg anzulegen, stammte von Hans Weidenbrück; ihre Verwirklichung ist dem Adenauer Landrat Dr. Otto Creutz zu verdanken. Mit dem Ausbau begann man ab Sommer 1925 im Rahmen eines Notstandsprogramms unter Einsatz von zeitweise über 2.000 „produktiven Erwerbslosen".

Am 18./19. Juni 1927 wurde der Nürburgring mit einem ADAC-Eifelrennen eröffnet. Der Erfolg bei Rennfahrern und Zuschauern war durchschlagend. Die erste große Zeit erlebte „der Ring" (genauer die 22 Kilometer lange „Nordschleife") dann zwischen 1934 und 1939 mit Dominanz und Rivalität der beiden deutschen Automobilmarken Mercedes-Benz und Auto-Union; der bekannteste Fahrer wurde der aus Remagen stammende Rudolf Caracciola. Den zweiten Höhepunkt erreichte „der Ring" 1954 mit der siegreichen Rückkehr der „Silberpfeile" von Mercedes-Benz. Bis 1976 fand dann alljährlich der „Große Preis von Deutschland" auf der Nordschleife statt. Die rasante Entwicklung bei den großen „Boliden" brachte aber 1977 zugleich das vorläufige Aus für die Rennstrecke: Ihr wurde nach spektakulären Unfällen die Formel-I-Tauglichkeit abgesprochen. Nach mehrjähriger Planung und Bauzeit entstand 1984 deshalb ein neuer, 4,5 Kilometer langer Grand-Prix-Kurs; der ehemalige Start-Ziel-Komplex sowie die Tribünen wurden völlig umgestaltet.

Der Schock von 1977 zwang Veranstalter und Betreiber des „Ringes" zudem zu einer veränderten Gesamtkonzeption der Rennanlage. Anstelle der bis dahin allzu einseitigen Ausrichtung auf den „Formel-I-Zirkus" trat nun die Nutzung als Freizeitzentrum mit vielfältigen Aktivitäten in den Vordergrund. Neben dem reinen Motorsport werden Fahrerlehrgänge, Sicherheitstrainingskurse und Geschicklichkeitswettbewerbe durchgeführt. Im Innenraum des Grand-Prix-Kurses befindet sich das „Zakspeed-Kart-Motodrom". Zudem besteht an bestimmten Tagen für jedermann die Möglichkeit, selbst die legendäre Nordschleife zu befahren. Und die Rennsportgeschichte wird seit 1984 im Museum Nürburgring präsentiert.

Nürburg-Ring: Eröffnung 1927

i Das Rennsportmuseum Nürburgring (Tel. 02691/302149) ist von März bis Oktober jeweils von 10 bis 18 und von November bis Februar von 10 bis 17 Uhr geöffnet; montags ist es geschlossen.

Literatur:

Landkreis Ahrweiler (Hrsg.): Heimatjahrbuch Kreis Ahrweiler; Bd. 1 ff; (versch. Orte) 1926 ff.

Ältestes und wichtigstes Publikationsorgan des Landkreises mit geographischen, historischen und heimatkundlichen Beiträgen.

Landkreis Ahrweiler (Hrsg.): 175 Jahre Kreis Ahrweiler, Unser Kreis im Wandel der Geschichte; Ahrweiler 1991.

Beiheft zu einer gleichnamigen Ausstellung mit informativen Sachtexten.

Landkreis Ahrweiler (Hrsg.): Studien zur Vergangenheit und Gegenwart; Bd. 1 ff; Bad Neuenahr-Ahrweiler 1987 ff.

Qualitätvolle heimatkundliche Schriftenreihe (Bd. 1: Studienbuch mit 22 Einzelbeiträgen; Bd. 2: Aufarbeitung des „Dritten Reiches"; Bd. 3: Kreischronik (Arbeitstitel), erscheint voraussichtlich 1993).

Eifelverein Düren (Hrsg.): Eifeljahrbuch; Bd. 1 ff; Düren 1956 ff.

In der Konzeption dem Heimatjahrbuch Kreis Ahrweiler vergleichbar, jedoch über das Kreisgebiet hinausgehend.

Otto Kleemann: Vor- und Frühgeschichte des Kreises Ahrweiler; Köln/Bonn 1971.

Immer noch grundlegendes Standardwerk.

Joachim Gerhardt u.a. (Bearb.): Kreis Ahrweiler (= Die Kunstdenkmäler der Rheinprovinz, Bd. 17.1); Düsseldorf 1938, NDr. 1984.

Immer noch grundlegendes Kunstdenkmälerinventar (für Teile des heutigen Kreisgebietes vgl. auch: Bd. 17.2, erster Halbband, Kreis Mayen).

Matthias Röcke: Burgen und Schlösser an Rhein und Ahr; Bad Neuenahr-Ahrweiler 1991.

Sachlich fundierte, umfassende und verständlich geschriebene Zusammenstellung in Bild und Text.

Jakob Rausch: Heimatbuch der Stadt Ahrweiler; Ahrweiler o.J. (1969).

In manchen Teilen veraltet, im ganzen jedoch immer noch grundlegend.

Basilius Sander und Emmanuel von Severus (Hrsg.): Ecclesia Lacensis, Beiträge aus Anlaß der 100jährigen Wiederbesiedlung und 900jährigen Gründung der Abtei Maria Laach (=Beiträge zur Geschichte des alten Mönchtums und des Benediktinertums, Supplementband 6); Münster 1993.

Umfassender Überblick über die Abteigeschichte.

GERHARD EBBINGHAUS

Landkreis Neuwied

Gaius Julius Caesars Brückenschläge und Rheinübergänge über das Weißenthurmer Werth in den Jahren 55 und 53 v. Chr. beendeten die quellenlose Zeit des heutigen Landkreisgebietes: Die im Neuwieder Becken und den angrenzenden Höhen des Vorderen Westerwaldes lebenden germanischen Ubier hatten den römischen Eroberer gegen die sie bedrängenden, ebenfalls germanischen, Sugambrer und Chatten zu Hilfe gerufen.

Besiedelt ist der mittelrheinische Raum bereits seit dem frühen Jung-Pleistozän. Denn 1985 wurde in der Neuwieder Talweitung des Mittelrheinischen Beckens der älteste Beleg menschlicher Besiedlung in Mitteleuropa gefunden, ein Geröllgerät des Vormenschen ‘Homo erectus’ mit einem Alter von etwa einer Million Jahren. Und 1968 erweckte, nicht nur in Fachkreisen, die Entdeckung des Fundplatzes Neuwied-Gönnersdorf mit seinen figurativ gravierten Schieferplatten aus der Zeit des Magdalénien großes Interesse.

Bodenfunde aus der Jungsteinzeit, besonders der Michelsberger Kultur, der Bronzezeit und der vorrömischen Eisenzeit beweisen, daß durch die Gunst der Lage, der Bodenbeschaffenheit und des Klimas das Landkreisgebiet eine zentrale Stellung innerhalb des Rheinischen Schiefergebirges einnahm.

Dies gilt auch für die Römerzeit. Noch verschiedentlich erkennbarer Ausdruck dafür ist der Limes. Seine Vorgeschichte geht in die Jahre 10/9 v. Chr. zurück, als Drusus versuchte, das römische Imperium über den Rhein hinaus bis zur Elbe vorzuverlegen. Doch die Vernichtung der Varus-Legionen und die erfolglosen römischen Kriege gegen die Chatten ließen die römischen Eroberungspläne großräumig scheitern. Das fruchtbare rechtsrheinische Hinterland sollte jedoch Rom erhalten bleiben und wurde deshalb durch die Anlage einer Grenzbefestigung - den „Limes Romanus" - gesichert.

Beginn und nördlichster Punkt des Limes liegen zwischen Bad Hönningen und Rheinbrohl, gegenüber der Mündung des linksrheinischen Vinxtbaches in den Rhein, der die Grenze zwischen Ober- und Niedergermanien bildete. Die in ihrem Endstadium 584 Kilometer lange Grenzbefestigung mit ihren etwa 1.000 Wachttürmen und 100 Kastellen durchquert das Kreisgebiet auf einer Länge von 28 Kilometern mit 50 Wachtposten, zwei kleinen grenznahen Kastellen bei Rheinbrohl und Anhausen und zwei größeren im Hinterland in Heddesdorf (um 90 n.Chr.) sowie Niederbieber (um 190 n. Chr.).

Um 260 n. Chr. durchbrachen jedoch die zum fränkischen Stammesverband zusammengeschlossenen germanischen Stämme den Limes nördlich der Lahn; der Rhein wurde wieder Grenze des Römischen Reiches. Zwei Jahrhunderte später endete dann die Römerherrschaft am Mittelrhein.

Im Mittelalter waren es dann die ehemaligen Gaugrafen des Engersgaues, die Grafen von Wied, die, neben dem sich von Norden her ausbreitenden Erzbistum Köln und dem von Süden vordringenden Erzbistum Trier, ein bedeutenderes Territorium aufzubauen vermochten. Die mitkonkurrierenden Grafen von Isenburg zersplitterten sich durch Erbteilungen dagegen in zahlreiche Nebenlinien.

Erst die Nachkommen des dritten wiedischen Grafenhauses, die dem reformierten Bekenntnis angehörten, teilten 1595 die Grafschaft in eine „obere" (Wied-Runkel) und eine „untere" (Wied-Neuwied) auf. Die Grafen von Wied-Neuwied erwiesen sich in der Folge auf vielen Gebieten als die aktiveren. So gründete Graf Friedrich III. 1653 eine neue Residenzstadt, „Neuen Wiedt", die sich bald wegen der freiheitlichen Stadtrechte als Sammelpunkt vieler christlicher Glaubensrichtungen erwies, darunter die Herrnhuter Brüdergemeine. Sein Enkel, Johann Friedrich Alexander, wurde 1784 in den Reichsfürstenstand erhoben. Unter ihm entfalteten sich Glaubensfreiheit, Kultur und Wissenschaft.

Neuwied: Herrnhuter Kirchensaal (Entwurf, 1783/84)

Einschneidende Auswirkungen gingen dann von der Französischen Revolution aus: 1850 Jahre nach Caesars erstem Rheinübergang schlug die Sambre-Maas-Armee unter General Bernadotte 1795 eine Brücke über das Weißenthurmer Werth auf die rechte Rheinseite. Viermal überschritten hier französische Revolutionstruppen den Rhein und ließen durch Kontributionen und Requisitionen die Menschen des Landkreisgebietes verarmen.

Der Reichsdeputationshauptschluß von 1803 brachte dem Fürsten von Wied-Runkel für seine an Frankreich verlorenen luxemburgischen und lothringischen Besitzungen die ehemaligen kurkölnischen Ämter Neuerburg und Altenwied ein. Doch bereits mit der Gründung des Rheinbundes unter Napoleon wurden die wiedischen Grafschaften mediatisiert und nassauischer Herrschaft unterstellt, bis der Wiener Kongreß sie 1815 Preußen zuteilte. Am 14. Mai 1816 wurde daraus der Kreis Neuwied gebildet, dem 1822 noch der Landkreis Linz und die ehemalige kurtrierische Bürgermeisterei Engers zugeschlagen wurden.

Das dreigeteilte Kreiswappen verdeutlicht diese Verwaltungsgeschichte durch das kurkölnische rote Kreuz, das kurtrierische schwarze Kreuz und den wiedischen Pfauen.

Rommersdorf: Sozialer Aufstieg hochmittelalterlicher Edelleute

Das Kloster Rommersdorf (Farbtafel 3) - oberhalb des Neuwieder Stadtteils Heimbach-Weis - ist die Gründung eines Edelherrn des frühen 12. Jahrhunderts. Die Entstehung des Klosters Rommersdorf belegt damit die allgemeine Umbruchssituation der salischen Zeit. Der soziale Aufstieg von Edelleuten - ausgedrückt in einer Klosterstiftung - ist ein Teil davon.

Im Fall von Rommersdorf handelt es sich um Reginbold von Rommersdorf, einen Vorfahren des Hauses Isenburg. Zunächst stand es um seine Gründung jedoch nicht allzu gut. Wegen mangelnder Einkünfte wurde das Kloster lediglich acht Jahre von Benediktinern aus der Abtei Allerheiligen in Schaffhausen (Schweiz) besiedelt. 1135 erreichte es jedoch Erzbischof Albero von Trier, daß Prämonstratenser aus der Abtei Floreffe bei Namur (Belgien) in Rommersdorf einzogen. Schon bald setzte eine rege Bautätigkeit ein, der Konvent wurde vergrößert, und das Kloster war rasch wirtschaftlich unabhängig. Die Abtei ihrerseits wurde Mutterkloster von drei Prämonstratenserinnen-Klöstern.

Rückschläge brachten vor allem der Streit der Grafen von Isenburg, Westerburg und Wied im Jahr 1355 mit Kurfürst Balduin, in dessen Verlauf das Kloster völlig zerstört wurde, außerdem der Dreißigjährige Krieg. Danach setzte erneut eine rege Bautätigkeit ein. Das Ende des Klosters erfolgte zur Zeit Kaiser Napoleons: Im Reichsdeputationshauptschluß von 1803 wurde das Kloster aufgehoben, die letzten Mönche gingen in Pension, und der ganze Komplex fiel als Aus-

Rommersdorf: Klostergründung eines salischen Niederadligen

gleich für verlorene linksrheinische Besitzungen an den Fürsten von Nassau-Usingen. Dreimal noch wechselte die Anlage den Besitzer; einzelne Gebäude wurden niedergerissen, durch Umbauten verschandelt, Wind und Wetter taten ein übriges, das Kirchengewölbe stürzte ein, große Teile der Klosteranlage wurden zur Ruine.

Diesem Zustand der Klosteranlage, die in ihrer Geschlossenheit am Mittelrhein nur noch in Maria Laach anzutreffen ist, setzten jedoch engagierte Bürger ein Ende, indem sie 1972 den Förderkreis Rommersdorf e.V. gründeten, mit dem Ziel, die Abtei in ihrer geschichtlichen Bedeutung zu erhalten und der Allgemeinheit als Kulturdenkmal durch Veranstaltungen nahezubringen. 1976 errichtete der Förderkreis eine öffentliche Stiftung, die den Zweck verfolgt, die vorhandenen Baulichkeiten zu erhalten, den historischen Park zu schützen und instandzusetzen und die Geschichte der Abtei zu dokumentieren.

Es war daher eine glückliche Entscheidung, daß die Rheinische Bodenverwaltung AG in Düsseldorf dieser Stiftung das 16.000 qm große Grundstück mit den historischen Gebäuden und den alten Gärten schenkte. Seither ist bereits viel erreicht worden: Das renovierte Abts- und Konventsgebäude wird durch das Stadtarchiv Neuwied und das Landeshauptarchiv Koblenz genutzt; die Kreuzgänge und Refektorien sind stilvolle Konzert- und Ausstellungsräume, und die englische Parkanlage bildet die Kulisse für Freilicht-Theateraufführungen.

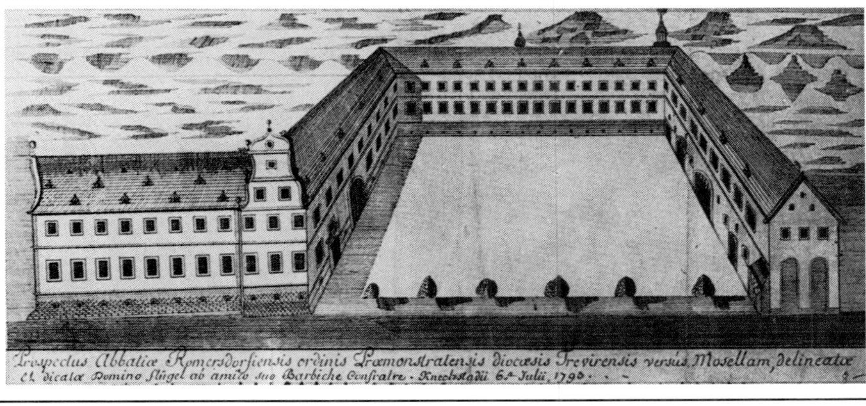

Rommersdorf: „Prospectus Abbatiae" (1793)

i Die Abtei ist von Ostersonntag bis Allerheiligen an Sonn- und Feiertagen von 11 bis 12 Uhr und von 14 bis 18 Uhr zu besichtigen. Sonderführungen wochentags können telefonisch vereinbart werden (Tel.02622/82500 und 81414).

Ehrenstein: Selbstdarstellung des Niederadels

Burg Ehrenstein und das gleichnamige Kreuzherrenkloster bilden ein eng aufeinander bezogenes Ensemble.

Die 1333 erstmals erwähnte und 1632/34 von den Schweden zerstörte Burg wurde von einem der Edlen von Oetgenbach (Ütgenbach) errichtet. 1449 kam sie an Wilhelm von Nesselrode, der mit Eva von Oetgenbach verheiratet war. Beide errichteten außerhalb des Burgbergrings eine Kapelle - der Heiligen Dreifaltigkeit, St. Johannes dem Täufer, St. Katharinen und St. Georg geweiht -, die 1477 aus dem Pfarrsprengel Asbach gelöst und zur selbständigen Pfarrkirche erhoben wurde.

Deren Sohn, Bertram von Nesselrode, und seine Gemahlin, Margareta von Bourscheidt, stifteten 1486 ein Kloster für zwölf Patres und Brüder, das sie mit Ländereien beschenkten. Auf ihren Wunsch hin übertrug der Kölner Erzbischof das Kloster den Kreuzherren; die Kirche wurde dem Kloster inkorporiert. Zwei Jahre später hielt die Kommunität ihren Einzug.

Während des Dreißigjährigen Krieges erlitt das Kloster eine zweimalige Plünderung durch schwedische Truppen; die französischen Revolutionstruppen verhielten sich 1795 nicht anders. Durch den Reichsdeputationshauptschluß fiel das Kloster an das Großherzogtum Nassau, das den Konvent 1812 aufhob.

Nach einer Interimsphase bezogen dann 1893 Franziskaner die noch erhaltenen Klostergebäude. Heute sind wieder die Kreuzherren im Besitz der Anlage.

Monastisches Zentrum ist das einschiffige Kirchenschiff. Es hat als Grundriß ein zum Trapez verschobenes Quadrat. Dies ist u.a. auf die Geländeformation zurückzuführen; möglicherweise suchte aber auch der Baumeister die in spätgotischer Zeit gern gepflegte Abweichung von der Norm. Der Chor besteht aus zwei Gewölben, einem querrechteckigen Langchor und einem 5/8-Chorschluß. Die Chorkonsolen weisen Brustbilder von Heiligen und Familienwappen der Gründer und Stifter auf. Die beiden Gewölbeschlußsteine stellen das Antlitz Christi und die sitzende Madonna mit dem Kind dar.

Innerhalb der rheinischen Kunstgeschichte nimmt die Kreuzherrenkirche eine besondere Stellung ein. Dies gilt besonders für die Chorfenster - das mittlere dreiteilig - die beiden seitlichen zweiteilig gegliedert, die wohl in der letzten Hälfte des 15. Jahrhunderts gestaltet wurden. Alle drei Chorfenster verbinden biblische Szenen mit Stifterdarstellungen: im mittleren Fenster eine Kreuzigung mit Wilhelm von Nesselrode und seinen beiden Gattinnen Swenold von Landsberg und Eva von Oetgenbach; im Nordfenster eine Anbetung der Heiligen Drei Könige mit Bertram von Nesselrode und seiner Frau Katharina von Bourscheid;

im Südfenster eine Kreuzabnahme mit dem Wappen von Gimborn als Hinweis auf einen weiteren Stifter.

In den Fenstern des Kirchenschiffs werden biblische Szenen geschildert. Die bemerkenswertesten Teile sind die Veduten in den unteren Arkaden, die für die damalige Zeit Unika waren. Es handelt sich um Darstellungen der Burg und des Klosters Ehrenstein, des Bonner Münsters mit der Martinskirche und der Godesburg. Die Fenster werden dem von 1465 bis 1485 in Köln führend tätigen „Meister des Marienlebens" zugerechnet; jedenfalls gehören sie zu den kunstgeschichtlich wichtigsten Werken des Mittelrheins im 15. Jahrhundert.

Im Fensterprogramm der Kreuzherrenkirche Ehrenstein wird die Landesgeschichte des mittelrheinischen Raumes also in einer ganzen Reihe von Beziehungen entfaltet.

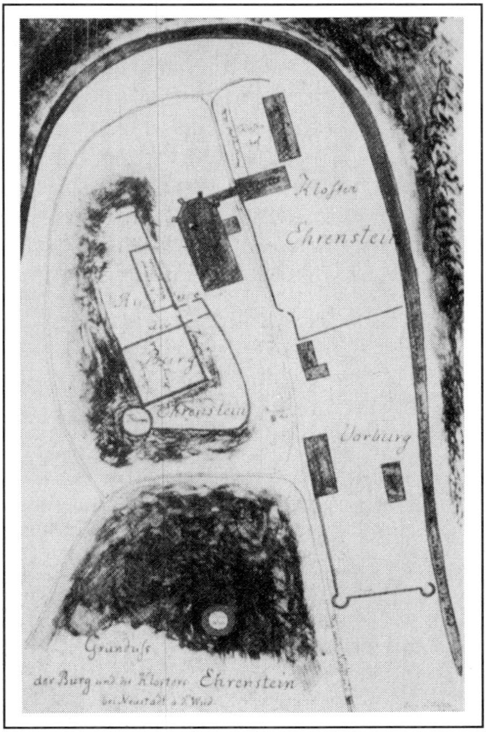

Ehrenstein: Ensemble von Burg und Kloster (Lageplan 1862)

i Die historischen Räume des Klosters (eine Seite des ursprünglichen Kreuzganges und der sogenannte Kapitelsaal) können sonntags zwischen 11 und 12 Uhr besichtigt werden.

Bruchhausen: Frömmigkeit des späten Mittelalters und der frühen Neuzeit

In einer leichten Bodensenke im Gebiet der „Unkeler Schweiz" liegt der Wallfahrtsort Bruchhausen. Bis gegen 1800 war dessen von einer geschlossenen Gruppe von Fachwerkhäusern umgebene katholische Pfarrkirche St.Johannis Baptist Filialkirche von Erpel. Dies läßt sich schon daran erkennen, daß die um 1230 erbaute dreischiffige Basilika in Bruchhausen als vereinfachter Neubau der zehn Jahre vorher errichteten Erpeler Kirche entstand. In der ausgehenden Spätgotik, um 1500, wurden Umbauten vorgenommen. Seither ist St. Johannis Baptist eine Hallenkirche.

Ihre Ausstattung bietet einen facettenreichen Einblick in die Frömmigkeit des späten Mittelalters und der frühen Neuzeit. Besonders kennzeichnend sind dafür zunächst zwei Madonnenstatuen. Die ältere stammt aus dem frühen 14. Jahrhundert. Dabei handelt es sich um ein kölnisches Werk in Holzausführung. Ihm sind die Arme abgenommen, um der bei Gnadenbildern üblichen Bekleidung einen glatten Fall zu geben. Die jüngere Madonna, eine stehende Kalksteinfigur, wird dem Anfang des 15. Jahrhunderts in Mainz lebenden Meister der dortigen Karmelitermadonna zugeschrieben. Dieses Werk wurde bis 1745 als „Trösterin der Betrübten" von Pilgern verehrt.

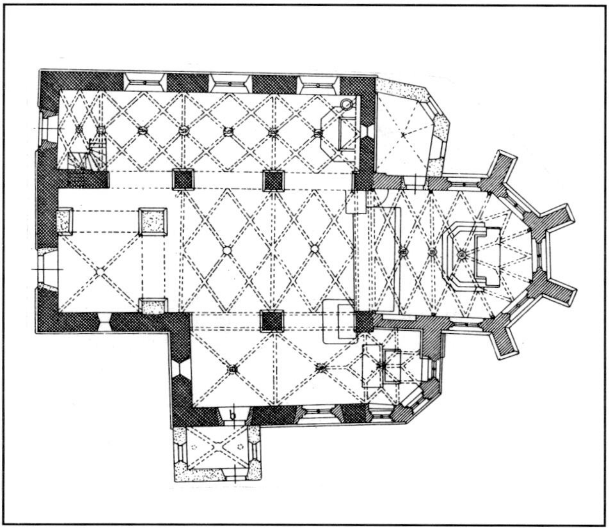

Bruchhausen: St. Johann Baptist (Grundriß)

Vor allem aber gewährt das Totentanz-Gemälde einen Einblick in das Vanitas-Denken der frühen Neuzeit. Es wird dem 17. Jahrhundert zugeschrieben; der Maler ist unbekannt. Das Bild setzt sich aus zwei übereinander gestellten Reihen mit je elf Einzelbildern zusammen. Es gliedert sich in zwei große Gruppen, deren Vertretern der Tod das Ende ihres Lebens in ironischer, sarkastischer oder liebevoller Art erklärt. Im oberen Streifen werden die geistlichen Stände (darunter Papst, Kardinal, Bischof, Abt, Domherr), im unteren die weltlichen (Kaiser, König, Herzog, Graf; am Ende: Landkrämer, Bauer, Krüppel) abberufen.

Auf den Bildern erscheint der Tod - jeweils als Skelett dargestellt - mit zum Tanz aufspielenden Musikinstrumenten (darunter Geige, Viola, Flöte, Harfe), aber auch mit seinen Machtinstrumenten (Hippe, Stundenglas, Waage). Den Reigen eröffnen drei Skelette, die mit Musikinstrumenten vor einem offenen Grab stehen. Der Untertext dazu lautet: „Allhir kanstu nicht sechen wer arm oder reich - dan ie ein totter ist den anderen gleich." Die obere Reihe endet mit dem zentralen Punkt des Bildes, dem den Tod überwunden habenden Jesus, dem auferstandenen Christus: „Gleich wie in Adam alle sterben, also werden in Christo alle lebendig gemacht werden."

Bruchhausen: St. Johann Baptist (West- und Südansicht)

Rheinbrohl und Linz: Grenzmarkierungen am Rhein

Daß bei Rheinbrohl in der Spätantike das „Caput Limitis" lag, der Beginn des obergermanischen Limes, belegt in anschaulicher Weise ein rekonstruierter Limesturm. Er steht jedoch nicht an originaler Stelle, sondern etwa 150 Meter nördlich des ehemaligen Limesanfangs. Zusätzlich sicherte ein Kleinkastell diese strategisch wichtige Stelle.

Etwa 10 Kilometer rheinabwärts liegt Linz, vom Spätmittelalter bis zum Jahr 1831 eine der elf Rheinzollstationen zwischen Mainz und Köln. Erstmals erwähnt wurde der Ort 874. Im späten Hochmittelalter gelangte er 1250 an das Erzstift Köln, der Linz dann bis zur Säkularisation 1803 angehörte, zuletzt als Oberamtsstadt.

Um 1320 erfolgte die Erhebung zur Stadt, die dadurch in alle mittelrheinischen Händel hineingezogen und entsprechend oft belagert, erobert und zerstört wurde. Der größte Teil der Mauern und zwei der vier Stadttore wurden allerdings erst 1831 abgebrochen. Dennoch ist die Struktur der Altstadt offensichtlich: Rhein-, Mittel- und Neustraße formieren mit drei größeren Plätzen (Burg- und Marktplatz sowie Buttermarkt) den Stadtgrundriß. Wird der Burgplatz von der ehemaligen erzbischöflichen Burg beherrscht (vier Gebäudetrakte um einen rechteckigen Hof) so der Marktplatz vom Rathaus aus dem 14. Jahrhundert (mit ursprünglich offener Erdgeschoßhalle).

Überragt wird die Altstadt von der spätromanischen, spätgotisch veränderten, dreischiffigen Pfeileremporen-Basilika St. Martin. Sie weist durch das Martinspatrozinium auf fränkischen Ursprung hin.

Linz: Kurkölnische Präsenz am Mittelrhein

Hammerstein, Isenburg und Dierdorf

Burg Hammerstein, deren Reste auf einem Bergsporn dicht am Rhein zwischen Neuwied und Linz liegen, war zunächst Sitz der fränkischen Grafen des Engersgaues. Die Burg wird 1002 erstmals erwähnt. In ihrem Schutz errichtete Kaiser Heinrich IV. eine Zollstätte. 1105 mußte er sie auf der Flucht vor seinem nach der Macht strebenden Sohn mit den Reichsinsignien zu seinem Schutz aufsuchen. Die Burg war Anfang des 12. Jahrhunderts wiederholt Aufbewahrungsort der Reichsinsignien, bevor diese in den Trifels kamen. Der nachfolgende Besitzer Kurtrier ließ 1654 die Anlagen schleifen, um einem möglichen Machtkonkurrenten die Festsetzung zu verwehren. Der am Fuße des Burgberges gelegene Burgmannshof, das Kelterhaus, die Kirche und das Pfarrhaus stellen, obwohl verschiedenen Stilepochen zugehörig, ein sehenswertes Ensemble dar.

Hammerstein: Salische Zollstätte

Auf einer freien, steil aufsteigenden Felsplatte, umflossen von Iser-, Ommels- und Saynbach, liegen in Isenburg die Ruinen der im 13. Jahrhundert aus den Häusern Isenburg, Wied, Kobern und Grenzau bestehenden Burganlage, die 1633 von spanischen Truppen zerstört wurden. Diese Burg war Wiege von neun isenburgischen Linien. Von der bereits im frühen 14. Jahrhundert vorhandenen Ortsbefestigung steht noch ein mit Fachwerk überbautes Tor, „die alte Porz".

In einer Talweite des Holzbaches auf der Sayn-Wied-Hochfläche liegt Dierdorf, das von 1595 bis 1824 neben Runkel Residenz der Oberen Grafschaft Wied-Runkel war. Preußische Pioniere (1902) und acht alliierte Luftangriffe am vorletzten Kriegstag des Zweiten Weltkrieges haben davon fast alles vernichtet. Im ehemaligen Schloßpark befindet sich ein Mausoleum, ein bemerkenswertes Zeugnis der Neugotik (1816 errichtet). Es versammelt Bildnissteine (Wilhelm von Runkel und Isenburg, † 1489; Johann zu Wied, † 1524; Philipp zu Wied, † 1535; Gerlach zu Isenburg, † 1530) und ein Wandgrab des Kölner Kurfürsten Salentin von Isenburg († 1610), das diesen als knieende Freifigur zeigt.

Neuwied: Frühbarocke Gründungsstadt

Die Gründung der Stadt Neuwied geht auf das Bestreben Graf Friedrichs III. zu Wied (1618-1696) zurück, seiner Hofhaltung einen entsprechenden Rahmen zu geben. Die abseits gelegene, militärisch wertlos gewordene und schon verfallende Burg Wied war dafür höchst ungeeignet.

So begann er 1648 im verlassenen Ort Langendorf in denkbar ungünstiger Lage, mitten im Hochwasserbereich des Rheins, mit dem Bau einer kleinen burgartigen Festung. Bald darauf ließ er für seine Hofleute und Neusiedler eine Siedlung errichten, ein fast rechtwinkliges Viereck mit gitterförmigem Straßennetz. Am 26. August 1653 verlieh Kaiser Ferdinand III. dieser neuen Siedlung, „Newen-Wiedt" genannt, die 1357 von Kaiser Karl IV. dem wiedischen Nordhofen im Westerwald zugesprochenen Stadtrechte.

Mehr aber noch begründete das 1662 erlassene gräfliche Stadtrecht den raschen Aufstieg Neuwieds. Friedrich gewährte seinen städtischen Untertanen und Neubürgern eine Anzahl großzügiger Privilegien: So durften sich außer der gräflich reformierten Konfession alle anderen Religionsbekenntnisse in der neuen Stadt niederlassen; die Bürger waren befreit von Frondiensten und Leibeigenschaft; die Stadt erhielt mehrere Jahrmärkte, handwerkliche Freizügigkeit, Einsetzung eines Magistrats und die niedere Gerichtsbarkeit.

Für die Stadtentwicklung wichtig war aber vor allem: Jeder, der Bürger der neuen Stadt werden wollte, mußte ein Haus kaufen oder bauen. Die Hausgröße war genau vorgeschrieben: 28 Schuh in der Länge und 20 in der Breite; der Bauplatz wurde geschenkt! Graf Johann Friedrich Alexander (1706-1791) ließ „Lotteriehäuser" errichten, die für einen halben Gulden schlüsselfertig zu gewinnen waren. Durch bewußte Werbeaktionen wurden zudem viele Glaubensgemeinschaften angelockt: Lutheraner, Katholiken, Juden, Mennoniten, Hugenotten, Inspirierte und Herrnhuter Brüder, letztere ab 1750, wobei es sich um französisch sprechende Welsch-Schweizer aus der Wetterauer Siedlung Herrnhaag handelte.

Das durch die Friedrichstraße, Langendorfer Straße, Pfarrstraße und Engerer Straße begrenzte Karree läßt den gründungsstädtischen Religionssiedlungscharakter Neuwieds am besten erkennen. Im Gegensatz zu den fast gleichzeitigen Stadtanlagen von Mannheim und Karlsruhe ist in Neuwied allerdings kein Symmetriebezug auf das Schloß erfolgt.

Dieses Schloß geht auf die erwähnte Festung Friedrichs zurück, die bereits 1694 im Pfälzischen Erbfolgekrieg zerstört worden war. An ihrer Stelle ließ nun Graf Friedrich Wilhelm (1684-1787) nach französischem Vorbild ein neues

Schloß errichten. Dabei mußten ihm seine Untertanen mit 1.000 Reichstalern „alljährlich an die Hand gehen und ihm damit gehorsamst unter die Arme greifen." Der Plan stammte von dem nassau-weilburgischen Hofarchitekten Julius Ludwig Rothweil. Doch ist der Plan Rothweils, der eine gestaffelte Dreiflügelanlage vorsah, nur teilweise realisiert worden. Lediglich das Corps de Logis (1707/13) und zwei davon getrennt stehende Seitenflügel (1707/56) wurden realisiert. Das Schloß ist nicht zu besichtigen, dafür aber der Schloßpark, von Rothweil als Barockgarten angelegt, von Fürst Friedrich Karl (1791-1802) in einen englischen Park umgewandelt.

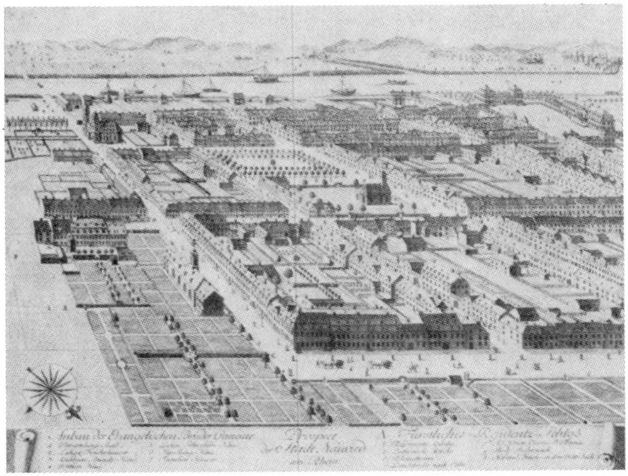

Neuwied: Fürstliche Planstadt (1784)

1925 vom Kreistag beschlossen, wurde das in Anlehnung an den Klassizismus erbaute Kreismuseum ein Jahr später seiner heimatkundlichen und kulturellen Aufgabe übergeben. Es enthält Funde und Ausstellungsstücke von der Vorgeschichte an. Besonders erwähnenswert ist die recht große Sammlung von Möbeln aller Art der „ungekrönten Könige des Tischlerhandwerks", der Werke der zur Herrnhuter Brüdergemeine gehörenden Abraham (Vater) und David (Sohn) Roentgen, deren prachtvolle Möbel in fast allen europäischen Höfen zu finden waren. Außerdem sind besonders die Westerwaldstuben und der Eisenkunstguß-Raum der Sayner Hütte sehenswert.

In einem Gebäude der ehemaligen Sommerresidenz der Fürsten zu Wied hat sich das Museum für die Archäologie des Eiszeitalters (Forschungsbereich Altsteinzeit des Römisch-Germanischen Zentralmuseums Mainz) etabliert, das die Geschichte der Jäger und Sammler vor dem Beginn der Ackerbau und Viehzucht betreibenden Menschheit darstellt. Es handelt sich um Funde aus Miesenheim, Kärlich, Plaidter Hummerich, Schweinsberg und besonders des Fundplatzes Gönnersdorf.

i Das Kreismuseum (Raiffeisenplatz, Tel.02631/803379) ist von montags bis freitags von 10 bis 13 und von 14 bis 17 Uhr geöffnet, sonntags von 10.30 bis 13 Uhr. Es liegt drei Gehminuten vom Bahnhof Neuwied entfernt.

Engers:
Spätbarocker Zeitgeist

Das Schloß in Engers (Farbtafel 10) belegt die hier seit 1371 mit einem Burgenbau unterstrichene Territorialposition Kurtriers. Nachdem diese Burg dann 1622 von den Schweden zerstört worden war, ließ Erzbischof Johann Philipp von Walderdorff 1759 bis 1762 an gleicher Stelle ein dem spätbarocken Zeitgeist entsprechendes Jagd- und Lustschloß errichten.

Architekturgeschichtlich ist die Anlage vom französischen Klassizismus geprägt, besonders die stadtseitige Eingangsfassade. Sie hat zwei Hauptgeschosse und ein Mezzanin, darüber ein niedriges Mansarddach. Vor dem Haupteingang öffnet sich der große Ehrenhof, heute mit stattlichen Kastanien bestanden, der von einem reichgestalteten Gitter und von zwei ein Prunkportal flankierenden Wachpavillons begrenzt wird. Das Glanzstück des Gitterwerks ist das kunstvoll geschmiedete Mitteltor. Die Torpfeiler tragen wild bewegte Sandsteinlöwen mit Wappen und Initialen des Bauherrn. Auf den sich anschließenden niedrigeren Pfeilern und an den unteren Dachlinien der Wachhäuser standen rote Sandsteinbüsten aus der originellen, grotesken oder graziösen Figurenwelt des Rokoko. Wegen Verwitterungsschäden lagern diese bemerkenswerten Leistungen der späten Barockplastik nun im Schloßkeller; einige Kopien sind jedoch bereits wieder aufgestellt.

Die Pläne des Schlosses zeichnete der aus Süddeutschland stammende kurtrierische Hofbaumeister Johannes Seitz, ein Schüler Balthasar Neumanns. Sein Bruder Andreas Seitz hatte die örtliche Bauleitung. Den Figurenschmuck des Ehrenhofes schuf der Trierer Bildhauer Johannes Feill, die Gitter der Ehrenbreitsteiner Kunstschmied Michael Glaukerd.

Im Kontrast zum klassizistischen Äußeren entfaltet das Innere des Schlosses noch einmal die ganze Pracht des Rokoko, besonders in seinem Kern, dem Festsaal. Er liegt über dem Gartensaal und ist über eine breit angelegte und gut ausgeformte Treppe mit herrlichem Schmiedeeisengeländer zu erreichen. Das Treppenhaus und das Vestibül sind reich an ausgezeichneten Stukkaturen, die der in Ulm geborene trierische Hofstukkateur Michael Eytel schuf. Die Darstellungen beziehen sich auf die Funktion des Schlosses als Jagdaufenthalt; die hängende Zier des Vestibüls weist auf Musik und Tanz im Spiegelsaal hin. In diesem lichterfüllten Raum sind die Elemente des Rokokostils in seiner höchsten Entfaltung vereinigt. Hauptanziehungspunkt ist allerdings das den ganzen Plafond ausfüllende Deckenfresko „Der Triumph der Diana" des Tafelmalers, Porträtisten und Freskenmalers Januarius Zick, der für diese reife Leistung zum trierischen Hofmaler ernannt wurde. Nach dem Tode des Erbauers Walderdorff teilte das Schloß das Schicksal vieler anderer, indem es u.a. als Schule, Gotteshaus, Kornspeicher, Obdachlosenasyl, nassauische Sommerresidenz, preußische Kriegsschule, Lazarett und zuletzt als Krankenhaus Verwendung fand.

Nunmehr ist es im Besitz des Landes Rheinland-Pfalz und wird nach der Renovierung der Stiftung „Villa Musica" dem Landesamt für Denkmalpflege zur Verfügung gestellt.

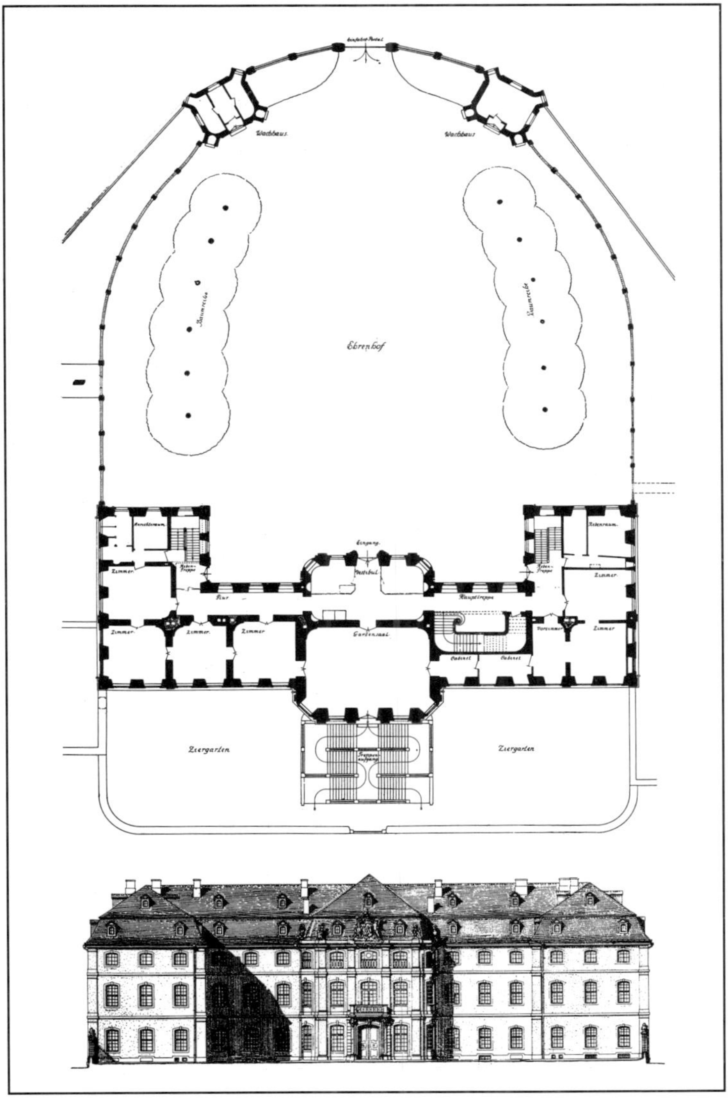

Engers: Kurtrierisches Jagd- und Lustschloß am Rhein

Literatur:

Kreisverwaltung Neuwied (Hrsg.): Heimat-Jahrbuch des Landkreises Neuwied; Bd. 1 ff; Neuwied 1924 ff.

Kreisjahrbuch mit Beiträgen und Miszellen über das Kreisgebiet.

Lilo Decker u.a.: Landkreis Neuwied; München 1980.

Reich bebildertes, mit vielen Informationen angereichertes Werk über den Landkreis.

Kurt Becker u.a.: Heimatchronik des Kreises Neuwied (= Heimatchroniken der Städte und Kreise des Bundesgebietes, Bd. 31); Köln 1966.

Standardwerk der Kreisgeschichte von den Ursprüngen bis zur Gegenwart.

Heinrich Neu und Hans Weigert (Bearb.): Die Kunstdenkmäler des Kreises Neuwied (= Die Kunstdenkmäler der Rheinprovinz, Bd. 16.2); Düsseldorf 1940.

Vorzüglich illustriertes Standardwerk mit informativen Baubeschreibungen.

Rudolf Lahr: Die ehemalige Prämonstratenser-Abtei Rommersdorf; Burscheid 1990.

Informative (von der Abtei Rommersdorf-Stiftung herausgegebene) Schrift zur Klostergeschichte.

Rheinischer Verein für Denkmalpflege und Landschaftsschutz (Hrsg.): Rheinische Kunststätten; H.26, Kreuzherrenkirche und Kloster Liebfrauenthal in Ehrenstein an der Wied (Neuss 1979); H. 71, Linz am Rhein (Neuss 1978); H. 310, Neuwied, Schloß und Stadtkern (Neuss 1986); H. 324, Hammerstein am Rhein (Neuss 1987).

Reich illustrierte Führungshefte durch die genannten „Rheinischen Kunststätten".

THOMAS A. BARTOLOSCH

Landkreis Altenkirchen

„Hier wird die Gegend recht betrübt", schrieb der gebürtige Göttinger Mediziner, Mineraloge und Hüttenkundler Dr. Johann Ludwig Jordan 1803 in seinen „Mineralogischen berg- und hüttenmännischen Reisebemerkungen vorzüglich in Hessen, Thüringen, am Rheine und im Seyn-Altenkirchner Gebiethe". Und weiter: „Grosse Strecken muss der Landmann umreissen und besäen, die ihm nur wenig Früchte tragen; andere darf er kaum wieder in sieben Jahren bebauen, um seinem Vieh kümmerliche Weide zu verschaffen. Beträchtlich weit herum erreicht man kein Dorf."

Jordans Schilderung bezieht sich auf jenen Teil des heutigen Kreises Altenkirchen, den die Geographen dem Westerwald zurechnen, das südwestliche Kreisgebiet, das der Gelehrte - vom Rhein kommend - zunächst kennenlernte. Von Altenkirchen ging seine Reise über gerade jene Hochflächen, die die Natur nicht so reich gesegnet hat. Freundlichere Worte fand der Wissenschaftler erst wieder für den nordöstlichen Teil des heutigen Kreises, das mittlere Talgebiet der Sieg, das westliche Siegerland.

Beiderseits der Sieg faßt der Landkreis Altenkirchen Teile von Siegerland und Westerwald zusammen. Während der südwestliche Teil bis heute überwiegend agrarwirtschaftlich geprägt ist, trägt der nordöstliche Teil gewerblich-industrielle Strukturen. Dieses Teilgebiet ist Bestandteil des Siegerländer Wirtschaftsraumes. Die Sieg kann nur grob als Grenze zwischen „Oberkreis" im Nordosten und „Unterkreis" im Südwesten gewertet werden. Die Erzgänge des Siegerland-Wieder Spateisensteinreviers, die bis in die 1960er Jahre die Grundlage von Erzbergbau und Hüttenwesen darstellten, reichen strichweise bis an die Südgrenze des Kreisgebietes, wo sich in Willroth das imposante Fördergerüst der ehemaligen Grube „Georg" erhalten hat.

Überall dort, wo in der Nachkriegszeit im Zuge des Niederganges von Bergbau und Verhüttung Arbeitsplätze verloren gingen, bemühten sich die zuständigen Stellen um Ansiedlung neuer Industrie- und Gewerbebetriebe. Auch auf den Höhen des Westerwaldes wurden neue Arbeitsplätze geschaffen. Dennoch hat die grobe Unterscheidung nach zwei unterschiedlich entwickelten Teilen des Kreises Berechtigung. Auch weiterhin bildet das mittlere Talgebiet der Sieg - das rheinland-pfälzische Siegerland - einen beachtlichen Schwerpunkt gewerblicher Wirtschaft. Aufgrund des hier vorzufindenden industriellen Gepräges ist der Kreis Altenkirchen einer der am stärksten industrialisierten Landkreise in Rheinland-Pfalz.

Der Bau der 1861/62 fertiggestellten Eisenbahn von Köln über Betzdorf nach Gießen mit Zweigbahn von Betzdorf nach Siegen förderte die siedlungsräumliche Durchdringung der Täler von Sieg und Heller nachhaltig. Nach der in den

1880er Jahren erfolgten Erschließung der Täler von Asdorf und Daade durch Zweigbahnen kam es auch hier zur Ansiedlung von Industrie- und Gewerbebetrieben. Im Mittelpunkt stand zu dieser Zeit aber noch das Montangewerbe. Der Bahnbau machte den großräumigen Antransport von Steinkohle und Koks aus dem Ruhrrevier sowie den Abtransport von Erz, Eisen und Stahl erst möglich. Kleine Grubenbetriebe wurden zu Großbetrieben ausgebaut, die mehreren tausend Beschäftigten Arbeit boten. Wer nicht pendeln wollte, siedelte sich in den Flußtälern an. Die Höhenzonen, deren Bevölkerung sich infolge verschiedener Auswanderungswellen bereits dezimiert hatte, entleerten sich zusehends. Der Eisenbahnknotenpunkt Betzdorf - vormals ein unbedeutendes kleines Dorf am Zusammenfluß von Sieg und Heller - wuchs innerhalb kürzester Zeit zum größten Ort des gesamten Kreises Altenkirchen heran. Viele Eisenbahner ließen sich hier nieder. In den 1880er Jahren war die inzwischen mehrere tausend Einwohner zählende Kleinstadt bereits größer als die Kreisstadt. Aber erst 1953 wurde Betzdorf - gewissermaßen nachträglich - zur Stadt erhoben. Die Entwicklung Altenkirchens dagegen blieb zurück.

Eine weitere Besonderheit zeichnet den Kreis Altenkirchen aus. Im Jahr 1991 bestand er - in seinen Grenzen nahezu unverändert - seit 175 Jahren. Mehrfach wurden Neu- und Umgliederungen des Kreisgebietes erwogen. Beispielsweise sollte der Oberkreis Nordrhein-Westfalen zugeordnet werden. Da das übrige Kreisgebiet dann aber nicht mehr lebensfähig gewesen wäre, beließ man es bei den 1816 bestimmten Kreisgrenzen.

Mit seinen lehmigen Böden, dem vorherrschenden regenreichen Mittelgebirgsklima und einer weit verbreiteten Staunässe in den flachen Höhenzonen war der Westerwald im Bereich des Kreises Altenkirchen von jeher ein wenig fruchtbares Gebiet, wie auch die Ausführungen Jordans belegen. Im Kreisgebiet stellen zwar einige Steinbeilfunde erste Spuren menschlichen Lebens dar; dies darf aber nicht zu dem Fehlschluß führen, es habe in der Steinzeit bereits eine dauernde Besiedlung des Raumes gegeben. Nach aktuellem Wissensstand erfolgte eine solche erst seit Beginn der La-Tène-Zeit, und zwar von Nordosten her. Spuren eisenkundiger keltischer Stämme lassen sich bis zur Mitte des Jahrtausends vor unserer Zeitrechnung datieren. Im Bereich des Giebelwaldes bei Freusburg konnte die Spatenforschung Reste zahlreicher Windöfen als kleine vorgeschichtliche Erzschmelzanlagen freilegen.

Im 2. Jahrhundert v. Chr. durchzogen und besiedelten dann die Germanen die Lebensräume der Kelten, die aber offenbar - auch in unserem Kreisgebiet - nicht völlig verdrängt wurden, sondern teilweise in der neuen Bevölkerung aufgingen.

Im frühen Mittelalter setzte die Christianisierung des heutigen Kreisgebietes ein. Es lag in jener Zeit im Grenzbereich mehrerer Gaue, die als Verwaltungsbezirke der Karolingerzeit die älteste faßbare politische Gliederung im Gebiet des nördlichen Westerwaldes darstellen. Der größte Teil des Kreisbereiches gehörte zum Auelgau, dessen Zentrum im Westen - im Bereich der Siegburg-Hennefer Bucht - lag. Von Osten her ragte der Gau Haiger - wohl ein Untergau des Oberlahngaues - in das Gebiet des heutigen Kreises Altenkirchen. Am schwächsten waren die Ausläufer des Engersgaus im Süden ausgebildet.

Im Auelgau folgten den Konradinern die rheinischen Pfalzgrafen als Gaugrafen. Mit der Verlagerung ihrer Herrschaft vom Niederrhein zum Mittelrhein und zur Mosel rückten Untergrafen an ihre Stelle. Nachkommen dieser Untergrafen waren die Grafen von Sayn, die im 12. Jahrhundert erstmals im Auelgau in Erscheinung traten. Über viele Jahrhunderte hinweg blieb der größte Teil des heutigen Kreises Altenkirchen dann Herrschaftsgebiet der Sayner Grafen.

Ursprünglich reichten die Besitzungen der Sayner in weiter Streulage von der Nahe bis nach Westfalen. Mit dem Tod Graf Heinrichs im Jahr 1246 erlosch das ältere Saynische Grafenhaus jedoch. Die Grafschaft zerfiel weitgehend. Die Erben begründeten zwar ein zweites Grafenhaus, konnten aber nicht verhindern, daß die Grafschaft im Bergischen weiteren Besitz verlor und nach Süden abgedrängt wurde. In der Folge konzentrierten sich die saynischen Besitzungen vorwiegend auf das Mittelrheingebiet und den Westerwald, wo man schon früh Fuß gefaßt und eine Politik gezielter Ausdehnung verfolgt hatte. Nach dem Dreißigjährigen Krieg wurde die Grafschaft geteilt. Das Haus Sayn-Hachenburg kam an die Grafen von Manderscheid-Blankenheim, Sayn-Altenkirchen fiel den Herzögen von Sachsen-Eisenach zu. Beide Grafschaften wechselten dann wiederholt den Besitzer. Hachenburg gehörte seit dem frühen 18. Jahrhundert den Burggrafen von Kirchberg, ab 1799 dem Fürsten von Nassau-Weilburg, Altenkirchen ab 1743 den Markgrafen von Brandenburg-Ansbach, ab 1791/92 vorübergehend Preußen.

Gegen Ende des Alten Reiches kam dann die territoriale Gliederung im Gebiet des heutigen Kreises Altenkirchen einem Fleckenteppich gleich. Die Sayner und ihre Erben hatten sich zwar erfolgreich gegen die beiden großen geistlichen Kurstaaten Köln und Trier behaupten können. Dennoch war es diesen gelungen, sich kleinere Vorposten an Sieg und Wied zu sichern. Darüber hinaus spielten die Grafen von Hatzfeldt seit dem 15. Jahrhundert im heutigen Kreisgebiet eine nicht unbedeutende Rolle.

Das Landkreiswappen nimmt auf diese Konstellation Bezug und drückt aus, daß das Gebiet von westlichem Siegerland und nördlichem Westerwald vormals von verschiedenen Territorialherren beherrscht wurde. Der doppelgeschweifte Leopard erinnert an die Grafen von Sayn. Der schwarze Maueranker weist auf die Herren von Wildenburg hin, jenes Edelherrengeschlecht, dem das Wildenburger Land im Norden des Kreises Altenkirchen in der Zeit vor den Hatzfeldtern unterstand. Das Balkenkreuz im mittleren Teil des Wappens steht für Kurköln (schwarzes Kreuz) und Kurtrier (rotes Kreuz). An die kleinräumige Aufspaltung des Raumes an Sieg und Wied erinnert noch heute die fleckenhafte Verteilung überwiegend protestantischer und überwiegend katholischer Gebiete.

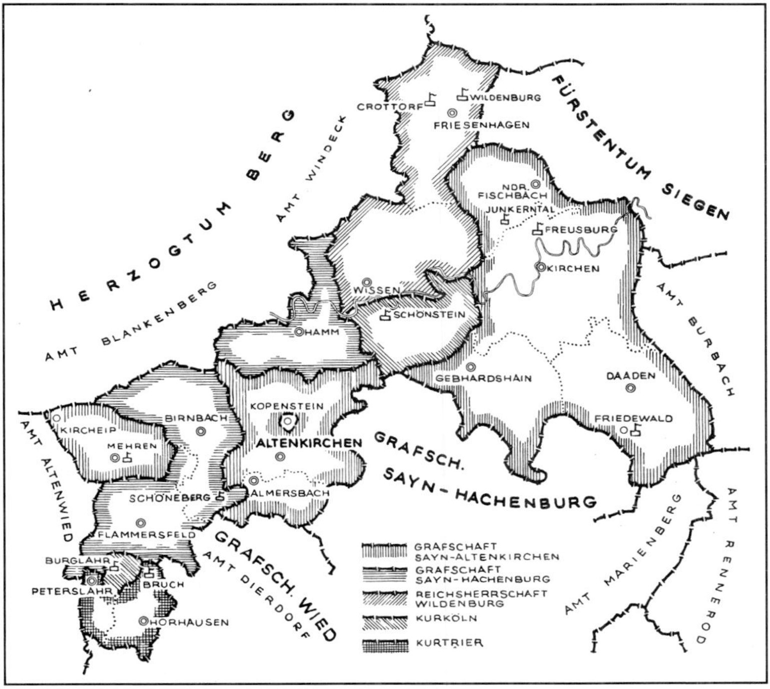

Landkreisgebiet Altenkirchen: Territoriale Situation um 1790

Bevor die kleinen Territorien dann 1815 preußisch wurden und man sie 1816 zum Kreis Altenkirchen zusammenfaßte, erlebten sie eine turbulente Übergangszeit. Im Zuge des Reichsdeputationshauptschlusses von 1803 wurden die nassauischen Fürstenhäuser Nassau-Usingen und Nassau-Weilburg für linksrheinische Verluste mit rechtsrheinischen Territorien entschädigt, unter denen sich auch Teile des heutigen Kreisgebietes befanden. Mit Beitritt der Nassauer zum Rheinbund 1806 wurden beide Häuser zusammengefaßt und zum Herzogtum erhoben. Preußen und Nassau schlossen beim Wiener Kongreß 1815 einen Tauschvertrag, durch den die herzoglich-nassauischen Gebiete im heutigen Kreis an Preußen fielen. Die Herrschaft Wildenburg schließlich, die 1806 dem Großherzogtum Berg angegliedert worden war, wurde 1815 ebenfalls preußisch.

Freusburg und Friedewald: Absicherung saynischer Territorialpolitik

Von zahlreichen Burgen und Schlössern im Gebiet des heutigen Kreises Altenkirchen ist nichts mehr erhalten. Zu erinnern ist an die Burgen Hohenseelbach und Honneroth sowie die Schlösser Altenkirchen und Bruch. Um so größeres Augenmerk haben staatliche und private Denkmalpflege dem Erhalt der überlieferten Burgen und Schlösser gewidmet. Die Freusburg und Schloß Friedewald stellen bedeutende Zeugnisse saynischer Territorialpolitik dar. Ihre rechtzeitigen Restaurierungen sind frühe und zugleich bis heute mustergültige Beispiele denkmalpflegerischer Bemühungen. Beide Anlagen dienen seit langem neuen Zwecken: die Freusburg als Jugendherberge, Schloß Friedewald als Sozialakademie. Nur diese Umnutzungen haben ihren Erhalt sichern können.

Auf einem Bergsporn erbaut und daher schwer einnehmbar, liegt die Freusburg hoch über dem Siegtal, das von der Anhöhe aus überwacht werden konnte. Der älteste Teil der umfangreichen, unregelmäßigen Anlage stammt aus romanischer Zeit. Bevor die Grafen von Sayn um 1220 in den Besitz der Burg gelangten und sie als Grenzbefestigung ausbauten, war sie Sitz der Herren von Vroitzberg, deren Geschlecht frühzeitig ausstarb. Unter Mitverwendung älterer Teile entstand um 1580 der bedeutende Südflügel, der nach seinem Bauherrn benannte „Heinrichsbau". Graf Heinrich IV. war eine der bedeutendsten Persönlichkeiten des gräflichen Hauses Sayn. Ein zweigeschossiger, sechsseitiger Eckerker, der auf Konsolsteinen ruht, zeichnet diesen Teil der Burg aus. Der mittlere der Konsolsteine zeigt das Wappentier der Sayner, den Leoparden, die übrigen zieren Tierfratzen. Der ältere Nordostflügel trägt auf dem gewalmten Dach einen kleinen Dachreiter.

Nachdem die Burg lange Zeit nur noch als Verwaltungssitz gedient hatte, wurde sie 1923 Jugendherberge. Vier Jahre später ging sie in den Besitz des Reichsverbandes für Jugendherbergen über, der sie grundlegend renovierte. Dabei wurde auch der den Süd- und den Nordostflügel verbindende Mittelbau ab dem ersten Obergeschoß erneuert. Fachwerkbauten im Innenhof und der an den Südflügel sich anschließende Westflügel stammen ebenfalls aus dieser Zeit. Mitte der 1980er Jahre wurde die Freusburg erneut von Grund auf instandgesetzt und abermals erweitert. Der neue Schlaftrakt der Jugendburg, der sich architektonisch und farblich dezent an den Nordostflügel anfügt, stellt eine ansprechende Erweiterung des historischen Burgkomplexes dar.

Schloß Friedewald geht auf eine mittelalterliche Burg der Grafen von Sayn zurück. 1324 verlieh Kaiser Ludwig der Bayer Friedewald Stadtrechte. Gottfried von Sayn erhielt zugleich die Erlaubnis zum Bau einer Burg und zur Befestigung des Ortes (Stadtmauer). Damit sicherten sich die Sayner die neu erworbene Landeshoheit im Daadener Land. Teile der alten Burg sind erhalten geblieben oder wieder aufgebaut worden; insbesondere der rechteckige der vier Türme dürfte an die Gründungszeit erinnern.

Das Hauptschloß im Inneren der wehrhaften Anlage ließ Heinrich IV. von Sayn erbauen. Jahreszahlen am Kellergewölbe (1580) und an zwei erhalten gebliebenen Kaminen (1582) weisen auf die Bauzeit hin. Bei dem rechteckigen Schloßbau handelt es sich um eines der eindrucksvollsten Beispiele deutscher Fürstenschlösser der Renaissancezeit. Parallelen zum Heidelberger Schloß, erkennbar an der hofseitigen Fassade, werden vielfach hervorgehoben. Über den massiven Bruchsteinunterbau sind zwei Hauptgeschosse gesetzt, deren Fassade durch Gesimse und Pilaster horizontal und vertikal gegliedert ist. Kreuzsprossenfenster und Wandfelder oder Nischen wechseln zwischen den antikisierenden Pilastern. Die Wandfelder der unteren Fassadenfront zeigen einen säulentragenden Herkules sowie Wappen des Schloßerbauers, die muschelbekrönten Nischen des oberen Fassadenteiles enthalten weibliche Figuren als Allegorien der fünf Kardinaltugenden Weisheit, Gerechtigkeit, Mäßigkeit, Wahrheit und Stärke.

Friedewald: Schloßfassade

Nachdem Friedewald über die Jahrhunderte hinweg zeitweise als Witwensitz, Verwaltungsgebäude oder auch als Gefängnis gedient hatte, verfielen die Gebäude langsam zur Ruine, die der preußische Staat in der zweiten Hälfte des 19. Jahrhunderts zum Abbruch freigab. Graf Alexander von Hachenburg, ein kunstsinniger Vertreter des Hauses Sayn-Wittgenstein-Sayn, kaufte jedoch die Ruine 1885 und ließ das alte Schloß nach und nach wieder herrichten und komplettieren. Die beiden mächtigen Steingiebel des Hauptgebäudes stammen aus jener Zeit, ferner das Obergeschoß des Ostflügels. Damit erhielt Schloß Friedewald - seit früher Nachkriegszeit Evangelische Sozialakademie - weitgehend den ursprünglichen Charakter einer geschlossenen, wehrhaften Anlage zurück. Die Initiative des Grafen von Hachenburg gilt heute als ein bemerkenswertes, frühes Beispiel privater Denkmalpflege.

i Die Freusburg (Tel. 02741/61094) und Schloß Friedewald (Tel. 02743/2091) sind nur nach besonderer Absprache zu besichtigen.

Wildenburg, Crottorf und Schönstein: Adlige Machtentfaltung im saynischen Umfeld

Das Wildenburger Land und Teile des Siegtales im Norden des Kreises weisen eine stattliche Zahl bedeutender Kunstdenkmäler auf. Einige von ihnen stellen beachtliche Zeugnisse der Machtentfaltung weltlicher Landesherren in diesem Gebiet dar.

Die Wildenburg bei Friesenhagen war Stammsitz der im Jahr 1239 erstmals urkundlich erwähnten Edelherren von Wildenburg. Von ihrer auf einem steilen Bergsporn gelegenen Höhenburg aus kontrollierten sie einen zu Füßen der Anlage vorbeilaufenden Handelsweg, über den vorwiegend Eisen aus dem Siegerland nach Köln verfrachtet wurde. Im frühen 15. Jahrhundert gelangte die Burg durch Heirat an die Herren von Hatzfeldt. Als Kantonssitz des von Napoleon eingerichteten Sieg-Departements rückte die Wildenburg von 1808 bis 1815 erneut in den Mittelpunkt regionaler politischer Ereignisse.

Im weiteren Verlauf des 19. Jahrhunderts war die Burg zunächst noch bewohnt, wurde dann jedoch als „Steinbruch" benutzt und verfiel zusehends. Daher sind heute nur Teile der ehemals weitläufigen Anlage erhalten. Die Fürstlich-Hatzfeldtsche Verwaltung indes, die dem weiteren Abbruch seinerzeit Einhalt gebot, hält die überlieferten Reste vorbildlich instand: den über 20 Meter hohen Bergfried, den eine Barockhaube krönt, die aus dem 15./16. Jahrhundert stammende, 1757 und 1932 ausgebaute polygonale Bastion, in der der Revierförster Dienstsitz und Wohnung hat, sowie Torbögen und Mauerreste, die an die ursprüngliche Ausdehnung der wehrhaften Anlage erinnern.

Crottorf: Wasserburg nach niederrheinisch-westfälischen Vorbildern (um 1725)

Das ebenfalls in der Nähe von Friesenhagen, am Wildenburgerbach gelegene Schloß Crottorf geht auf das als Lehnsgut der Wildenburg entstandene Hofgut Crottorf zurück. Nach niederrheinisch-westfälischen Vorbildern entstand Mitte des 16. Jahrhunderts unter Verwendung älterer Mauerteile eine wehrhafte Wasserburg, eine der letzten ihrer Art im Rheinland. Bauherr war Johann von Seelbach-Crottorf, mit dessen Tod 1563 die Hatzfeldter in den Besitz der Anlage gelangten. Mehrere Um- und Ausbauten folgten.

Das gut erhaltene Wasserschloß ist von Mauern sowie einem äußeren und einem inneren Wassergraben umgeben. Über eine Brücke und durch einen Torturm erreicht man die Vorburg, die sich hufeisenförmig zur Hauptburg öffnet. Auch bei dieser handelt es sich um einen Dreiflügelbau. An den vier Ecken der Hauptburg (Schloß) befinden sich Rundtürme. Eindrucksvoll gestalten sich die schweren Mansardendächer, die wie die markanten Turmhauben aus dem frühen 18. Jahrhundert stammen. Von besonderem Reiz ist die innere Ausstattung des Schlosses. Treppenhaus und Vestibül (ehemals Jagdzimmer) sowie die Kapelle enthalten bemerkenswerte Stuckdecken des italienischen Stukkateurs Rosso. Schloß Crottorf ist eines der bedeutendsten und meistaufgesuchten Kunstdenkmäler des Kreises Altenkirchen.

Schloß Schönstein bei Wissen ist ebenfalls seit langem Hatzfeldtscher Besitz. Die Anlage befindet sich auf einem nach zwei Seiten steil abfallenden Bergsporn an der Mündung des Elbbaches in die Sieg. Auf der Felsnase stand bereits im 13. Jahrhundert eine Burg, deren Name „Sconensteyne" auf die Lage Bezug nahm. Die dritte Seite war ursprünglich durch einen breiten Wassergraben geschützt, der Elbbach und Sieg miteinander verband. Von Schönstein aus ließen sich die vorbeilaufenden Verkehrswege gut kontrollieren. Nach wechselvoller Geschichte kam das kurkölnische Lehen 1589 an die Hatzfeldter, die damit ihren Herrschaftsbereich abrundeten.

Bereits jenseits des Elbbaches gelegen, dem eigentlichen Schloßkomplex aber vorgelagert, erreicht man zunächst die „Freiheit", einen mit Wirtschaftsgebäuden umgebenen Hof. Von diesem aus führt der Weg in den Vorhof, der von zwei prächtigen Barockbauten sowie dem Schloß umgeben ist. Letzteres fügt sich - der Topographie des Bergsporns entsprechend - nahezu dreieckig um einen kleinen Innenhof, der sich durch die einzigartig gestalteten Holzgalerien des Ostflügels auszeichnet.

i Die Wildenburg und Schloß Schönstein (Privatbesitz) können lediglich von außen betrachtet werden. In Crottorf ist die Besichtigung der Außenanlagen und Innenhöfe von April bis Oktober zwischen 10 und 18 Uhr (außer montags und freitags) möglich.

Marienthal: Wallfahrtsstätte seit dem Spätmittelalter

Über die Entstehung des Wallfahrtsortes Marienthal erzählt eine Legende: Ein Hirte habe ein Vesperbild als Gnadenbild geschnitzt und im Wald aufgestellt. Ob es freilich ein Hirte war, bleibt fraglich. An der Existenz eines Gnadenbildes indes wird kein Zweifel erhoben, denn zum Schutz eines solchen entstand im 15. Jahrhundert an der Stelle des späteren Klosters Marienthal eine Kapelle. Sie wurde Wallfahrtsort. Im „Marienthaler Wunderbüchlein" wird von zahlreichen Wunderheilungen sowie Wiedererweckungen vom Tode berichtet, die sich in der Zeit von 1487 bis 1492 zugetragen haben sollen.

Für die Wallfahrten war die Kapelle offenbar bald zu klein. Um die Wende vom 15. zum 16. Jahrhundert wurde deshalb eine rund 26 Meter lange, dreischiffige Kirche mit rundem, erhöhtem Chor gebaut. Sie hatte einen Turm und gehörte zur Pfarrei Hamm/Sieg in der Grafschaft Sayn. Nach Einführung des lutherischen Bekenntnisses um 1561 erfolgten Beschlagnahme und Veräußerung des zur Kirche gehörenden Besitzes. Das Gotteshaus und das in ihr befindliche Inventar fielen dem „Bildersturm" von 1605 zum Opfer, den Graf Wilhelm III. von Sayn-Wittgenstein-Sayn bei Einführung des reformierten Bekenntnisses veranlaßte. Ein übriges erledigten wohl wittgensteinische Soldaten im Jahr 1654.

Zehn Jahre später wurde in Marienthal wieder der katholische Gottesdienst eingeführt. Es kam zu einer Renovierung der Kirche und der Gründung eines Franziskanerkonventes. 1666 konnte der Grundstein für ein 15 Meter langes und 7 Meter breites, zweistöckiges einfaches Klostergebäude gelegt werden. Nachdem sich das Kloster als zu klein erwiesen hatte, wurde es Anfang des 18. Jahrhunderts bis auf die Frontmauer abgebrochen und als größerer, dreistöckiger Bau neu errichtet. Ein dritter Neubau des Klosters wurde erforderlich, als es nach nur rund 50 Jahren baufällig war. Die Planung hatte der Bruder Cornelius Schmitt aus Wessobrunn in Oberbayern inne.

Anfang des 19. Jahrhunderts wurde die Franziskaner-Residenz säkularisiert. Auf dem Wege der Schenkung kam die Kirche in den Besitz der Katholiken des Hammer Landes. Das Kloster wurde zunächst Privatbesitz, dann aber Eigentum des Erzbistums Köln. Nach Ende des Bismarck'schen Kulturkampfes zogen erneut Franziskaner in Marienthal ein. Von der Kirche, die im 19. Jahrhundert teilweise abgebrochen wurde, ist nur der Ostteil im Original erhalten. Dabei handelt es sich um einen hohen, einschiffigen, barocken Raum mit Stichkappengewölbe und Rocailleschmuck. Die zwei Westjoche des Klosters wurden um 1970 barockisiert rekonstruiert.

Nachwuchssorgen der Franziskaner führten in den frühen 1970er Jahren zur Aufgabe Marienthals. Im Juni 1973 übernahm die Katholische Landvolkshochschule Rhöndorf das Klostergebäude als Nebenstelle. Zu Jahresbeginn 1983 kam Marienthal an das Erzbistum Köln (Abteilung Bildung) und firmiert nun als „Haus Marienthal, Bildungsstätte des Erzbistums Köln". Die bereits seit mehreren Jahrzehnten abgehaltenen Exerzitien und Erholungsfreizeiten des Familienferienwerks der Caritas werden auch weiterhin angeboten. Marienthal ist nach wie vor ein Wallfahrtszentrum. Über 60 Wallfahrten von nah und fern finden pro Jahr statt. Hinzu kommen viele Wallfahrten von Einzelpersonen.

Außer zwei Vesperbildern des späten 15. und frühen 16. Jahrhunderts ist von der alten Inneneinrichtung jedoch nicht viel übrig geblieben. Im Zuge der Verkleinerung der Klosterkirche wurden die Kanzel und zwei Seitenaltäre an die katholische Pfarrei Wissen verkauft, die sie in ihrer Kreuzerhöhungskirche aufstellte. Dort sind sie noch heute zu finden.

Die Vergangenheit Marienthals ist somit ein Beispiel für die Wechselhaftigkeit, die Klöster und Wallfahrtsorte im Laufe der Jahrhunderte ereilen konnte. Konfessionswandel und Säkularisation haben eindeutig ihre Spuren hinterlassen.

Marienthal: Pilgerandenken (1762)

Das Haus Marienthal, Bildungsstätte des Erzbistums Köln (Tel.02682/210) ist für Tagungen, Seminare und Exerzitien bestimmt. Eine Besichtigung ist nur hinsichtlich der Außenanlage möglich.

Westliches Siegerland: Erzbergbau und Hüttenwesen

Mit dem Bau der das Siegerland erschließenden Eisenbahnstrecken Hagen-Siegen und Köln-Betzdorf-Gießen mit Zweigbahn von Betzdorf nach Siegen - beide 1861/62 eröffnet - rückte das Siegerland als potentieller Erzlieferant in den Blickpunkt der kapitalkräftigen Ruhrindustrie. Zahlreiche kleine Grubenbetriebe, die sich in der Hand kapitalschwacher Siegerländer Gewerken (Anteilseigner) befanden, wechselten zu dieser Zeit den Besitzer. Krupp, Mannesmann und andere Montanindustrielle von Rhein und Ruhr erwarben förderwürdige Gruben und Grubenfelder und investierten hohe Kapitalsummen zur Erschließung neuer Erzlagerstätten. Das Siegerland wurde so die Erzbasis zahlreicher Ruhrhütten.

Zu den reicheren Erzlagern hatten die Gewerken nur selten vorstoßen können. Ihre Betriebe hatten sich durch Stollenbau ausgezeichnet. Stollen waren von der Talsohle schräg aufwärts in den Berg vorgetrieben worden, so daß das Wasser - dem Gefälle folgend - aus dem Berg lief, ohne daß Pumpen hätten aufgestellt werden müssen. Die förderwürdigsten Erzlagerstätten befanden sich jedoch unterhalb der von den Talsohlen vorgetriebenen Stollen. Den Übergang vom Stollen- zum Schachtbau hatten sich die Gewerken allerdings mangels Kapitals nicht leisten können. Die neuen Eigentümer hingegen investierten zielstrebig in Schachtanlagen, maschinelle Förderanlagen, Grubenbahnen und dampfmaschinengetriebene Pumpanlagen zur Wasserhaltung in größeren Teufen (bergmännisch für Tiefen).

Steinebach: Die Grube Bindweide wurde zunächst im Stollenbau, dann - nach Übergang an Krupp - im Schachtbau betrieben. Der Gewerke Theodor Stein veräußerte den Betrieb 1872 an den genannten Ruhrindustriellen. Dabei mag zwar ein Grubenunglück den Ausschlag gegeben haben, bei dem Steins Neffe Johannes Schmidt und 13 weitere Menschen ums Leben kamen; letztlich hätte Stein aber nicht die Mittel aufbringen können, die Krupp in den folgenden Jahrzehnten in den Betrieb investierte. Die maschinelle Tiefbauförderung setzte 1880 mit Inbetriebnahme des „Schachtes 1" ein. War das Erz zunächst per Pferdefuhrwerk zur Staatsbahn im Siegtal verfrachtet worden, baute Krupp eine über 7 Kilometer lange Schmalspurbahn, die die Grube mit dem Staatsbahnhof Scheuerfeld bei Betzdorf verband. Über eine halbe Million Goldmark waren dazu erforderlich. Nach Inbetriebnahme der Bahn konnte die Erzförderung enorm gesteigert werden. Rasch stieg die Beschäftigungszahl auf über 800 Arbeitskräfte. Die Grube war der bedeutendste Arbeitgeber des Gebhardshainer Landes. 1907/08 wurde „Schacht 2" in Betrieb genommen. Die Schmalspurbahn ging an den Kreis Altenkirchen über, der sich verpflichtete, eine normalspurige Bahnstrecke zu errichten. 1913 konnte sie eröffnet werden. Damit entfiel das Verladen der Erze von Schmalspur- auf Normalspurwaggons in Scheuerfeld. Gleichzeitig hatte Krupp neue Übertageanlagen errichten lassen, die ebenfalls 1913 ihrer Bestimmung übergeben werden konnten. Die Grube Bindweide wurde 1931 im Rahmen der Weltwirtschaftskrise stillgelegt, etwa 50 Jahre danach aber wieder aufgewältigt - jetzt als Besucherbergwerk.

Herdorf-Sassenroth: Das Bergbaumuseum des Kreises Altenkirchen bietet einen umfassenden Einblick in die Geschichte des Siegerländer Erzbergbaus sowie damit verbundener Wirtschaftszweige (Hüttenwesen, Haubergswirtschaft, Wiesenbau). Im Kellergeschoß befindet sich ein detailgetreu nachgebautes Schaubergwerk. Ein Fördergerüst mit Maschinenhaus, ein Mineralienkabinett und Großgeräte im Freigelände (Originalteile eines Siemens-Martin-Ofens) stellen weitere Attraktionen dar.

Grünebach: Das Rauhgemäuer sowie das Hochofengestell der 1963 stillgelegten, rund 250 Jahre alten Neugrünebacherhütte sind erhalten geblieben. Es handelt sich um eine der älteren, kleinen Hüttenwerke des Siegerlandes (mit einem nur 40 Kubikmeter fassenden Hochofen). Mit „apothekermäßiger" Analysegenauigkeit und -vielfalt konnten ganz spezielle Kundenwünsche („kalterblasenes Siegerländer Spezialroheisen") erfüllt werden.

Willroth: Das letzte originale Schachtgerüst im Siegerland-Wieder Spateisensteinrevier ist das der 1965 stillgelegten Grube Georg (Farbtafel 15). Das erst nach dem Zweiten Weltkrieg (1952/53) aufgestellte, 56 Meter hohe Fördergerüst (mit Brecherhaus und Hängebank) ist von weitem sichtbar und bildet den Ausgangspunkt der quer durch den Kreis ausgewiesenen Erzstraße.

Westliches Siegerland:
Eine alte Bergbaulandschaft

i Das Besucherbergwerk Grube Bindweide (Tel. 02747/80917) ist vom 1. April bis zum 31. Oktober mittwochs und samstags von 14 bis 17 Uhr sowie sonn- und feiertags von 13 bis 17 Uhr geöffnet. Die Führungen dauern über eine Stunde. Da die Temperatur im Bergwerk um 12°C liegt, empfiehlt sich entsprechende Kleidung, außerdem festes Schuhwerk. Schutzhelme und -jacken stehen kostenlos zur Verfügung. Gruppenführungen sind auch außerhalb der festen Öffnungszeiten (außer montags) möglich.
Das Bergbaumuseum des Kreises Altenkirchen (Schulstraße 3, Tel.02744/6389) in Herdorf-Sassenroth ist in der ehemaligen Barbaraschule untergebracht und täglich außer montags von 10 bis 12 und von 14 bis 17 Uhr geöffnet. Führungen von Gruppen und Schulklassen nach vorheriger Anmeldung sind möglich.
Das Rauhgemäuer und Hochofengestell der Grünebacher Hütte kann nach vorheriger Anmeldung bei der NH-Beton GmbH,

Raiffeisenstraße: Ländliches Genossenschaftswesen

Friedrich Wilhelm Raiffeisen, der Begründer des ländlichen Genossenschaftswesens, wurde am 30. März 1818 in Hamm/Sieg geboren. Nach freiwilligem Militärdienst und Ausbildung zum Oberfeuerwerker kam er zunächst zur Sayner Hütte, wo er mit der Überwachung der Rüstungsproduktion betraut war. Wegen eines einsetzenden Augenleidens wurde er Verwaltungsbeamter in Mayen. Während seiner Zeit als Bürgermeister von Weyerbusch (1845-1848) initiierte er die Gründung des „Weyerbuscher Brodvereins", der den Ausgangspunkt des ländlichen Genossenschaftswesens darstellt. Als Bürgermeister von Flammersfeld (1848-1852) gründete er den „Flammersfelder Hülfsverein zur Unterstützung unbemittelter Landwirthe". Auch als Heddesdorfer Bürgermeister (1852-1865) verfolgte er den Genossenschaftsgedanken konsequent weiter. 1854 kam es zur Gründung des „Heddesdorfer Wohltätigkeitsvereins". Nach seiner vorzeitigen Pensionierung 1865 (aufgrund seines Augenleidens) schrieb er das 1866 erschienene Buch „Die Darlehnskassen-Vereine als Mittel zur Abhilfe der Not der ländlichen Bevölkerung sowie auch der städtischen Handwerker und Arbeiter", das in mehreren Auflagen erschien.

Fünf Jahre nach seiner Pensionierung gab es in der Rheinprovinz bereits 75 Vereine nach seinem Konzept. Mit Gründung der „Landwirtschaftlichen Central-Darlehnskasse" (1876) sowie des „Anwaltschaftsvereins ländlicher Genossenschaften" (1877) erhielt die Raiffeisen-Organisation dann einen geordneten und funktionstüchtigen Überbau. Am 11. März 1888 starb Raiffeisen im Alter von nahezu 70 Jahren und wurde im heutigen Neuwieder Stadtteil Heddesdorf beigesetzt. Während seiner Weyerbuscher und Flammersfelder Zeit hat sich Friedrich Wilhelm Raiffeisen nicht zuletzt auch um den Schul- und Straßenbau bemüht, insbesondere um die Verwirklichung des chausseemäßigen Ausbaus der Straßenverbindungen mit dem Rheintal (Weyerbusch-Flammersfeld-Dierdorf-Neuwied und Flammersfeld-Asbach-Bad Honnef).

Hamm/Sieg: Seit dem Jahr 1962 gibt es in Hamm eine Raiffeisen-Gedenkstätte mit Museum. Das Fachwerkgebäude, in dem sich das Museum befindet, steht an der nach Raiffeisen benannten Ortsstraße und wurde 1960 von der Raiffeisendruckerei Neuwied erworben und ausgebaut. Im frühen 19. Jahrhundert wurde das Haus vom Großonkel Raiffeisens, dem Chirurgen Georg Friedrich Lanzendörfer, bewohnt. Er hat unter Umständen die Mutter Raiffeisens zur Entbindung zu sich geholt, so daß das Haus das Geburtshaus des Genossenschaftsgründers sein könnte. Im Erdgeschoß werden in zwei Räumen mehrere Gegenstände Raiffeisens ausgestellt, außerdem eine Zahl schriftlicher Quellen. Im Vorfeld des Raiffeisen-Gedenkjahres 1988 äußerten Hammer Heimatforscher allerdings, daß auch das gegenüber der Evangelischen Kirche gelegene ehemalige Schultheißen-Haus und heutige Romantik-Hotel „Alte Vogtei" das Geburtshaus Raiffeisens gewesen sein könne. Wiederentdeckte Unterlagen deuten darauf hin, daß das Haus von den Eltern Raiffeisens bewohnt wurde. Im Falle einer - damals nicht unüblichen - Hausgeburt dürfte F.W. Raiffeisen hier geboren worden sein. Hamm hat seit 1988 also zwei potentielle Raiffeisen-Geburtshäuser.

Altenkirchen: Neben dem Haupteingang der Kreisverwaltung befindet sich eine Bronzebüste Raiffeisens, die 1974 dort aufgestellt wurde. Dabei handelt es sich um einen Abguß. Das Original steht im Hof des Gebäudes der Regierung von Niederösterreich in Wien und wurde 1906 von dem Erfurter Bildhauer Max Deutschmann geschaffen.

Weyerbusch: Das Haus, in dem die Amtsstube Bürgermeister Raiffeisens untergebracht war und in dem er damals auch wohnte, befindet sich in zentraler Lage im Ort. Eine an dem Gebäude angebrachte Gedenktafel erinnert an die Tätigkeit des Sozialreformers in Weyerbusch. Das Haus, in dem heute eine Zweigstelle der Raiffeisenbank 2000 eG Altenkirchen untergebracht ist, wurde im Nachgang des Raiffeisen-Gedenkjahres 1988 von Grund auf renoviert. Auch das in der Nähe des Wohnhauses befindliche Weyerbuscher Backhaus (Backes) steht in Zusammenhang mit der Biographie Raiffeisens: „Hier gründete Friedrich Wilhelm Raiffeisen Anno 1846/47 den Weybuscher Brodverein" heißt es auf einer am Backhaus angebrachten Erinnerungstafel. Da das alte Backhaus jedoch im Zweiten Weltkrieg zerstört und 1953 nur in verkürzter Form wieder aufgebaut worden war, hat man 1989 ein neues Backhaus errichtet, das dem alten aus der Zeit Raiffeisens - originalgetreu nachgebaut - vollkommen entspricht. Außerdem entstand in jenem Jahr eine modern gestaltete Begegnungsstätte, in der Tagungen und Seminare zum Genossenschaftswesen veranstaltet werden.

Flammersfeld: Während seiner Zeit als Bürgermeister von Flammersfeld ließ Raiffeisen ein Fachwerkhaus errichten, das er als Wohnung und Dienstsitz nutzte. Das Gebäude an der nach ihm benannten Straße im Ort ist erhalten geblieben. Eine größere Tafel neben der Haustür erinnert an sein Wirken in Flammersfeld, insbesondere an die Gründung des „Flammerfelder Hülfsvereins" im Jahr 1849, „eine Keimzelle der weltumspannenden Raiffeisen Genossenschaften", wie es wörtlich heißt.

i Der Besuch der Gedenkstätten entlang der Raiffeisenstraße, insbesondere des Hammer Raiffeisenmuseums und des Ensembles in Weyerbusch, sollte mit der Raiffeisenbank 2000 eG Altenkirchen (Tel.02681/80631) abgesprochen werden. Gruppenbetreuung ist möglich.

Friesenhagen, Mehren und Daaden: Dörfliche Wohnkultur

Das Bild der Dörfer im Kreis Altenkirchen ist keineswegs einheitlich geprägt. Im Siegerländer Anteil des Kreises sind es mehr die kleinen Bergmannssiedlungen, im Westerwälder Teil mehr die kleinbäuerlichen Gehöfte, Stallungen, Scheunen und Backhäuser, die das jeweilige Ortsbild prägen. Dennoch haben alle Dörfer eines gemeinsam: Fachwerkbauweise beherrscht die älteren Dorfbereiche. Erst im Laufe des 19. Jahrhunderts ging man nach und nach dazu über, Steine beim gewöhnlichen Hausbau zu verwenden. Abgesehen von Burgen und Schlössern, Kirchen und Klöstern gab es im Siegerland und auf den Westerwaldhöhen zu Beginn der Industrialisierung nur wenige weitere Steinbauten: einige frühe Bürgerhäuser, die - soweit sie erhalten geblieben sind - den Wohlstand ihrer Erbauer dokumentieren.

Die industrielle Zeit mit ihren modernen Baumaterialien hat das Siedlungsbild dann vielerorts grundlegend verändert. Nur wenige Dörfer des Kreisgebietes haben sich ihre ursprüngliche Gestalt weitgehend bewahren können. Friesenhagen, Mehren und Freusburg sind hier in erster Linie zu nennen. In einigen Ortschaften sind seit Jahren Bemühungen spürbar, die alte Gestalt weitgehend wieder herzustellen, wie in Daaden, das seinem alten Ortsbild heute wieder mehr ähnelt, als noch vor ein oder zwei Jahrzehnten. Zu den Sanierungsmaßnahmen zählt vielfach, die verschieferten oder in jüngerer Zeit mit Eternit-Platten verschlagenen Fachwerkfassaden wieder freizulegen und die alte Bausubstanz zu restaurieren.

Ein weiteres typisches Element bestimmt viele Dörfer des Kreisgebietes: der romanische Kirchenbau, der in seiner jeweiligen Gestalt an die Frühzeit der kirchlichen Organisation auf dem Land erinnert. Romanische Pfarrkirchen befinden sich in Almersbach, Birnbach, Flammersfeld, Kircheib und Mehren. Bei einer Reihe weiterer Kirchen hat sich der wuchtige, ungegliederte Turm aus romanischer Zeit erhalten - in Daaden, Friesenhagen, Hamm/Sieg, Horhausen, Hilgenroth, Peterslahr und Wissen sowie bei den Evangelischen Kirchen in Niederfischbach und Kirchen.

Friesenhagen: Den Mittelpunkt dieses Fachwerkdorfes bildet die erhöht gelegene Katholische Pfarrkirche St. Sebastian. Sie ist vor einigen Jahren von Grund auf renoviert worden. Bei ihrer Errichtung im Jahr 1740 bezog man ältere Teile der Vorläuferkirche in den Neubau mit ein: den romanischen Turm, der nach einem Brand 1751 seine Barockhaube erhielt, sowie den Chor mit seinem spätgotischen Netzgewölbe. Das Langhaus stellt einen barocken Saalbau dar, in den der Turm hineinragt. Um ihn herum ist die Orgelempore angeordnet. Die Kirche hat eine bemerkenswert reiche Ausstattung. Im nördlichen Seitenchor befindet sich die aufwendige Grablege derer von Hatzfeldt.

Im Verlauf der Gegenreformation ließen sich Franziskaner in Friesenhagen nieder. An sie erinnert das oberhalb der Kirche gelegene Franziska-nerkloster, das in den 1740er Jahren errichtet und bezogen wurde. Der langgestreckte Bruchsteinbau ist zweistöckig und hat ein Walmdach. Im Jahr 1814 verließ der letzte Franziskaner diese Niederlassung.

Friesenhagen, dessen Fachwerkhäuser entlang der Hauptstraße eigentümlich hohe Freitreppen aufweisen, ist von einem Kranz bemerkenswerter Kapellen umgeben, von denen hier nur auf die Annakapelle am „Lindchen" auf dem Blumenberg (auch „Rote Kapelle") hingewiesen werden soll. Sie erinnert an die Zeit der Hexenverfolgung im Wildenburger Land.

Mehren: Die romanische Pfarrkirche beherrscht das Ortsbild von ihrer erhöhten Lage aus. Es handelt sich um eine dreischiffige Pfeilerbasilika mit Westturm, quadratischem Chorhaus und Apsis. Die mehrfach restaurierte Kirche dürfte um 1200 errichtet worden sein. Der malerische Fachwerkaufbau über dem Chor stammt wahrscheinlich aus dem 18. Jahrhundert. Damit kamen Hauptschiff und Chor unter ein gemeinsames Dach.

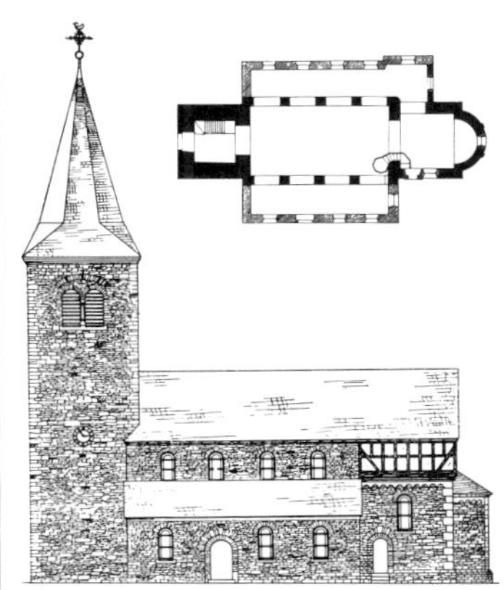

Mehren: Evangelische Pfarrkirche

Unterhalb der Kirche befinden sich zwei bemerkenswerte Fachwerkhäuser: zum einen das mit einem traditionellen Reetdach eingedeckte Haus Schneider, zum anderen die Alte Schule, ein spätgotisches Haus aus dem 16. Jahrhundert.

Daaden: Auch in Daaden bildet die Pfarrkirche den Ortsmittelpunkt. Von der alten romanischen Kirche ist nur der Turm erhalten geblieben, der 1784 aufgestockt und mit einer barocken Haube versehen wurde. Bei dem 1722 bis 1724 errichteten Haupthaus handelt es sich um eine einschiffige, großräumige Anlage in Kreuzform. Der Innenraum der typisch protestantisch gestalteten Kirche wird von dem vorgezogenen Orgel-Kanzel-Altar (Predigerkirche) im Osten und doppelgeschossigen Holzemporen im Westen bestimmt.

Mehrere Fachwerkhäuser setzen schließlich auch in Daaden - ähnlich wie in Mehren - unterhalb der Kirche Akzente. Hinzuweisen ist zudem auf das steinerne von Schützsche Haus (Bürgerhaus), das 1691 von Nikolaus Wolfgang Sinolt genannt Schütz, einem saynischen Oberamtmann, als Dienstsitz erbaut wurde.

Literatur:

Heimatverein für den Kreis Altenkirchen e.V. (Hrsg.): Heimat-Jahrbuch des Kreises Altenkirchen (Westerwald) und der angrenzenden Gemeinden; Bd. 1 ff; Altenkirchen/Westerwald 1958 ff.

Kreisjahrbuch mit zahlreichen landeskundlich-geographischen und historischen Beiträgen.

Kreisverwaltung Altenkirchen, Kreisarchiv (Hrsg.): Betrifft: Heimat 1 ff; Altenkirchen/Westerwald 1985 ff.

Regionalgeschichtliche Reihe mit Forschungsergebnissen junger Historiker zur Wirtschafts-, Sozial- und Zeitgeschichte von Siegerland und Westerwald.

Horst G. Koch: Bergland an Sieg, Heller und Wied - Eindrücke, Notizen und Bilder einer Reise durch den Kreis Altenkirchen; Siegen (1977), 3. Aufl. 1981.

Populäre und gut bebilderte Darstellung von Vergangenheit und Gegenwart des Kreises, zum Einstieg geeignet.

Margot Bitterauf-Remy in Verbindung mit Josef Busley und Heinrich Neu (Bearb.): Die Kunstdenkmäler des Kreises Altenkirchen (= Die Kunstdenkmäler der Rheinprovinz, Bd. 16.1); Düsseldorf 1935, NDr. Düsseldorf 1985.

Noch immer grundlegende Beschreibung der Kunstdenkmäler des Landkreisgebietes.

Kreissparkasse Altenkirchen (Hrsg.), Thomas A. Bartolosch und Angela Schumacher (Verf.): Kulturdenkmäler im Kreis Altenkirchen; Altenkirchen/Westerwald 1988.

Reich illustrierte, überblicksartige Darstellung der Denkmäler des Kreises und ihrer Geschichte unter Berücksichtigung technischer Denkmäler.

Horst G. Koch: Glanz aus der Tiefe, Eisenerzgrube „Bindweide" im Siegerländer Spateisensteinbezirk, Besucherbergwerk im Gebhardshainer Ferienland; Siegen 1990.

Lebendig geschriebene, informativ illustrierte Darstellung der Geschichte der Grube „Bindweide" und ihrem Ausbau zum Besucherbergwerk.

H. Dietrich Gleichmann u.a.: Bergbaumuseum des Kreises Altenkirchen, Herdorf-Sassenroth (= Museen in Rheinland-Pfalz, Bd. 5); Speyer 1990.

Mit zahlreichen Abbildungen versehene, technikgeschichtlich ausgerichtete Beschreibung des Siegerländer Bergbaus und weiterer Zweige des regionalen Wirtschaftsgefüges.

Pädagogisches Zentrum des Landes Rheinland-Pfalz und Landkreis Altenkirchen (Hrsg.), Thomas A. Bartolosch (Verf.): Der Landkreis Altenkirchen, Unterrichtsmaterialien zur Geschichte des Kreises (= PZ-Information Geschichte, Heft 5/1991); Bad Kreuznach und Altenkirchen 1991.

Didaktisch aufbereitete, Schwerpunkte setzende Darstellung der Geschichte des Kreises im 20. Jahrhundert.

REINHARD SCHÜLLER

Westerwaldkreis

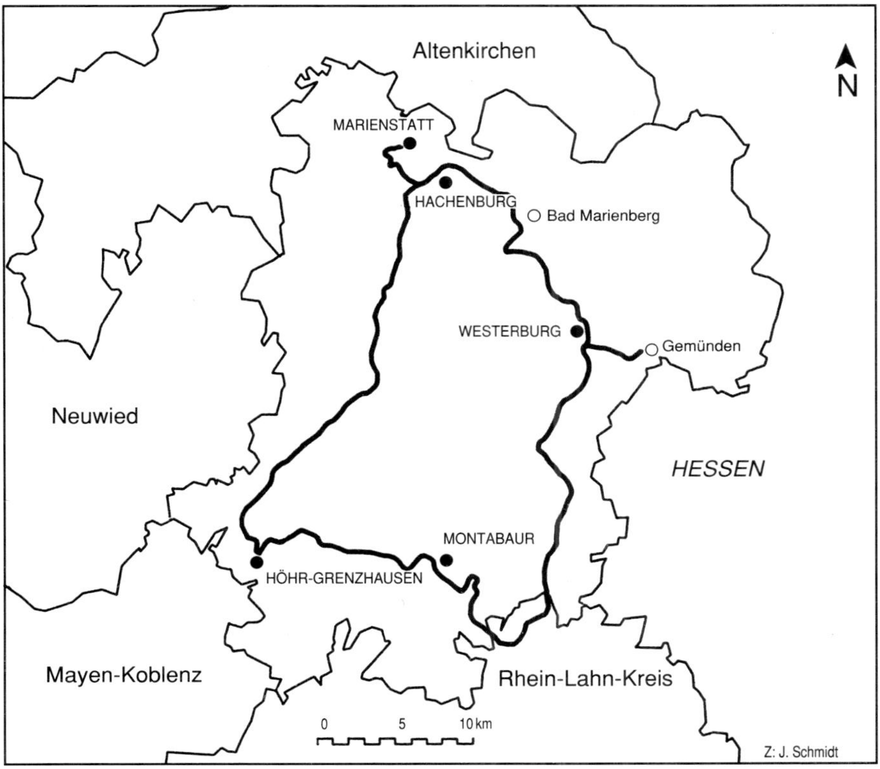

Der Westerwaldkreis ist 1974 durch die Zusammenlegung des Unter- und des Oberwesterwaldkreises entstanden. Das Wappen des Kreises zeigt auf silbernem Grund eine blaue altdeutsche Kanne mit silbernen Riffeln und drei Medaillons als Hinweis auf die drei Verbandsgemeinden des Kannenbäckerlandes; die sieben schwarzen in Silber gefaßten rechteckigen Basaltsäulen stehen für die Verbandsgemeinden, in denen Basalt oder Quarzit vorkommt. Der grüne Schrägbalken weist nicht etwa auf die Trennung der ehemaligen beiden Kreise hin, sondern symbolisiert den Waldreichtum und die Wiesen (ca. 40% des Kreisgebietes sind bewaldet, etwa 28% Dauergrünland) und soll damit den Westerwaldkreis als Erholungslandschaft charakterisieren.

Das Kreisgebiet umfaßt allerdings nur einen Teil des gesamten „Westerwaldes", dessen Name erstmals 1048 urkundlich erwähnt wird. Er bezeichnete damals den Wald westlich von Herborn; erst im Laufe des 19. Jahrhunderts erweitert sich das so benannte Gebiet auf das gesamte Schiefergebirge zwischen Rhein, Lahn und Sieg.

Als Naturlandschaft müßte der Westerwald nahezu lückenlos von einem Laubwald bestanden sein. Für die Menschen früher Kulturen war der Wald deshalb der hauptsächliche Bezugsraum. Erste Spuren menschlicher Anwesenheit fanden sich aus dem Mesolithikum. Im Neolithikum scheint es dann zu ersten Besiedlungen gekommen zu sein. Sicher nachgewiesen sind Siedlungsplätze aus der Urnenfelderzeit (1200 bis 700 v. Chr.). Kelten besiedelten das Gebiet zur Latène-Zeit (ab 450 v. Chr.), vermischten sich mit von Osten kommenden Germanenstämmen oder wurden von diesen nach Westen abgedrängt. Unter Domitian (81-96) gelangte ein kleiner Teil des Kreisgebietes (im Süden: Raum Höhr-Grenzhausen - in Richtung Bad Ems) unter römische Herrschaft; Spuren des Limes sind hier noch zu verfolgen.

Nach den Wirren der Völkerwanderungszeit waren es fränkische Gaue, die die ersten Verwaltungseinheiten darstellten, dabei sind vor allem die Konradiner (seit Beginn des 9. Jahrhunderts) zu nennen. In die Konkurrenz der verschiedenen Gerichts- und Grundherren trat bald zunehmend die Kirche als Mitbewerber um Grundbesitz und Herrschaft ein. Zu Köln gehörten die Pfarreien Kroppach, Altstadt und Alpenrod; alle weiteren kirchlichen Aktivitäten erfolgten vom Erzbistum Trier aus. So ging die Macht der Gaugrafen im 12. Jahrhundert an die neuen Grundherren verloren. Neben größeren Territorien (vor allem Kurtrier, Kurköln und Hessen) gab es eine zunehmende Zahl kleiner und kleinster Herrschaften, die die mittelalterliche Territorialkarte unseres Kreisgebietes wie einen bunten Flickenteppich mit wechselndem Zuschnitt erscheinen läßt.

In der Neuzeit setzte sich dies grundsätzlich fort, jedoch nahm die Vielzahl der Herrschaften deutlich ab, so daß im Revolutionsjahr 1789 Kurtrier und Nassau-Oranien die stärksten Positionen innehatten. Die kleinen Territorien von Wied-Neuwied und Leiningen-Westerburg wirkten als Einsprengsel.

Die napoleonische Zeit, der Wiener Kongreß und Preußens Territorialtausch mit dem Herzogtum Nassau (1815) brachte dem Kreisgebiet dann erstmals eine (fast) vollständige Vereinigung in einem großflächigen Staatsgebiet. Doch bereits 1866, als Preußen das Herzogtum Nassau annektierte, gab es erneut Umbildungen im Verwaltungssystem. 1868 entstanden der Unterwesterwaldkreis mit den Ämtern Montabaur, Selters, Wallmerod und der (1885 veränderte) Oberwesterwaldkreis mit Hachenburg, Marienberg, Rennerod.

Die bisher letzten verwaltungsräumlichen Eingriffe sind dann die erwähnte Zusammenlegung jener beiden Landkreise (1974), vor allem aber auch das Ende der temporären Rolle Montabaurs als Sitz eines Regierungspräsidenten (1946 bis 1968).

Das gegenwärtige funktionale Raumgefüge bestimmen hauptsächlich Montabaur, Hachenburg und Westerburg als Mittelzentren; dazu kommt Höhr-Grenzhausen als Mittelzentrum mit Teilfunktionen.

Wirtschaftsgeschichtlich spielt neben Hachenburg (Tuchgewerbe) besonders das Kannenbäckerland um Höhr-Grenzhausen (Steinzeugherstellung) eine herausragende Rolle. Die nachstehende Werbeanzeige eines Höhrer Kannenbäckers aus dem späten 19. Jahrhundert wirft darauf ein bezeichnendes Licht.

Bierkannen aus Höhr: Westerwälder Steinzeugwerbung im späten 19. Jahrhundert

Montabaur:
Kurtrierische Präsenz im Westerwald

Die Geschichte von Montabaur (Farbtafel 7) beginnt mit dem „Castellum Humbacensis". Diese nach 910 erbaute Befestigungsanlage sollte eine fränkische Siedlung und die Handelsstraße von Trier über Koblenz nach Thüringen sichern. 1018 gelangte sie an Kurtrier, wurde aber bereits 1212 im Zusammenhang einer Fehde des Erzbischofs Dietrich III. von Wied mit dem Grafen von Nassau zerstört. Der Wiederaufbau begann jedoch noch zu Dietrichs Regierungszeiten; er amtierte von 1212 bis 1242. Das war nach dem Fünften Kreuzzug (1228/29) der Fall, an dem der Erzbischof teilgenommen hatte; daher auch der Name Montabaur, abgeleitet von der Bergfeste Mons Tabor bei Akkon im Heiligen Land.

Seit Arnold von Isenburg (1242-1259) war die Montabaurer Burg häufig Residenz der Trierer Erzbischöfe. Die heutige vierflüglige Schloßanlage ist dann vor allem im 16. bis 18. Jahrhundert entstanden. Dies belegen die Wappen der Erzbischöfe Richard von Greiffenklau (1511-1531), Hugo von Orsbeck (1676-1711) und Johann Philipp von Walderdorff (1756-1768), die die Baugeschichte des Schlosses dokumentieren.

Montabaur: Namensgebung aus dem Kreuzzugserlebnis

Für die Stadtgeschichte Montabaurs grundlegend ist das Jahr 1291, als König Rudolf von Habsburg der Schloßsiedlung (zusammen mit Bernkastel, Welschbillig, Wittlich, Mayen und Saarburg) die Stadtrechte verlieh. (Die Stadtbefestigung aus dem 13./14. Jahrhundert ist noch recht gut erhalten.)

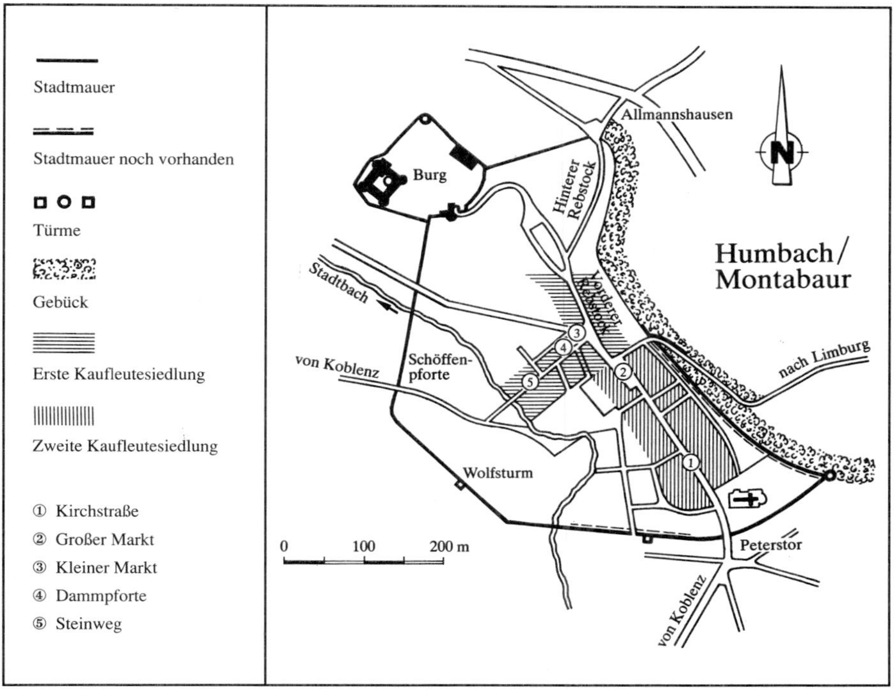

Montabaur: Stadtentwicklung

Durch das hier ansässige Tuch- und Ledergewerbe wurde die Stadt bald wohlhabend. 1491 sind beispielsweise rund 500 Mitglieder der Wollweberzunft verzeichnet. Deren Waren wurden in Frankfurt, Mainz, Straßburg und Augsburg gehandelt. Daran erinnert nur mehr die unscheinbare Färberbachstraße.

Mehrere Brände (1491, 1534, 1667) und Plünderungen (im Dreißigjährigen Krieg) brachten der Stadt aber schwere Not und sorgten dafür, daß zwar der heutige Grundriß des Stadtkerns wohl noch weitgehend dem der mittelalterlichen Stadt entsprechen dürfte, der Aufriß jedoch vor allem aus dem 17. und 18. Jahrhundert stammt, so etwa die sehenswerten Fachwerkhäuser an der Hauptachse der Stadt (Kirchstraße, Großer Markt, Kleiner Markt).

Die neuere Geschichte Montabaurs ist dann hauptsächlich durch verwaltungshistorische Ereignisse geprägt: 1802 fiel die Stadt an das Herzogtum Nassau, 1866 an Preußen und wurde zur Kreisstadt des Unterwesterwaldkreises, 1946 für zwei Jahrzehnte Sitz des gleichnamigen Regierungsbezirks und ist seit 1974 Kreisstadt des jetzigen Westerwaldkreises.

Marienstatt: Zisterziensische Klosterkultur

Die zisterziensischen Wurzeln der Abtei Marienstatt (gegründet 1215, neu dotiert 1227) reichen über Heisterbach (gegründet 1189), Himmerod (gegründet 1134) und Clairvaux (gegründet 1115) nach Citeaux, wo 1098 das Mutterkloster des Zisterzienserordens entstanden war. Marienstatt repräsentiert damit die fünfte Generation des Ordens.

Daß es zur Gründung Marienstatts kam, war zunächst Burggraf Eberhard von Aremberg und seiner Frau Adelheid zu verdanken. Sie stifteten an der Stelle des heutigen Altenklosterhofes bei Kirburg ein Kloster, das 1215 durch den Trierer Erzbischof bestätigt wurde. Sieben Jahre später erfolgte jedoch durch Graf Eberhard III. von Sayn und dessen Frau Mechthild eine neue Dotierung, wodurch das Kloster an seinen jetzigen Standort ins Nistertal verlegt und dem Erzbischof von Köln unterstellt wurde. (Heute gehört das Nistertal zur Diözese Limburg.)

Die weitere Geschichte Marienstatts ist durch eine Vielzahl von Rückschlägen gekennzeichnet (Pest, besonders 1485; Dreißigjähriger Krieg, schwedische

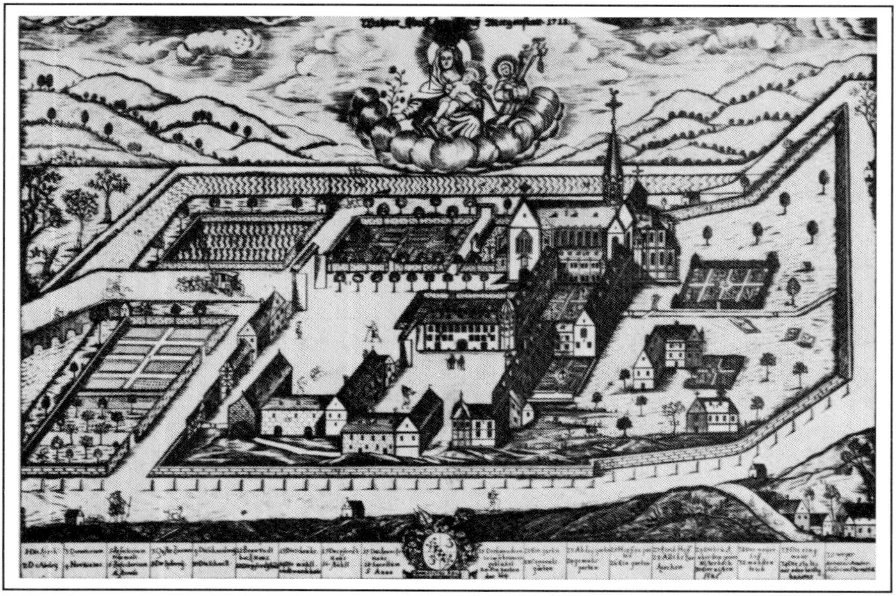

Marienstatt: Eine frühe zisterziensische Gründung

Okkupation 1633), zuletzt durch die Säkularisation von 1802. In der Folge wurde die Abtei herzoglich-nassauische Domäne (1842) und Erziehungsanstalt des Bistums Limburg (1864), bis dann 1888 eine Neubesiedlung durch Zisterzienser aus Mehrerau bei Bregenz/Bodensee erfolgte.

Damit begann in Marienstatt neues klösterliches Leben, ab 1910 verbunden mit der Errichtung einer Oblatenschule. Von den Nationalsozialisten geschlossen, wurde diese nach dem Zweiten Weltkrieg wiedereröffnet und zum heutigen Privaten Gymnasium der Zisterzienserabtei Marienstatt ausgebaut. Der Baubestand der Abtei ist durch diese schulische Funktionsbestimmung nachhaltig verändert worden.

Frühere Eingriffe in die ursprüngliche Anlage, die in einer Gesamtansicht der Abtei noch 1718 mittelalterlich geprägt ist, brachte vor allem die Barockisierung (1735-1751). Dies gilt nicht nur für die Klostergebäude, sondern auch für die Abteikirche, aus der die barocke Ausstattung allerdings nach 1945 weitgehend entfernt wurde. So hat die 62 Meter lange Abteikirche ihren nahezu ursprünglichen frühgotischen Zustand wiedergewonnen. Als besondere Merkmale sind der halbrunde Chorumgang, bestehend aus sieben Trapezjochen mit radialgestelltem Kapellenkranz, wie auch das einfache Baumaterial zu nennen (Bruchschiefer, heller Tuffstein, Trachyt), das bei zum Teil roh anmutenden Formen eine eindrucksvolle zisterziensische Schlichtheit vermittelt.

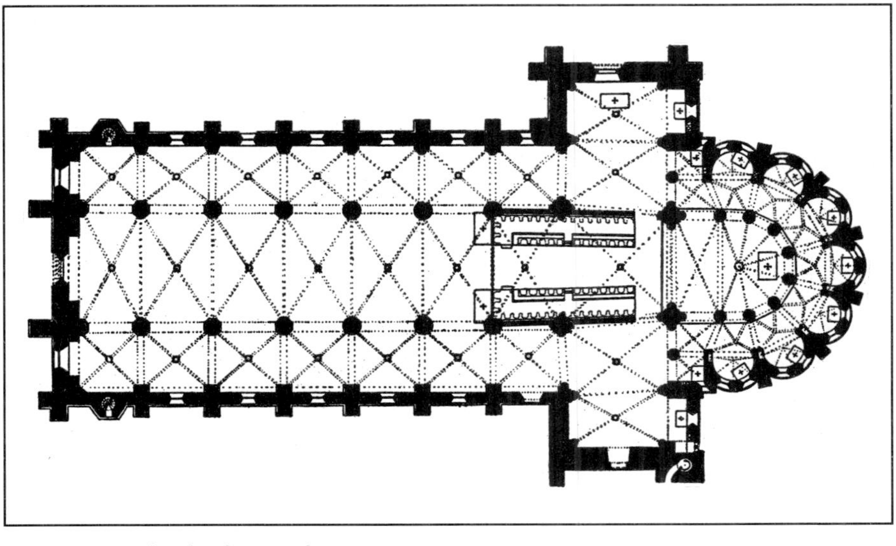

Marienstatt: Abteikirche mit Chorumgang

Hachenburg: Wirtschaftliche Zentralität in der vorindustriellen Phase

Der alles dominierende Baukomplex im Stadtkern von Hachenburg ist das umfangreiche Schloß, 1652 bis 1799 Residenz der Grafen von Sayn-Hachenburg. Dessen Anfänge reichen bis in die salische Zeit zurück.

Der heutige Baukomplex entstand im 18. Jahrhundert als hufeisenförmige Anlage aus fünf Flügeln unter Verwendung des vorbarocken Mittelbaus. Vorgelagert sind zur Stadt hin eine Reihe von Vorgebäuden (darunter Kanzlei, Archiv, Remise). Das Hachenburger Schloß stellt damit einen geschlossenen Hofhaltungsbereich dar. Federführender Architekt war Julius Ludwig Rothweil, einer der bedeutendsten Barockbaumeister des Mittelrheingebietes (vgl. Neuwied, S. 223).

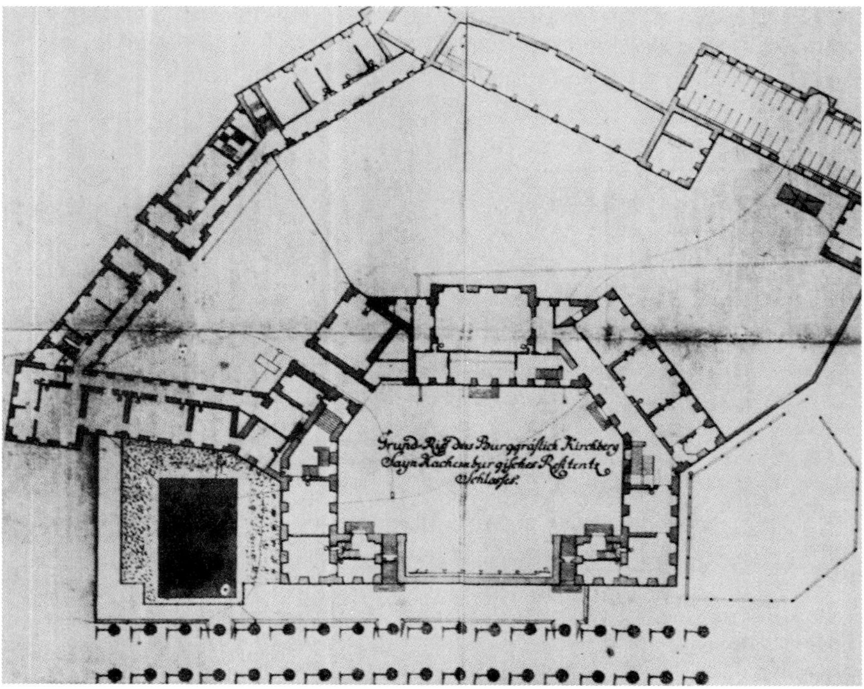

Hachenburg: Grundriß der Schloßanlage (1775)

Der Zugang zum Schloß erfolgt von der Hauptachse der Stadt (Wilhelmstraße - Marktplatz - Schloßberg) her. Dieser Straßenzug ist Teil einer alten Ost-West-Straße von Mitteldeutschland zum Rhein (Köln-Leipziger-Straße). Ebenso bedeutsam waren für die Stadt der „Alte Eisenweg" nach Norden ins Siegerland, der Anschluß an die „Hohe Straße" (Köln - Frankfurt), die Straße über Westerburg nach Weilburg und die jüngere „Alte Poststraße" nach Süden.

Diese Verkehrslage begünstigte die Entwicklung der Hachenburger Märkte und damit auch die Entwicklung von Handwerk und Kaufmannsgewerbe. Die Erträge der Marktzölle dokumentieren dies ebenso, wie sich der große Einzugsbereich an der Verbreitung des „Hachenburger Fruchtmaßes" (1234 bezeugt) erkennen läßt.

Das „Marktzollregister" von 1586 verzeichnet deshalb zahlreiche Berufsgruppen: darunter Hutmacher, Lohgerber, Weißgerber, Schuhmacher, Händler mit Eisenwerk, Schmiede, Händler mit Tuchen oder Salzhändler, die aus Limburg, Herborn, Wissen, Siegen, Montabaur, Altenkirchen, aber auch aus weiterer Entfernung, so aus Essen und Olpe, kamen. Die große Zahl der im „Marktzollregister" genannten Orte liegt jedoch im Bereich des Westerwaldes und belegt die zentrale Funktion der Stadt vom Mittelalter bis in die Neuzeit.

Dementsprechend groß war die Zahl der in der Stadt ansässigen Zünfte. Darunter ist besonders die der Wollweber (Weberstraße!) zu erwähnen, da Hachenburg zu den Tuchorten der spätmittelalterlich-frühneuzeitlichen Wollproduktion im mittelrheinisch-hessischen Bereich gehörte; ihre Produkte wurden beispielsweise 1375 in Basel, 1445 in Köln und um 1555 in Augsburg gehandelt.

Hachenburg:
Ein spätmittelalterlich-frühneuzeitlicher Tuchort

Hachenburg: Wohnen und Arbeiten in der vor- und frühindustriellen Zeit

„Wir können es (das Westerwaldgebirge) billig unser nassauisches Holl- und Friesland nennen." So hat 1712 der Chronist Johann Texta aus Haiger festgestellt. Ein ganz anderes Bild vermitteln dagegen die Quellen des 19. Jahrhunderts. Als Beispiel hier eine Notiz aus Westerburg vom 9. Juni 1888: „Eine der übelsten Folgen des unter den Westerwäldern immer mehr überhand nehmenden Hausierens ist die mangelhafte Versorgung der zu Hause zurückgelassenen Angehörigen. Auf eine intensive Kontrolle der Armenpflege und auch die Unterbringung von verwahrlosten Kindern seitens der Obrigkeit wurde daher tunlichst hingewirkt."

Die Ursachen der Verarmung im Westerwald waren vielfältig: Raubbau, Verkehrsverlagerung, vor allem aber Bevölkerungszunahme und Mißernten (Hungerjahre 1846/47 und 1854/55) sind die Hauptfaktoren. Einblicke in diese Zeiten, als der Westerwald noch „unser nassauisches Holl- und Friesland" war (18. Jahrhundert) und dann vom Pauperismus geprägt wurde (19. Jahrhundert), vermittelt vor allem das Landschaftsmuseum Westerwald in Hachenburg.

Durch seinen Standort im Burggarten konnte das barocke Jagdzeughaus der Sayn-Hachenburger Grafen von 1715 mit einbezogen werden. Es beherbergt die geologisch-paläontologische sowie vor- und frühgeschichtliche Abteilung des Museums.

Der Schwerpunkt liegt jedoch auf den volkskundlichen Sammlungen im „Westerwald-Gehöft", bestehend aus einem im Hachenburger Burggarten wieder errichteten Mühlenwohnhaus und einer Ölmühle aus dem Elbtal, einer Scheune von 1638 und einem Backhaus aus dem Nistertal.

Somit vermittelt das Landschaftsmuseum bereits als Bauensemble einen Einblick in das vorindustrielle Wohnen und Arbeiten im Westerwald. Die in den Gehöftgebäuden gezeigten Einrichtungen (darunter Wohn- und Schlafstube sowie Küche um die Jahrhundertwende) und Exponate (etwa Ofenplatten aus den Hütten des Siegerlandes und Lahn-Dill-Gebietes) verdeutlichen den in den Eingangszitaten angedeuteten Spannungsbogen.

Bad Marienberg

Als Außenstelle unterhält das Landschaftsmuseum Westerwald den Basaltpark in Bad Marienberg. Dort ist in einem ehemaligen Basaltsteinbruch eine Dokumentation über den Basaltabbau im Westerwald eingerichtet.

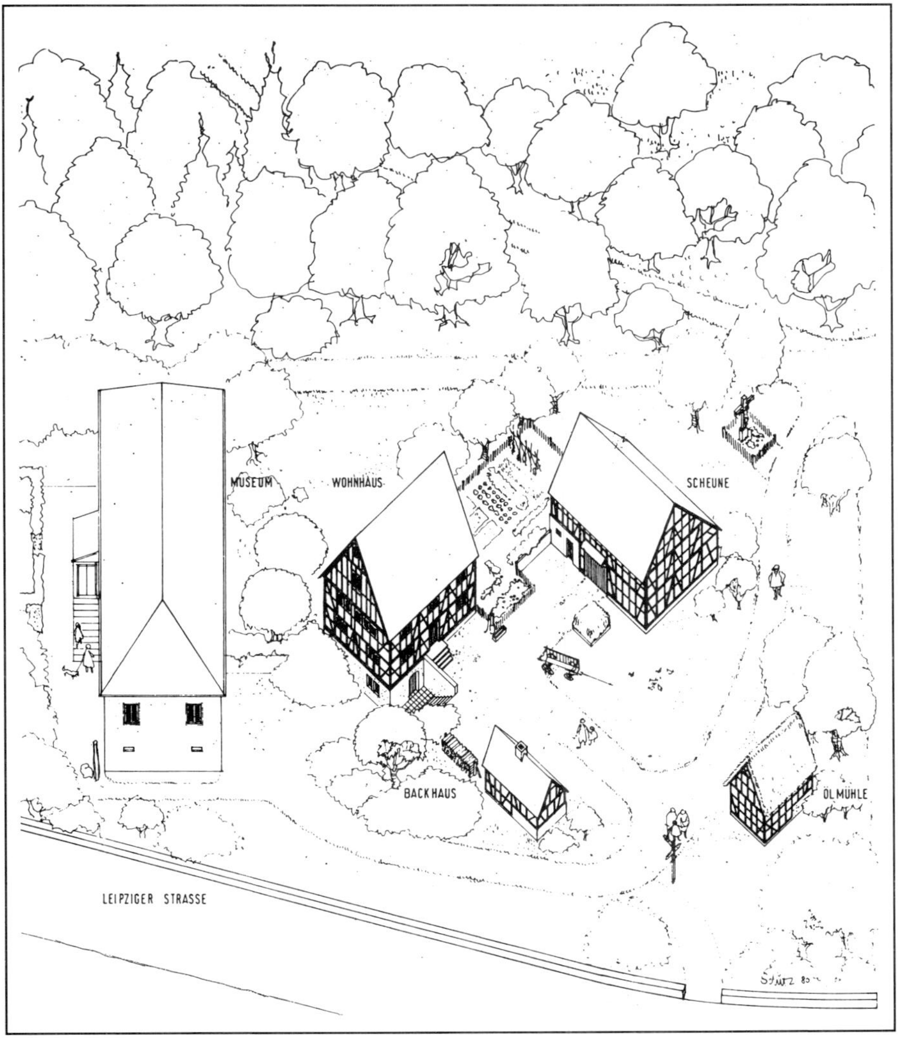

Hachenburg: Landschaftsmuseum Westerwald

i Das Landschaftsmuseum Westerwald in Hachenburg (Im Burggarten, Tel.02662/7456) ist dienstags bis freitags von 10 bis 12 und 14 bis 17 Uhr (an Wochenenden durchgehend) geöffnet.
Der Basaltpark Bad Marienberg (zwischen Bad Marienberg und Zinhain gelegen) ist außer montags täglich von 10 bis 12 Uhr und 14 bis 17 Uhr (an Wochenenden durchgehend) zugänglich.

Westerburg: Wirtschaftliche Peripherie in der frühindustriellen Phase

„Westerburg hat einmal Zeiten gehabt, in denen die Gewerbe blühten und sein commercielles Leben im Schwunge war. (...) Als im Jahre 1816 die Einverleibung in das Herzogtum Nassau erfolgte, wurde der Stadt das Amt (...) entzogen. Der mediatisierte Graf erhielt dafür angemessene Entschädigung, aber Westerburg und seine Umgebung fanden für ihren Verlust keinen Ersatz. So lassen denn die jetzigen Zustände, mit denen von 1820 und 1830 verglichen, nicht bloß traurigen Stillstand, sondern beklagenswerten Rückschritt erkennen." So weit ein Lagebericht des Magistrats von Westerburg aus dem Jahre 1866.

Die nassauische Zeit Westerburgs (1815 bis 1866) wird darin im Vergleich mit der leiningischen Ära (1467 bis 1806) wenig positiv beurteilt. Greifbar ist diese leiningische Phase vor allem im Schloß (darin wertvolle spätromanische und gotische Räume) und der Evang. Pfarrkirche (mit Bildnisgrabsteinen mehrerer Grafen von Leiningen-Westerburg des 16. Jahrhunderts).

Im 19. Jahrhundert waren dann aber wohl nicht die Herrschaftswechsel (Grafschaft Leiningen-Westerburg - Großherzogtum Berg - Herzogtum Nassau - Königreich Preußen) und regionales Denken allein für den Niedergang der Wirtschaft verantwortlich, sondern auch die Lage abseits der Industrialisierung und des damit verbundenen wirtschaftlichen Umbruches. Der Übergang von kleinbäuerlichen Betrieben mit zeitweiliger Handwerksarbeit zur 'modernen' wirtschaftsintensiven Beschäftigung war vor allem mangels größerer Märkte in erreichbarer Nähe nicht gelungen. Die großen mittelalterlichen Fernstraßen waren zu Gunsten kleinerer „Vicinalwege" aufgegeben worden, und so geriet Westerburg vollends in „den Zustand verkehrsmäßiger Isolation". Die Hoffnung, mit dem Eisenbahnbau schnelle und nachhaltige Abhilfe zu schaffen, erfüllte sich letztlich nicht. Das bedeutende Projekt einer „Westerwälder Eisenbahn" - um 1840 diskutiert - hätte den Westerwald über die beiden Zentren Köln und Frankfurt mit Nordsee und Adria verbunden. Sein Scheitern bewirkte jedoch, daß bis heute alle zweigleisigen Strecken den Westerwald umfahren.

Erst ab 1870 begann dann, allerdings immer noch recht zögerlich, die Erschließung des Westerwaldes durch eingleisige Neben- und Lokalbahnen. So blieben die heimischen Rohstoffe und Produkte lange auf den immer unrentabler werdenden Fuhrwerksverkehr angewiesen. 1886 erreichte die „Westerwaldbahn" (Limburg - Altenkirchen) die Stadt Westerburg; 1906 bis 1910 wurde Westerburg durch die Einbindung in die „Westerwaldquerbahn" zum 'Bahnknoten Westerburg'.

Die Oberwesterwaldbahn: Eröffnet 1886

Provinzielle und lokale Nachrichten.

1. f. **Westerburg**, 4. Oct. Wenn jemals ein Fest eine solch tiefe unantastbare Begründung hatte, gefeiert zu werden, so war es dasjenige, welches am 1. October zur Feier der Eröffnung der Bahn Hadamar-Hachenburg hier abgehalten wurde. Und wie sehr Jedermann dieses einsah und fühlte, dafür gibt uns den besten Beweis die Freude und der nicht endenwollende Jubel, mit welchen der erste Zug beim Einlaufe in j e d e n Bahnhof der neu eröffneten Strecke empfangen und begrüßt wurde.

Limburg—Hadamar—Hachenburg.

520. Gem Zug II-IV	524. II-IV	522 Gem. Zug II-IV	526. II-IV	534. Gem. Zug II-IV	528. Güt. Zug II-IV	530. II-IV	963 Güter Zug II-IV	Klasse	Stationen.	Klasse	523. II-IV	521 Gem. Zug II-IV	525. II-IV	533 Gem Zug I-IV.	527. II-IV	529 II-IV	531. Gem. Zug II-IV
—	4,10	—	8,09	—	1,55	5,27	9,53	ab	Altenkirchen	an	7,04	—	1,32	—	5,16	10,44	—
—	4,32	—	8,31	—	2,16	5,48	10,27	„	Ingelbach	ab	6,48	—	1,16	—	5,—	10,28	—
—	4,43	—	8,42	—	2,27	5,59	10,39	„	Hattert	„	6,39	—	1,07	—	4,51	10,18	—
—	4,55	—	8,54	—	2,46	6,11	10,48	„	Hachenburg	„	6,29	—	12,57	—	4,41	10,08	—
—	5,09	—	9,08	—	3,05	6,25	an.	„	Korb	„	6,09	—	12,37	—	4,21	9,48	—
—	5,17	—	9,16	—	3,20	6,33	—	„	Erbach	„	6,01	—	12,29	—	4,13	9,40	—
—	5,42	—	9,41	—	3,56	6,57	—	„	Langenhahn	„	5,43	—	12,10	—	3,55	9,22	—
—	5,57	—	9,56	—	4,16	7,12	—	„	Westerburg	„	5,25	—	11,52	—	3,38	9,04	—
—	6,08	—	10,07	—	4,30	7,22	—	„	Willmerod	„	5,12	—	11,39	—	3,25	8,51	—
—	6,17	—	10,17	—	4,43	7,32	—	„	Wilsenroth	„	4,57	—	11,28	—	3,10	8,36	—
—	6,26	—	10,26	—	4,55	7,41	—	„	Frickhofen	„	4,45	—	11,11	—	2,58	8,24	—
—	6,38	—	10,39	—	5,12	7,53	—	„	Niederzeuzheim	„	4,28	an	10,54	an	2,41	8,07	an
5,50	6,46	9,05	10,49	12,46	5,25	8,01	—	„	Hadamar	„	4,21	8,37	10,46	12,08	2,34	8,00	9,54
6,01	6,56	9,17	11,01	12,58	5,36	8,11	—	„	Elz	„	4,11	8,26	10,35	11,57	2,24	7,33	9,43
6,08	7,02	9,28	11,08	1,06	5,52	8,17	—	„	Staffel	„	4,05	8,19	10,26	11,50	2,18	7,26	9,36
6,17	7,11	9,37	11,17	1,15	6,01	8,26	—	an	Limburg	„	3,55	8,05	10,16	11,40	2,08	7,15	9,52

Im März 1989 wurde jedoch ein Teilstück dieser Strecke (Westerburg - Wallmerod) nach erfolgtem Abbau von Schienen und Schwellen zum Rad- und Wanderweg umgewidmet.

Die Eisenbahnbrücke über das Hülsbachtal wird aber ein Wahrzeichen Westerburgs bleiben, zumal sie im März 1945 die Bombardierung der Stadt überstanden hat.

Gemünden

Mit dem ersten Bau einer Kirche des St. Severusstiftes in Gemünden soll bereits 864 begonnen worden sein. Dessen Stifter, Graf Gebhard, Gaugraf des Niederlahngaues, gehörte als Konradiner zu einer der bedeutendsten Familien des karolingischen Hochadels. Am 9. November 879 wurde die Kirche durch Erzbischof Bertolt von Trier geweiht. Das romanische Kirchengebäude, seit 1567 als evangelische Pfarrkirche genutzt, ist in der Ursprünglichkeit seiner Bauzeit, die im frühen 12. Jahrhundert liegen dürfte, erhalten. Im Mittelalter war sie Grablege der Herren von Westerburg.

Höhr-Grenzhausen: Mittelpunkt des Kannenbäckerlandes

Die drei Kannen im Wappen von Höhr-Grenzhausen führen gleich in doppelter Weise in die Ortsgeschichte ein: Die Kannen stehen für das Keramikhandwerk, das die Stadt seit dem Mittelalter prägt; und gerade drei Kannen sind es, weil Höhr-Grenzhausen 1936 aus drei bis dahin selbständigen Orten - Höhr, Grenzhausen und Grenzau - entstanden ist.

Grundlage der um Höhr-Grenzhausen liegenden bedeutendsten Tonlagerstätte in der Europäischen Gemeinschaft bildet ein oberflächennaher tertiärer „Steinzeugton". Die „Euler" (= Töpfer, von lat. „olla" bzw. ahd. „ul" = Topf), die aus dieser „Erd" ihre irdenen Gefäße herstellten, wurden im Westerwald auch „Kannen-" bzw. „Krugbäcker" genannt, weil in einer ersten Blütezeit dieses Gewerbes im 15. Jahrhundert vornehmlich Krüge als robuste Gebrauchsgefäße produziert wurden - Alltagsware. Im 16. und 17. Jahrhundert kamen Salzbrand und Lehmglasur dazu, und es entstand das typische Westerwälder Steinzeug - grau-blau, salzglasiert und mit traditionellen Mustern und Ritztechnik kunstvoll verziert. Solcher Art gestaltete Bierkannen, besonders auch für den bayerischen Markt, waren es, die der Region ihren Namen gaben: Kannenbäckerland.

Der Euler:
„Mach Krüg, Häffen, Kachel"

Im 17. Jahrhundert - 1643, also noch während des Dreißigjährigen Krieges - kam es zu einer Innungsordnung für alle Krugbäcker, die im Kannenbäckerland ansässig waren. Daß diese Ordnung sich zugleich über mehrere Territorialherrschaften erstreckte, belegt das Zunftsiegel von 1717. Das viergeteilte Schild zeigt in

- Feld 1: Kurtrier (Kreuz) für die Orte Ransbach, Baumbach, Wittgert, Deesen, Oberhaid, Nauort, Caan und Sessenbach, dazu die anteiligen Landeshoheiten in Höhr, Hillscheid und Vallendar;
- Feld 2: Sachsen-Eisenach (Turnierkragen auf gestreiftem Grund) für die Orte Bendorf und Weitersburg;
- Feld 3: Wied (Pfau auf gestreiftem Grund) für die Orte Grenzhausen, Hilgert, Alsbach, Hundsdorf, Mogendorf und Nordhofen;
- Feld 4: Sayn-Wittgenstein (Löwe) für die Orte Höhr, Hillscheid und Vallendar, die Sayn-Wittgenstein und Kurtrier je zur Hälfte gehörten (vgl. Erläuterung zu Feld 1).

„Der Kannenbäcker-Zunfft": Im Schnittpunkt mehrerer Landesherrschaften

Die verwaltungsmäßige 'Bereinigung' dieser Territorialsituation des 18. Jahrhunderts brachte dann der Reichsdeputationshauptschluß mit einer Angliederung des gesamten Kannenbäckerlandes an das Fürstentum Nassau-Weilburg, danach 1806 an das Fürstentum Nassau und 1866 an das Königreich Preußen.

Schon bald nach Beginn der preußischen Zeit entstand in Höhr mit einer keramischen Fachschule eine bis in unsere Tage fortbestehende Ausbildungstradition, die neben privaten Töpfermuseen und dem Keramikmuseum in Höhr-Grenzhausen sowohl die Werte des alten Handwerks pflegen als auch zur Schaffung von Kunstkeramik anregen will.

i Das Keramikmuseum Westerwald, Deutsche Sammlung für historische und zeitgenössische Keramik Höhr-Grenzhausen (Lindenstraße, Tel.02634/3666) ist täglich außer montags von 10 bis 17 Uhr geöffnet.

Literatur:

Westerwaldkreis (Hrsg.): Wäller Heimat, Jahrbuch des Westerwaldkreises; Bd. 1 ff; Montabaur 1987 ff.

Kreisjahrbuch mit informativen Beiträgen aus Vergangenheit und Gegenwart der Region.

Hermann Josef Roth: Westerwaldkreis; Koblenz 1984.

Reich illustrierter Überblick über das Kreisgebiet.

Herman Josef Roth u.a.: Heimatchronik des Westerwaldkreises; Köln 1978.

Umfassende Darstellung mit ausführlichem Literaturverzeichnis.

Landschaftsmuseum Westerwald (Hrsg.): Westerwälder Beiträge; Bd. 1 ff; Hachenburg 1981 ff.

Bisher drei Bände (Bd. 1: Naturkundliche und kulturhistorische Denkmäler; Bd. 2: Basalt im Westerwald; Bd. 3: Im Westerwald vor hundert Jahren) zu wichtigen Aspekten Westerwälder Geschichte.

Franz Baaden u.a.: Keramikmuseum Westerwald, Deutsche Sammlung für historische und zeitgenössische Keramik Höhr-Grenzhausen (= Museum); Braunschweig 1990.

Thematisch konzentrierter Museumsführer mit informativer Bildausstattung.

Stadt Hachenburg (Hrsg.): 650 Jahre Stadt Hachenburg 1314-1964; Hachenburg 1964.

Detailliert entfaltete Stadtgeschichte.

Günter Henkel: Annäherungen an die 700jährige Stadt Montabaur (= Schriftenreihe des Stadtarchivs Montabaur zur Stadtgeschichte, Bd. 1); Montabaur 1991.

Fundierte stadtgeschichtliche Zugriffe.

Rheinischer Verein für Denkmalpflege und Landschaftsschutz (Hrsg.): Rheinische Kunststätten; H. 156, Hachenburg (Neuss 1980); H. 228, Marienstatt (Neuss 1985); H. 305, Montabaur (Neuss 1985).

Reich illustrierte Führungshefte durch die genannten „Rheinischen Kunststätten".

Westerwaldverein Westerburg (Hrsg.): Bahnknoten Westerburg; Westerburg 1986.

Mit Fotos belegte Aufarbeitung der Westerwälder Eisenbahngeschichte.

HUBERTUS SEIBERT

Rhein-Lahn-Kreis

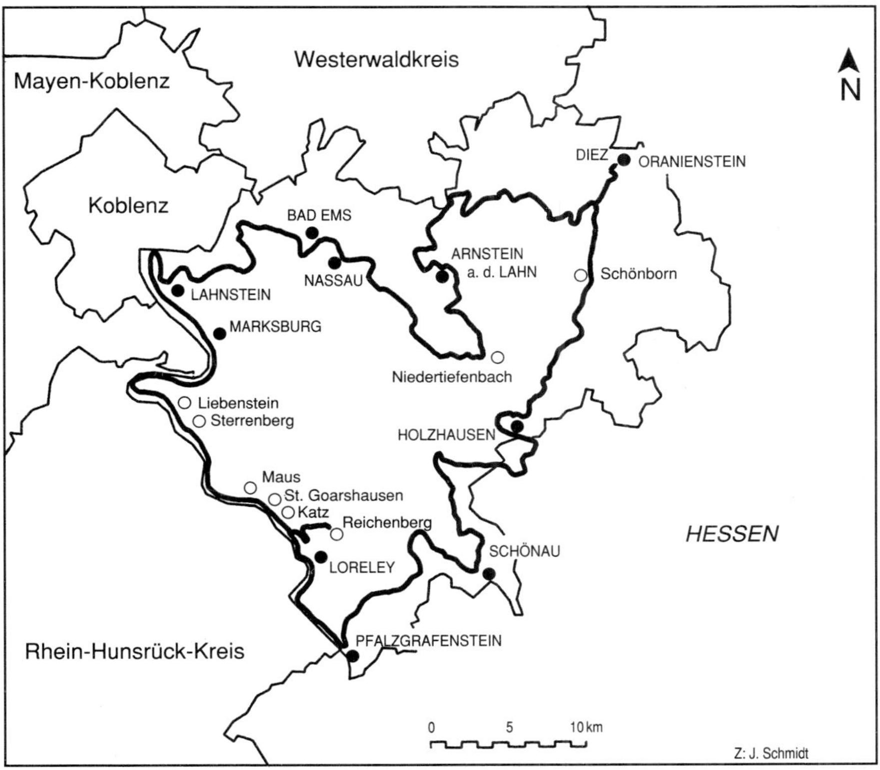

Die ersten menschlichen Spuren im Kreisgebiet stammen aus dem Raum Diez (Wildweiberley) und reichen in die jüngere Altsteinzeit (zwischen 20.000 und 12.000 v. Chr.) zurück. Doch wurden die Menschen an Rhein und Lahn, wie Funde bei Lahnstein, Bad Ems und Braubach belegen, erst im 3. Jahrtausend v. Chr. allmählich seßhaft und begannen damit, die fruchtbaren Talauen der Flüsse und die Hochfläche des Taunus zu besiedeln.

Die erste geopolitische Erfassung und herrschaftliche Durchdringung unserer Region war das Werk der Römer. Mit der Anlage des obergermanischen Limes unter Kaiser Domitian (81-96 n. Chr.) wurde das Gebiet westlich einer Linie von Bad Ems bis Holzhausen a.d. Haide für drei Jahrhunderte Teil des römischen Reiches. Roms Verzicht auf die Rheinlinie nach 406/7 und der Sieg des fränkischen Königs Chlodwig über die Alemannen bei Zülpich (496/97) waren wichtige Etappen bei der raschen Eingliederung des rechten Rheinlandes in das Merowingerreich.

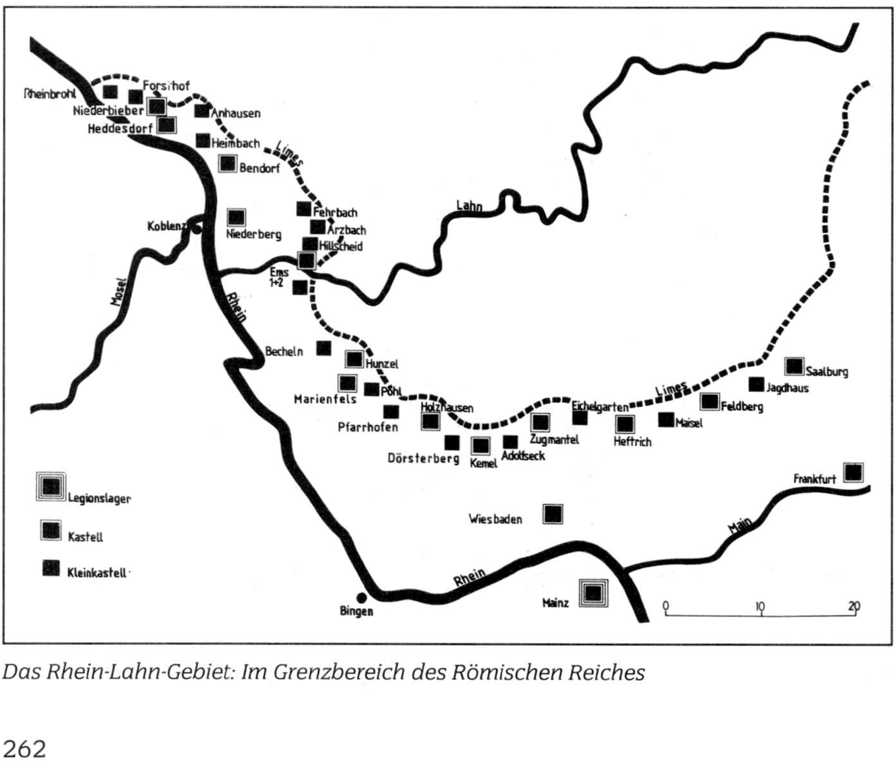

Das Rhein-Lahn-Gebiet: Im Grenzbereich des Römischen Reiches

Wie fast überall am Mittel- und Oberrhein lassen sich auch hier die Gaue als erstes herrschaftliches Instrument der siedlungsmäßigen Erschließung und politischen Gliederung des Raumes nachweisen. Der größte Teil des heutigen Kreisgebietes gehörte zum 790 erstmals erwähnten Einrichgau, der - von Rhein und Lahn begrenzt - bis zu Gelbach und Aar reichte; daran schloß sich östlich und nördlich der Niederlahngau an. 1031 verlieh Kaiser Konrad II. dem Erzbischof von Trier, zu dessen Diözese unsere Region gehörte, die mit dem Einrichgau gebietsmäßig fast identische Grafschaft Marienfels. Doch gewannen die örtlichen Grafengeschlechter, die seit dem 10./11. Jahrhundert in Herrschaft und Rechte der einstigen Gaugrafen eingerückt waren, zunehmend an Macht und Einfluß. Und obwohl auch zahlreiche auswärtige Klöster und Stifte (Kaiserswerth, Prüm, St. Kastor in Koblenz, Bleidenstadt, St. Alban in Mainz, Worms und Allerheiligen in Schaffhausen) Grundbesitz im Kreisgebiet besaßen, bestimmte der Adel die territoriale Zuordnung und politische Struktur dieses Raumes. Die rheinischen Kurfürsten konnten niemals dauerhaft auf dem Einrich Fuß fassen. Wie das Königtum, das seine letzten mittelrheinischen Besitzungen (das Bopparder Reich mit Burg Sterrenberg und Kamp) im 14. Jahrhundert an Kurtrier verpfändet hatte, mußten sie sich mit Randzonen und wichtigen Stützpunkten in den Flußtälern begnügen: Kurmainz in Oberlahnstein, Kurpfalz in Kaub und Weisel, Kurtrier im Raum Diez, in Balduinstein, Niederlahnstein, Filsen, Kamp, Wellmich und Bornich.

Um 1160 gelangten die Grafen von Laurenburg-Nassau und Katzenelnbogen durch die Erben des letzten Arnsteiner Grafen in den Besitz der Grafschaftsrechte im Einrichgau. Diese bildeten die Grundlage für den systematischen Aufbau einer Gebietsherrschaft mit dem Ziel der Landeshoheit. Die räumliche Ausdehnung und der beträchtliche Umfang ihrer durch gezielte Erwerbspolitik und vielfachen Reichsdienst angewachsenen Besitzmasse veranlaßte die Grafen von Katzenelnbogen um 1260 zu einer Teilung ihres Besitzes in eine Ober- und Niedergrafschaft. Zur Niedergrafschaft gehörten die Hälfte des Einrichgaus mit der Stammburg Katzenelnbogen, Braubach samt Marksburg, weiterhin der wichtige St. Goarer Rheinzoll mit Burg Rheinfels, die Stadt St. Goarshausen sowie die Burgen Katz und Reichenberg.

Fast zeitgleich - 1255 - erfolgte auch in der nassauischen Grafschaft eine Landesteilung in die Walramische und Ottonische Linie, was den Aufstieg Nassaus zur regionalen Vormacht in Taunus und Westerwald bis ins 16. Jahrhundert merklich behinderte. Während die Burgen Nassau und Laurenburg im gemeinsamen Besitz verblieben, erhielt die Walramische Linie die Gebiete und Rechte links der Lahn, unter anderem die zweite Hälfte der Einrichgaugrafschaft und fast alle Vogteien über die Mainzer und Trierer Besitzungen an Rhein und Lahn.

Die Grafen von Diez schließlich verdankten die Ausbildung der Landeshoheit vor allem ihren Grafschaftsrechten im Niederlahngau, die sie vielleicht schon um 1100 innehatten. Das Aussterben der Grafengeschlechter von Diez (1386) und Katzenelnbogen (1479) im Mannesstamm führte dann zu ersten langfristigen territorialen Verschiebungen. Ihre Hauptnutznießer waren die Grafen von Nassau-Dillenburg (Erben von Diez) und besonders die Landgrafen von Hessen-Kassel, da sie sich im 1557 beendeten Katzenelnbogischen Erbfolgestreit im Besitz der Niedergrafschaft und der Hälfte der Einrichgaugrafschaft gegen Zahlung von 600.000 Gulden an Nassau-Dillenburg behaupteten. Von kleineren Änderungen abgesehen - Teile der Niedergrafschaft (Braubach, Dachsenhausen, Katzenelnbogen) gelangten 1648 an Hessen-Darmstadt - hatte dies bis zum Ende des Alten Reiches 1802/03 Bestand.

Die politische und territoriale Neuordnung Europas auf dem Wiener Kongreß (1815) brachte auch für die Region zwischen Rhein und Lahn einschneidende Veränderungen mit sich. Dem Herzogtum Nassau-Usingen (seit 1806) wurden die rechtsrheinischen Besitzungen von Kurmainz, Kurtrier, Kurpfalz, Hessen-Darmstadt und Hessen-Kassel sowie das Fürstentum Diez und die Grafschaft Holzappel zugesprochen. Nassau-Weilburg erhielt den Besitz von Arnstein sowie der trierischen Orte Weinähr und Winden bestätigt und ertauschte von Preußen die Niedergrafschaft Katzenelnbogen.

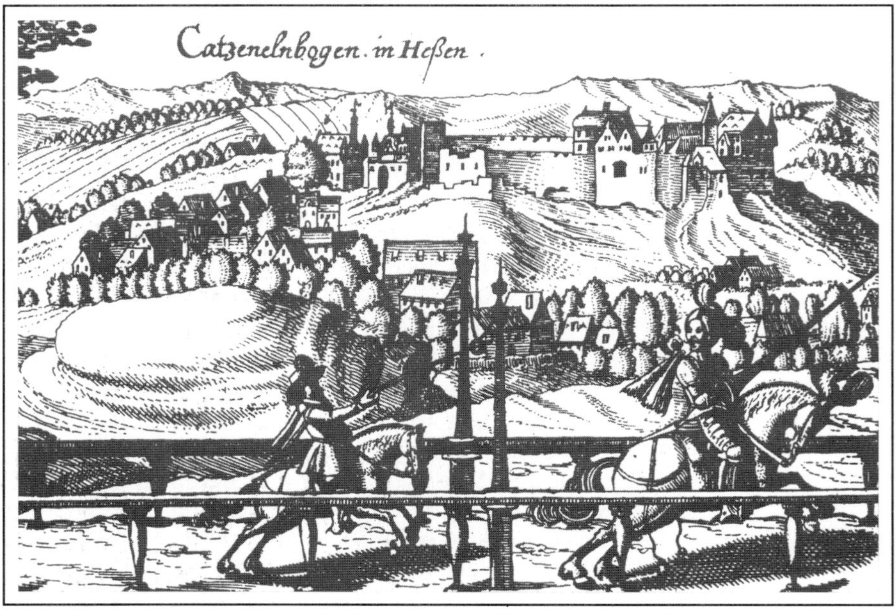

Katzenelnbogen: Als Burg und Ort hessisch waren (17. Jahrhundert)

Eine der wichtigsten Maßnahmen zur Eingliederung des Herzogtums Nassau in das Königreich Preußen 1866/67 war die Bildung des Regierungsbezirks Wiesbaden mit zehn Landkreisen. Der 1867 entstandene Unterlahnkreis umfaßte die alten nassauischen Ämter Limburg, Diez, Nassau und Nastätten, der neue Rheingaukreis die Ämter Rüdesheim, Eltville, Braubach und St. Goarshausen. Erst die preußische Kreisordnung für die Provinz Hessen-Nassau von 1885 beseitigte das nassauische Ämterwesen endgültig und teilte unseren Raum unter die neu formierten Kreise Unterlahn und St. Goarshausen auf. Diese Verwaltungsgliederung überdauerte auch das „Dritte Reich" und den Zweiten Weltkrieg. Nach 1945 wurden beide Kreise dem neuen Bundesland Rheinland-Pfalz mit dem bis 1968 für sie zuständigen Regierungsbezirk Montabaur als Mittelinstanz zugewiesen. Die letzte große Verwaltungsreform verfügte am 7. Juni 1969 den Zusammenschluß der beiden Kreise Unterlahn und St. Goarshausen (1962 in Loreleykreis umbenannt) zum neuen Rhein-Lahn-Kreis mit Sitz in Bad Ems.

Bad Ems: Badebetrieb seit dem Spätmittelalter

Holzhausen: Grenzbereich des Römischen Imperiums

Zu den räumlich ausgedehntesten archäologischen Bodendenkmälern im Exkursionsgebiet gehört der Limes. Trotz zahlreicher Einzelfunde (Münzen, Waffen, Gebrauchsgegenstände) bleibt er neben dem nicht mehr sichtbaren Mauerwerk des 1914 an der Lahnmündung (nahe der St. Johanniskirche, Ortsteil Niederlahnstein) entdeckten römischen Beobachtungsturms (Burgus - ca. 370 n. Chr.) der einzige bauliche Überrest römischer Herrschaft im Gebiet zwischen Rhein, Lahn und Wisper.

Rein räumlich gesehen war der Limes zunächst nur ein mehr oder weniger stark befestigter Grenzweg im Feindesland. Nach dem Scheitern der Unterwerfung Germaniens bis zur Elbe im 1. Jahrhundert n. Chr. gingen die Römer seit 83/84 daran, die ins rechtsrheinische Gebiet vorverlegte Grenzlinie in eine feste Reichsgrenze mit Holztürmen und Postenweg umzuwandeln. In dem stufenweisen Ausbau des Limes bis zum 3. Jahrhundert wurde die bald aus Stein hergestellte Turmreihe durch eine 3 bis 4 Meter hohe, vorgesetzte Holzpalisade verstärkt, hinter der zuletzt ein Wall mit Graben angelegt wurde. Darüber hinaus war der Limes Ausdruck eines geschickten militärischen Konzepts, das ihn nicht als unüberwindliche Grenze, sondern nur als befestigtes Annäherungshindernis verstand. Die einmal durchgebrochenen Invasoren wurden von den Truppen, die in den Garnisonen (Kastellen) im Hinterland stationiert waren, vernichtet. Dieses Verteidigungskonzept versagte erst 259/60, als verschiedene Germanenstämme auf breiter Front den Limes überschritten und weit ins Römische Reich eindrangen.

Der von Rheinbrohl kommende Limes erreicht nördlich von Arzbach das Kreisgebiet, führt über Bad Ems, Becheln, Hunzel und Pohl nach Holzhausen a.d. Haide, wo er südlich den „Grauen Kopf" (544 m) umzieht, bevor er im Wald westlich von Laufenselden in den Rheingau-Taunus-Kreis einmündet. Besonders gut erhaltene Teilstücke mit Wall, Graben und deutlich sichtbaren Hügeln, auf denen Steintürme standen, verlaufen zwischen Dornholzhausen und Geisig und im Pohler Wäldchen.

Die von der Reichslimeskommission um 1900 durchgeführten Grabungen haben im Rhein-Lahn-Kreis Reste von insgesamt neun römischen Kastellen zu Tage gefördert: in Arzbach, Bad Ems (zwei), Becheln, Marienfels, Hunzel, Pohl, Pfarrhofen und Holzhausen. Etwa 1 Kilometer südlich von Holzhausen befindet sich nahe dem an der B 260 gelegenen Parkplatz am markierten Limesweg nicht nur eine sehr gut erhaltene Wall-Graben-Anlage mit zwei Turmruinen, sondern auch ein zum Teil in seinen Grundmauern konserviertes Kastell. Vermutlich zwischen 180 und 192 n. Chr. wurde hier auf einer Fläche von rund

14.000 Quadratmetern ein kleines Kohorten-Kastell für rund 500 Fußsoldaten aus Stein gebaut. Heute sind noch die Mauern des Haupttores mit zwei Durchfahrten und die als Fahnenheiligtum dienende Apsis zu sehen. Bereits 233 (oder 259/60) wurde es durch eine Brandkatastrophe zerstört und nicht wieder aufgebaut.

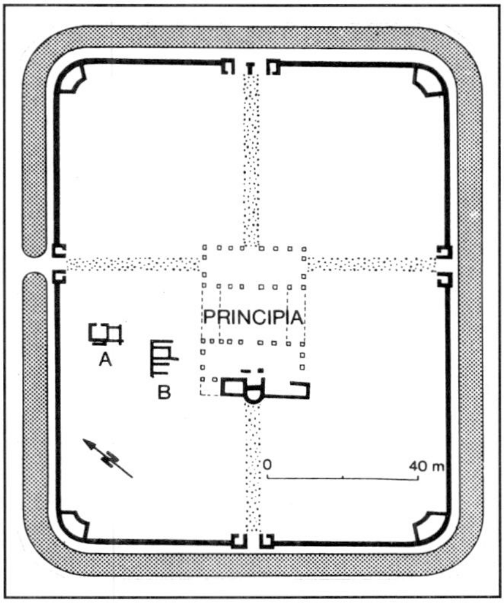

Holzhausen: Kastell, Grundriß

Schönborn, Niedertiefenbach und St. Goarshausen

Die vierhundertjährige römische Herrschaft am Mittelrhein hat die kulturellen Spuren der hier seit 700 v.Chr. ansässigen Kelten weitgehend vernichtet. Abgesehen von den in Braubach entdeckten latènezeitlichen Siedlungen und dem keltischen Erzbergbau dokumentieren verschiedene Bodendenkmäler ihre militärischen und kultisch-religiösen Gewohnheiten bis heute: die Grabhügelgräber, Ringmauern und Abschnittswälle.

Die im westlichen Teil des Taunus lebenden Kelten, die der Mehrener Kultur (600-100 v. Chr.) angehörten, praktizierten die Körperbestattung. Über die mit Beigaben ausstaffierten Leichname ihrer Toten schütteten sie Hügel aus Erde auf, die 1 bis 2 Meter hoch waren und einen Durchmesser von 12 bis 20 Metern besaßen. Gut sichtbare Grabhügel in größerer Zahl finden sich an der Straße von Schönborn nach Diez, an der B 274 zwischen Katzenelnbogen und Zollhaus (Nähe Steinbruchgelände) und bei Burgschwalbach.

Seit dem 6. Jahrhundert v. Chr. legten die Kelten an mehreren höher gelegenen Stellen unseres Raumes sogenannte Ringmauern und Abschnittswälle an, die ihnen als Kultstätten oder Fluchtburgen dienten. Sie bestanden aus in Lehm verlegten Steinschichten, die von hölzernen Pfahlwänden abgestützt wurden. Auf der Höhe des Bergrückens bei Niedertiefenbach sieht man deutlich eine kreisförmige Befestigung von 38 Meter Durchmesser; auf dem nach Osten etwas abfallenden Bergrücken sind noch Reste eines Abschnittswalls erkennbar, während auf dem höchsten Punkt des Bergs mehrere Findlingssteine im Kreise liegen, die früher vielleicht eine Art Stelenzirkel bildeten.

Der Hühnerberg oberhalb von St. Goarshausen formt ein Plateau von 5 Hektar Fläche aus, dessen Engstelle im Süden von einem gut erhaltenen 130 Meter langen und 2,5 bis 3 Meter breiten Abschnittswall mit vorgelegtem Graben gesichert war; er wurde vermutlich um 512 v. Chr. angelegt und erst in römischer Zeit aufgegeben.

Arnstein und Schönau: Stiftungen als Ausdruck adliger Frömmigkeit

Der fränkischen Eroberung der gewonnenen rechtsrheinischen Gebiete folgte die erste Welle der Christianisierung. Vor allem die Bischöfe von Trier sowie der ihnen zugewandte Adel trieben die Verkündung des christlichen Glaubens und die Errichtung der ersten Kirchen seit dem 6./7. Jahrhundert energisch voran. Es dauerte jedoch noch bis zum Jahr 1117, bis in Lipporn im Taunus die erste religiöse Gemeinschaft ihr frommes Wirken begann. Sie verdankt, wie alle anderen acht Klöster und Stifte unseres Raumes, ihre Gründung dem einheimischen Adel. Unter ihnen nimmt das Stift Arnstein an der Lahn wegen seiner Entstehungsgeschichte und hervorragenden Bauzustandes den ersten Rang ein.

Der nur von Südosten zugängliche Bergrücken zwischen Dörsbach und Lahn war für die Grafen von Arnstein wie geschaffen, um hier, auf der äußersten Spitze des Felssporns, schon Ende des 10. Jahrhunderts ihre das Lahntal beherrschende Burg zu errichten. Da aber Forderungen der kirchlichen Reformbewegung des 11. und 12. Jahrhunderts nach Rückkehr zum Vorbild der Apostel, einem Leben in Armut und Weltverachtung, auch beim Adel auf fruchtbaren Boden fielen, brach Ludwig III. (1109-1185), der letzte männliche Nachkomme

Arnstein: Eine adlige Stiftung

der Grafen von Arnstein um 1138/39 mit seinem bisherigen adligen Lebenswandel: Er wollte in völliger Armut und demütiger Selbstverleugnung nackt dem nackten Christus nachfolgen und ihm das Kreuz nachtragen, wie der nach seinem Tod entstandene Lebensbericht schreibt.

Um seinen Entschluß zu verwirklichen, ließ er nicht nur seine Burg abreißen und an ihrer Stelle und mit ihrem Baumaterial die Stiftsgebäude errichten, sondern er trat auch 1140 als Laienbruder in seine religiöse Stiftung ein, die sich dem vom Hl. Norbert von Xanten gegründeten Reformorden der Prämonstratenser anschloß. Zwar haben nur Stiftskirche und Speisesaal (Refektorium) den Abriß und Umbau des 19./20. Jahrhunderts unbeschadet überstanden, doch läßt sich die mittelalterliche Anlage mit Kirche, Kanonikerhaus und Kreuzgang noch genau erkennen.

Mit Ausnahme des 1884/87 neuaufgerichteten Querschiffs hat die Stiftskirche seit 1359 keine wesentliche bauliche Veränderung mehr erfahren. Daß die mittelalterliche Bauführung der zweipoligen Kirche von Westen nach Osten verlief, ist gut zu beobachten. Nach der Fertigstellung des Querschiffs wurde der Westteil der Kirche mit Chor, Mittel- und Seitenschiffen, Vierung, Westtürmen und Vorhalle bis zum Ende des 12. Jahrhunderts angelegt. Dieser westliche Teil, der ausschließlich den Laienbrüdern vorbehalten war, hat seinen romanischen Charakter bis heute weitgehend bewahrt. Der den Stiftsherren reservierte Ostteil der Kirche wurde 1358/59 im gotischen Stil umgestaltet (Neubau des dreischiffigen Chors, Aufstockung der Osttürme durch drei oktogonale Geschosse und Wölbung von Chor, Vierung und Mittelschiff).

Neben Arnstein hat den Aufhebungsversuchen in der Reformation von den Männergemeinschaften unseres Raumes nur Kloster Schönau erfolgreich widerstanden. Seinen überregionalen Ruf als Wallfahrtsstätte verdankt Schönau der Hl. Elisabeth (1129-1164), die wegen ihrer Marienvisionen und Stellungnahme zu Zeitfragen zu den bekanntesten Frauengestalten des 12. Jahrhunderts zählte. Von 1141/42 lebte sie bis zu ihrem frühen Tod in dem vor 1142 südlich des Männerklosters errichteten Frauenkonvent, der erst 1607 aufgehoben wurde.

Um 1126 hatte Graf Ruprecht von Laurenburg-Nassau seine vom Reformkloster Allerheiligen in Schaffhausen errichtete fromme Stiftung von Lipporn nach Schönau verlegt. Die ursprünglich dreischiffige romanische Klosterbasilika wurde um 1500 durch entsprechende Umbauten weitgehend zerstört. Von diesem Neubau ist noch der aus drei länglichen Kreuzgewölben und einem halbachteckigen Abschluß bestehende gotische Chor erhalten. Kirchenschiff und Innenraum wurden im Stil des Barock gestaltet; besonders wertvoll sind der Hochaltar mit einem Rokoko-Tabernakel, die Sakristei und die beiden kunstvollen gotischen Holzmadonnen. Vor der Kirche sind Reste eines achtseitigen romanischen Brunnentrogs (ca. 1230) aus Trachit aufgestellt.

Lahnstein: Städtisches Leben im Mittelalter

Nicht überall läßt sich der Zusammenstoß von Altem und Neuem so gut beobachten wie in den Städten am Mittelrhein. Ob wir Lahnstein, Braubach, St. Goarshausen oder Kaub nehmen, der Bau der Bahntrasse hat in den Jahren 1861/62 tief in das historisch gewachsene Stadtbild eingegriffen. Doch allen modernen Veränderungen zum Trotz hat Oberlahnstein neben Diez beachtliche Reste seiner mittelalterlichen Stadtanlage bewahren können. Seinen Aufstieg zu einem Zentralort verdankt es v.a. seiner territorialen Zugehörigkeit zum Erzstift Mainz seit dem frühen 10. Jahrhundert, das 1292 den einträglichen, ehemals königlichen Zoll von Boppard hierhin verlegen konnte. Bis zum 15. Jahrhundert bauten die Mainzer Erzbischöfe ihren Oberlahnsteiner Besitz mit Salhof, Burg Lahneck, Zollschloß und Stadtbefestigung zu einem wichtigen Amt und zum nördlichsten Bollwerk gegen die angrenzenden Territorien aus.

Die verschiedenen Wirtschaftsgebäude des ursprünglich königlichen Herren-(Sal-)hofes säumten die Hochstraße. Beim Abriß ihrer Nachfolgebauten wurden 1967 in der Südwestecke Teile eines romanischen Wohnhauses (9,80 x 7,30 Meter) aus der Zeit von 1150/70 entdeckt, das vermutlich Sitz des erzbischöflichen Amtmanns war. Das heutige Gebäude spiegelt den Zustand um 1500 wider. Es birgt in seiner zur Hochstraße gelegenen Westseite zwei romanische Fenstergruppen mit drei beziehungsweise vier (2 x 2) kurzen Rundbögen, die auf Kämpferplatten aufsitzen, unter denen insgesamt vier Säulchen mit Würfelkapitellen stehen.

Zum Schutz Oberlahnsteins ließ Erzbischof Siegfried III. um 1240/44 auf dem Plateau des nahen Höhenzugs eine Hangburg errichten, Burg Lahneck. Trotz der Zerstörungen und Neubauten (17. bis 20. Jahrhundert) weist die stattliche Anlage noch vielfach den Befund des 13. Jahrhunderts auf: ein 8 Meter breiter, aus dem Felsen gebrochener Graben, die durch Rundtürme abgeschlossene 24 Meter lange und 3,50 Meter dicke Schildmauer und der fünfeckige Bergfried.

Obwohl die Lahneck noch bis zum 16. Jahrhundert dem Mainzer Amtmann als Sitz diente, verlor sie ihren Wert als Festung seit dem 14. Jahrhundert zugunsten der als Wasserburg konstruierten Zollburg am Rhein (seit ca. 1650 Martinsschloß). Schon um 1300 ist der Baubeginn des 28 Meter hohen sechseckigen Hauptturmes mit seinen gequaderten Ecken aus schwarzer Basaltlava anzusetzen. Noch dem 14. Jahrhundert gehören der nördlich des Turms gelegene Viereckbau (Zollschreiberwohnung), der Weinsberger Turm auf der Südseite und der heutige Ostabschluß der Burg mit Mantelmauer, Tor und prachtvollem Gußerker an. Die Brücke über den östlichen Graben bildete den einzigen

Zugang zur Stadt, deren Mauer im Südwesten an den Südflügel der Burg anschloß und damit die Zollburg als mächtige Eckbastion in den städtischen Befestigungsgürtel eingliederte.

Die Erhebung zur Stadt im Jahr 1324 machte es erforderlich, den vorhandenen Wall durch eine zeitgemäße Stadtmauer mit Türmen und Toren zu ersetzen. Von der mittelalterlichen Befestigungsanlage mit sechs Toren und 16 Türmen existieren heute noch Teile des Mauerzuges und einhalbes Dutzend Türme. Besonders gut erhalten ist der nördliche Teil, der vom Rhein kommend an Pfarrhaus (Salturm) und Salhofgebäude vorbeiführt bis zu dem hohen achteckigen Hexenturm mit spitzbogigem Zinnenkranz; hier biegt die mit einem rekonstruierten Wehrgang versehene Mauer nach Süden ab. Ihr weiterer Verlauf Richtung Martinsschloß läßt sich trotz geringer Mauerreste noch genau verfolgen, wenn man die Hintermauergasse bis zu ihrem Ende abgeht (zwei kleine Türme und im Südosten der 1411 vollendete runde Pulverturm).

Lahnstein: Rheinfront (Oberlahnstein, 1633)

Das städtische Leben im Mittelalter repräsentieren darüber hinaus: die katholische Pfarrkirche St. Martin (von der dreijochigen spätromanischen Basilika des 12. Jahrhunderts sind die beiden fünfstöckigen Osttürme erhalten; der zwischen 1346 und 1371 errichtete gotische Chor hat einen 5/8-Schluß); das alte Rathaus: (spätgotischer Fachwerkbau mit steinernem Erdgeschoß, 1507 erstmals erwähnt; heute Stadtarchiv); schließlich die Hospitalkapelle St. Jakobus (am alten Marktplatz, ein Triumphbogen trennt den um 1330 erbauten gotischen Chor mit 5/8-Schluß und Kreuzrippen von dem Kirchenschiff; 1982-84 mit Unterstützung des Landesamts für Denkmalpflege stilgerecht renoviert).

War Oberlahnstein kurmainzisch, so Niederlahnstein kurtrierisch. Geistliches Zentrum ist die Johanniskirche an der Lahnmündung (flachgedeckte romanische Pfeilerbasilika mit Seitenschiffemporen und Westturm, erbaut um 1130, Untergeschoß des Turmes von ca. 950, älteste Emporenkirche am Mittelrhein). Ein ortsbildprägendes Element sind außerdem die ehemaligen Höfe: der Dietkirchener Hof (romanisches Wohnhaus, 1170/90 erbaut, im 18. Jahrhundert teilweise verändert), der Nassau-Sporkenburger Hof (dreigeschossiger gotischer Steinbau, 14. Jahrhundert) und der Arnsteiner Hof (spätgotischer Steinbau mit Kapelle, frühes 16. Jahrhundert).

Marksburg:
Der Typ der rheinischen Höhenburg

Die das Rheintal bei Braubach beherrschende Lage der Marksburg auf einem 100 Meter hohen, ringsum abfallenden Schieferfelskegel hat vielleicht schon Kelten und Römer bewogen, hier eine Kult- oder Verteidigungsstätte zu errichten. Daneben haben auch die im Raum Braubach entdeckten Blei-, Kupfer- und Silbererze schon seit der Hallstatt- und Latène-Zeit (750-100 v. Chr.) frühe Siedler angelockt.

Eine erste Burg erbauten die adligen Herren von Braubach vermutlich schon vor 1117. Noch vor 1200 entstand der quadratische Bergfried (Grundriß 6 x 6 Meter), der auf dem höchsten Punkt des Berggipfels direkt auf dem Schieferfelsen aufsitzt. Die neuen Burgbesitzer, die Herren von Eppstein, veranlaßten um 1219/25 den Bau eines spätromanischen Wohngebäudes (Palas) und des Kapellenturms. Die dem Hl. Markus geweihte Burgkapelle hat der Burg erst im 15. Jahrhundert ihren jetzigen Namen verliehen. Wegen des im Reich zwischen 1241/44 und 1273 tobenden Bürgerkriegs bezogen die Herren von Eppstein die Marksburg in das mit der Ummauerung ihres Ortes Braubach entstehende Festungssystem mit ein. In dem rechteckigen Verteidigungsbezirk, dessen noch gut sichtbare Eckpunkte das Obertor (in Richtung Dachsenhausen) und der Turm der Barbarakirche waren, sicherte die Marksburg die Südostecke.

Das heutige Aussehen der Marksburg, eines „Meisterstücks einer gotischen Burg" (H. Gensicke), haben die Grafen von Katzenelnbogen, die 1283 Burg und Stadt Braubach durch Kauf erwarben, nachdrücklich bestimmt. Sie umgaben die Kernburg im 14. Jahrhundert mit einer Ringmauer, errichteten Zwinger und Tore und formten den aufgestockten Bergfried nach dem damaligen Zeitge-

Marksburg: Schnitt von Nord-Westen nach Süd-Osten

schmack durch einen kleinen Aufsatz zu einem Butterfaßturm um. Nach 1400 wurde der vorrangig militärische Charakter der Burg als Grenz- und Sperrfestung erheblich zugunsten des verstärkten Ausbaus als herrschaftlicher Sitz mit adäquatem Wohnkomfort (neuer großer Palas) abgeschwächt. Seit 1900 gehört die Marksburg - die einzige weitgehend unzerstörte Höhenburg des Rheinlandes - der Deutschen Burgenvereinigung, die hier ihr umfangreiches Archiv samt einer burgenkundlichen Fachbibliothek untergebracht hat.

Die Burgen Sterrenberg, Liebenstein, Maus, Katz und Reichenberg

Außer der Marksburg sind noch eine Reihe anderer Burganlagen bemerkenswert. Von der ehemaligen Reichsburg Sterrenberg, die 1320 an Kurtrier gelangte, blieben noch der mächtige quadratische Bergfried (Ende 12. Jahrhundert) und die beiden gegen die Nachbarburg gerichteten Schildmauern aus dem 13. und 14. Jahrhundert erhalten. Liebenstein kann ihren Charakter als ursprüngliche Vorfestung von Sterrenberg bis heute nicht verleugnen. Sehenswert ist vor allem ihr siebenstöckiger quadratischer Wohnturm aus dem 14. Jahrhundert.

Der Raum St. Goarshausen weist allein drei zum Teil recht gut erhaltene Burgen auf, die im Schnittpunkt der Herrschaftszonen der Kurfürsten von Trier und der Grafen von Katzenelnbogen lagen: die kurtrierische Burg Maus bei Wellmich aus der Mitte des 14. Jahrhunderts die 1371 weitgehend fertiggestellte Burg Katz (Neukatzenelnbogen), die mit der gegenüberliegenden Burg und Residenz Rheinfels (vgl. S. 130 f.) einen massiven Sperriegel über den Rhein bildete, und die um 1319 erbaute katzenelnbogische Burg Reichenberg im Hasenbachtal an der wichtigen „Hessenstraße" vom Rhein an die Lahn.

Burg Katz: Sicherung katzenelnbogischer Herrschaftsinteressen

i Das Burgmuseum Marksburg (Tel. 02627/206) ist im Sommer von 9 bis 18, im Winter von 11 bis 16 Uhr geöffnet.

Loreley und Pfalzgrafenstein: Inbegriff der Rheinromantik

Etwa 1 Kilometer südlich von St. Goarshausen umfließt der Rhein in einem canyonartigen Engtal die Loreley, eine Felsformation aus Tonschiefer und Feinkornquarzit. Das bizarre Aussehen dieses Felsens und seine Gefahren für die Schiffahrt haben seit dem 13. Jahrhundert die Phantasie der Dichter und Maler beflügelt, die ihm und seinem „unheimlichen Zauber" in vielen Kunstwerken und Liedern ein Denkmal gesetzt haben. Insbesondere die (ursprünglich satirisch gemeinte) Ballade Heinrich Heines von 1824 wurde im 19. Jahrhundert zum Inbegriff der Rheinromantik. Noch heute ist die Loreley - insbesondere für Auslandstouristen, für die sich damit ein typisches Merkmal deutschen Wesens verbindet, - einer der meistbesuchten Sehenswürdigkeiten Deutschlands.

Loreley: „Ich weiß nicht, was soll es bedeuten" (Heinrich Heine)

Eine Felseninsel im Rhein, die wegen ihrer benachbarten Kies- und Sandbänke schon frühzeitig als Übergangs-, Wach- und Zollstelle genutzt wurde, erhielt zwischen 1325 und 1327 einen fünfeckigen Turm mit sechs Geschossen. Der nach dem Besitzer von Insel und Stadt Kaub benannte Pfalzgrafenstein (Abbildung auf der Buchdecke) - auch „Pfalz bei Kaub" (käufliche Erwerbung durch die Kurpfalz 1277) - diente bis 1867 zur Erhebung eines der einträglichsten Zölle auf dem Rhein. Die 1338/42 erbaute sechsseitige und 12 Meter hohe Ringmauer mit umlaufendem Wehrgang verschaffte ihm ein trutziges Aussehen, das Victor Hugo 1838 als „Ein steinernes Schiff, ewig auf dem Rhein schwimmend" besang.

Bekannt geworden ist die „Pfalz bei Kaub" ferner durch den überraschenden Rheinübergang des preußischen Generals von Blücher in der Neujahrsnacht 1814 im Kampf gegen Napoleon.

Pfalzgrafenstein: „Ein steinernes Schiff, ewig auf dem Rhein schwimmend" (Victor Hugo)

i Der Pfalzgrafenstein ist außer montags und im Dezember täglich zu besichtigen, vom 1. April bis 30. September jeweils von 9 bis 13 und 14 bis 18 Uhr, ansonsten bis 17 Uhr. Die Zufahrt erfolgt von Kaub aus.

Oranienstein, Diez und Nassau: Adliges Repräsentationsdenken

Oranienstein - schon der Name dieser barocken Adelsresidenz auf einem Kalksteinfelsen oberhalb der Lahn bei Diez belegt eine bewußte Anknüpfung an dynastische und bauliche Traditionen. Mit dieser Namenswahl hielt Fürstin Albertine Agnes von Nassau-Diez-Oranien (1634-96) das Andenken an ihren Großvater wach, den Freiheitskämpfer der Niederlande Wilhelm I. von Oranien († 1588). Das Schloß stellt aber auch die räumliche Kontinuität zu dem 1564 aufgehobenen Nonnenkloster Dirstein her, dessen Kirchenschiff und Choranlage in zweigeschossiger Höhe in den Neubau einbezogen wurden; die ehemalige Apsis der Kirche läßt sich noch heute gut im östlichen Mauerwerk des Festsaales des Schlosses erkennen. Da Fürstin Albertine die Diezer Stadtburg zu eng und wenig komfortabel erschien, entschloß sie sich 1669, außerhalb ihrer Residenzstadt Diez ein neues Schloß zu bauen, das der geschichtlichen Bedeutung und fürstlichen Stellung ihrer Familie ein standesgemäßes Gepräge verleihen sollte.

Der 1682 fertiggestellte erste Schloßbau umfaßte ein Hauptgebäude mit zwei Seitenflügeln, einen Tier- und Schloßgarten und mehrere mit Obstbäumen großzügig angelegte Alleen. Die Umgestaltung dieses adligen Wohnbaus zu einem fürstlichen Barockschloß im Louis-XIV-Stil veranlaßte erst ihre Schwiegertochter Henriette Amalie von Anhalt-Dessau (1666-1726) in den Jahren 1704 bis 1719. Mit der Verwirklichung ihrer Vorstellungen betraute sie den französisch-niederländischen Architekten Daniel Marot (1661-1752), nach dessen Plänen ein schlichter, durch seine Geschlossenheit beeindruckender Bau entstand, der in seiner Form französischen Ehrenhofanlagen verpflichtet ist. Auf Marots Entwürfe geht nicht nur die Umgestaltung der an den Mittelbau anschließenden Seitenflügel und deren Weiterführung in den beiden Querflügeln der Vorderfront des Schlosses zurück. Seine Ideen und künstlerischen Motive haben sich v.a. im Innenausbau niedergeschlagen, einer einzigartigen „Sinfonie in Gips und Farbe" (H. Heck).

In den Tessiner Stukkateuren Eugenio Castelli und Antonio Genone sowie dem Dekorationsmaler Jan van Dyck fand Marot kongeniale Mitarbeiter, die seinen Entwürfen die ihnen angemessenen Formen verliehen. Die vielen vorzüglich erhaltenen Zierornamente und Figuren aus Bibel und Antike zeichnen sich durch eine besondere Leichtigkeit und Lebhaftigkeit aus, die im Rheinland ihresgleichen suchen. Absoluter Höhepunkt ihres künstlerischen Schaffens sind die Stuckdecken des Blauen Saals und die 1716 vollendete Schloßkapelle, deren Stuckierung die symbolische Gegenüberstellung von Altem und Neuem Testament zeigt. Die Decke der Kapelle zeigt ein Meisterwerk Jan van Dycks, das Fresko „Die Ausgießung des Heiligen Geists".

Besondere Akzente hat Fürstin Amalie auch in Diez gesetzt. Hier geht auf ihre Veranlassung die zeittypische Anlage der Neustadt zurück, deren Bewohner vor allem als religiös Verfolgte nach Diez kamen. Städtebauliches Gestaltungselement war die Umbettung der Aar, die die Neustadt durchquert und an eine holländische Gracht erinnert. Die bis 1707 gebauten 30 Häuser und die Kirche gruppieren sich um zwei zentrale Plätze, den Neuen Markt und den Ernst-Scheuern-Platz. Durch die weitgehend einheitliche Gestaltung der meist zweigeschossigen Häuser mit gleichen Fensterabständen und -höhen sowie durchgehender Traufe, Mansardendächern, Zwerchhäusern und Häusereingängen hat die Neustadt einen geschlossenen Charakter erhalten, der sich bis heute weitgehend bewahrt hat (besonders: Rosen-, Schul- und Schaumburger Straße).

Die zweite bedeutende Schloßanlage im Landkreisgebiet ist das Stein'sche Schloß in Nassau an der Lahn. 1621 begann die ältere Linie der Herren vom und zum Stein mit dem Umbau eines mittelalterlichen Gutshofes zur fürstlichen Residenz. Kern der Anlage ist der zweigeschossige Hauptflügel, der durch einen quadratischen Treppenturm und einen sich anschließenden Querflügel mit Rollwerksgiebel gegliedert wird. Der um 1755 nördlich angebaute Seitenflügel in gleicher Höhe und der Wirtschaftshof bilden mit dem Haupthaus einen Ehrenhof.

Die Innenausstattung aus dem 18. und 19. Jahrhundert ließ der bedeutendste Vertreter dieses Geschlechts, Karl Freiherr vom Stein, einer der Reformer in Preußen, ausführen. Die klassizistisch geprägten Wohnräume des Erdgeschosses gehen weitgehend auf Vorlagen Gottfried von Schadows zurück. Der zum Andenken an die Freiheitskriege 1814/18 neben dem Schloß als „patriotisches Denkmal" von Johann Claudius von Lassaulx errichtete, achteckige Turm mit Flachdach und Maßwerk-Abschluß ist ein frühes Beispiel für die neugotische Architektur im Rheinland, das stilistisch eng mit der Stein'schen Gruft in Frücht verwandt ist.

Nassau: Stein'sches Schloß

Bad Ems:
Weltbad mit internationalem Publikum

Das Badewesen und der Erzbergbau haben die geschichtliche Entwicklung von Bad Ems (Farbtafel 16) am nachhaltigsten geprägt. Während der Bergbau nach der kriegsbedingten Schließung der Gruben 1945 nicht wieder aufgenommen wurde, bestimmt der Kur- und Badebetrieb das wirtschaftliche und kulturelle Leben der Lahnstadt heute stärker als je zuvor.

Vielleicht haben schon die Römer die Emser Thermen gekannt und genutzt. Der erste sichere Beleg stammt aus dem Jahr 1382; er weist auf einen Badeturm hin, der dem Grafen von Nassau gehörte, und schon vor 1473 gab es in Ems ein Armenbad. Johann Dryander, der Leibarzt des Trierer Kurfürsten, rühmte 1535 als erster die heilsame Wirkung der Emser Bäder und Brunnen. Im Bereich des heutigen Kurhauses (Westflügel) besaßen die Landgrafen von Hessen und Grafen von Nassau jeweils ein mehrstöckiges Badehaus. Doch erst der Vertrag von 1695 über eine Aufteilung des Badebezirks zwischen Hessen und Nassau schuf die notwendigen Grundlagen für eine gedeihliche Entwicklung des Emser Bades.

Während sich die Landgrafen von Hessen mit dem Bau eines neuen dreigeschossigen Badehauses und der Erweiterung des westlichen Flügels begnügten, gestalteten die Grafen von Nassau ihren Teil völlig um. Zwischen 1711 und 1715 errichteten sie ein repräsentatives, schloßähnliches Gebäude, das den baulichen Grundstock des heutigen Ostflügels des Kurhauses bildet.

Entsprechende herzoglich-nassauische Erlasse leiteten im 19. Jahrhundert den Aufstieg von Bad Ems zu einem Weltbad mit internationalem Publikum ein. Zu seinen berühmten Kurgästen gehörten die Zarenfamilie und das preußische Königshaus wie Carl Maria von Weber, Nikolai Gogol, Eugène Delacroix, Ferdinand Lassalle oder Fjodor Dostojewski.

Unterhalb des Kurhauses ließ Herzog Wilhelm 1836/39 nach den Plänen des Architekten Johann Gutensohn ein neues Kursaalgebäude im Stil des Historismus entstehen. Der zweigeschossige Mitteltrakt mit zwei dreistöckigen Flügelbauten birgt den Marmorsaal, einen quadratischen Saal mit wundervollen Stuckarbeiten und Dekorationsmalerei. Jeweils 16 rötliche Marmorsäulen tragen ein Galeriegeschoß und die schöne Kassettendecke mit 94 Feldern. Ihr heutiges Erscheinungsbild verdanken Kurhaus und Kursaalgebäude den großzügigen Um- und Erweiterungsbauten des Karlsruher Architekten Vitalli von 1912/14. Durch die Aufstockung des westlichen Flügels, Einsetzung von Rundbogenfenstern und verschiedenen barocken Stilelementen erhielt das Kurhaus ein angemessenes Gepräge mit Residenzcharakter.

Wie nachhaltig die rasante Entwicklung zum Weltbad auch das Emser Bürgertum beeinflußt hat, läßt sich an dem 1820 einsetzenden Bauboom ablesen. Einheimische und Zugezogene wetteiferten miteinander beim Erwerb von Grundstücken, dem Bau und der Gestaltung von Hotels, Kurlogiehäusern und Villen. Trotz jüngerer Eingriffe bestimmen diese Gebäude mit ihren unterschiedlichen Stilen das Erscheinungsbild von Bad Ems von Grund auf. Während die Häuser in der Römer- und Lahnstraße vor allem mit Fassaden im Stil des Klassizismus, der italienischen Renaissance, des Wiener Rokoko und des Jugendstils gebaut sind, finden wir auf der linken Lahnseite Fachwerk- und Landhäuser im Schweizer Stil, und die Villen der Wilhelmstraße und Villenpromenade sind nach dem Vorbild der italienischen Renaissance (Kursaal !) gestaltet.

Das Kurviertel mit seinen Parkanlagen wird im Westen von der katholischen St. Martinskirche begrenzt, die zwischen 1866 und 1882 nach den Plänen des nassauischen Baumeisters Eduard Zais geschaffen wurde. Sie ist eine Hallenkirche im neugotischen und klassizistischen Stil mit Einturmfassade. Stilgeschichtlich zählt sie zu den letzten Sakralbauten der Schinkelschule im Bistum Limburg.

Bad Ems: Auf dem Weg zum Weltbad (Mitte 19. Jahrhundert)

Die russisch-orthodoxe Kirche der hl. Alexandra auf dem linken Lahnufer schließlich, ein gekonntes Beispiel für die Nachahmung altrussischer Baukunst, ist das eindrucksvollste Zeugnis für die hohe Wertschätzung, die man den russischen Kurgästen (Zarenfamilie!) zollte. Bad Ems war damit der erste Kurort, der für seine russischen Badegäste zwischen 1874 und 1876 eine Kirche bauen ließ. Ihr Grundriß (griechisches Kreuz), Aufriß (dreischiffiger Kreuzkuppelbau) wie ihr Innenraum (in Barockformen gehaltene, geschnitzte und bemalte Altarwand (Ikonostase), die den Kirchen- vom Altarraum trennt) sind gelungene Nachempfindungen russischen Sakralbauens.

Literatur:

Kreisverwaltung des Rhein-Lahn-Kreises (Hrsg.): Heimatjahrbuch; Bd. 1 ff; Höhr-Grenzhausen 1986 ff.

Beiträge zur Geschichte, Sprache, Natur und Kultur des Kreisgebietes und seiner Ortschaften; jeder Band widmet einen Teil seines Inhalts einem Ort.

Nassauische Kulturstiftung Montabaur (Hrsg.): Heimatbuch des Regierungsbezirks Montabaur; Marienberg 1956.

Gute Einführung in die politische, wirtschaftliche und kirchliche Entwicklung des Exkursionsraumes.

Helmut Rang und Manfred Schick (Bearb.): Loreleykreis (= Die Landkreise in Rheinland-Pfalz, Bd. 5); Speyer 1965.

Breit angelegte und fundierte Kreisbeschreibung.

Kreisverwaltung des Unterlahnkreises (Hrsg.): Der Unterlahnkreis, Monographie einer Landschaft; Trautheim, Mainz 1967.

Nützlicher Überblick über Geschichte und Wirtschaftsstruktur des Kreisgebietes von der Altsteinzeit bis 1967.

Kreisverwaltung des Rhein-Lahn-Kreises (Hrsg.); Agnes Allroggen-Bedel, Eckhart Rheingans, Werner Ruppert und Hubertus Seibert (Bearb.): Der Rhein-Lahn-Kreis - Landschaft, Geschichte, Kultur unserer Heimat; Oberwesel 1987, 2. Aufl. 1993.

Wichtiger Baustein zu einer umfassenden historischen Darstellung des Kreisgebietes von der Keltenzeit bis zum 20. Jahrhundert.

Ferdinand Luthmer (Bearb.): Die Bau- und Kunstdenkmäler des Regierungsbezirks Wiesbaden; Bd. III: Lahngebiet; Bd. V: Die Kreise Unterwesterwald, St. Goarshausen (u.a.); VI: Nachlese und Ergänzungen; Frankfurt/Main 1907, 1914, 1921.

Vorzüglich illustriertes Standardwerk mit präzisen Baubeschreibungen.

Rheinischer Verein für Denkmalpflege und Landschaftsschutz (Hrsg.): Rheinische Kunststätten, H.43, Kaub am Rhein mit Burg Gutenfels und Pfalzgrafenstein (Neuss 1976); H.174, Bad Ems (Neuss 1980); H.239, Nassau an der Lahn (Neuss 1986); H.313, Diez an der Lahn mit Schloß Oranienstein (Neuss 1987).

Reich illustrierte Führungshefte durch die genannten „Rheinischen Kunststätten".

Abbildungsverzeichnis

SEITEN	
77	Sparkasse Koblenz (Hrsg.): Coblenz, Eine Bildfolge aus dem Mittelrhein-Museum; Koblenz o. J.
79	Landeshauptarchiv Koblenz
81	K. Stieler, H. Wachenhusen, F.W. Hackländer: Rheinfahrt; Stuttgart o. J. (ca. 1880), S. 255
82	Sparkasse Koblenz (Hrsg.): Coblenz, Eine Bildfolge aus dem Mittelrhein-Museum; Koblenz o. J.
84	Sparkasse Koblenz (Hrsg.): Coblenz, Eine Bildfolge aus dem Mittelrhein-Museum; Koblenz o. J.
85	Landesmedienzentrum Rheinland-Pfalz, Koblenz
86	Stadt Koblenz (Hrsg.): Theater der Stadt Koblenz; Koblenz o. J. (1985), S. 43
87	Sparkasse Koblenz (Hrsg.): Coblenz, Eine Bildfolge aus dem Mittelrhein-Museum; Koblenz o. J.
89	Merian: Topographia Germania; NDr. Kassel und Basel 1969
90	Sparkasse Koblenz (Hrsg.): Coblenz, Eine Bildfolge aus dem Mittelrhein-Museum; Koblenz o. J.
91	Koblenzer Beiträge zur Geschichte und Kultur, Bd. 1, 1985, S. 164
93	Sparkasse Koblenz (Hrsg.): Coblenz, Eine Bildfolge aus dem Mittelrhein-Museum; Koblenz o. J.
95	Bezirksregierung Koblenz, Referat Raumordnung und Landesplanung
96	Günter Olzog Verlag, München
98	Eifeler Landschaftsmuseum, Mayen
101	Das malerische und romantische Rheinland; Düsseldorf 1840
103	Museum der Stadt Koblenz
105	Landesamt für Denkmalpflege Rheinland-Pfalz, Mainz
106	Matthäus Merian: Topographia Germaniae; NDr. Kassel und Basel 1969
109	K. Stieler, H. Wachenhusen, F.W. Hackländer: Rheinfahrt; Stuttgart o. J. (ca. 1880), S. 232
113	Alexander Fürst zu Sayn-Wittgenstein
115	Bezirksregierung Koblenz, Referat Raumordnung und Landesplanung
116	Günter Olzog Verlag, München
117	Spinola: Abbildung der fürnembsten Städt, Schlösser und Flecken in Deutschland, Flugblatt, ca. 1620
119	Karl Faller: Kirchberg, Älteste Stadt des Hunsrücks; Simmern o. J., S. 25
121	Matthäus Merian: Topographia Germaniae; NDr. Kassel und Basel 1969
123	Die Kunstdenkmäler von Rheinland-Pfalz, Band 6, Teil 1; München 1977, S. 786
125	Daniel Meisner: Politisches Schatzkästlein; Frankfurt 1627
127	Rixnersches Turnierbuch; Simmern 1530
129	Schloßarchiv Gemünden (Hunsrück)

SEITEN

131 Wilhelm Dilich: Hessische Chronica; Kassel 1605; NDr. Kassel 1961
133 K. Stieler, H. Wachenhusen, F.W. Hackländer: Rheinfahrt; Stuttgart o. J. (ca. 1880), S. 220
135 Bezirksregierung Koblenz, Referat Raumordnung und Landesplanung
136 Günter Olzog Verlag, München
Wolfgang Reiniger: Stadt- und Ortsansichten des Kreises Bad Kreuznach 1523-1899; Bad Kreuznach 1990, S. 63
137 Wolfgang Reiniger: Stadt- und Ortsansichten des Kreises Bad Kreuznach 1523-1899; Bad Kreuznach 1990, S. 51
138 Kunstsammlung der Stadt Augsburg
141 Zeichnung C. Gapp (um 1830)
147 Die Kunstdenkmäler des Kreises Kreuznach; Düsseldorf 1987, S. 243
155 Bezirksregierung Koblenz, Referat Raumordnung und Landesplanung
156 Günter Olzog Verlag, München
158 Matthäus Merian: Die schönsten Städte der Pfalz, des Rheinlandes und Westfalens; Hamburg 1967; Foto Reiner Drumm, Idar-Oberstein
159 Matthäus Merian: Die schönsten Städte der Pfalz, des Rheinlandes und Westfalens; Hamburg 1967; Foto Reiner Drumm, Idar-Oberstein
161 Reinhard Schindler: Die Altburg von Bundenbach, eine befestigte Höhensiedlung des 2./1. Jahrhunderts v. Chr. im Hunsrück (= Trierer Grabungen und Forschungen, Bd. 10); Mainz 1977; Foto Reiner Drumm, Idar-Oberstein
162 Alfred Haffner: Der römische Grabhügel „Kipp" bei Siesbach im Hunsrück; in: Die Römer an Mosel und Saar, Zeugnisse der Römerzeit in Lothringen, in Luxemburg, im Raum Trier und im Saarland; Mainz 1983, S. 173; Foto Reiner Drumm, Idar-Oberstein
165 Zeichnung Pia Jost (Architekturbüro Reinhold Jost, Birkenfeld)
167 Georgius Agricola: Vom Bergwerck; Basel 1557; Foto Reiner Drumm, Idar-Oberstein
169 Oberstein an der Nahe und seine Industrie, Stich nach einer Originalzeichnung von R. Koch (Privatsammlung Adolf Grub); Foto Reiner Drumm, Idar-Oberstein
171 Museum Birkenfeld; Foto Reiner Drumm, Idar-Oberstein
173 Bezirksregierung Koblenz, Referat Raumordnung und Landesplanung
174 Günter Olzog Verlag, München
176 Landesvermessungsamt Rheinland-Pfalz, Koblenz
177 K. Stieler, H. Wachenhusen, F.W. Hackländer: Rheinfahrt; Stuttgart o. J. (ca. 1880), S. 270
179 Landeshauptarchiv Koblenz
181 Landeshauptarchiv Koblenz
183 K. Stieler, H. Wachenhusen, F.W. Hackländer: Rheinfahrt; Stuttgart o. J. (ca. 1880), S. 270

SEITEN	
185	Matthäus Merian: Topographia Archiepiscopatuum Moguntinensis, Trevirensis et Coloniensis, 1646
187	Denkmalpflege in Rheinland-Pfalz Nr. 39, 1984
189	Stadtarchiv Cochem, Fotos Reinhold Schommers, St. Adelgund
191	Staatskanzlei Rheinland-Pfalz, Mainz
193	Bezirksregierung Koblenz, Referat Raumordnung und Landesplanung
194	Günter Olzog Verlag, München
197	Landesmedienzentrum Rheinland-Pfalz, Koblenz
199	K. Stieler, H. Wachenhusen, F.W. Hackländer: Rheinfahrt; Stuttgart o. J. (ca. 1880), S. 295
203	Der Rhein und die Rheinlande; Darmstadt 1858
205	Kreisverwaltung Ahrweiler
207	Handbuch der Deutschen Kunstdenkmäler, Rheinland-Pfalz-Saarland; Darmstadt 1985, S. 757
209	Nürburgring GmbH, Nürburg
211	Bezirksregierung Koblenz, Referat Raumordnung und Landesplanung
212	Günter Olzog Verlag, München
213	Brüdergemeine Neuwied
214	Abtei Rommersdorf-Stiftung, Neuwied
215	Abtei Rommersdorf-Stiftung, Neuwied
217	Die Kunstdenkmäler der Rheinprovinz Bd. 16, II; Düsseldorf 1940
220	Matthäus Merian: Topographia Germaniae; NDr. Kassel und Basel 1969
221	Matthäus Merian: Topographia Germaniae; NDr. Kassel und Basel 1969
223	Brüdergemeine Neuwied
225	Die Kunstdenkmäler der Rheinprovinz, Bd. 16/II; Düsseldorf 1940
227	Bezirksregierung Koblenz, Referat Raumordnung und Landesplanung
228	Günter Olzog Verlag, München
231	Die Kunstdenkmäler der Rheinprovinz, Bd. 16/I; Düsseldorf 1935
233	Siegerland 31 (1954), S. 97
234	Wilhelm Güthling (Hrsg.): Der Oberkreis in allen Bildern; Betzdorf 1959, S. 22
237	Wilhelm Güthling (Hrsg.): Der Oberkreis in alten Bildern; Betzdorf 1959, S. 3
239	Jost Amman: Eygentliche Beschreibung Aller Stände auff Erden; Frankfurt a.M. 1508
243	Die Kunstdenkmäler der Rheinprovinz, Bd. 16/I; Düsseldorf 1935
245	Bezirksregierung Koblenz, Referat Raumordnung und Landesplanung
246	Günter Olzog Verlag, München
247	Westerwaldkreis (Hrsg.): Im Westerwald vor 100 Jahren, Ein Lese- und Bilderbuch zur Sozial- und Wirtschaftsgeschichte des Westerwaldes (= Westerwälder Beiträge, Bd. 3); Hachenburg 1988, S. 104
248	Wäller Heimat, Jahrbuch des Westwaldkreises 1991, S. 77

SEITEN

249	Stadt Montabaur (Hrsg.): Geschichte der Stadt Montabaur, 1. Teil; Hachenburg 1991, S. 66
250	Abtei Marienstatt; Marienstatt/Westerwald 1966
251	Marienstatter Gesammelte Aufsätze; Marienstatt/Westerwald, 1962
252	Rheinischer Verein für Denkmalpflege und Landschaftsschutz, Köln
253	Jost Amman: Eygentliche Beschreibung Aller Stände auff Erden; Frankfurt a.M. 1508
255	Lebendiges Rheinland-Pfalz 5/1980
257	Westerwaldverein Westerburg (Hrsg.): Bahnknoten Westerburg, 100 Jahre Eisenbahn im Westerwald; Westerburg 1986, S. 18 und 38
258	Jost Amman: Eygentliche Beschreibung Aller Stände auff Erden; Frankfurt a.M. 1508
259	Der Unterwesterwaldkreis; Neuwied 1967
261	Bezirksregierung Koblenz, Referat Raumordnung und Landesplanung
262	Günter Olzog-Verlag, München (oben) Heinz Cüppers (Hrsg.): Die Römer in Rheinland-Pfalz; Stuttgart 1990 (unten)
264	Daniel Meisner: Politisches Schatzkästlein; Frankfurt 1627
265	Kur- und Erholungslandschaft Bad Ems e.V., Foto Völkelt
267	Heinz Cüppers (Hrsg.): Die Römer in Rheinland-Pfalz; Stuttgart 1990, S. 441
268	Die Bau- und Kunstdenkmäler des Regierungsbezirks Wiesbaden, Bd. III; Frankfurt 1907, S. 217
271	Stadtarchiv Lahnstein
272	Magnus Backes: Die Marksburg, Bau- und Kunstgeschichte einer rheinischen Burganlage; Braubach 1983
273	Daniel Meisner: Politisches Schatzkästlein; Frankfurt 1627
274	K. Stieler, H. Wachenhusen, F.W. Hackländer: Rheinfahrt; Stuttgart o. J. (ca. 1880), S. 221
275	K. Stieler, H. Wachenhusen, F.W. Hackländer: Rheinfahrt; Stuttgart o. J. (ca. 1880), S. 221
277	K. Stieler, H. Wachenhusen, F.W. Hackländer: Rheinfahrt; Stuttgart o. J. (ca. 1880), S. 221
279	Kur- und Erholungslandschaft Bad Ems e.V., Foto Völkelt

Ortsregister

Fett gesetzte Seitenzahlen verweisen auf Hauptobjekte, normal gesetzte Seitenzahlen auf Zusatzobjekte:

Autoren:

Bartolosch, Thomas A., Dr.: Wilhelmstraße 19, 5240 Betzdorf-Sieg; Wissenschaftlicher Mitarbeiter an der Universität/Gesamthochschule Siegen; geb. 1956; freier Journalist und Museumsmitarbeiter; Initiator der Geschichtswerkstatt „Arbeitsgemeinschaft Regionalgeschichte Kreis Altenkirchen" und Schriftleiter der Schriftenreihe „Betrifft: Heimat"; Arbeitsschwerpunkte: Wirtschafts-, Sozial- und Zeitgeschichte von Siegerland und Westerwald.

Bauer, Alfred: Hindenburgstraße 2a, 6544 Kirchberg; Oberstudienrat am Herzog-Johann-Gymnasium in Simmern; geb. 1949; Arbeitsschwerpunkt: Regionalgeschichte.

Blüm, Wolfgang: Frühmesserstraße 44, 5420 Lahnstein; Studiendirektor; geb. 1942; Regionaler Fachberater für Mediendidaktik an den Gymnasien des Landes Rheinland-Pfalz; Vorstandsmitglied der Europäischen Vereinigung zur Förderung der Medienerziehung; Arbeitsschwerpunkt: Medienkunde Rheinland-Pfalz und Burgund.

Custodis, Paul-Georg, Dr.-Ing.: Nordstraße 6, 6500 Mainz; Oberbaurat; geb. 1940, Wissenschaftlicher Mitarbeiter und Gebietsreferent im Landesamt für Denkmalpflege Rheinland-Pfalz; Arbeitsschwerpunkte: Technische Denkmäler, Stadt- und Dorferneuerung, Kunst des 19. Jahrhunderts.

Dams-Rudersdorf, Angelika: Mainzer Straße 21, 5407 Boppard; Oberstudienrätin am Eichendorff-Gymnasium in Koblenz; geb. 1946; Arbeitsschwerpunkt: Regionalgeschichte.

Deisen, Rita: Deichstraße 5, 0-1804 Lehnin; Lehrerin am Gymnasium Lehnin/Brandenburg; geb. 1955; Arbeitsschwerpunkt: Auswertung landeskundlicher Medien.

Ebbinghaus, Gerhard: Hauptstraße 6, 5419 Harschbach; Hauptlehrer; geb. 1938; Leiter der Grundschule Urbach/Westerwald; Arbeitsschwerpunkt: Regionalgeschichte, dabei insbesondere Geschichte der Juden.

Heinzberger, Ferdinand, Dr.: Im Meisengarten 133 a, 5300 Bonn-Bad Godesberg; Studiendirektor; geb. 1939; Regionaler Fachberater für Geschichte an Gymnasien im Regierungsbezirk Koblenz; Arbeitsschwerpunkt: Regionalgeschichte.

Höfer, Arno: Henkericht 20, 5400 Koblenz-Arzheim; Realschuloberlehrer; geb. 1940; Fachleiter für Geschichte am Staatl. Studienseminar für das Lehramt an Realschulen in Koblenz; Arbeitsschwerpunkt: Regionalgeschichte.

Kremb, Klaus, Dr., M.A.: Neugasse 23, 6719 Kirchheimbolanden; Studiendirektor am Gymnasium Weierhof; geb. 1950; Stellvertretender Vorsitzender des Verbandes der Geschichtslehrer Deutschlands - Landesverband Rheinland-Pfalz; Arbeitsschwerpunkte: Landesgeschichte, Technikgeschichte, Historische Kartographie.

Lautzas, Peter, Dr.: Bettelpfad 46, 6500 Mainz; Studiendirektor; geb. 1941; Regionaler Fachberater für Geschichte an Gymnasien im Regierungsbezirk Rheinhessen-Pfalz; Vorsitzender des Verbandes der Geschichtslehrer Deutschlands - Landesverband Rheinland-Pfalz; Arbeitsschwerpunkte: Landesgeschichte, Geschichte der frühen Neuzeit.

Lipps, Bodo: Winzenheimer Straße 6, 6550 Bad Kreuznach; Studienrat am Lina-Hilger-Gymnasium in Bad Kreuznach; geb. 1954; Arbeitsschwerpunkt: Regionalgeschichte.

Mötsch, Johannes, Dr.: Kurfürstenstraße 59, 5400 Koblenz; Oberarchivrat am Landeshauptarchiv in Koblenz; geb. 1949; Arbeitsschwerpunkt: Rheinische Landesgeschichte des Spätmittelalters.

München, Wolfgang H.: Auf Patersland 34, 6589 Hoppstädten-Weiersbach; Studienrat am Gymnasium in Birkenfeld; geb. 1952; Arbeitsschwerpunkt: Regionalgeschichte.

Robischon, Fritz: Hauptstraße 64, 5417 Urbar; Regierungsvizepräsident der Bezirksregierung Koblenz; geb. 1933.

Schmillen, Franz-Josef: Auf der Geierslay 2, 5401 Rhens; Oberstudienrat am Eichendorff-Gymnasium in Koblenz; geb. 1946; Arbeitsschwerpunkt: Geschichte des Mittelrhein-Mosel-Raumes.

Schoebel, Martin, Dr.: Hauptstraße 77, 5401 Dieblich; Archivrat; geb. 1958; Arbeitsschwerpunkt: Rheinische Landesgeschichte des Hochmittelalters.

Schüller, Reinhard: Bergstraße 12, 6251 Isselbach-Giershausen; Studiendirektor; geb. 1946; Stellvertretender Leiter des Konrad-Adenauer-Gymnasiums in Westerburg; Arbeitsschwerpunkt: Regionalgeschichte.

Seibert, Hubertus, Dr., M.A.: Oberheckerweg 7, 5420 Lahnstein; Wissenschaftlicher Assistent an der Universität Mainz; geb. 1954; Arbeitsschwerpunkt: Rheinische Landesgeschichte des Mittelalters und der neuesten Zeit.

Willgeroth, Waltraut, geb. Schlömer: Hauptstraße 8, 5501 Pölich; Studienrätin am Willibrord-Gymnasium in Bitburg; geb. 1960; Arbeitsschwerpunkte: Landesgeschichte, Historische Kartographie.

Schriftenreihe des Verbandes der Geschichtslehrer Deutschlands - Landesverband Rheinland-Pfalz -

Band 1:
Landesgeschichtlicher Exkursionsführer Rheinland-Pfalz Bd.1: Regierungsbezirk Rheinhessen-Pfalz, hrsg. von Klaus Kremb und Peter Lautzas; 1989, 2. Auflage 1990.

Band 2:
Landesgeschichtlicher Exkursionsführer Rheinland-Pfalz Bd.2: Regierungsbezirk Trier, hrsg. von Klaus Kremb und Peter Lautzas; 1991.

Band 3:
Landesgeschichtlicher Exkursionsführer Rheinland-Pfalz Bd.3: Regierungsbezirk Koblenz, hrsg. von Klaus Kremb und Peter Lautzas; 1993.